光风霁月

LIGHT BREEZE AND CLEAR MOON

第六届弘一大师研究
国际学术会议论文集

An Collection of Essays of
The Sixth International Symposium on Great Master Hongyi

杭州师范大学弘一大师·丰子恺研究中心　编

上海三联书店

前　言

  由杭州师范大学弘一大师·丰子恺研究中心主办，平湖市李叔同纪念馆、泰州市弘丰书画研习会协办的第六届弘一大师研究国际学术会议于2017年10月23日至24日在杭州举行。来自中国（含台湾地区）、日本、罗马尼亚、蒙古等国家的专家学者及嘉宾八十余人参加此次研讨会。本论文集即为本次会议的学术成果。

  本集共收录27篇论文及一篇特邀发言稿。论文部分共分为三个主题：佛学研究、生平史料与文化研究、文学艺术研究。书名"光风霁月"取自弘一大师1935年夏归卧净山时手书"自净其心有若光风霁月"。弘一大师品格高尚，襟怀浩荡有如光风霁月，永远值得后人心向往之。

  论文集的英文摘要除特别说明外，均由杭州师范大学外国语学院朱越峰老师翻译、修订，在此特致谢意。

编　者

2018年9月

目　录

【弘一大师佛学研究】

弘一大师承习元照律师"生宏律范死归安养"……………释慧观　003

弘一大师专宗弥陀净土法门初探………………………………高明芳　032

实修与创作的展现：以弘一大师《华严经普贤行愿赞册》
　墨迹（1930）为例……………………………李璧苑　凌春玉　061

剖微尘之经卷　尽众生之愿门
　——弘一大师与佛经科判……………………………朱显因　083

与大师一起深呼吸：弘一法师《华严经十回向品初回向章》写经
　初探………………………………………………………郭祐孟　096

《护生画集》特色与推广模式之探讨
　——以台湾为例………………………………………纪洁芳　112

从佛法看弘一大师出家与当代省思……………………李明书　146

弘一律师与禅………………………………………………林清凉　157

弘一大师护生护心
　——慈悲智慧放生行……………………………………释慧明　180

示现诸佛深妙法　开发众生菩提心
　——论弘一大师献身佛教的伟大心怀………………刘继汉　201

【弘一大师生平史料与文化研究】

晚清民国时期李叔同（弘一大师）影像之编纂与刊布 …… 陈　星　213

鲁迅与弘一法师（李叔同） …… 潘建伟　231

李叔同将出家前书写的一幅书法残片 …… 姜书凯　243

从严修丙午信草到李叔同义事史料之新发现 …… 王维军　248

李叔同留日期间自费改官费之史事探考 …… 王维军　264

弘一大师大护法堵申甫史料补订 …… 叶瑜荪　280

厌乱伤时人，进退遭寂寥：曾孝谷探析 …… 罗　明　291

李叔同歌曲集小考 …… [日]大桥茂　大桥志华　316

身份认同视角下的李叔同——弘一大师称谓变化简论 …… 陈　云　335

【弘一大师文学艺术研究】

李叔同《艺术谈》及其对中国传统工艺的重视与推崇 …… 黄江平　359

丰子恺《忆儿时》与夏目漱石以及李叔同 …… [日]西槙伟　375

细读弘一大师之"悲欣交集" …… 江小敏　386

从《音乐小杂志》谈李叔同的装帧美学思想 …… 钱江鸿　409

试论弘一大师李叔同的音乐精神及其对当下实践的启示 …… 赵　乐　419

李叔同于《太平洋报》时期的广告思想与实践 …… 陈安琪　430

李叔同漫画实践及对中国近代漫画的贡献 …… 庄　熊　455

《一家男女同做事》歌曲的发现与考释 …… 陈净野　朱显因　467

【特邀发言】

"校士场"说明了什么
　　——李叔同文昌宫校歌的深层意义 …… 章用秀　473

弘一大师佛学研究

弘一大师承习元照律师"生宏律范死归安养"

释慧观

一、序论

元照律师(1048—1116)每曰:"生宏律范,死归安养。平生所得,唯二法门。"[①]弘一大师(1880—1942)将之书写墨宝。

大师1920年第一次掩关,乃"将掩室山中,穷研律学"[②]。"将入新城山掩关,一心念佛。"[③]即一为研律,一为念佛。

大师1921年3月至温州庆福寺第二次掩关,为"研治毗尼,回向安养"[④]。将以二载,圆成其愿。[⑤]

元照律师常谓其徒曰:"化当世无如讲说,垂将来莫若著书。"[⑥]

弘一大师自二次掩关,一生即与掩关结下不解之缘。常闭关、常云水,化导当世,随缘讲说;常云水、常闭关,垂范将来,终身著述。

大师1935年在承天寺戒期中,演讲《律学要略》[⑦],提及:"南山律师(596—667)著作浩如渊海,其中《行事钞》最负盛名,是时任何宗派之学者皆须研《行事钞》。自唐至宋,解者六十余家,唯灵芝元照律师最胜。……元照

[①] 《佛祖统纪》,CBETA,T49,no.2035,p.297,c4-5。
[②] 《弘一大师全集》第7册,福建人民出版社1991年版,第419页。
[③] 《弘一大师全集》第8册,福建人民出版社1992年版,第89页。
[④] 《弘一大师全集》第8册,第146页。
[⑤] 《弘一大师全集》第8册,第120页。
[⑥] 《佛祖统纪》,CBETA,T49,no.2035,p.297,c8-9。
[⑦] 蔡念生汇编:《弘一大师法集》第3册,(台北)新文丰出版股份有限公司1976年版,第1520—1521页。

后，律学渐渐趋于消沉，罕有人发心弘扬。

"南宋后禅宗益盛，律学更无人过问，所有唐宋诸家的律学撰述数千卷悉皆散失。迨至清初，惟存南山《随机羯磨》一卷。如是观之，大足令人兴叹不已！明末清初，有蕅益（1599—1655）、见月（1601—1679）诸大师等，欲重兴律宗，但最可憾者，是唐宋古书不得见。……

"南宋至清七百余年，关于唐宋诸家律学撰述，可谓无存。清光绪末年乃自日本请还唐宋诸家律书之一部份。近十余年间，在天津已刊者数百卷，此外《续藏经》所收尚未另刊者，犹有数百卷。"

大师撰联："南山律教，已八百年湮没无传，何幸遗编犹存东土？晋水僧园，有十数众承习不绝，能令正法再住世间。"[1]

弘一大师解行并重，持戒念佛，以"化当世之讲说，垂将来之著书"承习了元照律师"生宏律范死归安养"。

二、元照律师"生宏律范死归安养"

律师生宏律范，试以专学毗尼、判立科文、撰述记释、阐扬戒体、传戒讲律、楷定祖承、录出撰集等七项作呈现。

律师死归安养，试以礼忏念佛、弥陀义疏、趺坐往生等三项来彰显。

（一）专学毗尼

律师十八岁出家后，专学毗尼；三十一岁受菩萨戒时，感得观音菩萨像放光。

依《佛祖统纪》："律师元照，余杭唐氏。初依祥符鉴律师，十八通诵妙经，试中得度，专学毗尼。后与择映，从神悟谦师。悟曰：近世律学中微，汝当明《法华》以弘《四分》。"[2]

又依《佛祖统纪》："元丰元年（1078）三月，杭州雷峰慧才法师，为灵芝元照道俗千人授菩萨戒。羯磨之际，见观音像放光，讲堂大明。净慈法真禅师

---

[1] 林子青：《弘一大师新谱》，(台北)东大图书股份有限公司1993年版，第319页。
[2] 《佛祖统纪》，CBETA, T49, no. 2035, p. 297, b25-28。

守一作《戒光记》,米芾书,辩才法师立石于龙井。"①

(二) 判立科文

弘一大师深入浅出简介"南山律"曰:"唐道宣律师居终南山,后世因称其撰述曰南山律。南山以《法华》、《涅槃》诸义,而释通四分律。贯摄两乘,囊包三藏,遗编杂集,攒聚成宗。其撰述最著者,为《四分律删繁补阙行事钞》(略云《事钞》)、《四分律含注戒本疏》(释南山所集《含注戒本》,略云《戒疏》)、《四分律随机羯磨疏》(释南山所集《随机羯磨》,略云《业疏》),世称为南山三大部。……

"逮及北宋,元照律师居钱塘灵芝寺,中兴南山律宗。撰《资持记》以释《事钞》、撰《行宗记》以释《戒疏》、撰《济缘记》以释《业疏》。……"②

道宣律祖撰南山三大部,盖胸有成竹。元照律师撰述记释之时,先判立科文,可谓深知祖意。

(三) 撰述记释

律师以三记,释南山三大部,部记堪称千古绝唱!

1. 撰《资持记》释《事钞》

《四分律删繁补阙行事钞资持记》释钞序:"理致渊奥,讨论者鲜得其门;事类森罗,驾说者或容遗谬。由是研详可否,搜括古今,罄所见闻,备舒翰墨。仰承行事之旨,题曰资持。

"不违三行之宗,勒开卷轴。良以一部统归三行,三行无越二持。科释文言,贵深明于法相;铨量事用,使克奉于受随。是则教行双弘,自他兼利,首题一举,部意全彰。"③

弘一大师于甲戌(1934)撰辑《行事钞资持记随讲别录》。④

首先,标出《行事钞》一部,分为上中下 3 卷。

古传:上卷众行、中卷自行、下卷共行。

---

① 《佛祖统纪》,CBETA,T49,no. 2035,p. 415,b1 - 4。
② 蔡念生汇编:《弘一大师法集》第 2 册,第 599 页。
③ 道宣律祖撰、元照律师疏:《行事钞资持记》,天津刻经处本,卷一·第一页·一八行。
④ 蔡念生汇编:《弘一大师法集》第 3 册,第 1374 页。

灵芝义判：一、止作判。上卷、下卷对事造修，名作持行；中卷守戒离过，名止持行。二、众别判。上卷僧务，名众行；中卷、下卷自修，名别行。三、纯杂判。上卷、中卷各局，故纯；下卷随机，故杂。

随后，大师"略释题目"。

"四分律"如常释。

"删补"示异古。

"行事"，行以运载为义，事即对理彰名。然事通善恶，此唯善事，又局戒善。

"钞"有二义，一采摘，二包摄。

"资持"，资以助发为义，持即对犯彰名。

大师功力深厚，将题目解释得如此言简意赅！

2. 撰《行宗记》释《戒疏》

《四分律含注戒本疏行宗记》释疏序："心随物转，故积动以成昏；业自惑生，故习恶而亡善。……制列二持，必先止而后作，故知止业实乃行宗。

"若夫翻畴昔之沈迷，御方今之狂逸，清澄根欲，荡涤心尘，平苦海之波涛，摧界系之笼槛者，唯斯戒本，颇适机缘。……

"摘广律以注本经，演义章而申厥旨；文凡两出，义复重修。……

"于是载思载览，随说随钞；弥历岁华，遽盈卷帙；考名责实，搜古评今；俾利钝以兼资，冀说行而两遂。尤惭寡薄，莫尽玄微；或所未安，以俟来裔。时元祐三年(1088)夏安居竟，在东安碧沼兰若绝笔，因题序云。"①此时律师四十一岁。

佛之制教分止持、作持，先止后作。道宣律祖撰《含注戒本》、《戒本疏》，元照律师释以《行宗记》，止业实乃行宗，令学律者依戒本而止持清净。

3. 撰《济缘记》释《业疏》

《四分律删补随机羯磨疏济缘记》序："僧以众为名，众以和为义。……其为德也，戒见利以齐均；其为用也，身口意而一致。……

"所谓天时地利不如人和，……矧乃发挥佛化，纲纪僧宗，建灭恶生善之缘，辟超凡趣圣之路，唯兹胜法，备此大功。……

---

① 道宣律祖撰、元照律师疏：《戒本疏行宗记》，天津刻经处会本，卷一·第一页·三行。

"赖我圣师,慨兹凡庶,知时举要,纂八法以成文;索隐钩深,阐四缘而作疏。……

"庶令垂裕后昆,岂谓反光前代?使僧海还同于一味,祖灯分照于无穷。劫石可消,愿言曷既?勉夫来学,毋怠流通!"①

八法者:单白羯磨、白二羯磨、白四羯磨、但对首法、众法对首法、但心念法、对首心念法、众法心念法。

四缘者:羯磨大宗有四,法(能辨之教,即羯磨法)、事(法所被者,如受戒忏悔等)、人(秉法之僧)、处(作法之地,如大界小界等)。

道宣律祖撰《随机羯磨》、《羯磨疏》,元照律师释以《济缘记》,作业实须济缘,令学律者依羯磨而作持有功。

(四) 阐扬戒体

熙宁三年(1070)后安居日,律师于南山《羯磨疏》录出戒体章。② 时二十三岁,即深入阐扬戒体。

依《戒体章》:"夫戒体者,律部之枢要,持犯之基本,返流之源始,发行之先导。但由诸教沈隐,道理渊邃,是以九代传教,间出英贤,虽各逞异途,而未闻旨决。

"逮于有唐,独我祖师,穷幽尽性,反复前古,贬黜浮伪,剖判宗旨,斟酌义理,鼎示三宗。"③

九代者,自后汉明帝佛法初传,至于大唐祖师出世,凡历九代。即后汉、魏、晋、宋、齐、梁、陈、隋、唐。④

历九代传教,独道宣律祖,鼎示三宗,旨决戒体。

1. 鼎示三宗

依《戒体章》:"初多宗,作、无作体,二俱是色。……二成宗,作戒色心为体,……无作以非色非心为体。……

---

① 道宣律祖撰、元照律师疏:《羯磨疏济缘记》,天津刻经处会本,序·第一页·三行。
② 《芝园遗编》,CBETA, X59, no. 1104, p. 620, b10 - 12//Z 2: 10, p. 257, d4 - 6//R105, p. 514, b4 - 6。
③ 《芝园遗编》,CBETA, X59, no. 1104, p. 620, b13 - 18//Z 2: 10, p. 257, d7 - 12//R105, p. 514, b7 - 12。
④ 《行事钞资持记》,卷一·第一九页·一三行。

"三圆教者,略分四段。

"初明圆义。谓融会前宗,旳指实义。前宗两体,即善种子(揽本从末)。此善种子,即前二体(摄末归本)。……

"应知多宗计种为色,成宗计种为非色心,但后圆教指出前二耳。……

"二正名者。……今正此名,善种为体。故疏云,成善种子,此戒体也。……

"四立圆教本意者。……若不了斯戒体,纵令持护莹若明珠,不免轮回,还没生死。……是以吾祖大师,推佛本怀,穷出家意,跨入大乘位,立此圆教……是故行人常思此行,即三聚戒;展转修显,果获三佛等。又云,今识前缘,终归大乘,故须域心于处矣。"①

2. 圆教善种

又依《戒体章》:"约圆教宗明体。但以两宗各随所计。……故跨取大乘圆成实义,点示彼体,乃是梨耶藏识,随缘流变,造成业种。能造六识,即是具戒作成之业。梨耶所持,即号无作。所蕴业因,名善种子。……

"今人所受正当成实假宗,非色非心是其法体,约圆以通,即善种也。"②

南山律祖创圆教宗,立"善种子"为戒体。融会多、成两宗,旳指实义。前宗两体即善种子,此善种子即前二体。

元照律师深会律祖推佛本怀,穷出家意,跨入大乘位,立圆教戒体。故行人常思此行,即菩萨三聚戒;精进修证,期获法报化一体三佛之果。

是以,吾等受戒时,发菩提心,纳受圆教上品清净戒体,依此精严持戒,可成就佛果。

(五) 传戒讲律

依《佛祖统纪》:"主灵芝三十年,众至三百。义天远来求法,为提大要授菩萨戒,会几满万。增戒度僧,及六十会。"③律师提倡增戒、授菩萨戒。

---

① 《芝园遗编》,CBETA, X59, no. 1104, p. 620, c20 - p. 621, c8//Z 2:10, p. 258, b2 - p. 259, a8//R105, p. 515, b2 - p. 517, a8。
② 《芝园遗编》,CBETA, X59, no. 1104, p. 627, c3 - 16//Z 2:10, p. 265, a3 - 16//R105, p. 529, a3 - 16。
③ 《佛祖统纪》,CBETA, T49, no. 2035, p. 297, c1 - 3。

1. 提倡增戒

依《芝园集》:"贫道自龆龀出家,冠年比试获中。洎落发禀戒,潜心于佛乘十有六载。……然将行古道,必反常情。往往同俦辈以为矫异骇众,而窥伺短失者有矣。……以致彼徒率因行事有所不同,夙怀忿愠,乃乘是增戒之势,以致鬪讼。……自念与时寡合,一无势援,独力不能加众,厥或枉遭刑戮,固无惜于一身,但恐遏绝律风,使无闻于后世耳。"①

此《上权府运使论增戒书》,于落发秉戒十有六载,乃元丰四年,律师三十四岁。弘一大师案:"增戒者,因已受之戒未能优胜,再令其重受也。律论并明其法,古德亦有行之者。时人不知,谓为诡异,因致构讼。"②

律师提倡增戒,如法如律。为律风流传后世,不惜身命!

2. 授菩萨戒

依《授大乘菩萨戒仪》:"……今准天台所列六家仪式,并古今诸文参详去取,且列十科,以备时用。第一、求师授法,第二、请圣证明,第三、归佛求加,第四、?导劝信,第五、露过求悔,第六、请师乞戒,第七、立誓问遮,第八、加法纳体,第九、说于示诫,第十、叹德发愿。……"③律师于政和元年安居中,为众僧录出。④ 年六十四岁。

此《授大乘菩萨戒仪》为后世传授菩萨戒之范本。

3. 随说随钞

参照《行宗记》释疏序:"于是载思载览,随说随钞;弥历岁华,遽盈卷帙;考名责实,搜古评今;俾利钝以兼资,冀说行而两遂。尤惭寡薄,莫尽玄微;或所未安,以俟来裔。"⑤

由"载思载览,随说随钞",知律师撰述《行宗记》,为讲说与著书,相辅相成。推测《资持记》与《济缘记》,及其他撰述,亦复如是。

---

① 《芝园集》,CBETA, X59, no. 1105, p. 662, a16-c18//Z 2:10, p. 299, a2-c16//R105, p. 597, a2-p. 598, a16。
② 蔡念生汇编:《弘一大师法集》第2册,第884页。
③ 《芝园遗编》,CBETA, X59, no. 1104, p. 632, b6-12//Z 2:10, p. 269, c15-d3//R105, p. 538, a15-b3。
④ 《芝园遗编》,CBETA, X59, no. 1104, p. 636, c10-11//Z 2:10, p. 274, a7-8//R105, p. 547, a7-8。
⑤ 《戒本疏行宗记》卷一·第一页·三行。

（六）楷定祖承

律师楷定《南山律宗祖承图录》[①]，摘要如下：

1. 始祖昙无德尊者

毱多弟子。四分律主，南山所宗。

2. 二祖昙摩迦罗尊者

本西竺僧。始依四分，为人受戒。

3. 三祖北台法聪律师

本学僧祇。因考受体，首传四分。

4. 四祖云中道覆律师

聪之弟子。最初撰疑，科释四分。

5. 五祖大觉慧光律师

从覆受律。撰疏10卷，广开户牖。

6. 六祖高齐道云律师

承禀光师。亦撰钞疏，判释广文。

7. 七祖河北道洪律师

承禀云师。亦有律疏，未详卷轴。

8. 八祖弘福智首律师

洪师弟子。疏20卷，通贯群宗。

9. 九祖南山澄照律师

承禀首师。广有着撰，见行于世。

律师详载："……祖承之所出，备见南山教部，而非私说。今第而引之。……上据从本至末，顺而列之，故以法正为初，南山继后。……元丰四年九月十五日，余杭郡沙门元照录。"

三十四岁，即能楷定南山祖承，确为中兴律师！

（七）录出撰集

律师整理《南山律师撰集录》[②]。分：一、宗承律藏部，21件，合37卷。

[①]《芝园遗编》，CBETA，X59，no. 1104，p. 646，c6 - p. 648，c6//Z 2：10，p. 283，c15 - p. 285，c15//R105，p. 566，a15 - p. 570，a15。

[②]《芝园遗编》，CBETA，X59，no. 1104，p. 648，c8 - p. 651，b9//Z 2：10，p. 285，c17 - p. 288，b12//R105，p. 570，a17 - p. 575，b12。

二、弘赞经论部,三、护法住持部,四、礼敬行仪部,五、图传杂录部。五类,总57件,计267卷。

宗承律藏部,见行之撰述,举要列出:

1.《四分律删繁补阙行事钞》3卷

《内典录》题云,行事删补律仪,武德九年(626)制,贞观四年(630)重修。或云,八(634)年。或为6卷,今分12卷。并后人支开,然非本数。有云祖师自分者,非也。

2.《四分律拾毗尼义钞》3卷

有本题云,拾毗尼要,贞观元年(627)制。后流新罗,此方绝本。至大中四年(850),彼国附还。元有3卷,今始获上中2卷,未见下卷。近人分中为下,且成上数。失其本矣。今以2卷,开为4卷。

3.《四分律删补随机羯磨》2卷

贞观八年(634)出,二十一年(647)重修。本1卷,后分3卷。

4.《四分律删补随机羯磨疏》4卷

贞观九年(635)撰,二十二年(648)重修。本2卷,后增为4卷,今分为8卷。

5.《四分律含注戒本》2卷

贞观八年(634)出,永徽二年(651)重修。本1卷,后为2卷,今分3卷。

6.《四分律含注戒本疏》4卷

贞观八年(634)制,永徽二年(651)重修。本3卷,后为4卷,今分8卷。

7.《四分律删定僧戒本》1卷

贞观二十一年(647)仲冬出。删定文词,备世诵习,今时盛行。

8.《四分律比丘尼钞》3卷

贞观十九年(645)撰。今分6卷。

9.《四分律删定尼戒本》1卷

永徽二年(651)出。

10.《量处轻重仪》1卷

贞观十一年(637)制,干封二年(667)重修。

11.《释门章服仪》1卷

显庆四年(659)制,此年重修。

12.《律相感通传》1卷

干封二年(667)制。

13.《教诫新学比丘行护律仪》1卷

贞观八年(634)制,永徽元年(650)重修。

14.《关中创立戒坛图经》1卷

干封二年(667)制。

15.《净心诫观》1卷

虽非专律部,然本被学宗,故于此列。

律部外要典,如附:

16.《妙法莲华经弘传序》1卷

见经首。

17.《大唐内典录》10卷

麟德元年(664),于西明寺撰。

18.《广弘明集》30卷

19.《释门归敬仪》1卷

龙朔元年(661)撰。

20.《续高僧传》30卷

或32卷。

律师披肝沥胆作跋:"南山律师出于隋唐间,博究群宗,独权戒学。……顾盱乎旧章,哀矜乎后学,由是着撰兴焉。

"大抵得意在乎行事,故首述《事钞》。统四藏,括两乘。区别异部,搜驳众说。实维持之宏纲,发趣之夷经也。

"其次《拾义钞》者,拾毗尼之秘要。《戒疏》、《业疏》者,展止作之毛目,故得受随体相,持犯重轻,众别仪轨,治心理身,日用之行尽矣。……

"自外钞、注、传录、仪集、图纪,或发明已宗,或赞述经论,卷帙繁富,不可遽数。

"但地之相远、岁之相后,况经会昌之孽(845 唐武宗毁佛)、五代之乱(955 后周世宗灭佛),诸宗典籍率为煨烬!故祖师之训,亡逸过半矣!……

"今以《内典》、《开元》等录及《戒疏》后序诸文批志,看详对会,重纂一本。……

"元丰改号之岁(1078)，后安居日，余杭郡沙门释元照重录。"

律师三十一岁，整理《南山律师撰集录》，使律祖之名山伟业，流传千古！

（八）礼忏念佛

律师《净业礼忏仪》序："自下坛来，便知学律。但禀性庸薄，为行不肖。后遇天台神悟法师，苦口提诲，始知改迹。深求祖教，博究佛乘。于是发大誓愿，常生婆娑五浊恶世，作大导师，提诱群生，令入佛道。

"复见高僧传慧市法师云，方土虽净，非吾所愿。若使十二劫莲华中受乐，何如三涂极苦处救众生也？由是坚持所见，历涉岁年，于净土门，略无归向；见修净业，复生轻谤。

"后遭重病，色力痿羸，神识迷茫，莫知趣向。既而病差，顿觉前非，悲泣感伤，深自克责。志虽洪大，力未堪任。

"仍览天台《十疑论》：初心菩萨，未得无生忍，要须常不离佛。

"又引《智度论》云：具缚凡夫，有大悲心，愿生恶世，救苦众生，无有是处。譬如婴儿，不得离父母。又如弱羽，祇可傅枝。自是尽弃平生所学，专寻净土教门。……

"已前所造无量罪业，不信净土，谤法毁人，业因既成，苦果必就。内怀惭耻，晓夕兢惶。于是躬对圣前，吐露肝胆，五体投地，苦到忏悔。仍发大愿，普摄众生，同修念佛，尽生净土。"①

律师何时大病，而后专志念佛？《净业礼忏仪》已失，无从获知。

所幸得见《为义天僧统开讲要义》叙述：

高丽僧统义天率弟子航海求法。元丰八年(1085)十二月二十八日，请律师升座。时律师正讲《羯磨疏》，即为演说律宗纲要。②

律师开示时提及，学行寡薄，年来自觉衰病，诸无所堪，唯于净土颇尝研究。每以两端开诱来学。一者入道顿有始，二者期心必有终。言其始者，即须受戒，专志奉持。言其终者，谓归心净土，决誓往生。③

---

① 《净土圣贤录》，CBETA, X78, no. 1549, p. 251, b9-c7//Z 2B: 8, p. 129, b5-c9//R135, p. 257, b5-p. 258, a9。
② 《芝园遗编》，CBETA, X59, no. 1104, p. 643, c2-7//Z 2: 10, p. 280, c11-16//R105, p. 560, a11-16。
③ 《芝园遗编》，CBETA, X59, no. 1104, p. 645, a9-15//Z 2: 10, p. 282, a6-12//R105, p. 563, a6-12。

时律师三十八岁，或是由此笃修净业。

（九）弥陀义疏

律师《阿弥陀经义疏》："一乘极唱，终归咸指于乐邦；万行圆修，最胜独推于果号。……是以知识广赞，感狱火化为凉风；善友教称，见金莲状同杲日。八十亿劫之重罪，廓尔烟消；十万亿刹之遐方，倏如羽化。

"嗟乎！识昏障厚，信寡疑多。贬净业为权乘，嗤诵持为廱行。……须信非凭他力，截业惑以无期；不遇此门，脱生死而无路。

"闻持颇众，正恊于时缘；著述虽多，鲜穷于要旨。尽毫端而申释，敢效前修；舒舌相以赞扬，誓同诸佛。太虚可际，鄙志奚穷？敬勉同舟，深崇此道矣！

"将释此经，先以义门括其纲要，始可入文释其义趣。"[①]

义门包括教理行果，释文分释经题、释经文。契机阐述：信愿持名，一心不乱，临终感圣，同归净土。

（十）趺坐往生

依《净土圣贤录》：政和六年秋，命弟子讽《观经》及《普贤行愿品》，趺坐而化。西湖渔人，皆闻空中天乐声。[②]

以《释门正统》补充：舍枕举首，若有所见，趺坐而绝。寿六十九，腊五十一。得法用钦等五十人葬寺西北。谥大智，塔曰戒光。[③]

又《佛法金汤编》记载：元照律师示寂，塔全身于西湖之灵芝，至是光发塔所。高宗临视，加谥圆鉴戒光大智律师。[④]

---

① 《阿弥陀经义疏》，CBETA, T37, no. 1761, p. 356, b13 - c1。
② 《净土圣贤录》，CBETA, X78, no. 1549, p. 251, c11 - 12//Z 2B: 8, p. 129, c13 - 14//R135, p. 258, a13 - 14。
③ 《释门正统》，CBETA, X75, no. 1513, p. 362, c16 - 18//Z 2B: 3, p. 460, b13 - 15//R130, p. 919, b13 - 15。
④ 《佛法金汤编》，CBETA, X87, no. 1628, p. 431, b18 - 20//Z 2B: 21, p. 479, a15 - 17//R148, p. 957, a15 - 17。

三、弘一大师"生宏律范死归安养"

大师生宏律范,试以研治毗尼、录治科文、标圈校勘、探述戒体、讲律教学、祖师年谱、编撰律书等七项作呈现。

大师死归安养,试以一心念佛、义疏撷录、悲欣往生等三项来彰显。

(一) 研治毗尼

大师1918年7月13日出家,"初出家时,即读《梵网合注》,续读《灵峰宗论》,乃发起学律之愿。"① 9月受比丘戒,"马一浮居士贻以灵峰《毗尼事义集要》,并宝华《传戒正范》。披玩周环,悲欣交集,因发学戒之愿焉。"②

1. 第一次掩关,穷研律学

"庚申之夏,居新城贝山,假得弘教律藏三帙;并求南山《戒疏》、《羯磨疏》、《行事钞》;及灵芝三记。将掩关山中,穷研律学。乃以障缘,未遂其愿。"③

2. 第二次掩关,研治毗尼

大师1921年3月至温州庆福寺闭关,为"研治毗尼,回向安养"④。

研治毗尼,大师创作《四分律比丘戒相表记》,1924年8月出版。将比丘二百五十条戒相,以"犯、不犯、轻与重"之开遮持犯,列成表记。嘉惠后学,功德无量!

(二) 录治科文

1933年8月,大师《余弘律之因缘》提及:"徐蔚如居士创刻经处于天津,专刻南山宗律书,费资数万金,历时十余年,乃渐次完成。徐居士始闻余宗有部而轻南山,尝规劝之。以为吾国千余年来承秉南山一宗,今欲弘律,宜仍其旧贯,未可更张。余因是乃有兼学南山之意。尔后此意渐次增进,至辛未二月十五日,乃于佛前发愿'弃舍有部,专学南山',并随力弘扬,以赎昔年

---

① 蔡念生汇编:《弘一大师法集》第3册,第1115页。
② 《弘一大师全集》第7册,第419页。
③ 《弘一大师全集》第7册,第419页。
④ 《弘一大师全集》第8册,第146页。

轻谤之罪。……"①辛未为1931年。

《学南山律誓愿文》云："时维辛未二月十五日,本师释迦牟尼如来般涅槃日,弟子演音,敬于佛前发弘誓愿。愿从今日,尽未来际,誓舍身命,拥护弘扬南山律宗。愿以今生,尽此形寿,悉心竭诚,熟读穷研南山钞、疏及灵芝记。精进不退,誓求贯通。编述表记,流传后代。冀以上报三宝深恩,下利华日僧众。弟子所修一切功德,悉以回向法界众生,同生极乐莲邦,速证无上正觉。"②

天津刻经处,1924年12月竣刻《戒本疏行宗记》、1929年10月竣刻《行事钞资持记》、1931年6月竣刻《羯磨疏济缘记》。

大师标圈校勘南山三大部,补写、重治科文,编着别录、表记……

1. 抄录冠科

大师《行事钞资持记校记》："案吾国及日本古版,皆钞、记别行。逮日本贞享丙寅岁(1686年,清康熙二十五年),日本泉州大鸟山神凤律寺比丘慈光瑞芳,以钞、记异部,学者对阅未便,乃会合钞、记,并冠灵芝科文于上,刊版行事。日本《续藏经》所载者,即此本也。

"天津刻经处刊本,依《续藏经》,而复校订;又以原本上冠科文,雕版未易,遂尔删去。今以朱笔补写焉。"③

大师为益修学三大部,补写冠科。

2. 重治科文

大师并重治科文,划表制稿,使南山律提纲挈领。计有:《含注戒本科》、《含注戒本疏略科》、《羯磨疏略科》、《事钞略科》、《事钞戒业疏科别录》、《比丘尼钞科》等。

大师《事钞科别录记》："亡躯得其死所,竭思有其所归;其犹溺巨海而遇芳舟,坠长空乃乘灵鹤。庆跃之至,手舞何阶?故感之庆之,惟圣贤之知我也。己卯(1939)七月二十七日装竟谨书。唐清凉国师文,以志庆忭。"④

大师《戒疏科别录记》："疏云:止得勤勤自励,一死知生何道也?记释

---

① 蔡念生汇编:《弘一大师法集》第3册,第1115页。
② 蔡念生汇编:《弘一大师法集》第3册,第1450页。
③ 蔡念生汇编:《弘一大师法集》第3册,第1507页。
④ 蔡念生汇编:《弘一大师法集》第3册,第1549页。

云：一死之语，请为思之！其有卒世不闻，无非重障；其或始终无缺，须庆宿因。宜自深思，更增勇励！己卯七月二十七日装竟谨录，时年六十，居蓬山。"①

大师《业疏科别录记》："《事钞》云：应自卑下，如拭尘巾。推直于他，引曲向己。常省己过，不讼彼短。记释云：行者反照，于己如何？己卯十月二十六日录竟时居十利律院，辑录《南山律在家备览》。"②

以上《事钞科别录》、《戒疏科别录》、《业疏科别录》，合出《事钞戒业疏科别录》。

大师之示范，晚学与慧明法师参照，1992年赓续完成重治《南山三大部科文》，亦为修学三大部之方便。

（三）标圈校勘

大师标圈校勘南山三大部，不遗余力。

1. 校点《行事钞资持记》

大师《圈点行事钞记跋》："剃染后二年庚申，请奉东瀛古版《行事钞记》，未遑详研。甲子四月，供施江山。

"逮于庚午六月，居晚晴山房，乃检天津新刊，详阅圈点；并钞写科文，改正讹误。迄今三载，始获首尾完竣。是三载中，所至之处，常以供养奉持。

"辛未二月居法界寺，于佛前发专学南山律誓愿。是夏居五磊寺，自誓受菩萨戒；并发弘律誓愿。腊月移居伏龙。

"壬申九月归卧永宁。十一月至南闽，讲《含注戒本》于妙释寺，讲《随机羯磨》于万寿岩。

"癸酉五月居温陵大开元寺。越二月，乃得点录校竟。并为述斯事始末，以示后贤。

"癸酉六月初五日先吏部公百二十一年冥诞，后五日初十日圆满敬书。"③

---

① 蔡念生汇编：《弘一大师法集》第3册，第1550页。
② 蔡念生汇编：《弘一大师法集》第3册，第1550页。
③ 《弘一大师全集》第7册，第419页。

参照《圈点行事钞记跋》，知大师从 1930 年庚午六月，第一次圈点校勘《钞记》，并钞写科文；至 1933 年癸酉六月，点录校竟。

又，参照《行事钞资持记校记》①，述"复依下记数种校对"：日本《续藏经》原本。（所据者为日本贞享三年刊《钞记》会本）日本宽文十年刊，大谷大学藏本。（日本《大正新修大藏经》中所载）日本德川时代刊，宗教大学藏。宋刊《行事钞》，及宋刊《资持记》。日本宫内省藏本。《毘尼讨要》。《四分律比丘尼钞》。岁次甲戌（1934）佛涅槃日始校并记，迄于五月三日，为灵峰蕅益大师圣诞，校勘都讫。

又，参照《行事钞资持记校后记》②（三则），知：大师于 1934 年，自扶桑请奉古写本《通释》及《济览》，与此刊本互校，以蓝线一一标记。1935 年 4 月，第二次复与《通释》、《济览》详校。是岁 9 月，补点"黄点"竟。10 月 4 日，去净峰。

以上为大师校点《行事钞资持记》。

2. 校点《戒本疏行宗记》

1933 年 8 月 15 日校点竟；1935 年 5 月 10 日补点，8 月 13 日点讫。③

3. 校点《羯磨疏济缘记》

校点始于 1932 年正月，迄于 1936 年九月。④

4. 愿为南山孤臣

1935 年七月，大师于惠安净峰寺，致广洽法师函："余居净峰，每日标点研习'南山律'约六七小时。"⑤

大师于净峰寺书联自勖题记："誓作地藏真子（龙集乙亥五十六岁诞日，敬书以自策励，铭诸座右。沙门演音）；愿为南山孤臣（时居惠安净峰寺研习《事钞》并《戒》《业》二疏，及灵芝记文。弘裔）。"⑥悲壮誓愿，足以惊天地、泣鬼神！

5. 拟将"南山三大部"重标点

1936 年七月，大师于鼓浪屿日光岩，致仁开法师函："拟将'南山三大部'

---

① 《弘一大师全集》第 7 册，第 421 页。
② 《弘一大师全集》第 7 册，第 419 页。
③ 蔡念生汇编：《弘一大师法集》第 3 册，第 1509 页。
④ 《弘一大师全集》第 7 册，第 423 页。
⑤ 《弘一大师全集》第 8 册，第 289 页。
⑥ 林子青：《弘一大师新谱》，第 346 页。

重标点一次,誓以努力随分研习。倘天假之年,成就此愿。数载之后,或以一得之愚,卑陬下座,与仁等共相商榷也。"①嘉惠尊重后学,实是长老风范。

6. 日本古版三大部会本悉已齐备

1937年旧二月,大师于南普陀寺,致性常法师函:"近由日本请购古版书籍甚多。《行宗记会本》、《济缘记会本》皆请到。此为余十数年来求觅不可得者。今者因缘巧合,三大部会本悉已齐备,不胜庆忭!"②

(四) 探述戒体

大师于《戒体章名相别考》,简要说明"戒体":由于授受之作法,而领纳戒法于心胸,生防非止恶之功能者。③

大师于《南山律在家备览略编》之"宗体篇",对戒体有深刻纂集。引《业疏》历示三宗之文,称其为南山撰述中最为精湛者。嘱学者致力穷研,方不负律祖示导之圣意。

大师发现此问:"何以榑桑学者谓南山宗唯识、灵芝宗法华耶?"

大师卓然作答:"南山三观,虽与唯识近似,然如戒体显立正义中云'是故行人常思此行,即摄律仪'等,又云'今识前缘,终归大乘'等,如是诸文,实本《法华》开显之义,盖无可疑。惟冀学者虚怀澄心,于南山、灵芝诸撰述等,精密研寻、穷其幽奥。未可承袭榑桑旧说,轻致诽评。"

大师所提戒体"显立正义"之文,于今引出:

1. "是故行人常思此行即摄律仪"等

南山《业疏》云:"是故行人常思此行,即摄律仪,用为法佛清净心也。以妄覆真,不令明净;故须修显,名法身佛。以妄覆真,绝于智用;故勤观察,大智由生,即摄善法,名报身佛。以妄覆真,妄缘憎爱,故有彼我生死轮转;今返妄源,知生心起,不妄违恼,将护前生,是则名为摄众生戒,生通无量,心护亦尔,能熏藏本,为化身佛。"④

灵芝《济缘》释云:"今欲反本,故立三誓。一者断恶誓,受摄律仪

---

① 《弘一大师全集》第8册,第311页。
② 《弘一大师全集》第8册,第302页。
③ 蔡念生汇编:《弘一大师法集》第2册,第872页。
④ 蔡念生汇编:《弘一大师法集》第2册,第665页。

戒,……复本清净,证法身佛,名为断德。二者立修善誓,受摄善法戒,……复本自在,证报身佛,名为智德。三者立度众生誓,受摄众生戒,……复本平等,证应身佛,名为恩德。……随举一誓,三誓具足,乃至三身三德,一一皆尔。"①

元照律师释云,受摄律仪戒,证法身佛;受摄善法戒,证报身佛;受摄众生戒,证应身佛。随举一戒,三戒具足。

2. "今识前缘终归大乘"等

即南山《业疏》云:"今识前缘,终归大乘,故须域心于处矣。故经云,十方佛土唯有一乘,除佛方便假名字说。……"②

灵芝《济缘》释云:"识前缘者,尘沙万境,无边制法,无始颠倒迷为外物故受轮转。……故正受时,遍缘法界,勇发三誓,翻昔三障,由心业力结成种子,自为戒体。……当知即是发菩提心,修大慈行,求无上果,此名实道,此即大乘。……故曰,虽说种种道,其实为佛乘。此即行人域心之处。

"然而浊世障深,惯习难断,初心怯懦,容退菩提,故须期生弥陀净土。况复圆宗三聚,即是上品三心。律仪断恶即至诚心,摄善修智即是深心,摄生利物即回向发愿心。既具三心必登上品,得无生忍不待多生,成佛菩提了无退屈。此又行人究竟域心之处矣。"③

元照律师说明,正受时,遍缘法界,勇发三誓,翻昔三障,由心业力结成种子,自为戒体。虽说种种道,其实为佛乘。此即行人域心之处。

更须期生弥陀净土。圆宗三聚,即是上品三心。既具三心必登上品,成佛菩提了无退屈。此又行人究竟域心之处。

大师证明"南山宗《法华》,其戒体实本《法华》开显之义",可知以"佛种"解释戒体,极合律祖之意。

(五)讲律教学

大师除撰述外,亦致力讲律。

---

① 蔡念生汇编:《弘一大师法集》第 2 册,第 665 页。
② 蔡念生汇编:《弘一大师法集》第 2 册,第 669 页。
③ 蔡念生汇编:《弘一大师法集》第 2 册,第 669 页。

1. 宏律第一步

1933年正月二十一日，开始在厦门妙释寺讲律①。大师言此为宏律第一步。②

2. 研习教授方法

1933年三月，大师于妙释寺致蔡丏因函："音在此讲比丘律学，法缘堪胜，数日后仍续讲，或即在南闽过夏也。学校用教授法书，乞择其简要易解者惠施一部，以备研习教授方法，为讲律之用也。"③大师参用新教授法。

3. 撰书《南山律苑住众学律发愿文》

大师1931年自己撰书《学南山律誓愿文》，1933年更亲为诸学者撰书《南山律苑住众学律发愿文》，同发四弘誓愿已，并别发四愿。

4. 教"圈点"律书

1933年六月，大师于开元寺致丏因函："讲律尚须继续，今岁未能北上也。……便中乞托人向上海棋盘街艺学社，或他处购水彩画用铅瓶装朱红颜料两打。……分赠与学律诸师圈点律书，及余自用，乞以惠施。"④大师教诸师圈点律书。

5. 愿以残年致力"讲律"

1934年正月，于草庵致丏因函："今岁元旦始已讲律。愿以残烬余年，专致力于此也。"⑤大师讲《含注戒本》，时五十五岁。

6. 撰书《讲羯磨联》

1937年大师《讲羯磨联》："愿尽未来，普代法界一切众生，备受大苦！（岁次丁丑元旦，居南陀讲《随机羯磨》敬书）誓舍身命，弘护南山四分律教，久住神州！（南山律苑沙门一音，时年五十有八）"⑥

7. 讲律、编讲义

1937年夏至日，大师于湛山寺致广洽法师函："每日课作时间，约七八小

---

① 《弘一大师全集》第8册，第20页。
② 林子青：《弘一大师新谱》，第310页。
③ 《弘一大师全集》第8册，第164页。
④ 《弘一大师全集》第8册，第165页。
⑤ 《弘一大师全集》第8册，第166页。
⑥ 蔡念生汇编：《弘一大师法集》第3册，第1417页。

时。星期日,预备功课。星期一,上午讲律,以后写字或编讲义。星期二,预备功课。星期三,同星期一。星期四,预备功课。星期五,同星期一。星期六,写字或编讲义。每星期共讲三次。"①

倓虚大师于《影尘回忆录》中,赞叹弘一大师讲课"像唱戏道白一样,一句废词没有。"②湛山寺及相关寺院,能常年巡回修学《随机羯磨》、《四分戒本》,实拜大师教导有方之赐。

(六) 录写年谱

大师《备览略编》后附《南山年谱》、《灵芝年谱》,对道宣律祖、元照律师之弘传律教、撰集时代,有简要整理。

道宣律祖撰述南山三大部之年岁:

31岁,撰《行事钞》3卷。

39岁,重修《行事钞》3卷、撰《随机羯磨》1卷、撰《含注戒本》1卷、撰《戒本疏》3卷。

40岁,撰《羯磨疏》2卷。

52岁,重修《随机羯磨》2卷。

53岁,重修《羯磨疏》4卷。

55岁,重修《含注戒本》2卷、重修《戒本疏》4卷。

上海大藏经会于大师《南山道宣律祖弘传律教年谱,附修学遗事》末,谨案:"此谱旧稿题云《南山大师撰集时代略谱,附修学遗事》,……末有案语及跋记云:'案南山大师撰集如上列者,其中惟有《随机羯磨》入藏流传,《删定僧戒本》、《感通传》世有刊本;其他悉于南宋之季,佚失不传。近乃得自东瀛,由天津刻经处刊板,汇为一帙,名曰《南山律要》。……演音书时春秋五十四初度。'……

"案灵芝著述,我国久佚,近始得自日本。惟杂着《芝园集》二十卷,仅存三卷,其余均由天津刻经处刊出。……癸巳(1953)中秋大藏经会谨识。"③

---

① 《弘一大师全集》第8册,第293页。
② 倓虚大师讲说,大光法师记述:《影尘回忆录》(下册),(台北)新文丰出版股份有限公司1973年6月初版,第215页。
③ 蔡念生汇编:《弘一大师法集》第2册,第883页。

灵芝律师年谱,依妙因律师 1951 年所述:"弘公律师撰大智律师年谱,缮清至三十五岁,乃竟生西;以下但有草稿,写明要事,附记出处。……谨依原稿录出,俾成其全。"①

再参照大师《含注戒本随讲别录》列出"南山律典目录"、"灵芝律典目录"。② 如下:

南山律典目录(据现今流传者。先后次第,依灵芝录)

1.《四分律删繁补阙行事钞》12 卷,6 册。天津版。(已下皆同)

2.《四分律拾毗尼义钞》4 卷,2 册。

3.《四分律删补随机羯磨》2 卷,1 册。

4.《四分律删补随机羯磨疏》4 卷,会入羯磨文 12 卷,6 册。

5.《四分律含注戒本》3 卷,2 册。

6.《四分律含注戒本疏》4 卷,会入戒本文 12 卷,6 册。

7.《四分律删定僧戒本》1 卷,1 册。

8.《四分律比丘尼钞》6 卷,3 册。

9.《量处轻重仪》2 卷,1 册。

10.《释门章服仪》1 卷,与《释门归敬仪》合册。

11.《释门归敬仪》1 卷。

12.《律相感通传》1 卷,1 册。

13.《教诫新学比丘行护律仪》1 卷,1 册。

14.《关中创立戒坛图经》1 卷,1 册。

15.《舍卫国祇洹寺图经》2 卷,与《戒坛图经》合册。

16.《净心诫观法》1 卷,与《新学比丘行护律仪》合册。

于"南山律典目录"后,大藏经会谨案:徐文蔚居士辑录《南山文剩》3 卷 1 册,与上 16 种,合编为《南山律要》。

灵芝律典目录(皆天津版)

1.《行事钞资持记》42 卷(与钞合会),20 册。

2.《羯磨疏济缘记》22 卷(与疏合会),12 册。

---

① 蔡念生汇编:《弘一大师法集》第 2 册,第 885 页。
② 蔡念生汇编:《弘一大师法集》第 3 册,第 1117 页。

3.《戒本疏行宗记》16 卷（与疏合会），16 册。

4.《芝苑遗编》5 卷，2 册，内附载他文。

5.《删定尼戒本》，今附刊《四分律比丘尼钞》后。

6.《章服仪应法记》1 卷，1 册。

7.《道具赋》1 卷，1 册。

8.《佛制比丘六物图》1 卷，1 册。

9.《遗教经论住法记》2 卷，2 册。

元照律师之《南山律宗祖承图录》，尊南山（道宣）律师为九祖。后世，尊灵芝（元照）律师为十祖。

（七）编撰律书

大师编辑"南山律典目录"及"灵芝律典目录"，晚学与慧明法师也参照编辑"弘一律典目录"（收于《南山律学辞典》附录）：

1.《四分律比丘戒相表记》

2.《五戒相经笺要补释》

3.《南山律在家备览略编》

4.《南山大师撰集时代略谱附修学遗事》

5.《律学讲录三十三种》

（包括《含注戒本随讲别录》、《删补随机羯磨随讲别录》、《事钞持犯方轨篇表记》、《律钞宗要随讲别录》、《梵网经菩萨戒本浅释》……《释门归敬仪撷录附授三归大意》、《律学要略附菩萨戒受随纲要表》、《剃发仪式》、《盗戒释相概略问答》……《四分律比丘戒相表记注》……等）

6.《南山律苑文集》

另，若参照再版《四分律比丘戒相表记》书后，附大师"南山律苑丛书出版预告"，共有 15 部。已完成者 4 部，校对中者 1 部，未完成者 10 部。①

已完成者：

1.《含注戒本随讲别录》

2.《删补随机羯磨随讲别录》

---

① 蔡念生汇编：《弘一大师法集》第 3 册，第 1412 页。

3.《南山律在家备览略编》

4.《南山大师撰集时代略谱附修学遗事》

后妙因(二埋)律师赓续遗业,将以下3部出版:

5.《行事钞资持记扶桑集释》1964年出版

6.《六物图集解》1964年出版

7.《南山律苑文集》1964年刊成

近获《妙因律师律学集》,发现以下3部亦已流通:

8.《教诫新学比丘行护律仪集解》1964年出版

9.《新删定四分僧戒本浅释》1964年出版

10.《随机羯磨浅释》1964年出版

近发现果清律师赓续此部:

11.《四分律比丘尼钞讲记》2005年出版

则15部中,未完成者4部:

1.《行事钞资持记表解》

2.《南山律在家备览》

3.《南山律宗传承史》

4.《南山律宗书目提要》

弘一大师圆寂后,被尊为南山律宗十一祖。

(八) 一心念佛

大师1918年出家,即精进念佛。1920年第一次掩关,为一心念佛,穷研律学。1921年第二次掩关,为研治毗尼,回向赡养。期以二载,修证三昧。

大师常书写佛号,广结善缘。亦于书简、演讲中,随缘尽力阐扬净土,但劝念佛。又以不可思议功德,悲智双运地平息"灭佛"。于抗战中决志舍身"殉教",呼吁"念佛不忘救国,救国必须念佛。"并庵门常掩,早求生西,虽存如殁,念佛待死。[①]

---

① 详见释慧观《弘一大师持戒念佛之典范》,(台北)弘一大师纪念学会2016年再版,第351—381页。

（九）义疏撷录

大师曾书写《阿弥陀经》，还随缘讲述。

1934年岁晚，万寿岩请讲《阿弥陀经》，大师披寻元照律师之《阿弥陀经义疏》，兼参考南宋戒度、法久二师记文，随力敷讲。岩主请别辑《义疏撷录》，将镂版弘布，以被乐简之机。

1935年正月，大师纂录既讫，写序为述往缘："隋唐已来，释小本弥陀经者数十家。……而云栖《疏钞》、幽溪《圆中钞》、灵峰《要解》，尤为时贤推重。但《疏钞》繁广幽奥，《圆中钞》、《要解》，亦复义理精微，非始学所能通贯。唯我律祖灵芝元照大师所出《义疏》，无多高论，妙协经宗，善契初机，深裨后进。"并叹惜南宋后，此土佚失，逮及清季，乃自扶桑奉返，刊版金陵。三十年来，犹无讲解流布者。①

我们初学，若依《义疏撷录》，以《义疏》下手，再修学《疏钞》、《圆中钞》、《要解》，必更循序渐进，融会贯通。

然而大师之《义疏撷录》却未得见，极为可惜！

平湖纪念馆王维军副馆长锲而不舍，终于在2014年震撼发现！从1936年之「佛教日报」寻觅到《义疏撷录》，使宝书重光，与《阿弥陀经》、《义疏》，三者合璧。此乃佛菩萨慈悲护念，弘一大师哀怜摄受，副馆长至诚恳切所致。今有因缘弘传，当如何欢喜踊跃耶！

（十）悲欣往生

大师于1940年旧三月，居永春普济寺，致李圆净函："朽人近年已来，精力衰颓，时有小疾。编辑之事，仅可量力渐次为之。若欲圆满成就其业，必须早生极乐，见佛证果，回入娑婆，乃能为也。古德云：'去去就来'，回入娑婆，指顾间事耳。……

"吾人修净土宗者，以往生极乐为第一目标。其现在所有讲经撰述等种种弘法之事，皆在其次。时节到来，撒手便行。决不以弘法事业未毕，而生丝毫贪恋顾惜之心。"②

---

① 《弘一大师全集》第7册，第432页。
② 《弘一大师全集》第8册，第203页。

大师此函,写于往生前两年半。开示编辑之事,仅可量力渐次为之。若欲圆满成就其业,必须早生极乐,见佛证果,回入娑婆,乃能为也。

"早生极乐,回入娑婆",若依《观经》所言,必是"上品上生,乘愿再来"无疑,如古德"去去就来"。早生极乐,智慧之至!回入娑婆,慈悲之至!

大师最后墨宝"悲欣交集"见观经,应是"悲智双运"之心情吧!欣者,欣自将早生极乐;悲者,悲众须回入娑婆。

四、结论

元照律师每曰:"生宏律范,死归安养。平生所得,唯二法门。"

其生宏律范,如:出家秉戒,专学毗尼。深体祖意,判立科文。振兴南山,撰述记释。域心佛乘,阐扬戒体。绍隆僧种,传戒讲律。追溯宗脉,楷定祖承。久住正法,录出撰集。

其死归安养,如:礼忏先罪,皈命念佛。执持弥陀,撰述义疏。预知时至,趺坐往生。

弘一大师承习了元照律师此二法门。其生宏律范,如:发愿学戒,研治毗尼。提纲挈领,重治科文。修习遗编,标圈校勘。显立正义,探述戒体。栽培后进,讲律教学。缅怀祖师,录写年谱。再住正法,编撰律书。其死归安养,如:圆成三昧,一心念佛。讲述弥陀,撷录义疏。悲欣交集,吉祥往生。

两位高僧,相隔八百多年,皆"生宏律范,死归安养",功在南山律宗、弥陀净土!典范盛德,永垂不朽!

【附图】

图1：元照律师法相

图2：弘一大师法相

图3：生宏律范

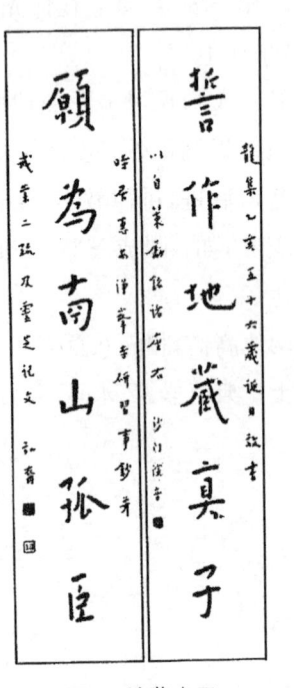

图4：地藏真子

弘一大师承习元照律师"生宏律范死归安养" | 029

图 5：来迎图

图 6：南山律苑联

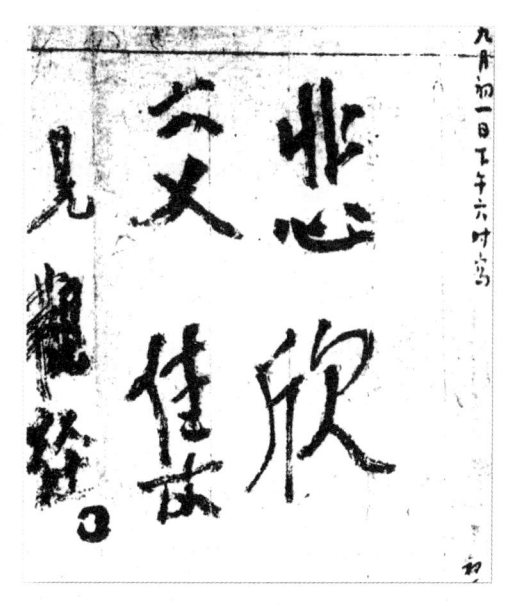

图 7：悲欣交集

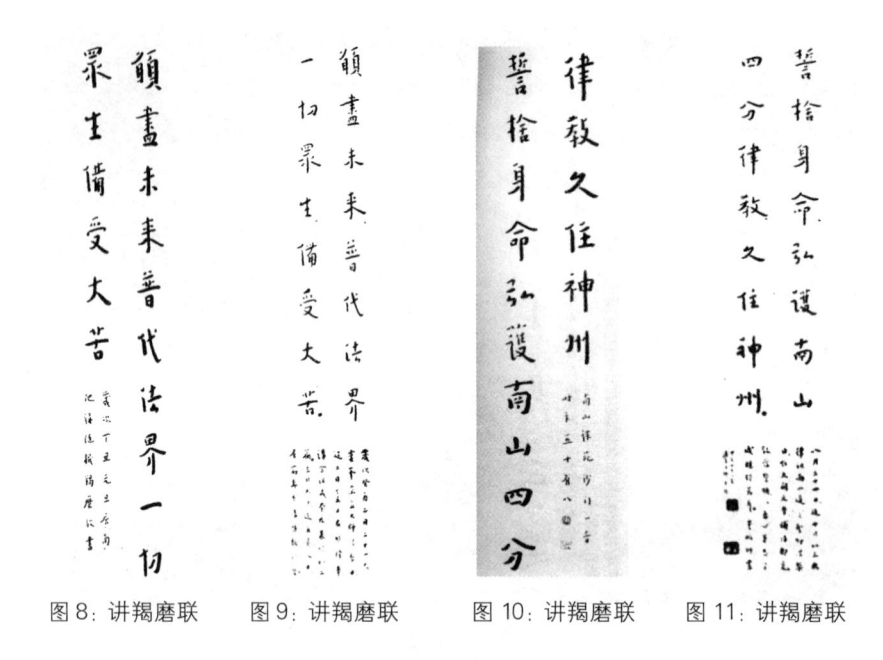

图 8：讲羯磨联　　图 9：讲羯磨联　　图 10：讲羯磨联　　图 11：讲羯磨联

（作者：西莲净苑法师、台北弘一大师纪念学会理事长）

Master Hongyi as a Successor of Vinaya Master Yuanzhao in Terms of "Extolling the Vinaya Models in Life and Returning to the Pure Land after Death"

Ven. Hui-guan

Vinaya Master Yuanzhao (1048 – 1116) always says, "To extol the Vinaya models in life and return to the Pure Land after death are the only two Dharma approaches I have ever learnt in my life."

As an advocate of the Vinaya models, the examples are his strict observance of the precepts after renunciation and focused learning in the Vinaya collection, thorough appreciation of his predecessors' interpretations and establishment of the textual structure, invigoration of the Nanshan Vinaya system and publications of relative compositions and commentaries, devotion to the Buddha-vehicle and propagation of the essence of precepts, transmission of the Sangha lineage and impartation of precepts as well as giving lectures on the Vinaya scriptures, tracing back to find the Nanshan origin and determination of the Nanshan heritage, and preservation of the right teaching and compilation of his patriarchs' works.

As for his wish to return to the Pure Land after death, the examples are his repentance for previous sins and devotion to Buddha-remembrance, intensely repetition of the Buddha's name and writing of *Yishu*, the expository commentary of the Amitabha Sutra, and foreseeing the time of his death and attainment of rebirth in the lotus posture.

Master Hongyi (1880 – 1942) succeeded these two Dharma approaches from Vinaya Master Yuanzhao.

The examples of his glorifying the Vinaya models in life are his aspiration to learn precepts and research in the Vinaya collection, grasping the main points to re-organize the textual structure, study of the Vinaya forebears' works and making punctuation and correction, establishment of the right meanings and exposition of the essence of precepts, fostering younger generations and giving lectures and teaching on the Vinaya collection, commemoration of the founders and compilation of their chronicles, and continuation of the preservation of the right teaching and writings on the Vinaya scriptures.

As for his wish to return to the Pure Land after death, the examples are his achievement of Samadhi and whole-hearted remembrance of the Buddha, speeches about Amitabha Buddha and digest of the *Yishu*, and auspicious rebirth to the Pure Land in the state of both compassion and joy.

These two masters, though with age difference of more than 800 years, both extol the Vinaya models in life and wish to return to the Pure Land after death. They both made their contributions on the Nanshan Vinaya system and the Amitabha Pure Land. As paragons of splendid virtue they will be remembered forever!

English translated by Jiang Zhen-hui

弘一大师专宗弥陀净土法门初探

高明芳

一、前言

《增壹阿含经·序品第一》偈曰：

诸恶莫作　　诸善奉行　　自净其意　　是诸佛教①

十方诸佛身口意三业无不清净，故世尊宣说的大乘法教，无不教授清净法，以趣向净土，早登觉岸。其中专说阿弥陀佛净土法门者，有三部，即弘一大师（1880—1942）所说："净土宗，始于晋慧远大师，依《无量寿经》、《观无量寿佛经》（以下简称《观经》）、《阿弥陀经》而立。"②

此三经初与世亲菩萨造《无量寿经优婆提舍愿生偈》（又名《往生论》）合称"净土三经一论"。迨至清朝咸丰年间魏源将《普贤行愿品》（原名《大方广佛华严经卷第四十·入不可思议解脱境界普贤行愿品》）附在三经之后，成为净土第四经。印光大师又将《大佛顶首楞严经》之《大势至菩萨念佛圆通章》列为净土第五经，合称《净土五经一论》，为弘一大师修持净土法门所依

---

① 东晋瞿昙僧伽提婆译：《增壹阿含经·序品第一》，《中华电子佛典协会 Chinese Buddhist Electronic Text Association》（以下简称 CBETA）电子版，T02，no. 0125，p. 5。
② 弘一大师：《佛法宗派大概》，见《弘一大师全集》编辑委员会编：《弘一大师全集》第 7 册，福建人民出版社 2010 年版，第 573 页。《弘一大师全集》以下简称《全集》又；《无量寿经》亦称大本阿弥陀经，或简称大本经。《阿弥陀经》又称小本阿弥陀经，或简称小本。因三经俱为佛说，故以下经名皆依大师，省略"佛说"二字。

持之净土经论。①

1940年7月,弘一大师应《佛学半月刊》发行《药师如来专号》之请,于致上海佛学书局书中曰:

> 余自信佛以来,专宗弥陀净土法门。②

早在1925年大师闭关庆福寺,即对寂山长老言:

> 弟子出家,非谋衣食,纯为了生死大事。③

1936年秋居鼓浪屿日光岩方便掩关,曾在致高文显函中说:

> 窃念余于佛法中最深信者,惟净土法门。④

1937年6月,也对传贯法师说:

> 余初发心在于净土法门。⑤

1940年3月18日于永春普济寺写给李圆净的信中则说:

> 吾人修净土宗者,以往生极乐为第一标的。其现在所有讲经撰述等种种弘法之事,皆在其次。⑥

---

① 印光大师:《净土五经重刊序》,见《印光法师文钞续编》上、下册合刊,(台北)佛陀教育基金会2010年版,第400—401页。
② 《弘一大师致上海佛学书局书》,见《全集》第8册,第497页。本文农历日期,皆采汉字小写数字,如一、二、三、……等。以下皆同。
③ 丁鸿图:《庆福戒香记》,转引自林子青著《弘一大师新谱》,见《全集》第10册,第86页;沈继生辑录:《温州庆福寺》,同前注,第449页。
④ 《弘一大师致高文显函》,见《全集》第8册,第407页。
⑤ 释传贯:《随侍弘公日记一页》,见《全集》第10册,第199页。
⑥ 《弘一大师致李圆净函》,见《全集》第8册,第385页。

1942年九月初一,大师圆寂前 3 天手书之最后遗墨,句点落在"悲欣交集"左侧"见观经"之后。①

以上诸因,引发笔者试从专宗的角度,略探弘一大师专宗弥陀净土法门的契因、依"净土五经一论"增上戒定慧三学以坚固信愿行三法的道次第。并藉由大师《净土法门大意》、《净宗问辨》等著述,略述大师对弥陀净土法门的劝修与弘扬。

同时,透过大师于《无量寿经》梵文原译本与会集本之间的取舍、净土回向偈改采度生愿、主张净宗行人应发菩提心读诵大乘经论,以及依缘起正见开平等悲智教化等面向,略探大师对弥陀净土法门殊胜的见地。

最后,由大师躬身落实弥陀净土法门为圆满易行的菩萨道、显扬弥陀净土法门的大乘真实义、饬终庄严遗留"见观经。"的教示等,略述大师专宗弥陀净土法门彰显的意义与启示。

二、弘一大师专宗弥陀净土法门的契因

弘一大师曾敬书《华严经·贤首品》偈:

菩萨发意求菩提,非是无因无有缘。
于佛法僧生净信,以是而生广大心。②

若非对佛法僧三宝生起清净至诚的仰信,弘一大师无有因缘在 39 岁的中年,毅然舍俗出家,发心专宗弥陀净土法门,以期究竟圆满广大弘深的菩提誓愿。

(一) 夙具善根德福因缘

大师自幼即显露早慧的特质,据大师自述"七八岁时,即有无常苦空之

---

① 弘一大师手书"悲欣交集　见观经",见《全集》第10册,图版第9页。
② 林天栋:《菩萨情、般若心的弘一大师》,见黄清源编《弘一大师圆寂六十二周年纪念文集》,中华闽南文化研究会 2004 年版,第172页。

感"①。五岁那年父亲辞世,家中延请僧众读诵《金刚经》等经文及施放焰口。大师"见僧之举动,均可敬爱",懵懂中种下对僧宝的净信和对佛法的好乐。②又因"十龄全学圣贤",③不仅为自身的品德,也为日后戒定慧三学的增上和求生安养的品位,奠定了高标。④

及长,目睹戊戌政变功败垂成,家国干戈战祸连绵。1905 年秋,临别祖国赴日之际作《金缕曲》:"破碎河山谁收拾,……度群生,那惜心肝剖?是祖国,忍孤负?"⑤这份爱祖国、度群生的襟怀,在大师出家之后,更延伸到对如来家业的荷担,以及对众生法身慧命的护念。

大师喜静,于《非静无以成学论》一文中曰:"静者,安也。……此心定矣,其心专矣,则学而不成者,未之有也。"⑥此安定、专注的习性与认知,对大师掌握相续一心的念佛行法,乃至修学静坐止观,有绝大的助益。

(二) 善知识接引

弘一大师曾书《净峰寺客堂门联》:

自净其心,有若光风霁月;
他山之石,厥惟益友明师。⑦

对于自况"二十文章惊海内,毕竟空谈何有"⑧的大师,在值遇佛法之前,从未停止过为生命的提升与超越寻找出路。曾"潜心理学,独尊程朱"⑨,且

---

① 蔡冠洛:《戒珠苑一夕谈》,见《全集》第 10 册,第 248 页。
② 胡宅梵:《记弘一大师之童年》,见《全集》第 10 册,第 178—179 页。
③ 胡宅梵:《记弘一大师之童年》,见《全集》第 10 册,第 178—179 页。
④ "极乐者,梵语须摩提,亦云安养。"见蕅益大师《阿弥陀经要解》,明学主编《蕅益大师全集》第 2 册,巴蜀书社 2013 年版,第 232—233 页。
⑤ 弘一大师:《金缕曲》,见《全集》第 8 册,第 38 页。
⑥ 弘一大师:《非静无以成学论》,见《全集》第 8 册,第 179 页。
⑦ 《全集》第 8 册,第 40 页。
⑧ 弘一大师:《金缕曲》,见《全集》第 8 册,第 38 页。
⑨ 弘一大师:《题过化亭跋》,见《全集》第 7 册,第 643 页。

探究过《道藏》①和日本天理教经典。②

　　1915 年挚友夏丏尊介绍日文杂志载释迦、耶稣皆曾实行的断食之法,1916 年十一月底,大师于虎跑寺断食期间,亲近了寺中的弘祥法师,并阅读了佛经。1917 年夏,大师发心素食,年冬从马一浮处"请了许多经,如《普贤行愿品》、《楞严经》、《大乘起信论》等"③所举之经论,皆与弥陀净土法门有密切的关联。

　　大师曾说:"自去腊(1916 年)受马一浮大士之熏陶,渐有所悟。世味日淡,职务多荒。"④1917 年正月大师居虎跑寺,亲见马一浮介绍认识的彭逊之剃度出家,大受感动。也依止了悟法师,皈依三宝,法名演音,号弘一。⑤

　　发心出家前,大师曾往访范古农"垂询出家后方针",也促成大师出家后阅藏的机缘。⑥ 幸得善知识接引,大师终于朝向菩提圣道迈进。

三、弘一大师专宗弥陀净土法门的道次第

　　弥陀净土法门以信、愿、行三法为宗。蕅益大师曰:

　　　　若无信愿,纵将名号持至风吹不入,雨打不湿,如银墙铁壁相似。亦无得生之理。⑦

　　印光大师亦曰:

　　　　若不重信愿,唯期持至一心,纵令深得一心,亦难了生脱死。何以故,以烦惑未尽,不能仗自力了生死。信愿既无,不能仗佛力了生死。⑧

---

① 丰子恺:《怀李叔同先生》,见天津市政协文史资料委员会、天津市宗教志编纂委员会编《李叔同——弘一法师》,天津古籍出版社 1988 年版,第 263 页。
② 李鸿梁:《我的老师弘一法师李叔同》,见《全集》第 10 册,第 283 页。
③ 弘一大师述、高胜进笔记:《我在西湖出家的经过》,见《全集》第 8 册,第 196—197 页;陈星:《马一浮:生平·佛缘·佛心》,《普门学报》第 2 期(2001 年 3 月),高雄佛光山普门学报社,第 4 页。
④ 《弘一大师致刘质平函》(1917 年 3 月于杭州),《全集》第 8 册,第 279 页。
⑤ 夏丏尊:《弘一法师之出家》,见《全集》第 10 册,第 187 页。
⑥ 范古农:《述怀》,见《全集》第 10 册,第 232 页。
⑦ 《弥陀要解》,《蕅益大师全集》第 2 册,第 246 页。
⑧ 印光大师:《净土指要》(1931 年),见《印光法师文钞续编》上、下册合刊,第 678 页。

弘一大师深明此义，为长养信愿行三资粮，其道次第，于解行并进中，不离戒定慧三学的相辅相成、渐次增上。

（一）读诵大乘经论开圆顿解为先导

弘一大师1925年指导孙选青研读净土法门经典次第时说：

> 由解而信始为真信之说，实与通途教义胞合。决非偏见。普陀光法师……亦云，以研究大乘经论开圆顿解为先导。①

1929年9月弘一大师于手录《圆觉本起章》识文也提及：

> 由解起信，因信起行。②

《阿弥陀经》的当机众为智慧第一的舍利弗尊者。诚如蕅益大师于《阿弥陀经要解》中所说：

> 信愿为慧行，持名为行行。得生与否，全由信愿之有无。品位高下，全由持名之深浅。故慧行为前导，行行为正修。③

弘一大师因"深究内典，信解日增，故发心出家"④，1918年7月13日大势至菩萨圣诞日出家后即于九十月至嘉兴佛学会，会所位于精严寺藏经阁。大师将阁中佛书每部为之标签，以便检阅。清藏全部，亦曾为之检理。⑤

1936年12月25日回答佛学院学生请问净土宗入门初步时说：

---

① 《弘一大师致孙选青函》，见《全集》第8册，第358页。
② 孙选青敬识：《弘一大师手录圆觉本起章》，见《全集》第7册，第375页。
③ 《弥陀要解》，见《蕅益大师全集》第2册，第234页。
④ 赵朴初：《〈弘一法师〉弁言》，见《全集》第10册，第390页。
⑤ 范古农：《述怀》，见《全集》第10册，第232页；弘一大师手书"南无阿弥陀佛"赠李绍莲题记，见《全集》第10册，第62页。

> 净土宗有二种：一是专修，一是兼修。专修者，如印光老法师所教，诵《阿弥陀经》外，惟念一句阿弥陀佛，念至一心不乱，乃至开悟得通，此专修法门也。……余所修者，以《普贤行愿品》为主，以此功德回向往生西方，可说教净双修。盖经律论三藏，皆余欢喜研读也。①

弘一大师读诵大乘经论开圆顿解，也抉择了教净双修为其专宗弥陀净土法门的行法方向。

（二）远追蕅益大师近宗印光大师之净土道风

蕅益大师（1599—1655）号智旭，为净土宗第九祖。印光大师（1862—1940）为净土宗第十三祖。二位大师的净土教言与道风，为弘一大师专宗弥陀净土法门，学习钦仰的典范。曾请衢州通考据性理之学的吴明经书"旭光"室额，以示效学之心。②

蕅益大师二十二岁"专志念佛"③，然毕生弘扬赞叹地藏菩萨，自称"地藏之孤臣"，弘一大师亦书"誓作地藏真子"以自惕励，足见其承续感念之意。④1934年弘一大师为大醒法师《地藏菩萨本愿经说要》写序，序文中说：

> 余以闇愚，获闻大法，实由地藏本愿摄之，蕅益大师宗论导之。战兢自勉，垂二十载。常念兹恩，未尝一日忘也。⑤

大师尚为新戒比丘时，即开始礼拜《地藏占察忏》清净律仪，为定慧的增长，奠定坚实的基础。⑥

---

① 释传贯：《随侍弘公日记一页》，见《全集》第10册，第198页。
② 弘一大师：《旭光室额跋》，见《全集》第7册，第642页。
③ 弘一大师：《蕅益大师年谱》，见《全集》第7册，第597页。
④ 1935年弘一大师56岁于净峰寺书。见《弘一法师在惠安》，惠安县文化馆、净峰乡文化馆、净峰寺弘一法师纪念室编印，1986年版，第58页。
⑤ 释大醒：《追念弘一律师》，见《全集》第10册，第263页。
⑥ 本文所述与地藏法门相关之内容，参见笔者《弘一大师与地藏法门的修持与宏扬》，杭州师范大学弘一大师·丰子恺研究中心编《如月清凉——第三届弘一大师研究国际学术会议论文集》，中国广播电视出版社2010年版，第63—82页。

弘一大师认为印光大师是其最服膺的"当世第一高僧"①。印光大师"弱冠之次年(21岁),出家为僧,专修净业"②。1920年春《印光法师文钞》出版,大师在题辞并序中说:"余于老人向未奉承,然服膺高轨,冥契渊致。"③曾多次向印光大师致书请益,虽未见原函,但从印光大师的覆书,可知于弥陀念佛法门,对大师做过关键性的开示。

1920年7月26日印光大师于覆书中说:"宜息心专一念佛,其它教典,与现时所传布之书,一概勿看,免致分心,有损无益。应时之人,须知时事。尔我不能应事,且身居局外,固当置之不问,一心念佛,以期自他同得实益,为惟一无二之章程也。"④此时,正值五四新文化运动风起云涌之际,印光大师似在教诫提醒,应将身心安住于佛号道业之中,避免因时事分心。

1921年8月27日,弘一大师于温州庆福寺"掩室谢客,一心念佛,将以二载,圆成其愿"⑤。1923年,从印光大师复书观之,弘一大师此时修念佛,并欲刺血写经。印光法师告以"先专志修念佛三昧,待其有所得,然后行此法事"⑥。弘一大师遂发愿,克期取证,誓证念佛三昧。印光大师复书曰:"知发大菩提心,誓证念佛三昧,克期掩关,以祈遂此大愿。"⑦并告以《大势至菩萨念佛圆通章》中"都摄六根,净念相继,得三摩地,斯为第一"⑧的念佛要旨。

弘一大师三度向印光大师上书陈情,愿厕弟子之列,终获慈悲摄受。⑨ 1924年,大师往普陀山法雨寺参礼印光法师"居七日,每日自晨至夕,皆在师房内观察师一切行为"⑩。足见对印光大师,师法宗仰之至诚恳切。

---

① 《弘一大师致姚石子函》,见《全集》第8册,第387页。
② 印光大师:《嘉言录题词并序》(1927年),见《印光法师文钞续编》上、下册合刊,第559页。
③ 弘一大师:《印光法师文钞》题辞并序,1920年暮春,见《全集》第7册,第618页。
④ 《印光法师复弘一法师书》(一),1920年7月26日,见《全集》第8册,第502页。印光大师复弘一大师书,《全集》与《印光法师文钞》卷一各有收录,总计得5通,唯此通载有时间年月。据《全集》编者注一所述,此通《文钞》未载。余4通,上下款年月俱被删去。故《全集》余四通之排列顺序,有待商榷,不足为凭。
⑤ 《弘一大师致夏丏尊函》,见《全集》第8册,第304页。
⑥ 《印光法师致弘一法师书》(四),见《全集》第8册,第503页。
⑦ 《印光法师致弘一法师书》(二),见《全集》第8册,第502页。
⑧ 《印光法师复弘一法师书》(二),见《全集》第8册,第502页。
⑨ 《弘一大师致王心湛函》,见《全集》第8册,第332页。
⑩ 弘一大师:《略述印光大师之盛德》,见《全集》第7册,第578页。

(三) 依《净土五经一论》解行并进增上戒定慧三学

印光大师曰:"欲令初机息心念佛,当以净土五经为先导。"①弘一大师深入法海,于弥陀净土法门的修持,仍以《净土五经一论》为主要的依归。解行并进,戒定慧三学相辅相成。

1. 增上戒学

《观经》云:

> 欲生彼国者,当修三福:
> 一者孝养父母,奉事师长,慈心不杀,修十善业。
> 二者受持三归,具足众戒,不犯威仪。
> 三者发菩提心,深信因果,读诵大乘,劝进行者。
> 如此三事名为净业。……此三种业乃是过去未来现在,三世诸佛净业正因。②

念佛之外,世尊于《观经》亦同时教授含摄戒学的三种福业,此为欲生阿弥陀佛极乐国土者之净业正因。蕅益大师曾说:

> 人知宗者佛心,教者佛语,不知戒者佛身也。……倘身既不存,心将安寄,语将安宣,纵透千七百公案,通十二部了义,止成依草附木无主孤魂而已。③

印光大师亦云:"凡修净业者,第一必须严持净戒,……戒为诸法之基址。"④弘一大师追述其初学小乘有部律,之后回小向大的学律历程:"辛未(1931年)二月十五日,乃于佛前发愿,舍弃有部,……愿尽力专学南山律宗,

---

① 印光大师:《净土五经附净行品序》,见《印光法师文钞续编》上、下册合刊,第404页。
② 宋西域三藏疆良耶舍译:《佛说观无量寿佛经》,CBETA,T12,no.0365,p.0341c09-14。
③ 蕅益大师:《示初平》,见《灵峰宗论》卷第二之一,(南投县)净律寺印赠2004年11月版,第134—135页。
④ 印光大师:《净土指要》,见《印光法师文钞续编》上、下册合刊,第678页。

弘扬赞叹,以赎往失。"①据李芳远的观察:"虽然老人认为初期的见解是一个莫大的过失;但,我想要是没有有部宗给他那么雄厚的根基,而后转学南山,他该没有这么惊天地泣鬼神的成就了。"②

弘一大师深信因果,故诸恶莫作,众善奉行。且勤于自我反省,勇于改过迁善。1938 年大师法缘甚盛之时,仍"自惭德薄能鲜,实不能胜弘法之任。故将归隐山中,退而修德耳"③。1939 年亦见其"闭门思过"④。此时的大师,必能以定慧二学的功德力为辅,细察己身的过失。如此行持,自然威仪不犯,众戒渐次具足。

2. 增上定学

《阿弥陀经》云:

> 若有善男子、善女人,闻说阿弥陀佛,执持名号,若一日、若二日、若三日、若四日、若五日、若六日、若七日,一心不乱。其人临命终时,阿弥陀佛与诸圣众现在其前。是人终时,心不颠倒,即得往生阿弥陀佛极乐国土。⑤

《大势至菩萨念佛圆通章》云:

> 都摄六根,净念相继,得三摩地,斯为第一。⑥

《观经》教授以心作观的行法,十六观之第一观,即教以"止观先定方所"⑦:

> 应当专心,系念一处,想于西方。⑧

---

① 弘一大师:《余弘律之因缘》,见《全集》第 1 册,第 234 页。
② 李芳远:《缘起》,见李芳远编:《弘一大师文钞》,(台北)天华出版公司 1993 年版,第 7—8 页。
③ 《弘一大师致高文显函》,见《全集》第 8 册,第 409 页。
④ 《弘一大师致李芳远函》,见《全集》第 8 册,第 419 页。
⑤ 鸠摩罗什译:《佛说阿弥陀经》,CBETA,T12,no.0366,p.0347b10 - 15。
⑥ 中天竺沙门般剌蜜帝译:《大佛顶首楞严经大势至菩萨念佛圆通章》,CBETA 电子佛典,T19,no.0945,全 1 页。
⑦ 吕碧城:《观无量寿佛经释论》,(台北)天华出版公司 1989 年版,第 27 页。
⑧ 《观经》,CBETA,T12,no.0365,p.0341c28 - 29。

无论执持名号至一心不乱,或都摄六根、净念相继,亦或系心一处念念不舍。三经所教示的,皆为定学的功德。定学的增上,有赖于反复的修学串习。因此,大师的云水生涯,几乎全处于掩关或掩室念佛、习静、习禅、阅藏或著述之中。

据啸月《弘一上人传略》所载,大师居青岛湛山寺时"除为学子讲律外,屏处一室,杜门谢客,人或见之,非静坐即拜佛"①。直至1942年旧八月十二日于泉州承天寺仍"拟于下月初三起,仍方便掩关"②。

1931年春,大师患痢疾甚剧,连诵《行愿品赞偈》一心生西,自言:"境界廓然,正不知山河大地有物我也。"③此定境似为破诸执见、解慧开发之相。1939年春,近代高僧广钦老和尚(1892—1986)于泉州城北清源山石洞中坐禅念佛,入定数月,众人误认已圆寂险遭火化。大师从普济寺赶至,为和尚开静。由此观之,大师于定学,业已具备了修证的功德力。④

3. 增上慧学

弘一大师《观心》歌词曰:"现前一念心性,应寻觅。……试观心性:内、外、中间、过去、现在、未来、长短方圆、赤白青黄。觅心了不可得,便悟自性真常,是应直下信入,未可错下承担。"⑤1939年2月至1940年十月大师居永春十利律院闭关,书门联:"闭门思过;依教观心。"⑥

《观经》详于教授生西之法,"以三福业为正因,以空观慧业为缘因"⑦。《观经》第八观曰:

> 诸佛如来是法界身,遍入一切众生心想中。是故汝等心想佛时,是

---

① 转引自《弘一大师新谱》,见《全集》第10册,第132页。
② 《弘一大师致罗铿端、陈士牧函》,见《全集》第8册,第442页。
③ 陈祖经:《弘一大师在温州》,见《全集》第10册,第317页。
④ 承天禅寺编著:《广钦老和尚事略》,《广公上人》初编,(台北)佛陀教育基金会2006年版,第5—6页;宗昂:《广钦老和尚云水记》,同前书,第121—122页;陈慧剑:《弘一大师不思义行考》,见陈慧剑著《弘一大师论》,(台北)东大图书公司1996年版,第241—243页。
⑤ 弘一大师:《观心》,见《全集》第8册,第59—61页。
⑥ 沈继生辑录:《永春普济寺》,《弘一大师驻锡寺院简介》,见《全集》第10册,第477页;《全集》第8册,第40页。
⑦ 吕碧城:《观经释论》,第73页。

心即是三十二相八十随形好。是心作佛是心是佛。①

当了知"是心作佛是心是佛"时,信愿之心,必也随之增长。

弘一大师具绘画素养,善于取像。又深入法义、具止观功力,便于观修。依《观经》之正观,可得念佛三昧,由观佛身亦能见佛心,如第九观所云:

> 以见诸佛故,名念佛三昧。……以观佛身故,亦见佛心。诸佛心者,大慈悲是。以无缘慈,摄诸众生。②

蕅益大师回答如何依《阿弥陀经》、《观经》正助兼修时说:"念佛观佛,归趣同,入门异。……正助兼修,本无定法,如行舟然。扬帆扯缆,撑篙摇橹,各随其便可也。"③

大师于持名念佛之外,必也兼修《观经》之正观,并思惟观修缘起性空的第一义谛,以趣入实相,增上慧学。

(四) 行菩萨道福慧双修

《无量寿经》叙述阿弥陀佛因地为法藏比丘,发四十八大愿"于不可思议兆载永劫。积殖菩萨无量德行"④。直至福慧圆满具足,成就西方极乐净土。

《观经》说欲生彼国者,当修菩萨行业的净业三福。《阿弥陀经》亦曰:"不可以少善根福德因缘,得生彼国。"⑤蕅益大师举出菩提佛果最重要的二种正因:"一发菩提心,受菩萨戒。二炽然作福。"⑥

弘一大师1918年七月十四日出家的第二天,书《楞严经·大势至菩萨念佛圆通章》赠夏丏尊"愿它年同生安养,闻妙法音,回施有情,共圆种智"⑦。对修学弥陀净土法门的道次第,大师已了然于心。此期生命报尽,愿往生安

---

① 《观经》,CBETA,T12,no.0365,p.0343a19-22。
② 《观经》,CBETA,T12,no.0365,p.0343c01-02。
③ 蕅益大师:《答卓左车弥陀疏钞三十二问》,见《灵峰宗论》卷第三之一,第309页。
④ 康僧铠译:《佛说无量寿经》卷上,见CBETA,T12,no.0360,p.0269c10-11。
⑤ 鸠摩罗什译:《佛说阿弥陀经》,CBETA,T12,no.0366,p.0347b09-10。
⑥ 蕅益大师:《示彭双泉》,见《灵峰宗论》卷第二之一,第156页。
⑦ 《全集》第9册,第144页。

养,见佛闻法证阿毗跋致,入不退转位。然后回入娑婆续行菩萨道,积集圆满成佛的福德资粮。

精进沉潜了十余年后,1931年7月13日,大师于五磊寺敬录《瑜伽师地论卷41·本地分菩萨地第十五初持瑜伽处戒品第十之二》菩萨戒羯磨文,在地藏菩萨像前自誓受菩萨戒。①

大师曾曰:"若一心念佛,获证三昧,我执自尔消除。"②我执消除,即不具杂染的"爱见大悲",③此时的大师,应已成办念佛三昧。自知能以清净心行菩萨道,真实地利益众生。④

1936年巨赞法师以万均的笔名发表《先自度论》,文中"征引了印度的大乘经论……从理论上证明学佛宜先自度。如《十住毗婆沙论》卷一:'自未得度不能度彼,如人自没淤泥,何能拯拔余人? ……是故说我度已当度彼。'"⑤因与弘一大师专修弥陀净土法门的道次第不谋而合,故友人坚执为弘一大师所撰。1937年3月大师书《华严》偈句:

　　开示众生见正道,犹如净眼观明珠。

赠巨赞法师,以志景仰。⑥ 惟二人始终缘悭一面,仅留僧赞僧的一段佳话。

四、弘一大师弘扬劝修弥陀净土法门的著述

弘一大师以演说开示、著述,书写经典、法语、"阿弥陀佛"圣号,以及与

---

① 胡宅梵(维诠):《弘一大师胜缘记略》,见《全集》第10册,第262页;《慈溪五磊寺》,同前书,第455页;玄奘译:《瑜伽师地论卷41·本地分菩萨地第十五初持瑜伽处戒品第十之二》,见 CBETA,T30,no.1579,p.0521b09-16。
② 《弘一大师致邓寒香函》(1925年闰四月于温州庆福寺),见《全集》第8册,第362页。
③ 佛法术语。不断烦恼而运大悲以救众生也。见《实用佛学辞典》,上海佛学书局1947年版,第1539页。
④ 净土祖师之修证经验可参阅彭希涑(即彭际清)述:《净土圣贤录》第2—4卷,CBETA,X78,no.1549,p.0228c02-p.0262c20。
⑤ 弘一大师:《赠万均法师华严集联跋》,见《全集》第7册,第637页;释巨赞:《我对于弘一法师的怀念》,见《全集》第10册,第310—311页。
⑥ 弘一大师:《赠万均法师华严集联跋》,见《全集》第7册,第637页。

道友书信往还等方式,弘扬劝修弥陀净土法门。大师曾说:"余字即是法。"①足见大师是以自身戒定慧的圣德为基,弘扬圣教。今仅就其传布于世之著述略探之。

(一)《净土法门大意》

此文为1932年十月,弘一大师讲于厦门妙释寺之讲稿,全文重点聚焦在劝发大菩提心。大师说:

> 修净土宗者,第一须发大菩提心。《无量寿经》中所说三辈往生者,皆须发无上菩提之心。《观无量寿佛经》亦云,欲生彼国者,应发菩提心。由是观之,惟求自利者,不能往生。因与佛心不相应,佛以大悲心为体故。②

为避免净土法门被讥评是小乘、消极的、厌世的、送死的。文中又再次强调:

> 常人谓净土宗惟是送死法门。(临终乃有用)岂知净土宗以大菩提心为主。常应抱积极之大悲心,发救济众生之宏愿。③

大师并于文中举出修净土宗者,应常常发代众生受苦心。大师请普润法师为王正邦居士讲解《观经》发起因缘,亦请其说明:

> 求生西方者,非只一人求快乐,应发愿,愿一切众生悉皆离苦得乐,往生西方。④

文中也劝请依《观经》读诵大乘,特别指明:"读诵普贤行愿品,回向往

---

① 叶青眼:《纪弘一大师于温陵养老院胜缘》,转引自《弘一大师新谱》,见《全集》第10册,第121页。
② 弘一大师:《净土法门大意》,见《全集》第1册,第305页。
③ 弘一大师:《净土法门大意》,见《全集》第1册,第305页。
④《弘一大师致普润法师函》,见《全集》第8册,第466页。

生。……临命终时,此愿不离,引导往生极乐世界,乃至成佛。"[1]

(二)《人生之最后》

此文为弘一大师 1932 年 12 月在厦门妙释寺念佛会开示之讲稿,"虽仅数纸,皆撮录古今嘉言及自所经验"[2]。大师周详地顾念到病重、临终、命终后一日,及荐亡、发起临终助念会等诸多细节。然而,蕅益大师早有开示:

> 《观经》云:逆恶之人,临终十念皆得往生。夫临终十念,必深植善根。今逆顺境缘,便不复有正念,何况临终。……当临终时安保善友现前,设现前时开示,神识昏迷,而欲求其信解,此又决不可得之数也。[3]

大师也恳切告诫:

> 吾人临命终时,乃是一生之腊月三十日,为人生最后。若未将往生资粮预备稳妥,必致手忙脚乱,呼爷叫娘,多生恶业一齐现前,如何摆脱。临终虽恃他人助念,诸事如法。但自己亦须平日修持,乃可临终自在。[4]

为了确保临终能依《人生之最后》如法往生,弘一大师劝修药师法门。仰仗药师如来的大愿力,可免除火焚、水溺、饥渴、诛戮、轻病误诊……等"九横死",又可资助生西。[5] 故曰:

> 修净土宗者,若再能兼修药师法门,亦有资助决定生西的利益。依药师经说:"若有众生能受持八关斋戒,又能听见药师佛名,于其临命终时,有八位大菩萨来接引往西方极乐世界众宝莲花之中。"[6]

---

[1] 弘一大师《净土法门大意》,见《全集》第 1 册,第 305 页。
[2] 弘一大师《人生之最后弁言》,见《全集》第 7 册,第 625 页。
[3] 蕅益大师:《修净土忏并放生社序》,见《灵峰宗论》卷第六之一,第 678—679 页。
[4] 弘一大师:《人生之最后》,见《全集》第 8 册,第 189 页。
[5] 参见玄奘译:《药师琉璃光如来本愿功德经》,T14, no. 450, p. 0408a02 - 17。
[6] 弘一大师:《药师如来法门一斑》,见《全集》第 1 册,第 327 页。

又因战事频仍,生灵涂炭。若"依《地藏经》中所载,能令吾人衣食丰足,疾疫不临,家宅永安,所求遂意,寿命增加,虚耗辟除,出入神护,离诸灾难等"。① 劝请"净宗道侣修持之法,固以净土三经为主。三经之外似宜兼诵《地藏经》以为助行"②,并举:

> 《观无量寿佛经》以修净业三福为净业正因。三福之首,曰孝养父母。而《地藏本愿经》中,备陈地藏菩萨宿世孝母之因缘,……凡我同仁,常应读诵《地藏本愿经》,以副《观经》孝养之旨。……复进而修持五戒十善等,以为念佛之助行,而作生西之资粮。③

(三)《佛说阿弥陀经义疏撷录》

宋朝灵芝元照律师(1048—1116)著《阿弥陀经义疏》(以下简称《义疏》),④自"南宋以降,此土佚失不传。元明诸师,咸未获见。逮及清季,乃至扶桑奉返,刊版金陵"。⑤ 1919 年春,大师居杭州玉泉寺,即请杨白民代请此书。⑥ 然此书奉返三十年来,均未见讲解流布者。

1934 年岁末,弘一大师得到日本古刊《义疏闻持记》会本,此为南宋戒度、法久二律师所撰述,以解释《义疏》。时万寿岩主劝请大师讲说《阿弥陀经》,大师披寻《义疏》,兼考《闻持记》,别辑《阿弥陀经义疏撷录》一卷。1936 年 1 月 8 日至 19 日,以"僧胤"的署名,分 12 期于《佛教日报》连载全文。⑦

《义疏撷录》以教理行果四门,标明显此经要义:以"净土教门为大乘圆顿之法"明教相。以"一切大乘皆以等实相为体。今经即以弥陀修因感果依

---

① 弘一大师讲、王梦惺记:《普劝净宗道侣兼诵〈地藏经〉》,见《全集》第 7 册,第 578 页。
② 《普劝净宗道侣兼诵〈地藏经〉》,见《全集》第 7 册,第 577—578 页。
③ 《普劝净宗道侣兼诵〈地藏经〉》,见《全集》第 7 册,第 577—578 页。
④ 西湖灵芝崇福寺释元照述:《阿弥陀经义疏》,CBETA,T37,no. 1761,p. 0356b07 - 0363c13。
⑤ 弘一大师:《佛说阿弥陀经义疏撷录序》,见《全集》第 7 册,第 628 页。
⑥ 《弘一大师致杨白民函》,见《全集》第 8 册,第 270 页。
⑦ 此文佚失半个多世纪,《全集》亦未收录。经王维军搜寻重获,于 2014 年浙江平湖李叔同纪念馆建馆十周年,由其主持编印,许士中居士将经文和疏文,分别以大师常用之尺牍体及弘体恭录敬书,法缘得以再现。参见王维军《后记:宝书重光——弘一大师佚文〈佛说阿弥陀经义疏撷录〉发现记》,平湖李叔同纪念馆编、弘一法师撷录《佛说阿弥陀经义疏撷录》,西泠印社 2014 年版,第 53—78 页。

正庄严不思议功德"明所诠理。以"发无上道心,修六度万行"明大行;以"专示持名"为行法。以"是人终时心不颠倒,即得往生极乐世界"明近果;以"众生生者皆得不退转阿耨菩提"明远果。① 继之将《义疏》经文解释之重点,化繁为简,以科判表解方式呈现。纲举目张,一目了然。应可遂大师撷录《义疏》接引初机及"乐简之机"者之愿。②

(四)《净宗问辨》

此文为弘一大师 1935 年 2 月于万寿岩之讲稿。有鉴于古德为遣除疑惑,每于撰述之时,采取问答方式。故大师以同样的体例,于当时盛传的"若不商榷,或致诖乱"的净宗疑义,③诸如净土法门弘传的方式、净宗行人的行持、菩萨行者何故求生西方?修净业者不应排斥教理和抛弃世缘的理论根据,以及法相宗学者不妨求生西方等问题,别述所见,冀息时疑。

大师撰《净宗问辨》证实,弥陀净土法门从理论到实践,皆经得起问辨的考验。此文深切显露大师对三根普被、利钝全收,总摄十方诸佛度化众生究竟慈悲的无上法门,其匡正时风的勇气和对如来家业的承担。

除上四种,1938 年 7 月 13 日大师剃染出家 20 周年,于尊元楼讲《阿弥陀经》,回向众生,同证菩提,并书《苦乐对照表》二纸,呈奉经楼以为纪念。④ 第一纸,大师将宋朝慈云忏主撰娑婆世界与极乐世界修行难易各十种,⑤重新整理。以苦乐二门标显,列表对照。第二纸则将宋朝无为居士杨杰所撰《二土苦乐》,以娑婆世界八苦与极乐世界之乐,列表对照。⑥ 二位古德劝修弥陀净土法门之文,经由大师整理,又灌注了新时代的新生命。

大师又撰《劝人听钟念佛文》,此为近人发明之听钟念佛法。大师认为甚奇妙,愿广为传播。文中曰:"普陀印光法师覆永嘉论月律师函云:凡夫之心,不能无依,而娑婆耳根最利。听自念佛之音亦亲切。但初机未熟,久或

---

① 以上所引,见《义疏撷录》,第 3—5 页。
② 《义疏撷录序》,见《全集》第 7 册,第 628 页。
③ 弘一大师:《净宗问辨序》,见《全集》第 7 册,第 619 页。
④ 弘一大师:《苦乐对照表》,见《全集》第 8 册,第 208 页。
⑤ 慈云:《娑婆十难净土十易》,见大佑集:《净土指归集》上卷,CBETA,x61,no. 1154,p. 0378a10 - p. 0378b13。
⑥ 无为居士:《二土苦乐》,见《净土指归集》上卷,CBETA,x61,no. 1154,p. 0377c16 - p. 0378a09。

昏沉,故听钟念之,最为有益也。"①大师并详述配合钟声丁当之响的节拍,称念四字"阿弥陀佛"或六字"南无阿弥陀佛"圣号。

五、弘一大师于弥陀净土法门殊胜的见地

(一) 以康僧铠译《无量寿经》为准则

净土三经中《无量寿经》东来最早,自汉迄宋凡十二译。宋元以降,仅存五本依梵文翻译的原译本:②

1. 后汉·支娄迦谶译《佛说无量清净平等觉经》(三卷)。
2. 吴·支谦译《佛说诸佛阿弥陀三耶三佛萨楼佛檀过度人道经》(二卷)。
3. 曹魏·康僧铠译《佛说无量寿经》(二卷)。
4. 唐·菩提流志《大宝积经(第十七)无量寿如来会》(二卷)。
5. 宋·法贤译《佛说大乘无量寿庄严经》(三卷)。

此五本,互有详略,南宋以后依此五种原译本又有四种会集本:

1. 南宋王日休《大阿弥陀经》:取汉吴魏宋四译,会集而成。
2. 清初彭绍升《无量寿经》:取曹魏·康僧铠译本,删其繁冗节为一本。
3. 清咸丰中魏源《摩诃阿弥陀经》:取五种原译,会集成一册。
4. 近代夏莲居《佛说大乘无量寿庄严清净平等觉经》:取五原译,会集成。③

1925 年,弘一大师于《魏译〈无量寿经〉序》中,表达了对会集本的看法:

> 若夫南宋而后,迄于清季,会译重治者,如王氏《大阿弥陀经》、彭氏《无量寿经》节本、魏氏《摩诃阿弥陀经》(旧称"无量寿经"后易今名),虽曰遣烦,实芜正典。明识之众,并致攻难,斯固无足述矣。④

---

① 弘一大师:《劝人听钟念佛文》,见《全集》第 1 册,第 348 页。
② "五存七欠"指《无量寿经》翻译流传的始末。见《实用佛学辞典》,第 361—362 页。
③ 以上节录自《华藏净宗弘化网》,网址:http://www.hwadzan.com/教育专区。
④ 弘一大师:《魏译〈无量寿经〉序》,见《全集》第 7 册,第 622 页。

又曰：

希伦居士写魏译经二卷，碧华居士倡缘弘布，预闻圣德，不胜欢赞。惧初心者，或执一非余，又昧于朱紫。因其请序，聊复示之。①

大师尊原译，除因会集本"实芜正典"。又恐初学者"昧于朱紫"，以会集本取代原译，以紫夺朱。藉此请序因缘，表达了个人的观点。②

五种原译本中，公认为正本而读诵讲说和注疏者，即康僧铠译《佛说无量寿经》。依此译本，隋慧远撰《佛说无量寿经义疏》二卷、隋吉藏撰《无量寿经义疏》一卷、唐璟兴撰《无量寿经连义述文赞》三卷、新罗元晓撰《无量寿经宗要》一卷。③

印光大师以康僧铠译本为准则。④ 范古农于撰《阿弥陀佛四十八愿次序说》，特别标明（依魏译无量寿经）。⑤ 道源长老说：

整理佛经有一个规矩，你可以作论，不能作经，因为经是佛说的。佛在世时，有五种人可以作经，佛涅槃以后，菩萨、罗汉，乃至大乘凡夫只能造论。而论有两种，第一种叫宗经论，经文翻译得不够好，你可以依着经的意旨，另外造论。第二种叫释经论，你认为难懂，你可以一段一段、一句一句解释，就是现在的注疏。我们当小法师的时候，老法师告诉我们，研究《无量寿经》要用康僧铠翻译的。⑥

---

① 弘一大师：《魏译〈无量寿经〉序》，见《全集》第 7 册，第 622 页。
② 莲池大师曾说王龙舒的会集本"抄前著后，未顺译法"。印光大师也认为会集有相当的困难，二位大师都通泛地否定了一切后来人"妄充通家"的会集行为。见法藏法师：《康译〈无量寿经〉劝持修订序》，佛教《水月阁》网址：http://www.sanghanet.net 法海一滴/无量寿经会集本。
③ 参见 CBETA 电子版，T37, No. 1745, pp. 1 - 36;《实用佛学辞典》，第 1421 页。
④ 《印光法师复王子立居士书二》曰："第三译即佛说无量寿经二卷，现皆受持此经，即曹魏康（国名）僧铠译。……故皆以康僧铠之无量寿经为准则。"见《印光法师文钞三编》上册，（台北）佛陀教育基金会 2013 年版，第 524—525 页。印光大师对会集本的看法，可参阅释戒定《印光大师极为反对会集本》，释宗舜《论印光大师评会集本》（上），见《水月阁》网站专栏。
⑤ 《佛学半月刊》第 204 期（1940 年 5 月 1 日），《民国佛教期刊文献集成》第 55 卷，第 299—301 页。
⑥ 五种人系指佛金口说、佛弟子说、仙人说、诸天说、化人说。道源长老（1900—1988）讲述：《佛说无量寿经讲记》，1978 年 8 月讲于台北志莲精舍，（台北）佛陀教育基金会 2015 年版，第 34—35 页。

律航法师亦于《无量寿经与净土法门关系重要论》中曰："今我不揣冒昧,贡献净土行人一个意见,若欲研究大经,请用曹魏天竺三藏康僧铠译本与隋京师净影寺沙门慧远撰疏。"①

大师对经典版本的校勘,甚为严谨。其所依之经典,以契合圣言量为准则。为人书写《药师琉璃光如来本愿功德经》,皆依高丽藏梵文原译本,不采用坊间会集之流通本,由此可见一斑。②

(二) 回向偈末句改采"普利一切诸含识"表利生愿

佛门课诵本一向皆采"愿生西方净土中,九品莲花为父母,花开见佛悟无生,不退菩萨为伴侣"的四句回向偈③。

1935年4月14日,弘一大师于惠安净峰寺,致函聂云台,提及:

> 近来念佛时常用之"愿生西方净土中"四句,其末句为"不退菩萨为伴侣",语气殊未完足,(似尚有下文者)且此四句,仅言升西,而无利生之愿,亦有未合。余于五六年前曾劝人将第四句改为"普利一切诸含识"(用《普贤行愿品》成句)则语句既能完足,且具利生之愿。但至今犹无人承用者。④

"不退菩萨为伴侣",实非弥陀度化众生之本愿。2016年台湾南投县净律寺重新排版的《佛门必备课诵本》,将第四句改为"回入娑婆度有情",既契合佛心,亦可堪告慰大师"普利一切诸含识"的利生行愿。⑤

(三) 依缘起正见开平等悲智的教化

佛陀应机说法,法门无量无边。弘一大师深解缘起胜义,虽专宗弥陀净

---

① 见《现代佛教学术丛刊》第68册,第247页。
② 本文所述与药师法门相关之内容,参见笔者《菩萨比丘弘一大师与药师法门的弘扬》,杭州师范大学弘一大师·丰子恺研究中心编《一月千潭——第五届弘一大师研究国际学术会议论文集》,上海三联书店2016年版,第177—213页。
③ 《佛门必备课诵本》,(台北)佛陀教育基金会2001年版,第111页。
④ 《弘一大师致聂云台函》,见《全集》第8册,第413页。
⑤ 《佛门必备课诵本》(净律寺重排版),(台北)佛陀教育基金会2016年版,第137页。

土法门,亦能展现佛陀平等悲智的教化。1925年大师于致邓寒香函中说:

> 众生根器不一,……不必执定己之所修为是,而强人必从。以根器各异,缘业不同,万难强令一致也。①

又曰:

> 因众生习染有深浅,觉悟有先后。而佛法亦依之有种种差别,以适应之。……所谓药无贵贱,愈病者良。佛法亦尔,无论大小、权实、渐顿、显密,能契机者,即是无上妙法也。②

因此,大师皆能就性之所近,劝导学习。如陈海量初谒大师,受赠《印光法师文钞》等十余种书。其后陈海量禀告大师愿习禅,大师说"法无高下,难易在人,子乐习禅,夙因有自",并以《宗范》一部相赠,并告以"习禅须览是书,以防歧路"③。又对传贯法师说:"菩萨度生,须观缘熟,方可行化,不然则拱手待之。"④于《改习惯》文中也说:"改正习惯时,皆由自己发心。决无人出命令而禁止之也。"⑤

大师认为唐朝先后形成的十个主要宗派:"虽阐发的内容与程度的深浅有种种的不同,但都与佛法相契合,应当流传。……所以学习某宗派的人,不能轻视它宗,更不能毁谤它宗。学习一宗,便毁谤它宗,不希望其流传,这是很错误的偏见,应该防止。"⑥

同时建议净宗行人将小乘经典《佛说无常经》奉为晚课"既可依循佛世芳规,又能警悟无常,兼其求生之愿,未可以为小乘而忽之也。世之谤小乘者,宜请其诵《地藏菩萨十轮经》,当可猛醒"⑦。大师于净峰寺弘法,也不排

---

① 《全集》第8册,第363页。
② 弘一大师:《佛法宗派大概》,见《全集》第7册,第573页。
③ 以上所引见陈海量《香火因缘话晚晴》,见《全集》第10册,第235页。
④ 释传贯:《随侍弘公日记一页》,见《全集》第10册,第199页。
⑤ 弘一大师:《改习惯》,《全集》第7册,第560页。
⑥ 弘一大师讲、陈祥耀记录:《佛教的源流与宗派》,见《全集》第7册,第567页。
⑦ 《弘一大师致丁福保函》,见《全集》第8册,第330页。

斥基督教徒求见与闻法。寺中留有大师手书《华严经》句：

> 平等观诸法，慈光照十方。①

大师以缘起正见，还原佛陀平等悲智的教化。此悲智之心，相应于印光大师《阿弥陀佛像赞》所言：

> 四十八愿度众生，逆恶归心也来迎。非是混滥无简择，怜彼是佛尚未成。②

（四）主张净宗行人应读诵大乘解行并进

印光大师说：

> 念佛法门，乃律、教、禅、密、诸宗之归宿，人、天、凡、圣，成佛之快捷方式。……小知见人，均谓是愚夫愚妇之法门。③

弘一大师亦言：

> 学佛以修净土最为稳当。是宗普被三根，未可嗤为愚夫愚妇之所为也。④

英译《净土四经》，弘一大师署名昙昕为之题写书名的吕碧城，其念佛日以万计。基于理之所在，不容缄默，故直言：

> 自诸大德，偏赞持名，遮止其余，……致使行人名习近小乘，……利己有余，宏道未圆。……若宏扬净土者，欲废读经，则净宗愈盛而佛法

---

① 庄连福口述，陈炎兴、陈作二整理：《毫无宗教异己成见的人》，见《全集》第10册，第324—325页。
② 印光大师：《阿弥陀佛像赞》，《印光法师文钞续编》上、下册合刊，第645页。
③ 印光大师：《致广慧和尚书》，《印光法师文钞续编》上、下册合刊，第379页。
④ 《弘一大师致郭奇远函》，见《全集》第8册，第327页。

愈衰。①

此弊病于当时，或已积习甚深，致令净土法门屡被讥为愚夫愚妇所为。弘一大师于《净宗问辨》所立的第一个问答，即针对此：

> 问：当代弘扬净土宗者，恒谓专持一句弥陀，不须复学经律论等，如是排斥教理，偏赞持名，岂非主张太过耶？
>
> 答：上根之人，虽有终身专持一句圣号者，而决不应排斥教理。若在常人，持名之外，须于经律论等随力兼学，岂可废弃。且如灵芝疏主，虽撰义疏盛赞持名，然其自行亦复深研律藏，旁通天台法相等，其明证矣。②

当时金陵刻经处创办人杨仁山"极力反对那些只着眼于十念往生，而不发菩提心及修诸行的说法。他说净土法门普被三根。至于十念往生，在《无量寿经》和《观无量寿经》内都只属于下品。必发菩提心，修诸功德，方生中上"③。杨仁山说："若在初修时，唱言舍圣道，便是违背净土宗旨矣。净土门以三经一论为依，切须体究经论意旨，方名如来真子也。"④

竺摩法师亦同感："真正净土宗的教理，也不是仅仅叫人持一句名号，一切都可不理，一切都能成就那么简单！古德如晋之慧远，隋之昙鸾、道绰，唐之善导，宋之永明，明末清初之莲池、紫柏、憨山、蕅益，当代之印光等。皆深达教理，而行宗净土。非谓念佛求生净土，即不需要研究教理。"⑤

《观经》明示："读诵大乘"为往生净土的正因。⑥ 大师依教奉行，开导净宗行人，除念佛之外，应理解《净土五经一论》和佛教教史，解行并进。闻思修三慧、戒定慧三学增上，信愿行三资粮方可真实具足。

---

① 吕碧城：《观经释论》，第 65—66 页。
② 弘一大师：《净宗问辨》，见《全集》第 1 册，第 305—306 页。
③ 游侠：《杨仁山居士的净土思想》，见《现代佛教学术丛刊》第 65 册，第 344—345 页。
④ 杨仁山：《评真宗教旨》，见麻天祥主编《杨仁山卷》(20 世纪佛学经典文库)，武汉大学出版社 2008 年版，第 257—258 页。
⑤ 竺摩法师：《净土法门丛谭》，《现代佛教学术丛刊》第 67 册，第 83—84 页。
⑥ 《观经》，CBETA，T12，no. 0365，p0341c12-14。

六、弘一大师专宗弥陀净土法门的意义与启示

(一) 躬身落实弥陀净土法门为圆满易行的菩萨道

通途的菩萨道,从初发菩提心到圆满成佛,需三大阿僧祇劫,历经《华严经》十信、十住、十行、十回向、十地、等觉、妙觉等五十二个阶位。大师行持的是易行的菩萨道,即弥陀净土法门。大师说:

> 泛泛修其他法门的,在这五浊恶世,无佛应现之时,很是困难。若果专修净土法门,则依佛大慈大悲之力,往生极乐世界,见佛闻法,速证菩提,比较容易得多。所以龙树菩萨曾说,前为难行道,后为易行道。①

《阿弥陀经》云:

> 极乐国土众生生者,皆是阿鞞跋致。②

《义疏》对阿鞞跋致的解释是:

> 此云不退转。……生彼国者,下至凡夫直至成佛更无退堕。③

意即往生极乐世界者,皆可了达空性,得无生法忍,住不退转位。待回入娑婆广度有情,菩提心不退转,直至圆成佛果。因此,大师对传贯法师说:"若得往生,便能垂愿再来,回入娑婆,力量更大,弘律甚是容易。"④往生的前一日,对妙莲法师说:"平常的人,多劝我住世,但是不晓得我生西方以后,乘

---

① 弘一大师讲、李芳远记:《佛教之简易修持法》,见《全集》第 7 册,第 576 页。
② 《阿弥陀经》,CBETA,T12,no. 366,p0347b04 - p0347b05。
③ 《阿弥陀经义疏》,CBETA,T37,no. 1761,p0361b11 - 12。
④ 释传贯:《随侍弘公日记一页》,见《全集》第 10 册,第 199 页。

愿再来,一切度生的事业,都可以完满成就。"①

《净宗问辨》提问:"菩萨应常处娑婆,代诸众生受苦,何故求生西方?"答曰:

> 初心菩萨未得无生法忍,志虽洪大,力不勘任也。大智度论云:具缚凡夫有大悲心,愿生恶世救苦众生无有是处。……未证无生法忍者,要须常不离佛也。②

1942年9月,弘一大师曾赋二偈与友人告别:

> 君子之交,其淡如水。执象而求,咫尺千里。
> 问余何适,廓尔亡言。华枝春满,天心月圆。③

圣者自内所证的涅槃实相境界,是"廓尔亡言"的离言说相。大师将忆佛、念佛、观佛、广修诸善、发愿回向,毕竟得以见佛的感悟,以"华枝春满,天心月圆"的世出世间圆满相,透露给友人。道出躬身落实弥陀净土法门,为圆满易行的菩萨道。

(二) 显扬弥陀净土法门的大乘真实义

1. 发菩提心

《无量寿经》教示:极乐世界上中下三辈往生者,皆以发菩提心为因。④《观经》亦明言九品往生者,皆需发菩提心。虽下品下生逆恶之人,非生前发菩提心。然往生之后,听闻妙法。闻已欢喜,即发菩提之心。⑤ 故世亲菩萨造《往生论》,谓弥陀净土是:"大乘善根界,……二乘种不生。"⑥

---

① 释妙莲口述、僧睿笔记:《弘一大师生西经过》,见《全集》第10册,第200页。
② 弘一大师:《净宗问辨》,见《全集》第1册,第306页。
③ 《弘一大师致夏丏尊函》,见《全集》第8册,第324页。
④ 《佛说无量寿经》卷下,见 CBETA, T12, no. 0360, p0272b16 - p0272c10。
⑤ 《观经》, CBETA, T12, no. 0365, p. 0344c10 - p. 0346a25。
⑥ 婆薮盘豆(旧译天亲,新译世亲之梵名)菩萨造:《无量寿经优婆提舍愿生偈》1卷, CBETA, T26, no. 1524, p. 0231a13 - 14。

为了与弥陀佛的大悲心相应，方可往生极乐的生西要件，大师于《净土法门大意》强调不发菩提心，不与佛心相应，不得往生极乐净土之外，同时教授发菩提心。如同地藏菩萨般"愿于三恶道中，以身为抵押品，赎出一切恶道众生。众生之罪未尽，我绝不离恶道，誓愿代其受苦。故虽经过极长久之时间，亦决不起一念悔心，一念怯心，一念厌心"[1]。又鼓励作慈善事业，"因现生能做种种慈善事业，亦可为生西之资粮"[2]。

2. 深信因果

1934 年大师和瑞今法师谈及倡办小学僧教育，旨在"令学者深信佛菩萨之灵感，深信善恶因果报应之理，……以造成品行端方，知见纯正之学僧。"[3] 和性愿法师谈及幼年僧教育方法时也说："以学劝善及阐明因果报应之书为主，兼净土宗大意。……如此教授，可以养成世间君子之资格。既有此根基，然后再广学出世之法，则有次第可循矣。"[4]

1937 年于《南闽十年之梦影》中说："我以为无论那一宗那一派的学僧，却非深信不可，那就是佛教的基本原则，就是深信善恶因果报应的道理。……这不仅初级的学僧应该这样，就是升到佛教大学也要这样。"[5]

深信及思惟观修因果缘起的道理，能引生般若的智慧。转凡夫心为圣者心，如实通达空义与诸法实相。破我执、断烦恼，现生即可得利益。

因此，大师以发菩提心、深信因果，养成端方的人品，厚植净土善因，为修学大乘弥陀净土法门者，所应具备的正知见。

（三）饬终庄严遗留"见观经"的慈悲教示

弘一大师往生前三天交给侍者妙莲法师的最后遗墨"悲欣交集"，句点落在左侧"见观经"之后。（见下页图）然而，《观经》经文中无有"悲欣交集"四字。因此，见《观经》的教法内容，或为遗墨真正的标旨。

《观经》为净宗最初立宗所依的三经之一，经文提及十六种观相念佛的

---

[1] 《全集》第 1 册，第 305 页。
[2] 《全集》第 1 册，第 305 页。
[3] 《弘一大师致瑞今法师函》，见《全集》第 8 册，第 475 页。
[4] 《弘一大师致性愿法师函》，见《全集》第 8 册，第 451 页。
[5] 《全集》第 8 册，第 202 页。

方法。也为上中下三根的众生,提供了各自适性的九品修行方向。1938 年春月,叶青眼跪请大师"久住世间,利益我等"。大师说:"汝有所不知,一手一足之力度得几何,不如力求上品上生,再来,力量乃大耳。"①明确表达力求上品上生,乘愿再来的菩提信愿。

《观经》上品上生的往生资粮是:

发三种心即便往生。何等为三?一者至诚心,二者深心,三者回向发愿心。具三心者必生彼国。复有三种众生,当得往生。何等为三?一者慈心不杀具诸戒行,二者读诵大乘方等经典,三者修行六念回向发愿生彼佛国。具此功德,一日乃至七日,即得往生。②

此六种资粮不外发菩提心和戒定慧三学,俱是大师行法依持的准则和目标。"见观经"的意涵,除了透露观行成就,念佛见佛,决定往生安乐国的品位,另一层涵义,应是大师慈悲的教示:依《观经》九品,认清自己修行的方向,依教奉行。在弥陀慈悲的大愿中,同愿往生极乐国。

七、结语

弘一大师自信佛以来专宗弥陀净土法门。作为大乘菩萨比丘,大师为正法的永续,竭尽心力。因马一浮"教陵惟扶律"之语,发愿为末世振僧纲,振兴自南宋以降,法门陵夷八百年的律教。③

撰《地藏菩萨圣德大观》如实呈现地藏法门的大乘风光,令沉寂三百余年的《地藏三经》,再度弘传于世。编著《药师经析疑》,阐释药师法门贯通显

---

① 叶青眼:《千江映月集》,见《全集》第 10 册,第 239 页。
② 《观经》,CBETA,T12,no.0365,p.0344c10-17。
③ 李芳远:《缘起》,见李芳远编:《弘一大师文钞》,第 6 页。

密、兼具世间安乐与出世间解脱的要义。演说开示《金刚经》《心经》《华严经》《八大人觉经》等大乘法教。

又以祖师与古德的嘉言懿行,辑录成《寒笳集》《晚晴集》《格言别录》《佩玉篇》。并藉音乐和白话护生诗画的因缘,促成《清凉歌集》《护生画集》的问世。同时书写了大量的经偈、佛号、佛语。于道场、法友和信众间,遍洒菩提清凉意。在在显现其"明昌佛法,潜挽世风"悲智善巧的菩提心。①

大师生平最喜教人读诵受持普贤行愿品偈颂:

十方所有诸众生,愿离忧患常安乐,获得甚深正法利,灭除烦恼尽无余。②

临终助念亦遵其遗嘱"诵《行愿品》及弥陀佛号"③。大师带着普贤十大愿王回向发愿的大菩提心,和种种具足信愿行的福德资粮,往生极乐国土。其净土行谊,不仅为净宗行人树立了楷模,也以自身清净的戒定慧圣德,庄严了自信佛以来所专宗的弥陀净土法门。

[作者:(台湾)居士,杭州师范大学弘一大师·丰子恺研究中心特约研究员]

The First Exploration of Maser HongYi'sConcentration on the Practice of The Dharma of Amitabha Pure Land

Gao Ming-fang

Master HongYi stated:"The Dharma of Amitabha Pure Land is based on *The Sutra of the Longer Sukhavativyuha*, *The Sutra of Visualizing*

---

① 林子青:《弘一大师新谱自序》,见《全集》第 10 册,第 14 页。
② 叶青眼:《千江映月集》,见《全集》第 10 册,第 237 页。据陈慧剑粗估,大师一生应写出三万幅字左右。陈慧剑:《弘一大师身后遗存"字、画、印"的几个相关问题》,见陈慧剑著:《弘一大师论》,第 439—441 页。
③ 释妙莲口述、僧睿笔记:《弘一大师生西经过》,见《全集》第 10 册,第 200—201 页。

the Buddha of Immeasurable Length of Life, and *The Sutra of the Shorter Sukhavativyuha*, which were proclaimed by Sakyamuni Buddha as the Mahayana Sutra of Pure Land Buddhism." The Master also stated that ever since he became a Buddhist, he focused all his concentration on practicing The Dharma of Amitabha Pure Land.

This present work is a brief exploration from the viewpoint of "concentration" on how Master HongYi utilized *"The Five Sutra and One Sastra"* to enhance The Three Lessons of Buddha's teaching: discipline, concentration and wisdom, so as to improve the cultivation of Faith, Willing and Practice. The author, based on the writings of Master Hong Yi, will illustrate how the Master propagated and advised people to fulfill the dharma way to get rebirth in Amitabha's Pure Land.

Master HongYi chose the version translated from the Sanskrit of *The Sutra of the Longer Sukhavativyuha*, by Samghavarman（康僧铠）. Master HongYi also changed the gatha of transferring merits to achieve rebirth in the pure land into making vows to convert people. Master HongYi reminded cultivators of the Amitabha Pure Land that they should read Mahayana Sutras for the sake of their own Bodhi minds.

This present work is intented to illuminate the wisdom of the Master's teachings that create equal and compassionate minds through penetrating realizations of the law of causality. It is also intented to illustrate the meaning and inspiration of Master HongYi's actual practices of the dharma way to get rebirth in Amitabha Pure Land to show the perfect Bodhisattva's behavior in order to enhance and glorify the real meaning of Mahayana Buddhism. This was the reason the Master left us the benevolent teaching *"To See The Guan Jing*（見觀經）" at the magnificent moment when he passed away.

——English translated by Gao Mingfang

实修与创作的展现：以弘一大师
《华严经普贤行愿赞册》墨迹(1930)为例

李璧苑　凌春玉

一、前言

从佛教的观点而言，实修与创作的关系，立基于法(dharma)，是一个相互呈显、术道兼备的心灵作用。而其目的是藉由创作的过程，审视自心内在的种种变化，并由实修的要义净化自心，以期达到无人我的境地。此在中国佛教艺术的发展中，最经典的例子，莫如唐代善导大师(613—681)[①]的倡导净土法门，并从事写经与净土经变图的创作；而在近代，则以弘一大师李叔同(1880—1942)为代表。

多才多艺的李叔同，于1918年初出家时，即放下才华，不再创作，然因慕名求字者众，故在佛学泰斗范古农(1881—1952)[②]的建议下，重拾笔墨，发愿

[①] 善导大师(613—681)，俗姓朱，生于安徽泗州(一说山东临锱)，10岁从密州(今山东诸城)的明胜法师出家；28岁时，从道绰大师学习净土法门；32岁，至长安慈恩寺弘扬净土。善导大师擅长写经及经变图创作，《高僧传》中记载，其写经已臻"字字放光"的境地。著有《观经四帖疏》《观念法门》《法事赞》《往生礼赞》《般若赞》等；又载其念佛"口出光明"，人称"光明和尚"，并被尊为净土宗第二祖。

[②] 范古农(1881—1952)，浙江嘉兴人。号寄东，又号幻庵，笔名海尸道人。1931年任上海佛学书局总编辑，编有海潮音文库、佛学百科丛书，并发行宋版藏经，整理佛教文献。1935年，担任《佛教日报》主笔，为佛教第一份日报。1951年，任世界佛教居士林林长。著有《幻庵文集》《古农佛学问答》，译有《发趣论》。转引自慈怡主编《佛光大辞典》，(高雄)佛光出版社，1989年，第3940页。其与弘一大师的情谊，可参见于凌波《弘一大师与范古农居士之道谊》，收于《弘一大师有关人物论文集》，(台北)弘一大师纪念学会，1998年，第49—66页。

写字度人;并严持戒律,专修净土,偶而涉略其他艺事。其对于《华严经》①的探究,至少始于1918年或更早,并从此写下多部华严单品的写经之作。大师特别遵奉《华严经》中的《普贤行愿品》为日课并书写多次结缘,可惜这些墨宝有的已经散失,有的仅见于文献。而笔者所见,大师书于1930年的《华严经普贤行愿赞册》(以下简称《普贤行愿赞册》,共51页,每页长27.5厘米,宽20.5厘米如附图),不仅保留完整、收藏良好、形式特殊,更是大师的蚕宝宝"弘体"②书风诞生前的大作。因此,探讨大师此件墨宝之前,便不能不对《普贤行愿品》稍做理解。

《华严经》素有经中之王的美誉。其菁华是《普贤行愿品》,而该品的菁华则是《普贤行愿赞》(即偈颂部分)③。故在古代西域便有《普贤行愿赞》为略《华严经》,《大方广佛华严经》为广《普贤行愿赞》的说法。而不论其开展的广度或精微处,均是从普贤菩萨(梵文:Samantabhadra Bodhisattva)的十大愿王(1. 礼敬诸佛;2. 称赞如来;3. 广修供养;4. 忏悔业障;5. 随喜功德;6. 请佛住世;7. 请转法轮;8. 常学佛学;9. 恒顺众生;10. 普皆回向)所生。其关系如图示:

由内而外 a→d 是:

a. 普贤十大愿

b. 普贤行愿赞

c. 普贤行愿品

d. 华严经

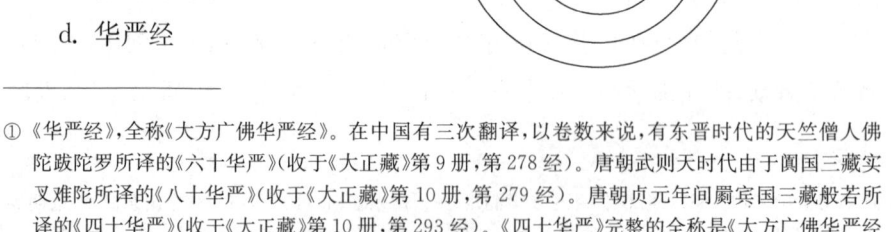

---

① 《华严经》,全称《大方广佛华严经》。在中国有三次翻译,以卷数来说,有东晋时代的天竺僧人佛陀跋陀罗所译的《六十华严》(收于《大正藏》第9册,第278经)。唐朝武则天时代由于阗国三藏实叉难陀所译的《八十华严》(收于《大正藏》第10册,第279经)。唐朝贞元年间罽宾国三藏般若所译的《四十华严》(收于《大正藏》第10册,第293经)。《四十华严》完整的全称是《大方广佛华严经入不思议解脱境界普贤行愿品》(简称《普贤行愿品》),相当于《八十华严》最后的《入法界品》,并单独流通。

② 弘一大师出家后书风渐臻转变。而所谓的"弘体",是大师在出家十年前后所形成的独特风格,而又有所发展。好友叶圣陶形容其笔划刊落锋颖,内敛、圆实,如蚕宝宝般可爱。而令人有种不食人间烟火的味道。然而晚期风格又一变为笔划细圆,字形高长的清癯之风。

③ 佛教的经文结构分为:经题、译者、序分(序言)、正宗分(正文)、流通分(结论),而正宗分又分为长行及偈颂两部份。长行以散文的形式,描述人、时、地、事、物等情状,将佛说的法义表达出来;而偈颂(梵:gatha)则是再次将长行中的内容,以诗歌韵律的方式赞颂佛说的法,而令人朗朗上口。参见李坤寅《如何读懂佛经》,(台北)橡实文化2007年版,第16—17,42—43页。

《普贤行愿品》在古印度、汉地、藏地均受到普遍的重视。而德国学者高明道(Friedrich F. Grohmann, 1952—)[①]更指出了汉、藏二地对于该品奉行方式的异同：

> 在中国佛教,普贤行愿依照《华严经·普贤行愿品》分为十种,与该经十法门的体裁有密不可分的关系。至于西藏佛教,各个教派也都提倡普贤行愿的修持,只不过保留了较原始的七分法,没有把称赞如来、常学佛学、恒顺众生等三项个别标出来。但就精神与实践论,行者愿力之无尽、行为之无数却是一样的。[②]

七分法,普遍表现在藏传佛教的仪轨法本中,成为所谓的七支供养(顶礼、供养、忏悔、随喜、请转法轮、请佛住世、回向)。然而亦有读诵整品的修持,而《普贤行愿赞》则被认为是所有回向文当中的回向之王。

从上可知,《普贤行愿品》的殊胜与重要。而该品亦有多处经文强调发心读诵、受持及书写回向众生证悟菩提的功德利益。所以,不难想象擅长书道、发愿写字度人的弘一大师,在写《普贤行愿赞册》时的动机了。因此,在大师的实修与创作的关系中,明显地看到他的方向与依据。

本文除了前言与结语之外,主要章节有二、弘一大师对于《普贤行愿品》的重视;三、弘一大师《普贤行愿赞册》的墨宝特色;四、弘一大师《普贤行愿赞册》的静默与广大等等,以略窥大师在实修与创作上的展现。

二、弘一大师对于《普贤行愿品》的重视

弘一大师对于《普贤行愿品》的重视,基于他对弥陀净土的信、愿、行及《华严》理路的探究,并以之为每日定课的实践。以下分从(一)《普贤行愿

[①] 高明道(Friedrich F. Grohmann, 1952—),德国慕尼黑大学肄业,主修汉学,副修泰语、梵语及民族学。台湾地区中国文化大学中文硕士、台湾师范大学国文研究所博士班肄业。曾于印度孟买孟加拉国省索那达市从事藏英翻译工作。目前担任法鼓文理学院及法光佛教文化研究所佛学教授,专长文献学及佛教经典语言。

[②] 高明道:《算沙梦影》下,(马来西亚槟城)三慧讲堂印经会2006年版,第600页。

品》与西方净土的关系;(二)弘一大师对于修学《华严》的建议;(三)每日定课与临终助念处理等三方面,作为初步的理解。

(一) 导归净土的《普贤行愿品》

弥陀净土的思想内容与修持方法,主要是以《阿弥陀经》①、《无量寿经》②及《观无量寿经》③等"净土三经"为主体,直至近代,又为弘一大师所景仰的印光大师(1862—1940)④增以《楞严经·大势至菩萨念佛圆通章》⑤及《华严经·普贤行愿品》,而合为"净土五经"。

《普贤行愿品》,全名《大方广佛华严经入不思议解脱境界普贤行愿品》。为唐德宗贞元年间,般若三藏所译四十卷华严的最末一卷。该品被认为是为整部《华严》的菁华,也是普贤菩萨行愿之重点,因此,古代印度论师特别将该品独立出来,单品流通,著疏释论。⑥ 弘一大师遵从印祖之行,于1932年厦门妙释寺开示《净土法门大意》的演讲中亦说:

> 修净土法门者,固应诵《阿弥陀经》,常念佛名,然亦可读诵《普贤行愿品》,回向往生,因经中最胜者《华严经》。《华严经》之大旨,不出《普贤行愿品》第四十卷外。⑦

"净土三经"主要是介绍弥陀的大愿、西方净土的景象及法门的殊胜;《大势至菩萨念佛圆通章》是教导如何念佛而成就的实例;而《普贤行愿品》

---

① 收于《大正藏》第12册,第366经,第346—348页。
② 同上书,第360经,第265—279页。
③ 同上书,第365经,第340—346页。
④ 印光大师(1862—1940),俗姓赵,名绍伊,字子任,陕西郃阳县人。21岁于陕西终南山南五台莲花洞寺出家,法号圣量,别号常惭愧僧。为净土宗第十三代祖师。后人辑其弘法要义编成《印光大师文钞》传世。
⑤ 收于《大正藏》第19册,第945经,第128页。
⑥ 如龙树菩萨的《普贤行愿大王会疏》、世亲的《圣普贤行愿注》、陈那的《圣普贤行愿义摄》、释迦友的《圣普贤行愿王广注》、阿阇黎的《圣普贤行愿王广注》等注疏。此外,在旁塘与邓噶大藏经的目录中有功德光造的《普贤行愿品释》;西藏译师益西德在《普贤行愿品释》的后跋中,也提到桑杰扎巴造《普贤行愿品释》。但目前还未有见此二释本,而法国国家图书馆藏有来自敦煌,没有后跋的藏文《普贤行愿品释》手抄本,可能是其中之一,待考。
⑦ 弘一大师:《弘一大师演讲集》,(台北)天华出版股份有限公司1980年版,第120页。

则是深广菩萨六度万行的具体实践与境界。因此,《华严经》所说的庄严之义,是普贤菩萨的愿行在因地上所开显的果德庄严。

(二) 弘一大师对于修学《华严》的建议

弘一大师对于《华严》的关注与探究,从目前的资料看来,至少是1918年10月致夏丏尊的信中,建议他判教宜先看"五教"再阅"四教"时或是更早。此后,如1923年《致蔡丏因》的信中,即谈到读完《净土十要》时,可以续读唐清凉澄观(738—839)[①]的《华严疏钞》及清彭二林(1740—1796)[②]的《华严三昧论》等等。[③] 1929年时,顺游福建鼓山涌泉寺时,于藏经楼发现清初道霈禅师(1615—1702)[④]所著的《华严经疏论纂要》,乃倡印二十五部,并致赠十二部给日本各重要佛寺。[⑤] 1930年时,托夏丏尊向日本内山完造居士(1885—1959)[⑥]询问《华严概论》之类的书。1931年时,更撰写《华严经读诵研习入门次第》一文,作为初学者的参考。而在该文的序中便强调:"读诵、研习宜并行之……学者根器不同,好乐殊致,应自量力,各适其宜可耳。"[⑦]并特别以朱墨圈点强调,显现出大师谨慎、殷切的精神态度。并引清凉国师的建议,如好简略者,宜读唐代贞元年间(785—805)罽宾国三藏般若所译的《普贤行愿品》。文曰:

---

① 清凉澄观(738—839),生于唐玄宗开元二十六年越州山阴(今浙江绍兴)。俗姓夏侯,字大林,赐号清凉国师,为华严宗四祖。
② 彭二林(1740—1796),江苏长洲人,名绍升,字允出,号尺木,又号二林居士,法名际清。清乾隆三十四年进士及第。著有《居士传》《善女人传》《二林居士集》《测海集》等。
③ 蔡丏因(1890—1955),名冠洛,浙江嘉兴人。浙江两级师范毕业,历任绍兴、丽水、嘉兴各地中学教员,后任上海世界书局总编辑。从时间上来说,蔡丏因并未衔接到李叔同任教该校的年代,但自从两人相识于绍兴之后,蔡丏因便时常向弘一大师请教法益,而蔡丏因也是大师认为唯一能读诵《华严疏钞》的居士。详见弘一大师《致蔡丏因书》(1923年),收入《弘一大师全集》(以下简称《全集》)第8册文艺卷·杂志卷·书信卷(以下卷名略),福建人民出版社2010年版,第338页。
④ 道霈禅师(1615—1702),福建建安人。字为霖,号旅泊。十四岁出家,法号道霈。曾任福建鼓山涌泉寺住持,为明末清初曹洞宗寿昌系鼓山法脉第二代传人。《鼓山志》载其"禅教兼行,净律并开。福缘广大,撰述甚丰,人称古佛再世",为一代禅宗大师。
⑤ 详见内山完造《弘一律师》,收入《全集》第10册附录卷(以下卷名略),第183—185页。林子青《弘一大师新谱》(以下简称《新谱》),(台北)东大图书公司1993年版,第262、265页。
⑥ 内山完造(1885—1959),为上海日本内山书店主人。内山居士与弘一大师是在夏丏尊的安排下相识的,此后内山居士曾协助大师将其著作《四分律比丘戒相表记》及其畅印的《华严经疏论纂要》寄往日本重要寺庙结缘。而大师也曾在书店寻得明清之际,传至日本的古佛书以及扶桑高僧的著作多部。
⑦ 收入《全集》第7册佛学卷·传记卷·序跋卷(以下卷名略),第623页。

若好乐简略者,宜读唐贞元译《华严经普贤行愿品》末卷(即是别行一卷金陵版最善,共一册)。唐清凉国师曰:"今此一经,即彼四十卷中第四十也,而为华严关键,修行枢机;文约义丰,功高德广,能简、能易、惟远、惟深、可赞、可传、可行、可宝,故西域相传云:《普贤行愿赞》为略《华严经》,《大方广佛华严经》为广《普贤行愿赞》。"①

此处所言之"简",义为精要、菁华。意即《普贤行愿品》是整部《华严经》的浓缩菁华,而《普贤行愿赞》又是《普贤行愿品》的再浓缩,义即菁华中的菁华。故于古代西域有《普贤行愿赞》为略《华严经》,《华严经》为广《普贤行愿赞》之说。并引清代徐文霨(1878—1937)居士②所说,以《华严经》《净行品》入手,以《普贤行愿品》为依归,将两品搭配做为日课修持。如云:

或兼读唐译《华严经净行品》。清徐文霨居士曰:"当以净行一品为入手,以行愿末卷为归宿。"……以上二种宜奉为日课。此外,若欲读他品者,如下所记数品之中,或一或多,随力读之。……③

除了上述的例子之外,弘一大师于1937年岁初,请奉了日本高僧慈云饮光(1718—1804)④所著的《普贤行愿赞梵本私考》一部,并特为此作《扶桑普贤行愿赞梵本私考序》,拟托上海书局出版。⑤ 序中谈到日本僧人赴唐学习密教,故宋代不空三藏(705—774)⑥所译的《普贤行愿赞》及梵文本,亦流传

---

① 见乐心龙编《弘一大师华严集联》附文,上海书画出版社1989年版。无页码。
② 徐文霨(1878—1937),字蔚如,于谛闲法师座下皈依三宝,法名显瑞。清末时期,于北京、天津成立刻经处,历数十载,校刻经典近两千卷,是近代中国佛教贡献良多的居士。
③ 同注22。所建议继续读诵的品目是唐译的《菩萨问明品》《贤首品》《初发心功德品》《十行品》《十回向品初回向章》《十忍品》《如来出现品》等。
④ 慈云饮光(Onko Jiun, 1718—1804),俗姓上月氏。法讳饮光。号百不知童子、葛城山人、双龙叟等等。尊称慈云尊者。为日本江户时代后期的东密高僧,一生持戒严谨,倡导真言,后圆寂于京都阿弥陀寺。
⑤ 此书得上海佛学书局高观如居士的允诺,但后来可能因时局动乱而无出版。见《新谱》,第372、387页。
⑥ 不空三藏(705—774),生于南天竺师子国。十四岁时,依止密宗上师金刚智出家。约开元八年(720),随师至洛阳。因才华出众,又通晓多国语言,故为金刚智译经时,担任译语,协助翻译的工作。后与善无畏、金刚智并称为唐密的"开元三大士"。

到日本。并特别介绍饮光尊者是位"博通显密,尤精律教"并且"朝夕诵梵宗普贤行愿赞"的高僧。①

1938年元旦时,弘一大师开始在草庵讲《普贤行愿品》。2月1日起于承天寺复讲一次。3月1日起于清尘堂讲《华严大意》,并劝诸善友合诵《普贤行愿品》十万部。并于泉州先后印行《普贤行愿品》千数百册。② 致此兼备了修持、书写、宣讲的菩萨法师行。

(三) 每日定课与临终助念处理

华严修持大分为总、别两类。总,即是以三藏实叉难陀尊者所译的《八十华严经》,又为《讽华严经起止仪》为主。别,则有多种,如《华严普贤行愿忏仪》③、《华严经海印道场九会请佛仪》④、《四十二字观门》⑤、《华严佛七仪》⑥等等,是为广修。或是选定《普贤行愿品》、《净行品》、"普贤十大愿"、"华严发愿文"⑦等作为略修。因此,若对照大师于《读诵研习入门次第》的说法看来,《净行品》与《普贤行愿品》确实对于净土行人在日常当下及广大深奥的果德证量上,有相当大的印行作用,是一条由略修华严而深达净土的门径。因此,从《净行品》的细腻深处,可领略大师持律的美妙慈悲;从《普贤行愿品》的奥义深处,可以感受大师尽虚空、遍法界、穷未来际的大愿行。而其奉行《普贤行愿品》为日课的事例,亦可从以下几处得知,如1924年的《致蔡丏因书》说:

> 朽人读《华严》日课一卷外,又奉《行愿品别行》一卷为日课,依此发愿。又别写录《净行品》、《十行品》、《十回向品》(初回向章及第十回向)做为常课,每三四日或四五日轮诵一遍。附寄其法,以备参考。⑧

---

① 弘一大师:《扶桑普贤行愿赞梵本私考序》,收于《全集》第7册,第616页。
② 以上见弘一大师《温陵刻普贤行愿品跋》,同上书,第631页。
③ 晋水高丽国师敕赐崇教大师净源编集、传华严大教晋善聪道亨治定、高丽国师僧统义天详定的《华严普贤行愿忏仪》,其内容为《七处九会海印道场礼佛忏悔仪》,又称《华严忏仪》。
④ 西夏一行法师撰,宋普瑞补注,略称《华严忏法》。
⑤ 唐代不空三藏所译的《四十二字观门》全名为《大方广佛华严经入法界品四十二字观门》。
⑥ 江苏省泰州光孝寺南亭县光大师所编集的《华严佛七仪》。
⑦ 北宋随州大洪山寺守遂禅师撰。
⑧ 弘一大师:《致蔡丏因书》(1924年),收于《全集》第8册,第339页。

再如亦幻法师(1903—1978)[①]写于 1930 年的《弘一法师在白湖》一文，则描述了大师每日饭后必定奉诵此品的情形，文曰：

> 他在白湖所研究的佛学，是华严宗诸疏。每日饭后，必朗诵《普贤行愿品》数卷，回向四恩三有，做为助生净土的资粮。法师是敬仰灵芝、莲池、藕益诸大师的，我揣想他的佛学体系是以华严为境，四分戒律为行，导归净土为果的。……[②]

弘一大师持过午不食戒。亦幻法师说的每日饭后，虽没有交代是早斋或午斋，但用膳后必朗诵《普贤行愿品》的情景，让人觉得格外真实与感动。而以《普贤行愿品》作为临终助念的重要性，在《净土法门大意》中亦说：

> 此经中说，诵此普贤王者，能获种种利益，临命终时，此愿不离，引导往生极乐世界。乃至成佛。故修净土法门者，常读诵此《普贤行愿品》，最为适宜也。[③]

故当大师得知夏丏尊的长女于 1935 年去世时，即诵《普贤行愿品》为之回向。[④] 而 1942 年付嘱妙莲法师的《遗嘱》，更显现出大师对于《普贤行愿品》的信愿奉行，文中说：

> ……助念时诵《普贤行愿品赞》，乃至"所有十方世界中"等正文。末后再念"南无阿弥陀佛"十声（不敲木鱼，大声缓念）。再唱回向偈："愿生西方净土中"，乃至"普利一切诸含识"。当在此诵经之际，若见余

[①] 亦幻法师(1903—1978)，号慧律，浙江黄岩人。早年出家，就学武昌佛学院，与大愿法师、芝峰法师同学。曾任敏南佛学院教师，后任浙江慈溪金仙寺住持，弘一大师曾受其供养。
[②] 详见释亦幻《弘一法师在白湖》，收入《全集》第 10 册，第 183—185 页。《新谱》，第 277—278 页。
[③] 见《弘一大师演讲集》，第 120 页。
[④] 弘一大师 1935 年《致夏丏尊》，收于《全集》第 8 册，第 314 页。

眼中流泪,此乃"悲欣交集"所感,非是他故,不可误会。①

综上所述,弘一大师1918年出家后,便已研读华严。而亦幻法师认为大师的佛学体系是以华严为境,四分戒律为行,导归净土为果的看法,是相当贴切的。

三、弘一大师《普贤行愿赞册》的书风特色

弘一大师投入华严思想的期间,同时亦写下多部华严品目的经典。如1924年的《华严经净行品偈》。1926年5月的《普贤行愿品偈》、7月的《十回向品初回向章》。1930年鹑大四月的《财首颂赞》及《普贤行愿赞》。1931年2月的《华严经观自在菩萨章》。1932年的《普贤行愿品》、5月的《十地品离垢地》。1937年写赠梦参法师的《净行品》。1941年为性常法师写的《普贤行愿品》等等。② 而从以上重复书写的《净行品》、《净行品偈》、《普贤行愿品》及《普贤行愿赞》看来,可知大师对此二品的重视,与其《华严经读诵研习入门次第》的观点是一致的。

弘一大师对于《华严经》的三种译本相当娴熟。而所写的此部《普贤行愿赞》,即是《华严经读诵研习入门次第》中所说的,唐代贞元年间,由罽宾国三藏般若所译的版本。内容讲述普贤菩萨以尽虚空、遍法界、尽未来际的十大愿力,誓度众生证悟菩提的庄严胜境。

而在形式上,弘一大师以册页的形式,将偈颂体的经文分写在51张宣纸上,每张尺寸为长27.5厘米,宽20.5厘米。而在落款之后,另附门生刘质平(1894—1978)③一信。(于后详)以下兹从(一)北碑的影响;(二)结体、布白

---

① 弘一大师《遗嘱》,请详见《新谱》,第460页。
② 以上资料大多参考陈慧剑的《弘一大师写经研究》,见所著《弘一大师传·附录》,(台北)东大出版公司2015年版,第507—512页。
③ 刘质平(1894—1978),浙江盐官人。为弘一大师李叔同任教浙江第一师范的音乐高足、中国现代音乐教育家。1916年,刘质平入日本东京音乐学校深造,获李叔同的秘密资助与关心而情同父子。李叔同出家后,为其亲近的护法之一,并常于大师闭关写经的时候,护关理纸、磨墨、报字。弘一大师赠送刘质平墨宝颇多,既使后来时局不稳,刘质平仍然以身命力护,而有现今大量的弘体法书传世。

与用笔;(三)独特的界格册页与纪时落款等三方面,简略探之。

(一) 北碑的影响

弘一大师的书艺筑基于年少时代,当时正处于清末民初碑学书风盛行之际。他承袭阮元(1764—1849)①之后,康有为(1858—1927)②崇碑的思想,走入雄浑朴厚的碑派书风。而虽然留日时期鲜少有临书的文献纪录,但其任教于浙江两级师范学校(次年改为浙江第一师范)时(1912—1918),每日晨起临书的习惯,俨然成了生活的一部分,即使后来至虎跑寺断食期间,也是天天写字,没有中断,并清楚地记录在他的《断食日志》③中。而好友夏丏尊在《李息翁临古法书》跋文中,更点出了杭州时期每日临书的生活与书风概况,文曰:

> 右为弘一和尚出家前抚古之作。……胎息六朝,别具一格,虽片纸,人亦视如瑰宝。居尝鸡鸣而起,执笔临池。……所窥涉者甚广,尤致力于《天发神忏》《张猛龙》及魏齐诸造像,摹写不下百余通焉。……④

《李息翁临古法书》是大师居俗时的临书作品集。按照年代罗列则有:《石鼓文》《山泽山碑》《礼三公山碑》《谷朗碑》《天发神忏》《爨宝子碑》《始平公造像记》《解伯达造像记》《孙秋生造像记》《广川王造像记》《石门铭》《司马景和妻墓志》《元佑造像记》《张猛龙碑》《张猛龙碑碑阴》《魏灵藏造像记》《杨大眼造像记》《张法寿造像记》《惠晖合众造像记》《泰山经石峪金刚经》等等。⑤ 而据台湾地区书家杜忠诰教授的研究,有案可稽者至少有 50 种,而据夏丏尊在《李息翁临古法书》后记中所述,所收录者又"不及千之一",故实际

---

① 阮元(1764—1849),字伯元,号芸台,江苏仪征人。乾隆五十四年进士,为朝廷重臣,亦是干嘉学派经学士。其所提出《北碑南帖论》及《南北书派论》,影响清季书坛颇大。
② 康有为(1858—1927)),原名祖诒,字广厦,号长素,又号明夷、更生、西樵山人、游存叟、天游化人,广东省南海县人,人称康南海,光绪廿一年进士。为晚清时期重要的思想家、教育家。曾与弟子梁启超倡导维新变法,戊戌变法失败后逃往日本。代表书学论著有《广艺舟双楫》。李叔同年少时,曾刻"南海康君是吾师"一印,可见康有为在其心中的份量。
③ 有关大师断食期间写字的情形,可详阅《新谱》,第 138—148 页。
④ 夏宗禹编:《弘一大师遗墨》,华夏出版社 1987 年版,第 97—98 页。
⑤ 同上书。

的数字当不只如此。①

中国现代水墨名家潘天寿(1897—1971)②对于弘一大师的书法颇有见解,他说:"北魏学得好的,是我的老师弘一法师,他的字不落常套,有独到之处。"③又说:"晋碑用方笔写,但弘一和尚用圆笔入手,也写得生动得很。写晋碑和魏碑,以弘一和尚为上。"④说明了弘一大师的碑学功砥及其在潘天寿心中的艺术份量。

(二) 结体、布白与用笔

此件《华严经普贤行愿赞册》,含赞名及落款,共 2026 字,为弘一大师 1930 年之巨作。笔者概分大师出家后的书法风格,约分为三:(1)临古的综合影响(1918—1929);(2)字形较方且中、侧峰用笔兼用的写法(1930—1932);(3)延续中峰用笔而字形日渐清瘦的书风(1932—1943)。承年少开始临古的影响,第二期的楷书字形较方,且在一字之中,中锋与侧锋之间的用笔,使转自然、平稳厚实。因此,对于中锋、侧锋用笔的体悟纯熟,为弘一大师第二期书作的表现。而此件《普贤行愿赞册》即是个中的代表。

以整体的书风表现来说,字体刚健俊美,结构精能,欹侧险劲,颇有拙趣。自然合度,妍丽多姿。方笔为主,用笔方圆并施。藏露起伏,抑扬顿挫。使转提按,无所不备。结字以纵取势,中紧外疏。中宫紧收,四周笔画舒展。气度非凡。综观整体,结字之妙在于,把主笔及偏旁,通过特殊处理,使之各具情态。巧妙的挪移,打破静止平和的状态,致使整体疏密有致,自然天成。独到的立意、精巧的笔法、抽象的线条和朴素的结构,呈现变化与和谐之美。特定的点画,雄强粗壮但不失法度,合理又险绝的结体,表现出对立统一的动态美。字型方面以横取势,体呈扁方。看似横平竖直,实则变化莫测。

---

① 杜忠诰:《弘一大师书艺管窥》,收入《弘一大师有关人物论文集》,(台北)弘一大师纪念学会,1998年,第457页。
② 潘天寿(1897—1971),浙江宁海人。1916—1921年间,就读浙江一师,受教于经亨颐、李叔同、夏丐尊。擅长中国画、书法、篆刻、诗文等。1923年,任教于上海美术专科学校,著有《中国绘画史》,为中国现代美术家、美术教育家。
③ 潘公凯编:《潘天寿谈艺录》,浙江人民美术出版社2011年版,第113页。
④ 同上注。

弘一大师在书写《普贤行愿赞册》时，使用羊毫落墨①、慢速完成。线质朴厚劲涩，书写从心所欲、不逾矩。笔意流露《张猛龙碑》碑阴流宕奇特、静逸古穆之余韵。反映出昔日南社同事尤墨君（1895—1976）②为大师出《论月集》③的题记上，认为其书风"原从张猛龙碑阴出"④的看法。此外，亦可见到其他临古碑帖的影响，例如《始平公造像记》（全称为《比丘慧成为亡父始平公造像题记》）、《爨宝子碑》（全称为《晋故振威将军建宁太守爨府君墓碑》）、《孟敬训墓志》（全称为《北魏司马景和妻墓志铭》）等北碑的书艺风格。而通篇观之，方笔斩截，笔画折处重顿方勒，结体扁方紧密，点画厚重饱满，显露锋芒，雄峻伟茂，极意发宕也，不仅明显地保留了《始平公造像记》的结体势态，且端重古朴，拙中有巧。看似稚拙，却有飞动之势，古气盎然。完全展现出康有为碑刻"十美"（魄力雄健、气象浑穆、笔法跳越、点划峻厚、意态奇逸、精神飞动、兴趣酣足、骨法洞达、结构天成、血肉丰美）的特色。

（三）独特的界格册页与纪年落款

除了上述的书风特色之外，此件《普贤行愿赞》采册页形式，共51页。每页印有35个独立的方格，分成5行，每行7格。全册逐字，共2000多个红线界格，为弘一大师作品中目前所仅见，而在其一生作品中独树一帜。红色的界格，不但与墨书形成对比之美，亦显示出一种格局与稳度，而展开通篇册页观之，则犹如安坐禅窟的千佛，刹那现法界。

中国书画的纪年方式大多是天干地支的系统，如甲子、乙丑、丙寅等等。而弘一大师的方式偶有不同。如1924年的《有部毘奈耶戒相表记》的题记为："岁次玄枵木槿荣月于西安莲花寺"；1926年5月的《普贤行愿品偈》落款为："岁在析木五月永宁晚晴院论月敬书"；此件1930年的《普贤行愿赞册》，款识为："岁次鹑火四月沙门演音书"；于此同月份写的《财首颂赞》亦为："鹑

---

① 弘一大师偏爱用羊毫写字，如1932年七月上虞《致刘质平》的信说："下次仁者来时，乞购商务印书馆精制大楷纯羊毫（湖南笔）二枝带下。注意笔名勿错。"收入《全集》第8册，第66页。
② 尤墨君(1895—1976)，江苏吴江人，曾任衢州、台州中学教师。与李叔同同为南社会员。
③ 《论月集》原为大师写赠尤墨君的五篇行楷手卷，后为尤墨君陆续刊登于杭州《越风》半月刊的第17、19、21期。见《新谱》，第210、216页。
④ 同上书，第216页。

火四月大回向院智炬"等等,常令观者不解。据台湾地区弘学代表陈慧剑的研究,以上诸词记载于《汉书·天文志》中,是中国黄道十二宫的月份代名。为古人欲说明日月与五大行星及节气的转变,在黄道附近的一周天从西到东,划分成十二等份,称为"十二次"的名称,如:星纪、玄枵、诹訾、降娄、大梁、实沈、鹑首、鹑火、鹑尾、寿星、大火、析木等等,并与二十八星宿相对应。其意义和西方的黄道十二宫(十二星座)等同。① 而平湖李叔同纪念馆王维军副馆长的研究则说,弘一大师所使用的纪年法有盛行于春秋战国时期的岁星纪年法、太岁纪年法以及岁阳纪年法等等,并举例分析,细腻透彻。② 这说明了弘一大师对于中国古代星象历法的深入认识。此外,其在《华严读诵研习入门次第》的落款:"龙集辛未首夏沙门亡言述"的"龙集"之意,等同于"岁次",是汉代以来即有的用法。故以上诸例,再再显现大师的国学根砥,而与一般常见的书画落款有很大的不同。

而在落款之后,弘一大师继续用书写《普贤行愿赞册》的纸,写信给门生刘质平。(图似)信中提到他已经诵读《普贤行愿品》十数年了,所写的这件作品是特别送给刘质平的,并希望他以后亦能读诵全品或赞颂等等。兹录如下:

> 余尔来手颤,左臂痛,不易高举。以后写字,当甚困难。兹所写者,可为最后之纪念耳。所写之《普贤行愿品》共五十一页。另寄书一册,其次序乞依此书排之,不可紊乱。此书余已读诵十数年。甚盼仁者自今以后,亦能受持读诵也。(或读全册,或仅读赞语,即余所写者)……③

此信所写的时间是1930年夏天,地点是上虞白马湖,显示原件的收藏者即是刘质平。直到1937年冬的时候,才为大师好友马一浮(1883—1967)④

---

① 以上参见陈慧剑《弘一大师书简研究》,见所著《弘一大师传·附录》,第592—593页。
② 详见王维军《弘一大师史料研究中的古历纪法考析》,收于《如月清凉——第三届弘一大师研究国际学术会议论文集》,中国广播电视出版社2010年版,第143—153页。
③ 弘一大师1930年《致刘质平书》,收入《全集》第8册,第285页。
④ 马一浮(1883—1967),乳名锡铭,学名福田。后改名浮,字一佛,号湛翁、蠲戏老人,浙江绍兴上虞县人。一生不慕名闻利养,博览群经,穷通儒、释、道三家,遗有《马一浮集》。其与弘一大师的情谊,可参见徐正纶《弘一大师与马一浮》,收于《弘一大师有关人物论文集》,第13—48页。

题签:"普贤行愿品赞。弘一法师书。刘质平居士珍藏。丁丑冬十一月。蠲戏老人题署。"现为台湾地区收藏家收藏。

四、弘一大师《普贤行愿赞册》的静默与广大

如前所述,实修与创作的关系,是一个相互影响的作用。其目的是藉由创作的过程,审视自心内在的种种变化,并由实修的要义净化自心,期望达到无人我的境地。华严经王,浩翰深奥,而若专就《普贤行愿品》在读诵、受持、书写或宣讲方面来看,如其文曰:

> ……如此娑婆世界毘卢遮那如来,从初发心精进不退,以不可说不可说身命而为布施——剥皮为纸,析骨为笔,刺血为墨,书写经典,积如须弥。为重法故,不惜身命,何况王位、城邑、聚落、宫殿、园林一切所有……①

说明了菩萨行者不惜身命,生生世世"常随佛学"的大愿。弘一大师亦曾发愿刺血写经,并于1923年致书印光大师请益,然为印祖劝勉念佛为要,勿致伤神。② 而目前虽无见到大师刺血书写的整部经文,然仍有少数血书的佛号或法语作品传世。再如经云:

> 或复有人以深信心,于此大愿受持读诵,乃至书写一四句偈,速能除灭五无间罪;所有世间深心等病,种种苦恼,乃至佛刹极微尘数一切恶业,皆得消除;一切魔军、夜叉、罗刹,若鸠盘荼、若毗舍阇、若部多等,饮血啖肉诸恶鬼神,悉皆远离,或时发心亲近守护。③

则是说明了在深信的愿力之下,受持、读诵、书写经典的利益。而事实

---

① 《大正藏》第10册,第279经,第845c页。
② 见释广定编《印光大师文钞》卷一,(台北)佛教出版社1979年版,第71—73页;卷二,第41页。
③ 《大正藏》第10册,第279经,第846b页。

上,这也是大乘佛教的功德思想观。又云:

> 是故汝等闻此愿王,莫声疑念,应当谛受,受已能读,读已能诵,诵已能持,乃至书写,广为人说,是诸人等,于一念中,所有行愿皆得成就,所获福聚无量无边,能于烦恼大苦海中,拔济众生令其出离,皆得往生阿弥陀佛极乐世界。①

此段是直接点出受持、读诵、书写、广说经典者,能令苦恼众生得生西方净土的果报。所以,不难想象擅长书道、发愿写字度人的弘一大师,在写《普贤行愿赞册》或是其他经文时的发心动机了。因此,在大师的实修与创作的关系中,看到了他的方向与依据,而实际上,这也是延续了其留日时期,于东京创立"春柳社"②时,以艺术移风易俗的理念,并发展为一个更为无私广大的精神高度。

优美浩翰的《普贤行愿赞》不是一个诗意的表述而已。大师钻研华严时,必以之为精神对象,将之融于实修与创作中。如前所述,此件《普贤行愿赞册》的书风,有着北碑气势开张的字形与方笔的阳刚之美,而恰如《华严经》中,菩萨"勇猛精进"③的精神。而偈颂开头的"所有十方世界中,三世一切人师子,我以清净身语意,一切遍礼尽无余。普贤行愿威神力,普现一切如来前,一身复现刹尘身,一一遍礼刹尘佛"④的场景,则似开天辟地的交响乐,直接拉开天幕。呈现出华严广大的时空法界观,以及一即是多、多即是一的无量平等观。这样的开展,着重在普贤十大愿——舍身命、尽未来际的威神愿力,遍及十方,穷穷无尽。

---

① 《大正藏》第 10 册,第 279 经,第 846c 页。
② 1906 年,留日的李叔同与同学曾孝谷对日本新派剧产生兴趣。是年冬,于东京创立春柳社,发表《春柳社演艺部专章》,力图改良戏曲,移风易俗。春柳社发表作品有:小仲马的《茶花女》(1907 年 2 月)、《黑奴吁天录》(1907 年 7 月)、《生相怜》、《画家与其妹》等,深获日本戏剧艺评界的好评级报界的报导。《茶花女》的演出,是为了中国徐淮地区的水患义演。剧中,李叔同反串茶花女一角,并参考西洋名画,自制头套、服饰等,是春柳社主要的灵魂人物。
③ "勇猛精进"一词出现于《华严经》中多处,如《入法界品》所说:"勇猛精进,发菩提心,不动不退;勇猛精进,度一切众生,出生死海;勇猛精进,除灭一切恶道之难;勇猛精进,坏无智山;勇猛精进,供养一切诸佛如来不生疲厌……"见《大正藏》第 10 册,第 279 经,页 373c。
④ 《大正藏》第 10 册,第 279 经,第 847a 页。

大师当初选择将字写在红色界格的纸上，显示出这样的美感是经过设计安排的。若将整部赞册展开，便可感受出其笔画的力道量感，字势的开张气度，静默安稳地落于格中，而犹如千佛入大定般的寂静。这种令人历历在目、尽收眼底的审美经验，显示其深入华严十二载的当时，着重于菩贤菩萨不可思议的广大行！而在实修与书写创作经验的相互作用下，展现出既静默又广大的庄严之美。以图示来说，实修依于法（dharma）并影响创作；而创作的构思与表现，反映行者对于法的了悟程度；创作过程中的内在变化，则反映行者的修持状况。如此日积月累的持续观照下，或许终能领略"色空不二"的般若智慧，而体悟出实修与创作是一不是二的意义。如图示：

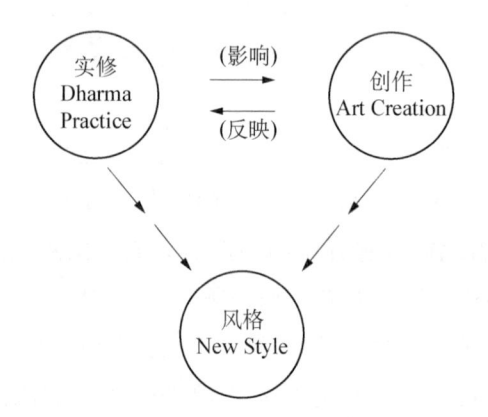

```
    实修        (影响)         创作
   Dharma    ─────→      Art Creation
   Practice  ←─────
              (反映)
         ↘              ↙
              风格
           New Style
```

弘一大师在《华严读诵研习次第》中引徐文霨的观点说：

> 净行一品，念念不舍众生。夫至念念不舍众生，则我执不破而自破，纵未能真实利益众生，而是人心量则已超出同类之上，胜异方便，无以踰此。……①

于此可知，破除我执是实修的重点，而念念不舍众生的悲心，是我执自破的门径。若以之为创作的发心动机，书写中的一笔一划，均是一种无我的修持。杜忠诰教授曾在《是书非思量分别之所能解》中，估计大师于1932年

---

① 见乐心龙编《弘一大师华严集联》附文，上海书画出版社1989年版，无页码。

所写的十六屏《阿弥陀经》(此件为"蚕宝宝"弘体的佳作)说,此件每屏长150厘米,宽52厘米,足足用十六天写成的大作品,平均每字大约要写一分钟。① 并称叹说:

> 真如春蚕吐丝,简直缓慢得出奇,缓慢得令人难以思议。降伏、克制自己到此一境地,若非具有甚深禅定功夫的人,是绝对做不来的。②

而此部《普贤行愿赞》,亦是全神贯注、呼吸稳定、慢笔迟速下完成的大作。不仅保留完整、收藏良好,更是大师"蚕宝宝"书风诞生前的大作。而大师在附给刘质平的信中说:"余尔来手颤,左臂痛,不易高举。以后写字,当甚困难。"说明了大师是在忍左臂痛的状况下,书写此两千多字的《普贤行愿赞册》。而虽说如此,弘一大师仍以尽形寿的精神,书写了无数墨宝与众结缘。

五、结语

从实修与创作的展现而言,弘一大师以《普贤行愿品》为日课,其所抄写的《普贤行愿品》《普贤行愿赞》以及其他写经,是他以写字做为修行的方式。并于僧腊二十四载的修行岁月中,做到了读诵、受持、书写、广说兼备的菩萨法师行。而交代临终时,为其读诵《普贤行愿品》助念,展现了其从一而终的奉行精神。此件1930年所写的《华严经普贤行愿赞册》的墨宝特色,有着北碑气势开张的字形与方笔的阳刚之美,显现出大方广的华严之美,是大师弘体诞生前的大作。而红色的界格,表现出一种格局与稳度,展开通篇册页观之,则犹如安坐禅窟的千佛,刹那现法界。

---

① 杜忠诰:《是书非思量分别之所能解》,收于《弘一法师翰墨因缘》,(台北)雄狮图书股份有限公司1996年版,第106页;刘质平:《弘一法师遗墨保存及其生活回忆》,收于《全集》第10册,第258页。
② 《弘一法师翰墨因缘》,第106—107页。

弘一大师除了写经之外,亦常书写佛号及华严经偈"不为自己求安乐,但愿众生得离苦"①与众结缘。故亦幻法师认为其佛学体系是以华严为境,四分律为行,导归净土为果。而为众生发菩提心,证得无我的境界就是大方广!然在实修与创作的比重关系中,弘一大师更着重前者。如 1937 年于厦门南普陀寺养正院的《谈写字的方法》所说:

> 出家人字虽然写得不好,若是很有道德,那么他的字是很珍贵的,结果却是能够"字以人传"。如果对于佛法没有研究,而且没有道德,纵能写得很好的字,这种人在佛教中是无足轻重的了。他的人本来是不足传的,即能"人以字传",这是一桩可耻的事,就是在家人也是很可耻的。②

大师的高足丰子恺(1898—1975)③形容他是"做一样,像一样"④的人;上述这席话,则印证了大师强调内外一如的人格风范。《潘天寿谈艺录》也说:"吾师弘一法师云:'应使文艺以人传,不可人以文艺传'可与唐诗'人能弘道,非道弘人'相印证。"⑤足见弘一大师其言教与身教的影响力。

弘一大师除了写下珍贵的《普贤行愿赞册》传世之外,其广大的普贤行亦在台湾地区佛教界与艺术界产生影响,如西莲净苑畅印大师 1926 年所写的《普贤行愿品偈》;弘体书法家朱莉的《普贤行愿赞》及大量的写经作品;吴宗宪作曲、采风乐团演奏、台北幼狮合唱团演唱的《普贤行愿赞》;郭衡祈作曲、演唱的《普贤行愿赞》等等。这些可以说是在弘一大师的感召下所再传的成果,兹以普贤菩萨的第三大愿"随喜功德"赞叹之!

---

① 出自《华严经·十回向品》第二十五之一。见《大正藏》第 10 册,第 279 经,第 127a 页。
② 弘一大师讲、高文显纪录,《谈写字的方法》,收于《弘一法师翰墨因缘》,第 198 页。
③ 丰子恺(1898—1975),浙江崇德县(今桐乡县人)。十七岁时,入浙江两级师范学校(次年改为浙江一师)就读五年,受教于李叔同在图画、音乐以及美育思想上的熏陶,为现代散文作家、画家、文学翻译家,亦是李叔同出家后的护持者,并在其座下皈依,法号"婴行"。
④ 丰子恺:《为青年说弘一法师》,收于《全集》第 10 册,第 106 页。
⑤ 《潘天寿谈艺录》,第 43 页。

【附图】

图1：弘一大师《普贤行愿品赞册》墨书纸本册页（共51面）之一（右）、之二（左）每张各27.5 cm×20.5 cm　1930　台湾私人收藏

图版引自　台湾历史博物馆编辑委员会编，《天心月圆：弘一大师李叔同》，台北市：史博馆，2004。

（以下图版出处相同故略）

图2：弘一大师《普贤行愿品赞册》　墨书纸本　册页（共51面）之三（右）、之四（左）

图 3：弘一大师《普贤行愿品赞册》墨书纸本册页（共 51 面）之五（右）、之六（左）

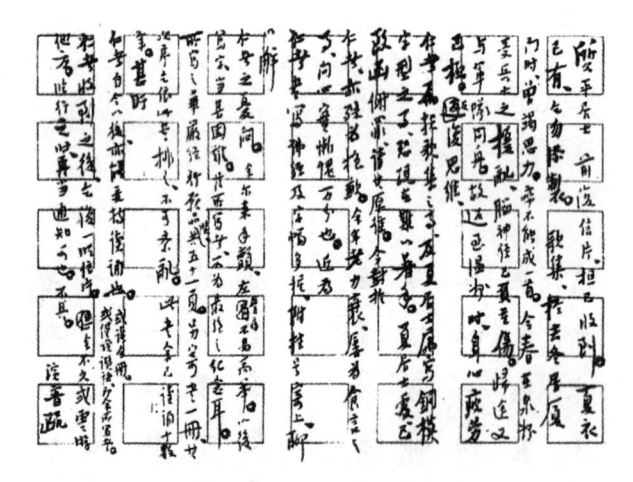

图 4：弘一大师《普贤行愿品赞册》附《致刘质平》信函
27.5 cm×20.5 cm　1930　台湾私人收藏

［作者：（台湾）华梵大学美术与文创学系兼任助理教授台北弘一大师纪念学会研究员］

Display of Practice and Creation: A Case Study on Master Hongyi's
A Praising Brochure of Samantabhadra's Actions and Vows in Huayan Sutra

Li Bi-yuan, Ling Chun-yu

From the perspective of Buddhist views, the relationship between practice and creation is based on Dharma, and is actually a spiritual process in an interactive manner. Moreover, the purpose of this relationship is to look into changes in the mind through the process of creation, and to further cleanse the mind with essentials of the practice, so as to achieve the state of no-beingness and no-selfness. The most typical examples in the development of Chinese Buddhism are Master Shandao's (613-681) advocating Pure-land Sect and his efforts on sutra composition and scripts creation of Pure-land Sect in Tang Dynasty, and Master Hongyi (1880 – 1942) in modern China.

In *Samantabhadra's Actions and Vows*, several parts focusing on chanting, upholding and reading are discussed so as to comprehend the virtue and benefits of Bodhi for the sentient beings. Thus, it is not difficult for us to understand the intention of Master Hongyi's writing *A Praising Brochure of Samantabhadra's Actions and Vows*, who is skilled at calligraphy and desires to ferry sentient beings through writings. This is the destination for which he conducted his practice and creation.

In this paper, in addition to "Introduction" and "Conclusion", three main parts are included: Chapter Two "Master Hongyi's Emphasis on *Samantabhadra's Actions and Vows*", is subclassed into "The Return of *Samantabhadra's Actions and Vows* to Pure-land Sect", "Hongyi's Suggestions on the Revision and Learning of *Huayan Sutra*", and "Daily Class Setting and Hospice Help"; Chapter Three "Features of Master Hongyi's *A Praising Brochure of Samantabhadra's Actions and Vows*" is also subclassed into "Influences of Stele Inscriptions of the Northern

Dynasties", "Strokes, White Cloth and Pencraft", and "Unique Bounded Lattice Album and Chronological Annals and Inscription"; and Chapter Four "Silence and Vastness of Master Hongyi's *A Praising Brochure of Samantabhadra's Actions and Vows*". In a word, this paper aims to discover the relationship between practice and creation of Master Hongyi from the perspectives of aesthetics and religious affection.

剖微尘之经卷　尽众生之愿门
——弘一大师与佛经科判

朱显因

一、佛经科判是佛教文化的灿烂瑰宝

《法华文句记》卷第一："(文句)古讲师但敷弘义理，不分章段。若纯用此意，后生殆不识'起尽'。"古时，法师讲经，只是逐字逐句讲解，依文释义，不分科判。

直至东晋，道安大师（314—385），才在讲经时，创立"序、正、流通"三分的分判，史上称为"弥天高判"。

道安大师的著作现存的不多，对他的治学方法和学说只能知其梗概。例如：上面所引的"起尽"，其实就是现在所说的科判。良贲《仁王经疏》说："昔有晋朝道安法师，科判诸经以为三分：序分、正宗、流通分。"道安大师用科判的方法把佛经的内容分章分节标列清楚，研究起来就容易抓住它的中心环节；同时再用"析疑"、"甄解"的方法，对于每一个名词或每一种句义加以分析推详，自然就"文理会通，经义克明"了。

科判，起始于中国传统经学的章句之学。而佛经的科判，是古代祖师大德对经论或解释经论法义的著疏，进行内容上的梳理。佛经科判比世间书籍的章节段落的划分更为详细，易于学人对整部经论或著疏的内容框架有一个清晰的脉络把握。有学者认为佛经科判影响到初唐文学理论的基础。科判在义释和术语两方面影响到六朝隋唐的经学义疏，其章句直接影响到汉魏六朝的文学理论。所以说，佛经科判不仅是佛教文化中的瑰宝，也是中国文化史上的一朵奇葩！

1929年9月20日,弘一大师在上虞白马湖,曾书写"剖裂玄微　昭廓心境"一联,赠予弟子刘质平。这是清凉国师澄观撰著的《大方广佛华严经疏钞》序中的句子。其意为:将不可思议的境界,将它剖裂开来,发现这个"法界"既玄妙而又精微,从而照亮,又扩大了我们狭窄而又无明的心境。这一法语,其句义言简而意赅、言近而旨远,正可以阐发"佛经科判"的志趣。2012年4月,上海佛学书局将弘一法师的此联墨宝照片作为出版《佛经科判选编》的序言。

科判犹如一颗大树,有树根、主干、支干、支条;及至层层下分:有小枝、树叶、叶脉、花朵、花朵中又有花蕊……众多层次。古德用"天干"、"地支"来分层标识。若内容更多再加上"五行"——金、木、水、火、土。令科判达二十七层。清凉大师澄观的"华严经疏钞"的科判,就分为二十七层。

最早开启对佛经全面细致运用科判的高僧,是南朝陈、隋时代的天台宗创始人智者大师(538—597)。

科判不仅有利于自修,又可以帮助初入佛门的学佛人能更好地读懂佛经,理解佛经,最后能走入佛法的玄妙之门而得正果。所以佛经科判是佛教文化建设和发展中不可或缺的一个组成部分。古往今来的高僧大德都为佛经的科判做出了巨大贡献。诸如:交光、圆瑛、太虚大师的《楞严经》;清定上师的《妙法莲华经》;演培大师的《梵网经菩萨戒本》;莲池、蕅益、太虚大师的《佛遗教经》;斌宗大师的《般若波罗蜜多心经》;蕅益、太虚、斌宗、柏原祐义(日)大师的《阿弥陀经》;柏原祐义、太虚大师的《无量寿经》;柏原祐义大师的《观经》;印顺、太虚大师的《药师经》;青莲、静权大师的《地藏经》;澄观大师的《华严经》;印顺大师的《大宝积经》;太虚大师的《善生经》《十善业道经》《八大人觉经》《四十二章经》《六波罗蜜经》《优婆塞戒经》及江味农居士的《金刚般若波罗蜜经》等经文科判。都被佛门尊为稀有的法宝!

2012年,净空大师在《净土大经科注》演讲中说,他曾将莲池大师的《弥陀经疏钞》、蕅益大师的《弥陀经要解》、幽溪大师的《弥陀经圆中钞》科判用表解画出来,非常惊讶!"科判一判,一目了然,从文学上来说,你能看出这种文章章法结构整整齐齐,那真的好文章啊!你不能再加上一句;你不能去掉一段,去掉就断掉了,就接不起来了,才知道佛经之妙。从章法结构你就体会到它思想体系多么精密。""科判搞清楚了,这个经的大意就明白了,就可以讲经了。"于是他认为,如何学讲经,先学做科判。

二、剖微尘之经卷　尽众生之愿门

弘一大师对佛学的贡献,主要体现在他对律宗的研究与弘扬上。大师为振兴律学,不畏艰难,深入研修,潜心戒律,著书说法,实践躬行。弘一大师入佛初期,广泛博览经典,崇信净土法门。在《弘一大师全集》的佛学卷中,可以见到诸如《梵纲经贤首疏盗戒第六种类轻重门科表》、《释门归敬仪科》、《梵纲经古迹记科表》、《菩萨戒本宗要科表》等科判的论述。诚然,大师原是一个对佛经科判做得极其认真彻底的人。1924年12月在致蔡冠洛(蔡丏因)的书信中,他对杨仁山居士刻经疏,不刻科文,深为慨然。对徐蔚如居士所刻南山律宗三大部,悉删其科文,认为"疏、钞、科三者如鼎足,不可阙一","屏去科文而读疏钞,必至茫无头绪"①。由此可见弘一大师对先德们所作的科判是如此的崇敬和珍视,不得不令人感叹也!

现从如下三部佛经,展开对弘一大师大乘佛经科判之初始研究:

(甲) 佛说阿弥陀经

《佛说阿弥陀经》是流通最广的大乘经典之一,不但修净土念佛法门的行人多以此经作为早晚课必诵之经,而且已成为各宗的根本经典。弥陀极乐信仰已成为大乘佛教最根本的信仰。

隋唐以来,释小本《弥陀经》者数十家。当最为推重的是:云栖莲池大师(1535—1615)《阿弥陀经疏钞》4卷、幽溪传灯法师(1554—1628)《阿弥陀经略解圆中钞》2卷及灵峰蕅益大师(1599—1655)《阿弥陀经要解》1卷。

蕅益大师评论莲池、传灯大师的注疏"特以文富义繁,边涯莫测。或致初机浅识,信愿难阶"。印光大师称蕅益大师的《弥陀要解》去繁就简,简明扼要,直指净土纲领,和盘托出《阿弥陀经》心要。而弘一大师则认为"《疏钞》繁广幽奥,《圆中钞》《要解》,亦复义理精微,非始学所能通贯"。"唯宋代

---

① 林子青:《弘一大师新谱》,(台北)东大图书公司1993年版,第221页。

律学家灵芝元照大师(1048—1116)所出《阿弥陀经义疏》无多高论,妙协经宗,善契初机,深裨后进。"[1]

兹以弘一大师1935年2月撰《佛説阿弥陀经义疏撷录》[2]的科判表式与蕅益大师1647年10月撰《阿弥陀经要解》的科判表[3],阐述各自特点。

一、经前

弘一大师在释此经前,先列义门,其下分三个科目层次:一层为明教、明理、明行、明果,二层为明教兴、辨教相、通论众典、别示今经、通明大行、别显净业、明近果、明远果,明教兴下又分通明教兴、别辨教兴。分科判教提示全经纲要"今经即以弥陀修因感果依正庄严不思议功德为所诠理"。

二、序分

序分可分为两部分:通序和别序。

通序,又叫证信序。记录佛陀宣讲此经法会成就的六种因缘:即信成就、闻成就、时成就、主成就、处成就和众成就。通序的经文起讫:"如是我闻……无量诸天大众俱"。

经文开头是"如是我闻",这是佛经的固定表达格式,有四种含义:1. 为佛敕教,2. 消除众疑,3. 止息诤斗,4. 拣别外道。

别序,又叫发起序。法不孤起,必有因缘。发起序就是讲此经的发起因缘,发起序是本经独有的序言。发起序的经文起讫:"尔时佛告长老舍利弗……今现在说法"。

蕅益大师认为应该按照经文的功用来分科:如果是序分的功能,就应该判为序分;不以经文稍涉义理,便判入正宗。

弘一大师则依元照法师,认为此经为佛无问自说,故无发起,唯以六事征信故。

三、正宗分

正宗分是一部经的核心义理及修持方法、境界及规范。弘一大师和蕅益大师在《佛说阿弥陀经》正宗分里,都着重宣讲极乐依正无比庄严而启信,

---

[1] 弘一大师:《佛説阿弥陀经义疏撷录序》,见《弘一大师全集》第7册,福建人民出版社2010年版,第628页。
[2] 弘一大师:《佛説阿弥陀经义疏撷录》,西泠印社出版社2014年版。
[3] 蕅益大师:《阿弥陀经要解》科判表,见《佛经科判选编》,上海佛学书局2012年版,第136页。

三劝众生应求往生以发愿,正示执持阿弥陀佛名号以立行。蕅益大师说:"非信不足启愿,非愿不足导行,非持名妙行不足满所愿而征所信。""往生与否全由信愿之有无,品位高下全由持名之深浅。"二位大师发大慈悲心,誓愿征得无上智慧,誓愿使一切众生皆能皈依《阿弥陀经》,使闻法的人能听受、能理解,心生感动;使一切众生信解大乘法门。

二位大师的正文科判细而密,均有八个级别及众多层次:

弘一:3 乙 8 丙 13 丁 8 戊 12 已 10 庚 7 辛 4 壬。

蕅益:3 乙 6 丙 4 丁 8 戊 10 已 4 庚 2 辛 2 壬。

弘一大师的《佛說阿弥陀经》正宗分科判框架(参见附表)。

四、流通分

流通分的基本形式大多是赞颂佛法的功德,说明修行的利益,也有的是与其他法门进行比较,赞叹佛经的独一无二,从而引起信众的愿行。流通分能启迪信众的欣慕之心,能激发众生依教奉行,脱离六道轮回而直趋无上菩提,终究成佛而普度一切众生。

弘一大师的流通分即为经文末段:"佛说此经已……闻佛所说欢喜信受,作礼而去"。而蕅益大师的流通分有 2 乙 3 丙 4 丁 6 戊级别,经文起从"舍利弗,如我今者,赞叹阿弥陀佛不可思议功德之利……"。弘一大师视此段经文为佛经的正说,是世尊向舍利弗赞叹阿弥陀佛不可思议功德之利。而蕅益大师则认为此经文是在赞叹佛经,已经开始起到利益众生的功能,可判为流通分。

弘一大师的《佛说阿弥陀经义疏撷录》是依日本《义疏闻持记会本》之闻持记者,南宋戒度、法久二律师撰述,以释义疏。法师可能取其科判崇尚传统的序、正、流通三分法,比较简明,易为学人接受。

《佛说阿弥陀经义疏撷录》曾经本妙法师镂版弘布,但至今未见旧本显现。直至 2014 年 4 月,平湖学者王维军发现《佛说阿弥陀经义疏撷录》在 1936 年 1 月 8 日《佛教日报》上以连载的方式首刊。遂于平湖李叔同纪念馆建馆十周年之际,由西泠印社刊印宣流,演音重续,利益今人,泽惠后世。《佛说阿弥陀经义疏撷录》是目前稽考弘一大师佛经科判最重要的文献之一。

《佛经科判选编》的编辑闻妙居士认为,根据西泠印社出版的《佛说阿弥陀经义疏撷录》改排的科判表式,与蕅益、太虚、斌宗、柏愿祐义等大师的《阿弥陀经》科判各有特色①。今后若再版《佛经科判选编》时,建议将弘一大师的这一份科判表补列进去"锦上添花"。

(乙) 般若波罗蜜多心经

《大般若经》云:"余经犹如枝叶,般若犹如树根","不学般若波罗密多,证得无上正等菩提,无有是处","般若波罗密多能生诸佛,是诸佛母"。《般若部》于佛法中,最为重要。佛说法四十九年,说般若者二十二年。而所说《大般若经》六百卷,亦为藏经中最大之部。《心经》虽二百余字,能包容六百卷《大般若》义,毫无遗漏。故曰心也。弘一大师对般若法门及《心经》,皆极尽赞叹之意;"《心经》虽仅二百余字,但却摄全部佛法。讲非数日、一二月,至少须一、十二年"。

我们不妨将弘一大师于1938年4月17日至19日在泉州开元寺讲演的《心经大意》,②与斌宗大师于1941年2月在日本大溪福份山斋明禅寺讲演的《心经要释》③作一剖析。

弘一大师在讲正文之前,先对已信佛法之人谓《心经》为空者,加以纠正。又对未信佛法之人谓佛法为消极者,加以辨正。大师以简略大意、通俗浅显的讲法令粗解法者及未学法者,皆稍得利益。

弘一大师的大科分二:经题、正文。

经题细分为别题("般若波罗蜜多心")及总题("经");其将经题作为《心经》的序分。

斌宗大师的大科分三:经题、译人、正文。

译人,即《心经》译者玄奘法师。

弘一大师的正文分:乙1显了般若、乙2秘密般若

斌宗法师的正文分:乙1显说般苦、乙2密说般若

弘一大师在讲演中称"今讲正文,讲时分科。今略举大科,不细分"。于

---

① 蕅益等法师:《阿弥陀经》科判表,见《佛经科判选编》,上海佛学书局2012年版,第136—142页。
② 弘一大师:《心经大意》,见《弘一大师全集》第1册,福建人民出版社1991年版,第262页。
③ 斌宗法师:《心经要释》科判表,见《佛经科判选编》,上海佛学书局2012年版,第52页。

是《心经大意》经文在前科分在后，但内容则与《心经要释》的科判趋于一致。

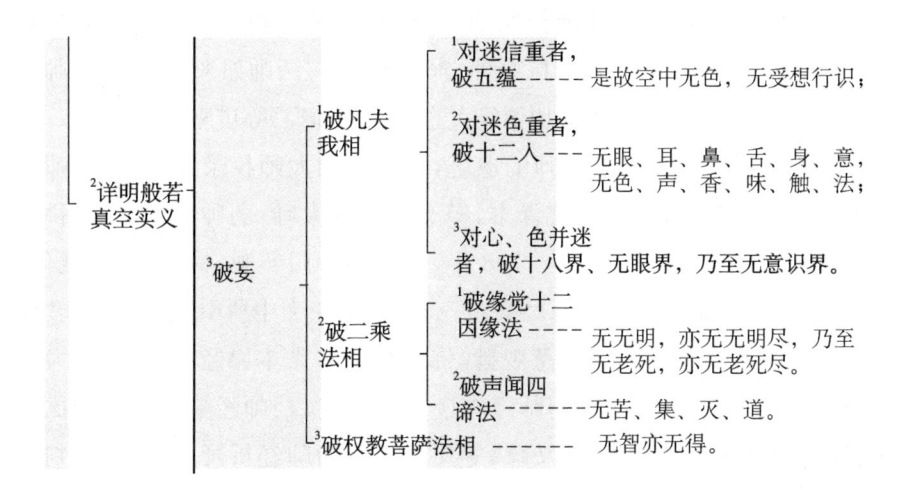

```
                              ┌ ¹对迷信重者，
                              │  破五蕴 ———— 是故空中无色，无受想行识；
                    ┌ ¹破凡夫 │
                    │  我相   ┤ ²对迷色重者，
                    │        │  破十二入 ——— 无眼、耳、鼻、舌、身、意，
                    │        │              无色、声、香、味、触、法；
                    │        │
   ²详明般若─┤        └ ³对心、色并迷
   真空实义 │           者，破十八界、无眼界，乃至无意识界。
        ³破妄
                    │        ┌ ¹破缘觉十二
                    │ ²破二乘│  因缘法 ———— 无无明，亦无无明尽，乃至
                    ┤  法相  ┤           无老死，亦无老死尽。
                    │        │ ²破声闻四
                    │        └  谛法 —————— 无苦、集、灭、道。
                    │
                    └ ³破权教菩萨法相 —————— 无智亦无得。
```

(《心经要释》)

```
是故空中无色无受想行识           ┌→蕴      五蕴(色、受、想、行、识)
无眼耳鼻舌身意无色声香    空凡夫法 ┤→处     十二处(眼耳鼻舌身意色声香味触法)
味触法无眼界乃至无意识         └→界      十八界(六根界、六尘界、六识界)
界

无无明亦无无明尽乃至        空二乘法→缘觉言    十二因缘(无明、行、识、
无老死亦无老死尽                              名色、六入、触、受、爱、
                                            取、有、生、老死)

无苦集灭道                         →声闻言    四谛(苦集灭道)
```

(《心经大意》)

两大师正宗分的乙2密说般若和乙2秘密般若，均为《心经》之末段咒文。遂成经文的流通分。弘一大师判"咒文依例不释，但当诵持，自获利益"。

两大师先释"般若波罗密多心经"八字，用五重玄义分科判教的方法而演述之，提示全经纲要；斌宗大师还次释译人，撮略其历史，俾知翻译法师之功德。后正解经文，用分合二法述之：先"分释"，于经义要旨略为发挥；后"合释"，唯随文直解，以便初学。或浅或深，或详或略，意在能够普及为目的。

(丙) 药师琉璃光如来本愿功德经

《药师经》是赞叹药师佛行愿的经典,是大乘经典之一。弘一大师在 1933 至 1939 年间,分别在晋江、泉洲、永春等地作《药师如来法门》、《药师如来法门略说》、《药师如来本愿功德经大意》及《药师经》等讲座。

《药师经析疑》为弘一大师的遗著,后经圆拙大师校录完成。《药师经析疑》的经文采《高丽藏》玄奘译本,经文句读依大师《药师经》写本。科文依日本元文三年(清乾隆三年 1738 年)宽永寺沙门实观,根据《高丽藏》玄奘译本所著《药师琉璃光如来经义疏三卷》书录。文中所引《唐疏》,即敦煌石室发现之初唐唯识大家释慧观撰《佛说药师如来本愿经疏》。弘一大师又将青丘沙门太贤撰《本愿药师经古迹》、亮汰述《药师经纂解》、天台比丘灵耀撰《药师经直解》,以及《义疏》等文义,于《药师经析疑》中以列科判表呈现。①

笔者比照了与太虚和印顺大师的药师经科判②,发见有二大明显的不同之处。

一则,对药师经中一段《药师七佛经》的处理。《药师七佛经》是一部非常殊胜的经典,里面有五大咒语。《药师琉璃光如来本愿功德经》经文"复次曼殊室利……乃至菩提",含有"药师灌顶真言"咒语。太虚和印顺法师将此段经文作为经文正文归入正宗分。而弘一法师认为,此段经文系"后人常取七佛经中咒文及其前后之文四百馀字,增入今本,谓为完足";"同是佛语,揉杂无妨。七佛经本,别行于世;今本不增,有何不足"。于是,对此段经文不作科判。③

二则,对流通分的处理。太虚和印顺大师均将经文末段为流通分。而弘一大师认为经文从曼殊、救脱及药叉发誓起,已经起到弘扬佛经之功能,故从经文"尔时曼殊室利童子白佛言……"起,约有一半的经文归入流通分。

每位讲经法师根据各人的理解心得不同,所判的分层、繁简各有不同。但是,弘一大师对药师法门殊胜的见地及经文的分判更具个性特点。

---

① 弘一大师:《药师经析疑》,见《弘一大师全集》第 1 册,福建人民出版社 1991 年版,第 267—280 页。
② 太虚、印顺大师《药师经》科判表,见《佛经科判选编》,上海佛学书局 2012 年版,第 158—162 页。
③ 弘一大师:《药师经析疑》,见《弘一大师全集》第 1 册,福建人民出版社 1991 年版,第 267—280 页。

在 1991 年福建人民出版社《弘一大师全集》第 1 册,第 260、267 页,及 2010 年《弘一大师全集》修订版第 1 册,第 304、312 页上均可醒目见到《华严经大意》(存目)、《华严疏科分》(存目)及《金刚经大意》(存目)的占位。很显然,两册《弘一大师全集》的编委会都认可有这三篇论述的存在。

弘一大师的佛学思想体系,是以《华严》为镜,四分律为行,导归净土为果的。也就是说,他研究的是《华严》,对晋唐诸译的《华严经》都有精深的研究。1926 年法师写《华严经十回向品初回向章》寄上海蔡丏因居士,属其付印流通。自许此经是他此生最精工之作。他悉心致力于《华严疏钞》,赞此书法法具足,如一部佛学大辞典。若能精研此书,于各宗奥义皆能通达。1930 年法师致力研究《华严》之际,並以余力集华严偈缀为联语,并手书成册《华严集联三百》。次年由上海开明书店出版,冀以善巧方便,导俗利生。

1933 年正月弘一大师迁住妙释寺。有一天梦见自己身为少年,同老儒师一道行走,后闻有人在朗读《华严经》偈句,细细辨得是《贤首品》文。随儒师返回,见十多人席地聚坐,其中有一人弹琴,有位长髯老人以歌说法,由衷敬景!法师脱鞋,方欲入座,忽而醒来,场面历历在目,忆起《华严经·贤首品》偈,似乎是《发心行相五颂》。连夜点灯记下奇梦。足见法师一心挂碍华严矣!

从 1939 年 4 月 17 日至 1940 年 11 月 8 日,历时 572 天,法师在永春普济寺静心修持,掩关治律,潜心编纂著述,其中便有《华严疏科分》。

法师曾想对《华严》诸本,在明代妙明大师会本的基础上添科文,删节文字,校厘出一个理想的标准读本。约费时二十载,完成一大功德,由弘伞法师任护关,负责排版流通。后来因缘不具,深为遗憾。法师将晋唐译《华严经贤首探玄记》等大部头书寄存在蔡家可园,并在信中申明"若命终者,即以此书尽赠与仁者。以志遗念"。他教蔡丏因读经是有深意远虑的"朽人老矣,当来恐须乞仁者赓继其业,乃可完成也"。丏因得良师而未继宏志,亦是晚年痛心疾首之事。①

在大乘经典中,《大方广佛华严经》被称为经中之王。由实叉难陀尊者主译的八十卷《华严经》共有三十九品、四万五千颂、十兆(一百万为一兆)九万五千四百八十四字。2014 年 9 月,上海佛学书局出版《大方广佛华严经科

---

① 柯文辉:《旷世凡夫:弘一大传》,北京大学出版社 2010 年版,第 252 页。

判》。前九会三十九品八十卷,经译者唐·实叉难陀、科判者唐·澄观,第九会第八十一卷《普贤行愿品》经译者唐·般若、科判者唐·澄观。全书 16 开本,共 284 页。可以设想,一旦《华严经大意》和《华严疏科分》重光,必将成为研究弘一大师佛经科判的大部头文选,也将充实弘一大师全集的佛学卷宝库。

《金刚般若波罗蜜经》被视为般若系大乘经中的一个略本;本经说"无相",保持原始般若的古风。1939 年弘一大师在福建永春,讲金刚经大意三日。① 可惜《金刚经大意》今仅有存目。1938 年 10 月,大师劝广洽师发心募印其手书《金刚经》,以接引青年。1939 年大师为亡母谢世作《前尘影事》,内中书以金刚经偈颂,回向菩提。大师赠予日本著名出版商内山完造的金刚经偈"一切有为法,如梦幻泡影,如露亦如电,应作如是观",引起鲁迅的爱慕。

上海佛学书局出版的《佛经科判选编》,其中江味农居士的《金刚经讲义》科判细而密,科目层次竟达十八个级别之多;表式占 16 开本,共 32 页。由此可以揣测弘一大师的《金刚经大意》的篇幅也不会少。

佛教八万四千法门,佛陀 49 年讲经说法,历代祖师大德阐释经典,都是为了引导众生趣向生命的解脱和涅槃。自 2008 年以来举办全国性讲经交流会已连续十年。讲经说法已经成为加强僧团道风建设、佛教自身建设和关爱社会、服务社会的有效途径。

三、唯愿久住刹尘劫 利乐一切诸众生

《妙法莲华经》法师品第十,世尊开示:在末法时代里,若有人受持、读、诵、解说、书写《法华经》一偈,恭敬此经如同恭敬佛一样,并作种种供养者,药王!是诸人等已于过去世曾供养过十万亿佛,于诸佛道场已累积种种德行,因慈悯众生之故,才出生此人间世界。② 弘扬佛经行持此五种修行者别称为"五种法师"。

---

① 弘一大师:《普劝净宗道侣兼持诵地藏经》,见《弘一大师全集》第 7 册,福建人民出版社 2010 年版,第 418 页。
② [日]庭野日敬著,释真定译:《法华经新释》,上海古籍出版社 2011 年版,第 170 页。

1933年7月11日大师在承天寺为少年学僧讲《常随佛学》，悟出《华严经·行愿品》末卷所列十种广大行愿中第八种，行事以佛为模范，爱人助群，以七事为例，人人皆可学：一、佛自扫地。二、佛自昇弟子及自汲水。三、佛自修房。四、佛自洗病僧及自看病。五、佛为弟子裁衣。六、佛自为老僧穿针。七、佛自乞僧举过。[①] 大师以身作则，把勤劳的品德灌输给孩子们。

　　弘法讲演是弘一大师僧伽教育实践的重要形式之一。1932—1942年间，他长期奔波厦门、泉州、晋江、漳州、永春，共讲演68场。以无我之伟大精神，做种种利生之事。

　　弘一大师在闽数载，著作、讲经、写字，几乎没有一日休息，尤其是他以书法来给人无畏施，一下子应求的都是几百幅，几千幅！律学是要有根基的，懂得的人很少。大师为僧人写条幅，多是"以戒为师"。其他俗家来求书者接应不暇，出于慈悲，不忍拒绝。写了大量《华严集联》和《寒笳》中警句，尽量满足。

　　所谓"书写"，是书之以文之意。此中还有两种意义，一是为了弘通教说而书写，二是为了使自己的信解更加深入而书写。大师自许"余字即是法"具有更大意义。大师出家以后，渐渐脱去模拟形迹，也不写别的文字，只写佛经、佛号、法语，晚年把《华严经》的偈句，集成楹联三百。

　　所谓"偈"乃以诗的形态，重复叙述前面的述文以及歌颂诸佛菩萨功德时，所使用的一种韵文。写偈为了使佛陀完美无缺的德相及大智慧力刻画于众生心中，成为众生永久精进的目标。

　　《妙法莲华经》法师品第十，世尊继而说之：药王！若有人问起，哪些众生可以于未来世成佛，我将回答——只要是受持、读、诵、解说、书写《法华经》的一句或一偈，并对此呈上至诚谢意的人，都将成就无上佛道。因为这样的人，是代替佛而出现于世间，所以，世间一切众生应以之为典范而尊崇之。因此应须献上与佛同等的感谢。[②] 唯"五种法师"——弘一上人，可获与佛同等之感谢矣！

---

① 林子青：《弘一大师新谱》，（台北）东大图书公司1993年版，第306页。
② ［日］庭野日敬著、释真定译：《法华经新释》，上海古籍出版社2011年版，第172页。

【附表】

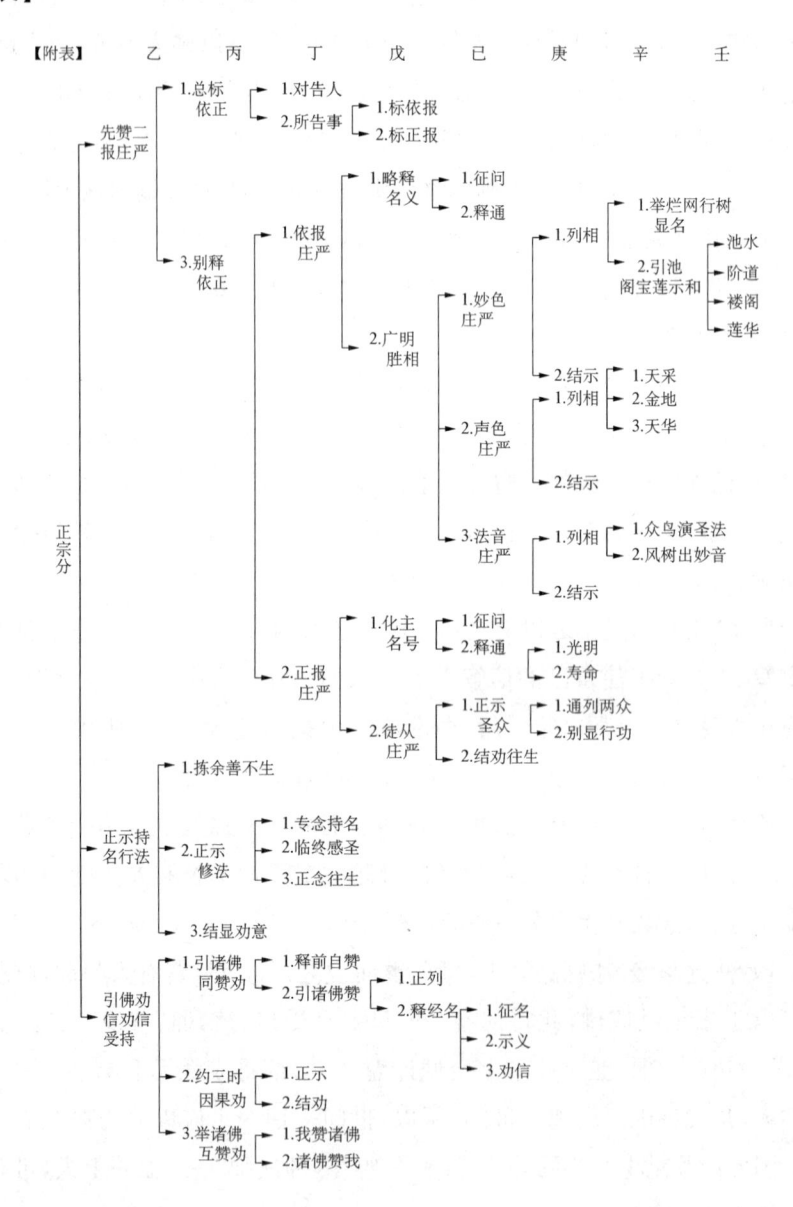

【附表】	乙	丙	丁	戊	己	庚	辛	壬

- 正宗分
  - 先赞二报庄严
    - 1.总标依正
      - 1.对告人
      - 2.所告事
        - 1.标依报
        - 2.标正报
    - 3.别释依正
      - 1.依报庄严
        - 1.略释名义
          - 1.征问
          - 2.释通
        - 2.广明胜相
          - 1.妙色庄严
            - 1.列相
              - 1.举烂网行树显名
              - 2.引池阁宝莲示和
                - 池水
                - 阶道
                - 楼阁
                - 莲华
            - 2.结示
              - 1.天采
              - 2.金地
              - 3.天华
          - 2.声色庄严
            - 1.列相
            - 2.结示
          - 3.法音庄严
            - 1.列相
              - 1.众鸟演圣法
              - 2.风树出妙音
            - 2.结示
      - 2.正报庄严
        - 1.化主名号
          - 1.征问
          - 2.释通
            - 1.光明
            - 2.寿命
        - 2.徒从庄严
          - 1.正示圣众
            - 1.通列两众
            - 2.别显行功
          - 2.结劝往生
  - 正示持名行法
    - 1.拣余善不生
    - 2.正示修法
      - 1.专念持名
      - 2.临终感圣
      - 3.正念往生
    - 3.结显劝意
  - 引佛劝信劝信受持
    - 1.引诸佛同赞劝
      - 1.释前自赞
      - 2.引诸佛赞
        - 1.正列
        - 2.释经名
          - 1.征名
          - 2.示义
          - 3.劝信
    - 2.约三时因果劝
      - 1.正示
      - 2.结劝
    - 3.举诸佛互赞劝
      - 1.我赞诸佛
      - 2.诸佛赞我

[作者:(上海)丰子恺研究会副会长]

Analyzing Buddhist Sutras and Fulfilling Sentient Beings' Wishes — Master Hongyi and Discipline Judgements in Buddhism

Zhu Xian-yin

Ever since the establishment of discipline judgements method on Buddhist sutras by Master Daoan in Jin Dynasty, generations of honorable monks put it in the practice of interpretation, lecture and self-cultivation. Therefore, discipline judgements method on Buddhist sutras is often treated as the brilliant treasure in the Buddhist culture. According to "Interpretations of Discipline Judgements on Diamond", this method helps to give explicit meanings and definite laws to Buddhist sutras.

Master Hongyi's contributions to Buddhism is mainly manifested through his research and promotion on the School of Vinaya. As a matter of fact, he is also the one who carries out this method in a serious manner.

In this paper, a study on Master Hongyi and his discipline judgements on Mahayana sutras is conducted on the basis of his three pieces of works, namely "Records of Interpretations on Buddha's Speeches in Amitabha Sutra", "Gist of the Heart Sutra", and "Some Thoughts on Bhaisajyaguru Sutra". In addition, it is also called on in the paper to seek for another three important lost articles with the titles of "Gist of Huayan Sutra" "Interpretations and Discipline Judgements on Huayan Sutra", and "Gist of the Diamond Sutra", which are labelled in the contents of "Complete Works of Master Hongyi". With rich and true historical materials, more investigations on Master Hongyi are to be expected.

与大师一起深呼吸：弘一法师
《华严经十回向品初回向章》写经初探

郭祐孟

引言

1924年冬至后，有人赠施弘一法师《华严疏钞》，法师以卷帙繁多，故致书蔡冠洛（蔡丏因）①，愿与轮流共阅，裨益弥胜；对此，蔡冠洛以为是弘一法师的善巧诱掖，免除因文字繁多而生倦怠的通病。② 自此，弘一法师便对华严义理用心研习了。1926年春天，这是弘一法师出家后的第九个年头，他四十七岁，当时有徐蔚如考订《龙藏》时发现《华严疏钞》的删节失误。弘伞法师发愿要重新厘会、修补、并校点《华严疏钞》，这工作就由弘一法师承担下来，一人饰演三角，期待以二十年的时间来经营，想来是相当辛苦的，法师也将此要事交付蔡冠洛。③ 这一年初，大师在温州已经感冒且湿滞不解，到杭州之后，就在西湖招贤寺调养，一面进行《华严疏抄》的修正和校点工作。来探望关心的友人太多，所以在同年秋天，大师便与弘伞法师一起到庐山参加金光明法会。此间，他初居牯岭大林寺，8月移居位在五老峰后的青莲寺，9月抄写了《华严经初回向章》，此写经被弘一法师自许为"此生精工之作"，之后有太虚法师阅而许为"近数十年僧人写经之冠"！④ 从 2016 年 5 月 24 日

---

① 陈星：《缘哉善友——弘一大师与蔡丏因》，见所著《李叔同身边的文化名人》，中华书局 2005 年版，第 178 页。
② 林子青：《弘一大师新谱》，（台北）东大图书公司 1993 年版，第 220 页。
③ 同上书，第 240 页。
④ 蔡冠洛：《廓尔亡言的弘一大师》，转引自林子青著《弘一大师新谱》，第 243 页之"注 9"。

起的三次读书会，我们参酌了弘一法师撰书的《华严经读诵研习入门次第》一文，共同分享这一部写经的相关内涵，越是去深入了解，就愈发感动于一代大师的慈悲愿行，是以撰写本小文以探索之。

弘一法师与蔡丏因的"华严因缘"

1926年5月19日，弘一法师在杭州《致蔡丏因函》说道："近与伞法师发愿重厘会、修补、校点《华严疏钞》，……伞法师愿任外护，并排版流布之事。……朽人一身任厘会、修补、校点诸务，期以二十年卒业。先科文十卷，次悬谈，次疏钞正文。朽人老矣，当来恐须乞仁者赓续其业，乃可完成也。……"可见，当时的弘一法师对于蔡丏因居士深入华严义海，有着深深的期盼。

据统计，弘一大师致蔡丏因的书信高达百余封。蔡丏因（1890—1955）原名蔡冠洛，浙江诸暨人，雅好书画以自娱。他在就读杭州的浙江两级师范学校期间，还未师从李叔同。毕业后，赴日本帝国大学攻读文学，为同盟会员。回国后，在绍兴第五中学、上虞春晖中学、上海立达学园等地任教。大约在1924年，蔡丏因与李鸿梁是同事，因李鸿梁是大师的学生，又巧遇大师来绍兴，于是蔡丏因才有与大师接触的机会。由于两人交谈投机，日后的书信频繁，并在杭州等地多次晤面，情谊相当笃实。1933年，蔡丏因担任世界书局编辑、总编辑，直到抗战爆发，日本进入上海租界为止。此期间，蔡丏因曾商请大师编写字典，但写至"女"部诸字时，认为下笔不便就终止书写了。他还曾请大师为书局编辑《佛学丛刊》，遗憾的是刚出版一辑，就遇上中日战争爆发。据说蔡家保有一部珍贵的宋代《藏经》，大师曾经有心要校订，却也因战乱未果。这些在蔡丏因的回忆文稿中都有记载，读来生动而感人。之后，蔡丏因回到桐乡濮院养蜂，担任江浙养蜂协会理事长。或许是因为蔡丏因熟稔编辑出版之事，所以他与大师的书信中，多有关于写经、刊经、研经、说经等方面的交流。蔡丏因崇仰并赞叹："弘一大师以艺事启人，以文字诱人。举从性海而出，无不还归于性海。故能适然当意，翕然理顺。"林子青早年在上海时，也多见蔡丏因所收藏的弘一法师馈赠佛典塔像；从其子蔡大可自称"今生今世所崇拜者唯大师一人"可知，弘一法师与蔡家父子的深厚法情。

弘一法师在佛法和佛学方面对蔡丏因的循循善诱是很明显的,譬如:"尔有友人惠施《华严疏钞》一部,如仁者暂不请购,可先与朽人轮换共阅此一部。""《华严疏钞》,唯有仁者能读诵,故以奉赠!""专研《华严疏钞》甚善。彭二林《华严念佛三昧论》,应先熟读。""《华严悬谈》文字古拙,颇有未易了解处,宜参阅宋鲜演《华严谈玄抉择》,及元普瑞《华严悬谈会玄记》,反复研味,乃能明了。"可见法师对蔡丏因的华严学习特别殷切,蔡丏因也将弘一法师视为法门尊师而终身服膺。

《华严经初回向章》也就是在蔡丏因的协助下版印流通的。弘一法师特别将华严宗师的疏抄科文附入,加上红色点朱的标点,画面红黑相衬,逸体书风却能肃穆持重。通篇书法呈现朴实无华的庄严感,用笔圆润,多存魏晋古意,捺笔中流露波磔隶韵,悦目而净心。可以说:这是弘一法师前期书法所酝酿而成的新典范,这种新是"汲古而新",在近数百年来的中国写经史上,富有时代创意,一种从古典迸出的新火花。以下,先探索《初回向章》在《华严经》中的意义,兼谈弘一法师所追慕的晋唐古风,再探法师《初回向章》写经的艺术表现。

《华严经·十回向品》的内容概要

明憨山大师说:"不读《华严》,不知佛家富贵。"在弘一法师亲撰并书写的《华严经读诵研习入门次第》一文中,他建议大家能研读《华严经·十回向品》的《初回向章》与《第十回向章》,强调从智起悲,并圆满普贤十大愿王的资粮,这正是反映了弘一法师写经中的回向价值。

《华严经》全名《大方广佛华严经》,梵文 mahā-vaipulya-buddhāvataṃsaka-sūtra,是大乘佛教最重要的经典之一,据称是释迦牟尼佛成道之后,未起于座,在甚深禅定中为诸上乘菩萨宣演的"佛陀根本法轮",是以毘卢遮那法身为果,以十莲华藏世界海为依报化境,将文殊大智与普贤大愿的因行,融以十无尽而成理事无碍的重重行门。学习佛法的信、解、行、证,在华严教法的修行次第当中,可谓是层层分明,前后贯彻,有道是"行布不碍圆融,圆融不碍行布"。"十信法门"能使人对佛法生起坚定的信心,"十住法门"让人依净信生起正解,"十行法门"让信解者广行深化,"十回向法门"则导深行者发胜愿,终于能依愿行而证入"十地法门"。

　　向来讲说《华严经》者,多以"七处九会"结构而谈,并将之图像化为九宫格模式的"华严经变相图"。①"十回向"是第五会兜率天宫演法的中心课题,由金刚幢菩萨藉佛力入于智光三昧,得到诸佛称赞并摩顶后,出定转向大众广说十回向法门。如此说来,《十回向品》在《华严经》中居于"三贤位"中的"上贤"位置,离进趣相而无胜进;大悲普覆回向众生,大智上求回向菩提,入理双寂回向实际,属于华严科判"修因契果生解分・差别因果周・差别因"中的一品经文。清凉国师提到"菩提心灯,大悲为油;大愿为柱,光照法界"②。原来"十回向法门"总通于信、住、行、向、地等五十阶位,是十地、等觉、妙觉、佛果的基础。而《十回向品》通篇长达十一卷,记载着各式各样的回向法,让读诵者真是叹为观止。

　　"回向"的梵语为parinama,又作转向、施向。意即将自己所修之善根功德,回转给众生,并使自己趋入菩提、涅槃。或以自己所修之善根,为亡者追悼,以期亡者安稳。原始佛教圣典《阿含经》中最早的回向思想,主要是以回向涅槃为主。事实上,出家修道者发起厌离心,超脱三界烦恼的系缚是很不容易的事,佛陀于是叮咛弟子们要维护这一份发心,并回向于解脱。部派佛教的《阿毘达磨论》继承了这样的说法。说一切有部的《大毘婆沙论》也强调"摄受正念,回向解脱"③的殊胜力量。迨至大乘佛教兴起,重于悲心的菩萨道对回向意义的深广化,结合着空性正见的般若观,提出"真回向阿耨多罗三藐三菩提"④之说。

　　《华严经・十回向品》对回向行的诠释更显浩瀚无穷,标举"双回向"是其特色,"回真向俗、回智向悲;如海一滴,味具百川"不可思议。以少善根,引无量果,以悲智双运来利乐群生,透过回向让一切佛事达到圆融无尽的境界。

---

① 郭祐孟:《敦煌莫高窟华严经变初探:以唐代"七处九会图"为主要课题》,《华严学报・创刊号》,(台北)华严学术中心,2011年4月,第217—256页。
② 澄观:《华严经疏》,T35,p. 921c。
③ 玄奘译:《阿毘达磨大毘婆沙论》,T27,p. 648b。
④ "是时,菩萨若如是知是诸法尽灭,所回向处及法亦自性空,能如是回向,是名真回向阿耨多罗三藐三菩提。"鸠摩罗什译:《摩诃般若波罗蜜经》,T8,p. 299a。

《华严经》所说的"回向"有十项：一者救护一切众生离众生相回向；二者不坏回向；三者等一切诸佛回向；四者至一切处回向；五者无尽功德藏回向；六者入一切平等善根回向；七者等随顺一切众生回向；八者真如相回向；九者无缚无着解脱回向；十者入法界无量回向。[1] 由金刚幢菩萨入菩萨智光三昧，承毘卢遮那佛的愿力而说，目的是要让菩萨行者的善根增胜而转生无尽，以顺利成就出世间助道法，开发大愿生诸欢喜，乐修诸佛平等善根，聚集清净法以护持如来种性，得佛护念而得安住佛法。

在1931年，也就是弘一法师撰写《华严经读诵研习入门次第》的时代环境中，并没有像今天这样学习《华严经》的美好学术环境，现今的研究报告和演讲处处可见，但是精彩的其实不甚多，总感觉知识性太浓烈了，彷若辩论与笔战，少了一份实践的"情操"与"心得"，那一份属于佛陀生命深层的分享。尽管现代佛学研究再发达，也难完全脱离传统养分或爬梳古典数据，因为展读古德的作品，文字中自有般若的流露，重要的是那一份躬亲实践的虔诚，能脱去笔墨底层的知识傲慢，是多么不容易的修养。随读一句，就有一句的受益与感动。

《十回向品·初回向章》的意义

"初回向位"名为"救护一切众生离众生相回向"，贤首国师在《探玄记》中是这样诠释："菩萨善根济诸众生烦恼业苦名救，令得菩提名护；虽成救护，然于众生照性平等故名离相。救是大悲，离是大智，又初是广大等心，后是不颠倒心，回向是行，谓以善根回向成如此救生离相之行，故名回向。"[2] 看来，菩萨修行善根的目的，其实只为救护众生出离生死，但是菩萨因修学般若的深行，能善用"大悲心"（广大等心）与"大智心"（不颠倒心）引导大众，依此"悲、智无二"之行来回向菩提。

清凉国师将之分成两方面来诠释，即所谓的"随相回向"与"离相回向"。尤以"大海不变"与"日轮普照"为喻甚为精彩：大海是譬喻菩萨的器量，就算

---

[1] 实叉难陀译：《大方广佛华严经》，T10, p. 124c。
[2] 法藏：《华严经探玄记》，T35, p. 243b。

遇上恶缘众生也能不忘初心,贪瞋痴诸毒无法毁坏其净性或动乱其坚固的道念;更以"日轮十德"[1]来阐释菩萨以平等心利乐有情的意义,日照不因时节改变而隐没,菩萨行也不会因遇恶缘而止息。《华严经》所标示的菩萨行,确实有异于二乘与凡夫的见地,菩萨见苦兴悲,心坚不退,所谓"不舍所行,不避苦事,不惊忽至,不怖迷倒,不退大悲,多苦不怯,长苦无厌"[2]。菩萨能于生死大海中巧作船师,又以大智慧将善根回向众生、回向菩提,这正是贵人扶持系统的双回向机制,才成就了欣欣向荣的华严世界。

近人华严学者徐蔚如[3]居士旅居北京时,因痔疾而病入垂危,他忆念及《华严经·十回向品》代众生受苦的经文,随文发愿入观,后即专念弥陀圣号,遂将痔疾治愈。弘一法师特藉此实例为净行者开示,[4]这是回向法门兴悲净心的功德力,在一位华严学者身上的印证;法师之后对华严学的深入探

---

[1] "一、福德之轮已圆,二、智用深广难测,三、正念游空无有高下,四、慈风运用不退不疲,五、圆福智轮显照空法,六、三乘山谷普照无私,七、使目睹万像,了真俗之义,八、使居自乘业以智成办,九、常为利益昼夜无休,十、无器生盲亦不语舍。"澄观:《华严经疏》,T35,p.698b。

[2] 澄观:《华严经疏》,T35,p.698c。

[3] 徐文霨,字蔚如,号藏一,常以字行世,后人多称"徐蔚如"。根据蒋维乔先生的记载,徐蔚如居士(1878—1937)为浙江海盐人。幼年攻读经史,博通百家之学,兼学数算。二十二岁丧父,其母开始笃信佛法,对他影响极深,渐行礼佛诵经并深入经藏。后慕杨仁山之名,赴金陵祇洹精舍门下参学,与太虚法师、欧阳竟无等人同受杨老引化,对中国近代佛教的复兴贡献很大。太虚法师的弘法深化四海,欧阳竟无与当时北平三时学会韩清净并称为"南欧北韩"的唯识大师,徐蔚如于民国十三年(1914)再度入京任职财政部,自此专志于刻经事业。他于民国七年(1918)到十四年(1925)间,刊刻《印光法师文钞》与《增广印光法师文钞》。民国十七年(1928)与蒋维乔等诸多名士共同创建北京刻经处,有意重新刊刻一部方册藏经;然以完整刊刻了日本空海的著述为其特色,为民国初期密教在华重新发展创造了基础条件。民国九年(1920)与许季上等人共同创立了天津刻经处,十余年中刊行经典近二千卷,尤以"南山三大部"(《四分律删繁补阙行事钞》、《四分律比丘戒本疏》、《四分律删繁补阙随机羯磨疏》)及"三记"等律学典籍最有时代意义,也成熟了弘一法师续传南山的因缘。徐蔚如自民国八年(1919)起校刊《华严经》,又陆续完成相关疏记表解的校刻,后来他志刻《华严疏钞》,为华严宗四祖澄观《华严经疏》和《华严经随疏演义钞》的合刊本。徐蔚如讲过"我为则易,人为则难"的话,会同蒋竹庄、李圆净等人协商校对施工,迨民国三十三年(1944)出版时,徐蔚如已经去世七年,然其贡献将照耀千古,更属一代佛门美赞,学界赞称其为"华严学者"。徐氏刻经乃承接师志之举,版制承金陵之风,刀工凌厉,字体隽秀;诸刻经处之间的统筹协调尚称良好,选典慎重且精心校勘,保留着经典撰作者的原味与苦心。民国二十六年(1937),正值徐氏打算以《乾隆大藏经》为基础,正式汇编《方册大藏》时,发生卢沟桥事变,引爆中日战争,他本人因操劳而去世,相关的刻经机构在不久后也随之烟消云散,然而他的刻经功绩足以彪炳史册。以上参考孟亮的《浅谈徐文霨的佛教刻经活动》,《法音》2016年第9期。

[4] 弘一大师:《净宗问辩》,见《弘一大师演讲录·佛学篇》,(台北)佛陀教育基金会2014年版,第105页。

索,也是得力于徐蔚如居士的鼓励和指导,才有撰写《华严经读诵研习入门次第》的格局。

关于魏晋南北朝时代书法艺术的自觉

魏晋南北朝是中国历史上朝代更替频繁,战事绵延不绝的时期,统治阶层心中的不安,以及人民的痛苦,透过佛教与道教的信仰而洗涤。相对于此的却是一个精神极度自由解放,学术富于智慧热情的环境,这也就适合艺术灵魂的熏陶与开发,因此许多人认为这是中国书画艺术迈向自觉的关键。

究其远因,西汉的儒学在董仲舒"天人感应"与"君权神授"的神秘化之后,继之又有东汉经学家的进一步谶纬化,逐步让古典儒学的学术气息被窒息了;加上三国两晋的政治权力角逐相争,社会普遍对变形的儒学产生信任的危机。有志之士对于人生意义的探索转向了道学,特奉《周易》、《老子》、《庄子》为"三玄",道家思想对现实人间的批判,以及对于引导个体超越种种困苦束缚而迈向心灵的自由,确实很有实体意义。[①] 当时"批儒崇玄"的态度正是一种求真和尽性的意欲,对于舍弃假儒学的虚伪,而倾向于理想人格的本体探索,正好激励着新艺术精神的再造,国学大师牟宗三称之为"才性与玄理的时代"。于是,诞生了精神风度、气质神韵、才情禀赋的艺术新视野。

当然,艺术心灵的觉醒需要有良好的外在条件,对书法艺术而言,那就是整个华夏文化的载体——汉字发展史。从上古陶文、族徽金文、商周甲骨……,一路到魏晋南北朝篆、隶、草、行、正书诸体文字演变的完成,汉字本身的艺术基因就是一门源远流长的艺术史了。期间所涉及的文化传承、政治生态、社会生活等等,都有它十分重要的作用与价值,在美的形式下承载着以汉民族为主的多元精神活动。简要来讲,从东汉到南朝历经过四十八位皇帝,其中就有二十八位堪称书法家,这与《周礼》所规定保氏教国子以"六艺"(礼、乐、射、御、书、数)的古老传统,应该是有密切关连性的。而且"上之所好,下必甚焉",从皇帝们的书法导向,链接着宫廷百官,到民间的诸多书法家和书论师,共同架构出书法艺术的精神殿堂。梁武帝萧衍好文艺,

---

[①] 孟云飞:《略论魏晋南北朝书画艺术的觉醒》,《中国书画》2008年第4期。

尤醉心于书法,他有《观钟繇书法十二意》、《评书》与论书信件九封传世。梁武帝敕令中书侍郎虞龢清点当时馆阁密藏的钟繇、张芝、王羲之等人法书,又命袁昂作《古今书评》开创了品评书法的新形式。凡此种种客观条件,经与整个时代的玄学心灵相结合,便是良好的新书法土壤。

宗白华先生曾经说:"晋人风神潇洒,不滞于物,这优美的自由的心灵找到一种最适宜表现他自己的艺术,这就是书法中的行草。行草艺术纯系一片神机,无法而有法,全在于下笔时点画自如,一点一拂皆有情趣,从头至尾,一气呵成,如天马行空,游行自在。又如庖丁之深中肯綮,神行于虚。这种超妙的艺术。只有晋人萧散超脱的心灵,才能得心应手,登峰造极,是能尽各字的真态。"[①]这正是道尽了一种自由活泼的书法新气象。

事实上,书法评论是相当重要的纪录与推手,魏晋南北朝也可以说是中国书法理论的成熟期,根据统计大约有近三十篇的书论文章传世。譬如魏晋时期就有蔡邕的《篆书势》、成公绥的《隶书体》、卫恒的《四体书势》、索靖的《草书状》、刘劭的《飞白势》、杨泉的《草书赋》等,他们皆以自然界千姿百态的物象动态来描绘并喻说各种书体的形态美;以书家的笔触来拟物,以书体来拟自然,这"尚象"的审美方式充满了自然的浪漫气息,同时透露出古人对于天地万物基本法则与特性的提炼和概括能力,深刻地映含着宇宙本体的存在。以蔡邕为例:《九势》说"夫书肇于自然,自然既立,阴阳生矣;阴阳既生,形势出矣"。又《笔论》云:"书者,散也,欲书先散怀抱,任情恣性,然后书之。"分别将书法提高到本体论的哲学高度,也联系了书者情性的抒发,对书者的审美心胸提出较严谨的要求,这些都表明着从"书写"到"书法"的独特发展。东晋的书法家似乎并不满足于书法外在形态的朴素描述,而导向用笔、结体和章法的细腻探索,这种书法艺术形式美的诠释超越了东汉崔瑗和蔡邕的水平。描述"用笔"的形式时,强调出一种错落变化、类似音韵的节奏美,让笔法本身就有形式效果的独特审美价值,形式美感便从此大大增强。探索字体结构的"疏密"关系,造就了对"书势"的精致考察。在书法的章法问题上,要求具有统一性的整体和谐感,如王羲之"若作一纸之书,须字

[①] 宗白华:《论〈世说新语〉和晋人的美》,《宗白华全集》第1卷,安徽教育出版社1994年版,第267—271页。

字相别,勿使相同。"这同异之间的平衡影响后世极深。诸如:传为卫夫人所作的《笔阵图》、王羲之的《题卫夫人笔阵图后》以及《书论》、《笔势论》、《用笔赋》、《记白云先生书诀》等,都是这方面的重要书论。迨至南北朝时期,对于各书家的品评成为时尚,对审美意蕴的追求转深,譬如:羊欣的《采古来能书人名》、袁昂的《古今书评》、虞龢的《论书表》、庾肩吾的《书品》等;王僧虔的《书赋》、《论书》、《笔意赞》,还着意探求书法创作的过程与特征,典范后世。① 在这个刻意连结"用笔"与"心意"之间的时代,我们感受到书法逐渐成为一门全方位的多元生命之学!

蔡冠洛曾转述弘一法师本人对《初回向章》的评价时,说道:"含宏敦厚,饶有道气,比之《黄庭》。"② 在书法史上的《黄庭经》传为王羲之手笔,其章法与笔法的严谨圆润,庄重中带着灵动的和谐美感,可能得力于钟繇书风一脉的陶炼,以下先来谈谈钟繇的书法与其美学特质。尤其丰子恺曾说:"这些墨宝,在内容上是宗教的,在形式上是艺术的——书法。"③ 确实,从弘一法师早年醉心书法史的熏习来观察,他确实有突破六朝、上溯钟繇的努力。

钟繇的书法与美学

钟繇(151—230),字符常,颍川长社(今河南许昌长葛东)人,为曹魏著名书法家、政治家,别称:钟元常、钟太傅、钟太尉等。有个小故事,说钟繇小时候曾经跟随刘胜去抱犊山,学习三年的书法。返家后,钟繇常跟曹操、邯郸淳、韦诞、孙子荆、关枇杷等人一起谈论笔法。有一回,钟繇想要向韦诞借《蔡伯喈笔法》看看,但韦诞并没有借给他。钟繇气得捶胸三日,瘀青而吐血。曹操取出五粒灵丹让他服下,才救了他的性命。韦诞生前始终没有借给钟繇这本书,等韦诞死后,钟繇便命人盗掘他的坟墓,终于得到了这部《蔡伯喈笔法》,方知"多力丰筋者圣,无力无筋者病!"从此,钟繇的书法日见长益,更趋精妙。钟繇全神贯注地研习书法,终成一代宗师。个人以为:这只

---

① 参考陈方既、雷志雄《书法美学思想史》,河南美术出版社1994年版,第99—108页。
② 蔡冠洛:《廓尔亡言的弘一大师》,转引自林子青著《弘一大师新谱》,第243页之"注9"。
③ 丰子恺:《我与弘一法师》,见《丰子恺文集》第5卷,浙江文艺出版社、浙江教育出版社1992年版,第401页。

能当故事看,无论真假,却有几分启示。

根据历史的记载,钟繇早年相貌不凡,聪慧过人。历任尚书郎、黄门侍郎等职,助汉献帝东归有功,封东武亭侯。后被曹操委以重任,为司隶校尉,镇守关中,功勋卓著。以功迁前军师。魏国建立又升为相国。曹丕称帝,为廷尉,进封崇高乡侯。后迁太尉,转封平阳乡侯。与华歆、王朗并为三公。明帝继位,迁太傅,进封定陵侯。在中国的书法史上,钟繇被视为小楷真书的创始人,尊为"楷书鼻祖",王羲之等后世书家都曾经潜心钻研学习过钟繇的书法,并称为"钟王"。南朝庾肩吾将钟繇的书法列为"上品之上",唐张怀瓘的《书断》又评为"神品",真是个了不起的书法家。根据唐代张彦远《法书要录·笔法传授人名》的记载:"蔡邕受于神人,而传与崔瑗及女文姬,文姬传之钟繇,钟繇传之卫夫人,卫夫人传之王羲之,王羲之传之王献之。"可见,钟繇的楷书能够古雅浑朴、圆润遒劲、古风醇厚、自然天成,是得自于蔡邕的笔法基因。

虽说世传钟繇的书法诸体兼备,但是张怀瓘的《书断》说:"元常真书绝世,乃过于师,刚柔备焉。点画之间,多有异趣,可谓幽深无际,古雅有余。秦、汉以来,一人而已。"《宣和书谱》评说:"备尽法度,为正书之祖。"这应该是对钟繇很合理的定位。在那个汉字由隶书往楷书过渡的大时代里,钟繇可以表征一种继往开来的推动力,他能够在尊古深化的书法磐石上,又善学民间新体,以善思惟的严谨态度来融会创发,是相当杰出的。钟繇对于门生们的苦口婆心和百般劝诫,自有不小的影响力,譬如前文所提到的卫夫人和王羲之等,皆成为左右后世书法发展的关键人物;钟氏父子的书法被时人尊称为"大、小钟",这表示其子钟会也是传承了父亲的心得。

钟繇的楷书真迹在东晋晚期似乎已经亡佚,我们今日所见者皆为临摹翻刻本或是伪书,一般统称之为"五表、六帖"。"五表"指:《宣示表》、《荐季直表》、《贺捷表》(《戎路表》)、《调元表》、《力命表》,为现存钟繇书法艺术价值较高的作品,可惜都不是真迹。几经辗转毁于民国十三年(1924)的《荐季直表》,是诸本中可信度最佳的,今仅存其影印件。在唐、宋时期由宫廷珍藏,周边有"贞观"玉玺、"宣和"与"绍兴"印,以及"乾隆真赏"等御印。元陆行直赞誉此表"高古纯朴,超妙入神,无晋、唐插花美女之态……无上太古法书,天下第一妙迹。"根据王僧虔《书录》的记载:《宣示表》墨迹"为丞相始兴(王导)所宝爱,丧乱狼狈,犹以此表置藏衣带。过江后,在右军处,右军借王修,修死,其母以其子平生所爱纳诸棺中,遂不传。所传者乃右军临本"。唐初褚遂良见此临本,大家都相信他临摹钟迹的可信度高,所以值得借指见月。至于《调元》、《力命》、《贺捷》三表,虽也属后人临本,但艺术成就亦高。至于"六帖",是指:《墓田丙舍》(简称《丙舍帖》)、《昨疏还示帖》(简称《还示帖》)、《白骑帖》、《常患帖》、《寒雪帖》、《得长风帖》。

以今日看来,钟繇的书法古朴而典雅,字体大小相间极其自然,整体章法布局是严谨且缜密的。梁武帝的《观钟繇书法十二意》①,盛赞其书"巧趣精细,殆同机神",确实并非虚托。庾肩吾说:"钟天然第一,工夫次之,妙尽许昌之碑②,穷极邺下之牍。"评其书法为"上品之上"。清代刘熙载等人也都给予极高的评价。陶宗仪的《书史会要》说:"钟王变体,始有古隶、今隶之分,夫以古法为隶,今法为楷可也。"可见钟繇对于汉字书法的继承、流变、创发等各方面都有重要地位。

钟繇曾说:"岂知用笔而为佳也。故用笔者天也,流美者地也。"这比喻的论法,成为后人理解钟繇书法美学的重要根据,它突显出"用笔"的重要性,这是区别于一般文字书写的关键。《易传·象》曰:"大哉乾元,万物之始,乃统天。"这原是指:万物皆取乾阳元始之气而为其开端。钟繇藉此来指明"用笔"是书法的基础,书法能形之于艺术之美(大地万象),根本在于用笔之法。有许多人认为钟繇此主张是来自东汉蔡邕的《九势》,属于"书肇于自然"的思想。③不过,仔细斟酌自会发现,钟繇更强调的是"用笔"! 蔡邕则倾向对于书法本体的形上探索,先将"自然——阴阳——形势"视为书法生发的轨迹,才涉及到"笔软"的用笔概念,点出书法线条的抒情内涵,"笔随心思手运"便让精神活动,透过线条的旋律、节奏、力度等美感,在放松任运的笔法下流露无遗,所以

---

① 根据张彦远的《法书要录》,所谓"十二意"是指:平(横画)、直(竖画)、均(笔画匀称)、密(结体茂密)、锋(毫端运用出锋藏锋)、力(用笔有力)、轻(曲折处要轻快不可拙滞)、决(牵掣处要决断不可犹豫)、补(补充笔画)、损(减省笔画)、巧(章法布局)、称(整体和谐)。
② 河南许昌西南十七公里处的繁城镇汉献帝庙内,有"受禅表碑"和"公卿将军上尊号奏碑"两方古碑,碑高皆为三米二。"受禅表碑"圭形,隶书阴镌,阐明古来的禅让美德。"公卿将军上尊号奏碑"亦为隶书阴镌,纪录汉献帝让位曹丕代汉乃天命所归事。两碑均为王朗文、梁鹄书、钟繇镌字的八分隶体,谓之文表、书法、镌刻等"三绝",显其受重视的程度。
③ 蔡邕《九势》云:"夫书肇于自然,自然既立,阴阳生矣,阴阳既生,形势出矣。"见《历代书法论文选》,上海书画出版社1979年版,第6页。

说"惟笔软则奇怪生焉",这"奇怪"正是艺术的惊人能量。钟繇正是一位能将蔡邕美学落实的书法家,并且标举了用笔的重要,让视觉形象更趋成熟。

钟繇还体会到"多力丰筋者圣,无力无筋者病",这是以人的骨骼强健有力,筋脉丰劲,血气畅达的健康美,来形容书法艺术的神采。虽说清代刘熙载《艺概·书概》有"字有果敢之力,骨也;有含忍之力,筋也"之说,将书法中的"筋"、"骨"美学范畴界定得清晰,但是在钟繇的时代,两者有较多相互联系和共鸣的可能性。证之张怀瓘对《荐季直表》"真书绝妙,幽深无际,古雅有余"的评价,钟繇具备隶书母体的深厚功底,又能创制楷法,字体颇多横向伸展,纵向笔画被刻意压缩,撇、捺的疏朗开张构造,保留着隶书庄严的扁方意象与笔态。然而他行笔中的疾、涩、行、留……等动作,却又是灵动活泼的,具备如音乐般的细腻变化。新旧兼备的隶韵楷骨之法,是钟繇对他自己"用笔者天也,流美者地也"美学思想的最佳明证;的确,对"笔法"的不断变革,真正是历代书法家对线条艺术的永恒追求。

弘一法师《初回向章》写经的艺术表现

传统书法的创作,根据蔡邕的《笔论》所说:"书者,散也。欲书先散怀抱,任情恣性,然后书之;若迫于事,虽中山兔毫不能佳也。夫书先默坐静思,随意所适,言不出口,气不盈息,沈密神采,如对至尊,则无不善矣。"①"散"是一种凝心放松的修为,强调书写者应在平心静气,屏除杂念之后,再行提笔一气挥就。

但是 20 世纪以来的书写观有所改变,西方造形艺术的概念被引入东方书法的创作,譬如日本西川宁的书法便使用了西方艺术家的构图法,以经营草稿的方式,历经不断的修改,于满意时刻才予以照样书写,这种画面所显出的张力极大,能瞬间摄收观赏者的目光,但却失却了自然观照的宁静之美。杜忠诰先生曾说:"就笔者粗浅之观察,日本书坛普遍强调架构气势,讲求结体造形与笔墨趣味,此其所长也。而对于书道精蕴所在之'用笔',亦比较不甚考究,若论缜密精微,容有未足。"②弘一法师也曾留学日本,他对于近

---

① 蔡邕:《笔论》,见《历代书法论文选》,上海书画出版社 1979 年版,第 5、6 页。
② 杜忠诰:《书道技法 123》,(台北)雄狮图书公司 1986 年版,第 6 页。

代日本书家的研究与创作应该不陌生,可以感觉到法师的书法取向是偏向保守含蓄的,这或也是东方古老灵魂中的地道基因,也与法师的佛法修持和律仪身教有一定程度的连结。

梦参老法师曾经叙述弘一法师的写经相关事宜,指出他写字之前都先静坐良久(首在定心),才提笔书写,写字时不予他人在一旁观看,也告诫学生们"我的字你学不会的,你学着写出来会非常难看!"这是因为他功底融合变化而自成一格的关系。弘一法师出家后的书写都是以自己的悟性来对待的,这可以从他的书法偈语"文字之相,本不可得,以分别心,云何测度。若风画空,无有能所,如是了知,斯为智者"感受到强烈的禅意![1] 弘一法师与蔡邕的书法美学,同样是沉淀身心专注之后的挥就,差别应在对于般若空慧的生命体验而有的不同吧。法师曾借用《法华经》的经文"是'法'非思量分别之所能解",阐明书法"是'字'非思量分别之所能解",从此便好理解法师书法的内蕴能量。

在弘一法师早期的学书环境与经验中,能够深入碑学而且兼习帖风,终将两者融会者是很不容易的。其出家初期的书法历程,有一段尚未成熟的碑体楷书与帖体楷书,一种来自"张猛龙碑"碑阳与碑阴文字美感转变的镕铸,从方折转圆润的尝试过程,[2]相信这是一个书写者脱胎换骨的灵化之迹。譬如1919年所书写的《蕅益老人四无量心铭》,就属于这种帖体楷书的代表作,虽有些魏晋的钟繇风格,然缺乏些许沉稳性。

对于弘一法师所抄写的《初回向章》,李璧苑先生将之归属于出家后第一期(1918—1929)的"临古的综合影响时期",是弘一法师走出碑帖影响的自立历程。[3] 并赞说是表现"圆"风格的精工佳作。[4] 众所周知,晋唐书法古风是弘一法师所仰慕的美学表现,我们无法说一种风格或一种美感只来自一个原因,应该是众多原因的共荣汇流所成,才显出它的珍贵,而这也符合

---

[1] 李贤文采访,梦参法师口述:《弘一法师的修行与书艺》,见《弘一法师翰墨因缘》,(台北)雄狮图书公司1996年版,第86—90页。
[2] 杜忠诰:《是书非思量分别之所能解:弘一法师书艺读后》,见《弘一法师翰墨因缘》,(台北)雄狮图书公司1996年版,第101—108页。
[3] 李璧苑:《弘一法师出家后的书艺风格》,见《弘一法师翰墨因缘》,(台北)雄狮图书公司1996年版,第114—115页。
[4] 同上书,第118—119页。

佛法因缘观的角度。法师出家前的丰富临古经验,在他初出家时期的"放下"锻炼之中,反而获致一种自然的综合影像,或形重碑型,或形重帖型,各具特色。拙见以为:《初回向章》投射着较多帖体的柔性气味,有清净与自在之美。康有为的《广艺舟双楫》说道:"六朝人书无露筋者,雍容和厚,礼乐之美,人道之文也。夫人无疾病,未有露筋。"《初回向章》似乎在响应着这样雍容和厚的礼乐之美,这也是当时弘一法师个人气质的展现吧。

柯文辉先生说:"(《初回向章》)心如秋水澄潭,中正肃穆,风采拙朴,冷却的深悲,率直简易,淡而腴,松而不散,老而弥秀,轻而不浮,瘦而不枯,圆转处不求势,横竖止笔处不见力点,静得振作,了无倦容。笔画间的离合、伸屈、浓淡、徐疾、畅涩、向背、虚实、俯仰、开合、干湿,纯任自然,另具一种美感,非一般鉴赏家可以发现和接受的。"①这些形容似是趋近完美无瑕的。其实,类如《初回向章》这种受到钟繇书法风格影响的作品,在《蕅益老人四无量心铭》(1919)、《颂印光老人文钞》(1920)、《赠夏丏尊五方印跋》(1922)、《莲池语录》(篆体南无阿弥陀佛题跋;1926)、《李息翁临古法书序》(1929)、《篆体具足大悲心》题跋(1929)、《清凉歌词》(1931)等,可见其"书艺圆融化"的进程,而这也是法师对晋唐古韵心摹手追的美学探索心路。也是要透过这样的淬炼,老年弘一的"平淡、恬静、冲逸之致"才得以实现。

从某种意义来说,1926年9月抄写的《华严经初回向章》,以及1931年完成的《华严集联三百》和《华严经读诵研习入门次第》,皆可视为弘一法师华严写经系列的精品,而在视觉现象上也是"透过帖体、迈向圆融"的心画轨迹,彷若一张弘一法师的心电图,让我们呼吸到一份深沉的宁静与稳定感,教人心平而神安。

结语

近人鲁迅以获得弘一法师的书法作品为幸,他对弘体书法的评价:"朴拙圆满,浑若天成。得李师手书,幸甚!"足见法师的一生走过了"物质、精神

---

① 柯文辉:《弘一法师书法集序》,见《弘一法师书法集》,上海书画出版社1993年版,无页码,引文在第三部分中间。

和灵魂"等三个阶段,沉淀在各期的书法作品中,见书彷若亲见其人,有心动,有感动,也有对生命深层的触动。

个人以为:弘一法师的这一份华严入门指南,言简意赅,是实践华严教法的善导。而《初回向章》写经则是华严要义之所在,对于深入佛法义海,以及生命净化与深广化的熏习,都很有价值。所以我们一起熏习这一份得来不易的福气,展读之际如亲见弘一法师,念诵亦如聆听这一位智者的开示。大师慈悲地用朱砂笔点出叮咛之语,就怕大家读着漏失了重点,真可谓一幅好生动的画面。

学习回向法门的心态很重要,如经典所说:"我应如日,普照一切,不求恩报。众生有恶,悉能容受,终不以此而舍誓愿;不以一众生恶故,舍一切众生。但勤修习善根回向,普令众生皆得安乐;善根虽少,普摄众生,以欢喜心广大回向。"①这虽然不是一般境界,但能从正确的信解中去随分效学,所获利益也是难思难量的。虔诵弘一大师亲手抄写的《初回向章》,让人在美学中品味佛法,念兹在兹,可与佛陀和大师一同深呼吸,真是此生最幸福的一幕!

[作者:(台湾)圆光文教弘化馆艺文馆执行长、圆光佛学研究中心图像文献研究室研究员暨推广教育教师]

Breathing Together with Master Hongyi: An Exploration on His Writing of "Initial Transference Verse of Ten Transference of Merits in Huayan Sutra"

Guo You-meng

This paper consists of four parts, namely: "Huayan Karma" between Master Hongyi and Cai Mianyin (1890 - 1955), the connotation and denotation of "Initial Transference Verse" in "Huayan Sutra", the ancient style of calligraphy in the Jin and Tang Dynasties pursued by Master

---

① 实叉难陀译:《大方广佛华严经》,T10,p. 126b。

Hongyi, and the artistic expression exhibited in the course of his writing. In fact, "Initial Transference Verse" was the miniature of the general outline of "Ten Transference of Merits in Huayan Sutra", characterized by "double transferences" in the hope of guiding all sentient beings to transfer from the true to the vulgar, from wisdom to compassion. The value of "transference" is well interpreted in the book by Master Hongyi that "transference" is a good way to achieve great virtue with little inner goodness, and to benefit all sentient beings with compassion and wisdom, so as to reach the harmonious and integral state of the world. According to his comments on "Initial Transference Verse", the book is distinguished by "grandness and sincerity" with a sense of Taoism and equals to "Huangting Classic", which is developed from Zhong You's calligraphy style by Wang Xizhi. Feng Zikai once remarked that Master Hongyi's works were in fact religious in content and artistic in form. It is concluded in the paper that Master Hongyi did make some efforts in developing his artistic practice in the course of writing "Initial Transference Verse" from the perspective of his fascination on calligraphy history.

《护生画集》特色与推广模式之探讨
——以台湾为例

纪洁芳

《护生画集》在佛教书籍中，是非常受欢迎及影响力很大的一部书，本研究主要先了解其编绘历程，据之归纳其特色，并分析其推广模式，以为日后推广之参考。

一、《护生画集》编绘出版缘起与历程

《护生画集》乃丰子恺居士（以下简称丰氏）绘图，弘一大师等人题词，共六集，450幅画作，是一部充满能量、发人深省的好书。

图1-1 今日与明朝

苦难的中国，自民国初年至30年代，大小战事不断，包括军阀内斗、日本侵华、国共之战等。净土宗第十三代祖师印光大师，为消除刀兵劫，为拯救世道人心，乃大力倡导戒杀放生。弘一大师亦全心呼应，拟出版护生画集。唯其弘化对象为高小毕业程度之新派知识分子及平日不喜欢接触佛法的人士，[1]期"以艺术作方便，以人道主义为宗趣"[2]。倡导佛教戒杀放生之理念。丰氏于《护生画集》序言中提及"护生者，护心也，去除残忍心，长养慈悲心，然后以此心待人处事，乃护生之目的"[3]。丰氏一生从事艺文绘

---
[1] 高明芳：《丰子恺与〈护生画集〉的编绘》，《"国史馆"学术集刊》2006年第13期，第214页。
[2] 弘一大师：《〈护生画集〉第一集跋》，（台中）佛教莲社，1989年，第101页。
[3] 丰子恺：《〈护生画集〉第三集序》，（台中）佛教莲社，1989年，第4页。

画共61年,其中《护生画集》就用了46年时间完成,以下兹探讨《护生画集》编绘历程。

(一)《护生画集》第一集于弘公五十岁诞辰1929年出版

1929年弘一大师五十岁诞辰,丰氏绘了50幅护生图为老师贺寿,由大师亲题诗句50首,其中引古德诗17首,大师亲作33首,另由马一浮居士作序,李圆净居士作跋,并于1929年2月由上海开明书局出版。

《护生画集》之出版,大受欢迎,一时洛阳纸贵,唯佛教书籍之出版乃为广度众生,大多是欢迎流通、允许翻印。故《护生画集》出版后,相继有15种版本不等,每一版本印1500册至5000册。据初估约20万册左右。1933年8月中国保护动物协会由黄茂林翻成英文版,首刷也印了1500册。[1] 凡事慎始,求有好开头,《护生画集》第一集的出版,弘一大师倍加用心,不但对构图及内涵有高度的要求,对题词之恰切、字体大小及空间位置的搭配也甚讲究。另纸张、印刷及装订的严谨也一丝不苟,力求完美。如《今日与明朝》一图,原图《系颈陈市廛》大师建议将题词《双鸭泛清波,群鱼戏碧川》绘成图融入原画中[2],则今日之欢乐与明日之悲惨同置一画中,生死相对,倍加触动人心。

图1-2 刑场　　　　　图1-3 开棺

另《刑场》《开棺》《尸林》《示众》与《我的腿》等图,丰氏原意是直接用怵

---

[1] 高明芳:《丰子恺与〈护生画集〉的编绘》,《"国史馆"学术集刊》2006年第13期,第219页。
[2] 蔡秉诚:《丰子恺〈护生画集〉研究——以一、二集为对象》,未发表之硕士论文,2011年,第56页。

目惊心之画作,刺激人心,令人深思!唯画题惊悚、画面残忍①,令读者有不愉快的感觉,弘一大师认为此在长养慈悲心上较不妥,宜少用。故丰氏在第二集中有了不同风格之作品。

图 1-4 尸林　　　图 1-5 示众　　　图 1-6 我的腿

以下为弘一大师之告诫。

弘一大师曾说:"因此画,名为《护生画集》,而集中所收者,大多为杀生伤生之画,皆属反面之作品,颇有未妥。"②

"就感动人心而论,则优美之作品,似较残酷之作品感人较深。因残酷之作品,仅能令人受一时猛烈之刺激。若优美之作品,则能耐人寻味,如食橄榄然。"③

至于纸张与装订,大师在给丰氏之书信中提及:

朽人之意,以为此书须多注重于未信佛之新学家,推广赠送,故表纸与装订,须拯新颖警目。俾阅者一见表纸,即知其为艺术品,非是陈旧式劝善图画,倘表纸与寻常佛书相似,则彼等仅见《护生画集》之签条,或作寻常之佛书同视,而不再批阅期内容矣。④

可见弘一大师为提升《护生画集》推广成效,不但内容要求精湛,在编印

---

① 高明芳:《丰子恺与〈护生画集〉的编绘》,《"国史馆"学术集刊》2006 年第 13 期,第 226 页。
② 高明芳:《丰子恺与〈护生画集〉的编绘》,《"国史馆"学术集刊》2006 年第 13 期,第 226 页。
③ 高明芳:《丰子恺与〈护生画集〉的编绘》,《"国史馆"学术集刊》2006 年第 13 期,第 226 页。
④ 高明芳:《丰子恺与〈护生画集〉的编绘》,《"国史馆"学术集刊》2006 年第 13 期,第 226 页。

装订上亦有令读者耳目一新之感,据丰一吟居士告知甚至邮递亦要求用双挂号,以确保读者能收到,可谓用心良苦!①

《护生画集》第一集原稿因印刷过繁、字迹不清,而图稿后来又在战火中遭毁,弘一大师慈悲,将题词重写一次,丰氏亦将图重绘了两次,由此可见弘一大师及丰氏护生护心不辞辛苦之决心。

(二)《护生画集》第二集于弘公六十岁诞辰 1939 年出版

《护生画集》第二集由丰氏题词引古诗 28 首,自作 32 首,弘一大师书写、夏丏尊居士作序、李圆净作跋,1940 年 11 月于上海开明书局出版。

1939 年弘一大师 60 岁诞辰,丰氏自广西宜山寄 60 幅护生图为师祝寿,弘一大师收到后,一一赏阅,非常欢喜,函覆:

> 《护生画集》正、续编流布之后,颇能契合俗机。……丰居士有续绘三、四、五、六编之弘愿。②
>
> 今年朽人世寿六十,承绘画集,至用感谢。……乃望将来继续绘此画集,每十年绘集一编,至朽人百龄为止。至六编为止。③

丰氏读信后自忖,大师百岁画第六集时自己已 82 岁,生死难料,故覆信中道"世寿所许,定当遵嘱"。庆幸,丰氏于 1973 年完成了百幅护生画,满此心愿。④

然《护生画集》第二集正处抗日战争开始,丰氏一家,迁徙流离,但 60 幅画,风格一新,夏丏尊居士在序言中提及:

> 二集相距十年,子恺作风,渐近自然,和尚亦人书俱老。至其内容旨趣,前后更大有不同。初集取境,多有令人怵目惊心不忍卒睹者。续

---

① 丰一吟:《学习弘一大师的认真作风》,见林少雯著《蝴蝶来仪》(护生画集图文解说),(香港)香海文化事业有限公司 2013 版,"序"第 7 页。
② 高明芳:《丰子恺与〈护生画集〉的编绘》,《"国史馆"学术集刊》2006 年第 13 期,第 216 页。
③ 高明芳:《丰子恺与〈护生画集〉的编绘》,《"国史馆"学术集刊》2006 年第 13 期,第 216 页。
④ 丰子恺:《〈护生画集〉第三集自序》,(台中)佛教莲社,1989 年,第 5 页。

集则一扫凄惨罪过之场面。所表现者,皆万物自得之趣与比我之感应同情,开卷诗趣盎然,几使阅者不信此乃劝善之书。盖初集多着眼于斥妄即戒杀,续集多着眼于显正即护生。戒杀与护生,乃一善行之两面。戒杀是方便,护生始为究竟也。①

　　此番我们都不胜其奔走逃命之苦,动物临死惊怖的滋味,我们都体验到了,可是续集作风的变换,却出乎我们的意料之外。全集充满了和平之气,一鸟之鸣,一花衣草之弄影,莫不洋溢着生的喜悦。②

　　原本弘一大师、丰氏只计划出版《护生画集》一集,没想到以画集劝导众生学佛之效果殊胜,丰氏第二集原名《护生画集续集》画风深获弘一大师喜爱,遂定下三、四、五、六集百岁之约,加上契合大众机缘,应同时代需要,乃促成了半世纪传奇之作。

(三)《护生画集》第三集于弘一大师七十冥诞 1950 年出版

《护生画集》第三集由上海大法轮书局出版,其实弘一大师已于 1942 年圆寂,夏丏尊居士于 1946 年过世,李圆净居士于 1950 年过世,故第三集题词由丰氏自作 22 首、引古诗 48 首,由叶恭绰居士书写及作跋,另章锡琛居士作序。

1949 年初丰氏专程赴泉州拜谒弘一法师圆寂之地,有位居士拿出了丰氏当年写给弘一大师的信,"世寿所许,定当遵嘱"赫然在目,法师的七十冥寿快到了,丰氏决定开始绘制《护生画集》第三集,免去不必要的应酬,闭门谢客,在厦门住了三个月,完成 70 幅画,画对丰氏不是难事,难的是题材的选取,画到最后一幅画时,苦找不到合适题材。这时,弘一法师的弟子广洽法师来信讲到了一件事:广洽法师在

图 1-7　幸福的鸡

---

① 夏丏尊:《〈护生画集〉第二集序》,(台中)佛教莲社,1989 年,第 1—2 页。
② 李圆净:《〈护生画集〉第二集序》,(台中)佛教莲社,1989 年,第 3 页。

车上遇到一名乘客,带了五只鸡准备回家宰杀。这些鸡见了他就叫个不停,分明有求救之意。广洽法师便将鸡全部买下,带回寺院,使它们免遭杀生之祸。丰子恺读罢,深受启发,遂据画成一幅《幸福的鸡》,完成了《护生画集》第三集的全部画稿。① 此图最令笔者感动的是丰氏以简单的笔划,把鸡的快乐平和相互呼应画出来。

第三集也有特别处,丰氏劝人对植物也要护生,因此有人质疑:

> 劝人勿杀食动物,劝人吃素菜。同时又劝人勿压死青草,勿剪冬青,勿折花枝,勿弯曲小松。这岂非"自相矛盾"? 对植物也要护生,那么,菜也不可割,豆也不可采,米麦都不可吃,人只得吃泥土砂石了。泥土砂石中也许有小动植物,人只得饿死了!②

> 非不得已、非必要而无端伤害植物(例如散步园中,看见花草随手摘取以为好玩之类),亦足以养成人的残忍心。此心扩充起来,亦可以宜用于动物,乃至同类的人。……人为了要生活而割食它们,是不得已的,是必要的,不是无端的。……我在这画集中劝人素食,同时又劝人勿伤害植物,并不冲突、并不矛盾。③

在下节"方长不折……"中亦有说明。

(四)《护生画集》第四集于弘一大师八十冥诞 1961 年出版

《护生画集》第四集丰氏选古诗所载故事为体裁,由朱幼兰题词、广洽法师作序、丰氏作跋,由于政局变化,崇尚无神论,故《护生画集》第四集于海外新加坡出版。在一个校阅样稿的夜晚里,丰氏梦见群兽拜舞于前,一觉醒来,甚感神奇。原来生死之事,可动天地。④ 对丰氏而言,一个和谐、包容,万物并存而不相残的世界,正是他所憧憬的世界。

---

① 广洽法师:《〈护生画集〉第五集序》,(台中)佛教莲社,1989 年,第 3 页。
② 丰子恺:《〈护生画集〉第三集自序》,(台中)佛教莲社,1989 年,第 6 页。
③ 丰子恺:《〈护生画集〉第三集自序》,(台中)佛教莲社,1989 年,第 5 页。
④ 高明芳:《丰子恺与〈护生画集〉的编绘》,《"国史馆"学术集刊》2006 年第 13 期,第 231 页。

(五)《护生画集》第五集于弘一大师九十冥诞 1965 年出版

此集画材由丰氏选自古人名言,丰氏作诗 44 首、引古诗 46 首,由虞愚书写,广洽法师作序,丰氏怕有变化,原本应于 1970 年出版,提早于 1965 年 9 月于新加坡出版。此时风雨欲来,至人必有先知,丰氏的预感是对的,1966 年"文化大革命"即将来临,丰氏在上海居所,二楼有天窗,晨见日出,夜见明月,名之为日月楼,挂了马一浮所题对联"星河界里星河转,日月楼中日月长"①。这是丰氏画画、写作的书斋,多么惬意! 在第五集中两幅对映强烈之图,一是充满闲情逸致之十牛图,"人间牛亦乐,随意过前村"。此与十牛图禅修有关,另在"月弯弯照九州岛,几家欢乐几家愁"②丰氏以学童笔名沉痛写下了"慈悲者,护生先护人"的心声。

(六)《护生画集》第六集于弘一大师百岁冥诞 1979 年 10 月出版

此时乃"文化大革命"期间,丰氏遭批斗,被剥夺写作和作画自由,《护生画集》也被列为反动书刊,但丰氏把个人一切置之度外,只想坚持下去,完成法师弘愿。丰氏白天到"牛棚"受折磨,晚上就在家中冒着风险作画,但缺乏画材参考书籍,幸有朱幼兰居士提供《动物鉴》参考。终于在 1973 年完成第六集百幅画作,丰氏担心自己不能看到画集出版,就在每一幅画上标明页码,防止出版时顺序搞错。丰氏于 1975 年过世,幸好百幅护生画作完成,可谓死而无憾!

图 1-8

以上是《护生画集》六集编绘出版过程,笔者特列时序表,其编绘过程可一目了然。于表下面,在 1979 年除了出版第六册外,亦印全六册 1000 套,好不容易等了 46 年,才有今天之六册汇齐。1981 年台北纯文学亦印全套流通,此是台湾第一次出版全集,台湾作

---

① 高明芳:《丰子恺与〈护生画集〉的编绘》,《"国史馆"学术集刊》2006 年第 13 期,第 212 页。
② 高明芳:《丰子恺与〈护生画集〉的编绘》,《"国史馆"学术集刊》2006 年第 13 期,第 232 页。

家林良、林少雯等看到《护生画集》都很感动,又台中莲社导师李炳南教授于1930年因《护生画集》而茹素,尔后在台湾喜见全套六册,立即倡印,并亲为之序。李老居士于1986年往生,1989年弘公110岁冥诞,台中佛教莲社恭印1000套结缘,由徐醒民老师作序,1994年观音菩萨诞辰纪念日印5000册结缘,2002年佛诞节(亦是动物保护节)恭印3000册结缘。

表1 护生画集时序表弘公作32首

集别	画材	题词	书法	序/跋	出版时地	注
第一集 弘公50岁生日	丰自选	引古诗17首	弘公	马一孚(序)李圆净、弘一大师(跋)	1929.2 上海开明书局	1933.8英文版出版,由黄茂林英译,首刷1500册
第二集 弘公60岁生日	丰自选	丰作32首 引古诗28首	弘公	夏丏尊(序)李圆净(序)	1940.11 上海开明书局	由吴悲契英译出版
第三集 弘公70岁冥诞	丰自选	丰作22首 引古诗48首	叶恭绰	丰子恺(序)叶恭绰(跋)	1950.2 上海大法轮书局	1942弘公圆寂 1946夏丏尊过世 1950李圆净过世
第四集 弘公80岁冥诞	丰自选	古籍所载故事	朱幼兰	广洽法师(序)丰子恺(序)	1961 新加坡薝葡院	
第五集 弘公90岁冥诞	古人名言及感想	丰作44首 引古诗46首	虞愚	广洽法师(序)丰子恺(序)	1965.9 新加坡薝葡院	原本应1970年出版,因故提早于新加坡出版。
第六集 弘公100岁冥诞	动物鉴	古诗100首	朱幼兰	广洽法师(序)	1979.10 香港时代图书公司	1966年"文革"开始 1973年丰氏完成百幅 1975年丰氏过世
全六集					1979 深圳海天出版社	
全六集				林海音(序)	1981 台北纯文学	

(续表)

集别	画材	题词	书法	序/跋	出版时地	注
全六集弘公110岁冥诞				李炳南居士曾为序两篇徐醒民居士为序两篇	1989年台中佛教莲社印1000套 1994年与2002年分别印了5000册与3000册	1986年李老居士往生

二、《护生画集》特色之探讨

《护生画集》出版至今,在佛教界书籍中仍属版本最多,流通量最大及影响力较深远的一本书,最主要是《护生画集》具有多重特色使然。以下分述之:

(一) 以科际整合面向而言

《护生画集》融汇了佛法、漫画、文学、书艺、哲学、心理与幸福学、环境保护与自然生态等菁华,即将佛教戒杀放生之善行,护身、护生及护心之理念,透过漫画、书法、文学等方式表达,令读者寓学于遊,深受启发,饱受滋润,化人于无形。

丰氏之画喜以"生活"为主要场景,以"市井小民"为主角,画出生活中种种的美好与情趣,故特别能引人入胜。不可小看这本《护生画集》,作者群均是各方一时之选,书法温厚优美,漫画自然纯真,诗文质朴动人,艺术形式浅显通达,有中华传统文化的思维,有佛法教化特色。[1]

就以书法而论,《护生画集》第一与第二集,都由弘一大师题句,大师的字无烟火味,在严谨中有恬逸、宁静、庄严、平和、清雅。第三集请叶恭绰题字,其书法字体劲健,与丰氏之画相得益彰。第四集及第六集均请朱幼兰题字,其书法笔力遒劲、端整、恭谨。第五集请虞愚题字,其书法自成一体,飘逸出尘。[2]

---

[1] 蔡秉诚:《丰子恺〈护生画集〉研究——以一、二集为对象》,未发表之硕士论文,2011年,第55页。
[2] 高明芳:《丰子恺与〈护生画集〉的编绘》,《"国史馆"学术集刊》2006年第13期,第228—233页。

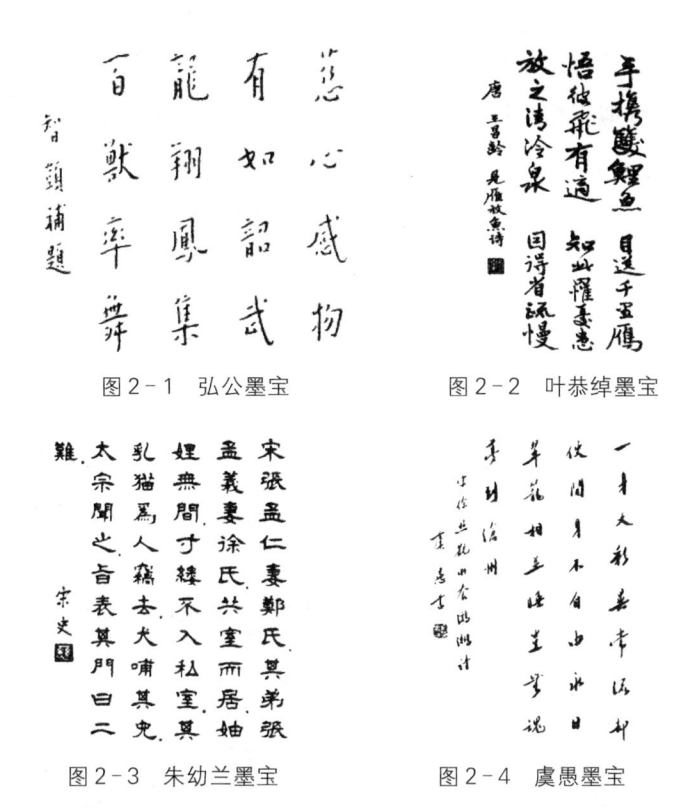

图2-1 弘公墨宝　　　　　图2-2 叶恭绰墨宝

图2-3 朱幼兰墨宝　　　　图2-4 虞愚墨宝

丰氏在绘《护生画集》时,最困难的是绘材的取决,有了绘材还得考虑如何构图、设境,方能传递作者想传递之理念,这实在不容易!丰氏在此方面颇为用心。于此特举两例观赏之:

右图2-5《关关雎鸠男女有别》取自诗经《周南·关雎》,丰氏在画的近景中,画了两对雎鸠,在沙洲上互相礼敬并互唱情歌,雎鸠是一夫一妻、用情专一的鸟,鹣鲽情深,鸣吟悦耳。雎鸠在求偶过程中,要经过很慎重之歌舞仪式,才正式结为夫妻成终身伴侣,那人类呢?在画面上有一座拱桥,两对情侣也正过桥,学着感情专一、不越轨。①

丰氏画漫画的笔法非常简洁,他认为"漫画是简单而注重意义的一种绘画",故丰氏以寥寥几笔

图2-5 关关雎鸠男女有别

---

① 蔡秉诚:《丰子恺〈护生画集〉研究——以一、二集为对象》,未发表之硕士论文,2011年,第53页。

来表现出心中的意念及情思。他认为画得同实物一样较艰难,但要画得不同实物又要肖似实物则更难。其实诀窍就是深入观察现实,大胆删去琐碎,捉住要点,则能简单化、明快化。即以象征手法,言简意赅地将对象物表达出来,这就是漫画的精髓。以下三幅作品丰氏引领吾等欣赏,其粗细一致,画中动物用简单几笔线条画出,却都将民间风俗情趣刻划无遗,且三幅艺术性,予人浑然天成之感。①

佛法讲因果不爽,杀生遭报,为了反衬杀生之恶,《护生画集》有多幅动物祈生及知恩图报的故事。

图2-6 老牛流着眼泪跪地求饶。

图2-7 为了让吾等心理有更大震动,"乞命"后安排"农夫与乳母",即"六畜中,唯牛与犬,尤不可食。"

图2-8 "忠仆"牛之功德观之,让人从人道主义的情感展开认同佛教戒杀的道理。②

图2-6 乞命　　　图2-7 农夫与乳母　　　图2-8 忠仆

这就是丰氏之功力,要先找画材,然后构图设境,透过画画技巧,始能感动读者,这是相当费心思的!

(二)从时空层面观之

从时间观之,《护生画集》是衔接过去,适用今日及因应未来需要的一本

---

① 蔡秉诚:《丰子恺〈护生画集〉研究——以一、二集为对象》,未发表之硕士论文,2011年,第55页。
② 蔡秉诚:《丰子恺〈护生画集〉研究——以一、二集为对象》,未发表之硕士论文,2011年,第55页。

书。从空间而论,《护生画集》是融合了东方文化与西方文化的一本书。

在编绘《护生画集》时,引古德先贤护生理念、护生故事,可知自古以来,不乏护生惜物、慈爱悲悯之事。犹记恩师雪庐老人曾为笔者讲解古训"方长不折,启蛰不杀"的故事,春天入山捡柴,对刚长出之小枝条不折来当柴火,由其生长。因嫩枝条在春天刚发芽,不忍折之,对植物都如此爱护,对动物就更不用说。又当春雷响,冬眠的小动物刚睁开眼睛看外面的世界,即便是小毒蛇,也不忍杀之。又当夏季来临时,为了鱼类繁殖,不可用细密的网捕鱼,由此可知中国自古以来不乏护生惜物、慈爱悲悯之士,亦可为现今社会保护自然环境借镜。通常在佛教界,多半劝人不杀生,较少劝人素食。因肉食朋友要改变饮食习惯较不容易,素食乃是内心有较大震撼、感悟或发愿,自然而然水到渠成,勉强不来。但可劝人食"三净肉"以为方便,即"不见杀、不闻杀、不为我杀",即是儒家所言"闻其声不忍食其肉"、"君子远庖厨"。

公元1940至1990年出版六集之《护生画集》乃大量参考古籍,融入先贤智慧,求契理契机,故《护生画集》出版后,深受欢迎!没想到在四五十年后《护生画集》之推广更为契理契机,考其缘由有三:、

1. 人心贪婪,崇尚享受,破坏自然生态,污染与危害了动物及人类的生活空间,并引起大自然反扑,天灾连连。

2. 人类受到病痛折磨的觉醒。

3. 1918年第一次世界大战结束,欧美保护动物人士基于不忍动物受难的良知,掀起素食主义的思潮。在英国,专以戒杀吃素的团体,约有71个。又世界联盟保护动物会,各国皆有分部,随之大量"护生"刊物应运而生。在上海佛教界出版之刊物就有33种之多,皆大力宣扬佛教不杀生的教义,[①]而此时《护生画集》正应运而生,图文并茂,通俗易懂,不只影响佛教界,在整个社会上也流行最广,发行量最多,直到今天仍被大量印送。

广洽法师在《护生画集》第六集之序言中有两段话足以警戒:

> 余更慨夫今日世界物质文明极度发达,而人心陷溺,道德凄沉,国际形势波谲云诡,杀机四伏,较之五十年前护生画最初发轫之时其险恶

---

① 高明芳:《丰子恺与〈护生画集〉的编绘》,《"国史馆"学术集刊》2006年第13期,第225页。

何止倍蓰！？①

　　盖所谓护生者，即护心也；亦即维护人生之趋向于和平安宁之大道，纠正其偏向于恶性之发展及暴力恣意之纵横也。是故护生画集以艺术而作提倡人道之方便，在今日时代，益觉其需要与迫切。②

　　基于上述，故《护生画集》之推广，仍为现代保育课题，提供了一个更深邃、更宽广，值得学习与借镜的方向。亦犹如在茫茫大海中急想找到可攀附之浮木，而《护生画集》正是及时雨，切合时需，力救时弊的宝典。

　　就以笔者在大学开授生命教育课程，在《护生画集》单元中，《护生画集》是非常贴切的教材，帮助于教学成效之提升。在 2 至 4 节有限时间中，笔者通常会介绍 20 至 30 张画作，按学习者的情况而有不同之选择；有怵目惊心的、有残酷不忍的、有报恩回馈的、有惭愧改过的、有恬静温馨的、有十牛禅修的，450 幅画可做成许多排列组合，甚或可将同类别之画作，如报应组、报恩组、或蚂蚁篇、家犬篇、蜘蛛篇、孝亲篇、亲子篇等，做不同之组合，非常有趣味，亦较能触动人心，有关学生之响应将于下节介绍。

　　以下乃联合国提供世界生态破坏数据及各国因应策略；通常由养殖、运销至宰杀配送，1 公斤的牛肉会衍生 36.4 公斤的二氧化碳，约需种植 1110 颗的树才有办法平衡回来。如以饮食方式比较，其每年的碳足迹，以驾驶中型房车来计算，根据德国食物观察组织数据，肉食者之碳排量约为有机蔬食者的 17 倍。香港素食协会指出，一位肉食者耗费的资源可以养活 20 至 50 位的蔬食者。有鉴于蔬食者对减碳的巨大效益，很多国家与民间已兴起蔬食减碳风潮。③

　　在比利时，其根特市订定每周四为全市蔬食日，在美国辛辛那提市亦公开带领市民少吃肉；在加拿大，已有上千名养牛牧主改种小麦；在菲律宾圣地亚哥市亦将蔬食列入政府施政内容；在瑞典，政府亦已正式声明，少肉是聪明的环保行为，积极鼓励民众多蔬食少肉食，联合国亦建议各国政府课征

---

① 广洽法师：《〈护生画集〉第六集序》,（台中）佛教莲社,1989 年,第 6 页。
② 广洽法师：《〈护生画集〉第六集序》,（台中）佛教莲社,1989 年,第 4 页。
③ 林聪明：《为德国推动"国家宴改吃蔬食"按个赞》,《人间福报社论》2017 年 4 月 12 日。

牲畜税。教育主管当局曾推动每周一素食，获得93%的中小学支持，也获得联合国的肯定。①

根据研究，每人每天实行素食取代肉食，可以节省1.82公斤的二氧化碳，是减缓地球暖化最有效的行动，而且实行素食，不只身体更健康，地球上所有生命都会感激。② 我们只有一个地球，为永续生存，节能减碳的生活及饮食在未来更重要，护生、护心是刻不容缓的。

以上数据乃世界未来趋势各国对节能减碳之策略及做法，而《护生画集》正可因应世界未来需要，进行有效之教育。在此不得不佩服弘公及丰子恺居士之洞烛先机，走在时代尖端，裨益着全人类的福祉。

通常早年出版的书，其内容与现代世界实况愈来愈脱节，而《护生画集》却是不退流行，愈来愈能因应时代趋势之需要，可说是特色中之特色。

（三）由读者群观之

《护生画集》的读者是老少皆欢，中外咸宜，雅俗共赏，贩夫走卒或学者专家都喜欢阅读，深者看深，浅者看浅。唯看深与看浅此与书读得多少不一定有关，单看人生的体悟及善根之深浅！《护生画集》之出版，原本弘一大师是为中小学毕业之知识分子及不喜欢接触佛法的人所编修的。但其第一集出版后，无论是内容、漫画、文学、书法都深受大众喜爱，翻印册数之多超乎想象，后来甚至翻译成十多种文字。说真格的，《护生画集》之画清新幽默，连不识字的老妪都能看懂，原来护生、护心、长养慈悲心，透过漫画是可以超年龄、超学历、超信仰、超种族、超国界的！

（四）《护生画集》感动外之再感动

《护生画集》除书本身令人感动外，《护生画集》编绘的过程及作者群中师徒之情、朋友之义及亲情之爱都令人感动再三！有感动生命的作者，才能编绘出感动读者的书！兹介绍作者群令人感动之种种：

弘一大师：大师俗名李叔同，出家前在浙江一师教书，多才多艺，言教身

---

① 林聪明：《为德国推动"国家宴改吃蔬食"按个赞》，《人间福报社论》2017年4月12日。
② 林聪明：《为德国推动"国家宴改吃蔬食"按个赞》，《人间福报社论》2017年4月12日。

教,教学契机契理,对学生倍加栽培关照,以德服人,大师的两位高徒刘质平、丰子恺均影响着整个中国之音乐教育及美术教育。弘一大师为人处事一向的态度是到位入味,做什么像什么,事情则做到恰到好处,不多一分、不少一分。还要入味,令韵味无穷。并勉励学生"士先器识而后文艺,应使文艺以人传,不可人以文艺传"。丰氏听了老师一番话,心中如开了一扇明窗,胜读十年书,没有器识,技术如何精通熟练,皆不足观也。[①] 又丰氏用了46年时间,信守承诺,完成答应老师的450幅画,老师是用了什么教化的力量,令学生崇敬钦服如此这般!值得玩味!

夏丏尊老师:是浙江一师的训导主任,也是国文老师,是弘一大师的好朋友,大师出家后仍是全力护持大师,是影响丰子恺得力的两位师长之一。对《护生画集》的编绘发行全力护持。

朱幼兰居士:写得一手好字,《护生画集》第四、第六集由朱幼兰居士题字,尤其是在文革时期,丰氏冒着生命危险于晚间偷偷作画,终于1973年完成第六集百幅画。朱幼兰不辞辛苦,冒着危险,悉数代为保管并题字。丰氏于1975年过世,广洽法师回上海祭吊丰氏才知《护生画集》已完稿,带回新加坡薝蔔院于1979年10月由香港时代图书公司出版。朱居士之侠心义胆令人钦敬。

广洽法师:从《护生画集》这部书编绘出版而言,广洽法师有如一位总管,亦如一块磁铁,联系着大家;保管画稿、筹备银两印书、编绘的进度,广洽法师随时掌握情况。对于丰氏等人而言,广洽法师有如老大哥一般,这边安抚,那边关照,护长护短,又如润滑油一般,推动着《护生画集》顺利进行。1979年《护生画集》全六集出齐,了却一番心愿,终不负弘一大师临终所托。

1984年广洽法师参加丰氏石门镇旧居"缘缘堂"重建落成典礼,将薝蔔院珍藏护生画集原稿六册,捐献给浙江博物馆,永久典藏,《护生画集》珍贵的原画稿终于有了安身立命的保管处。

拜读《护生画集》第四、五、六集广洽法师的序言更感佩法师之护生心切及古道热肠。在第五集序中对于画集出版,原稿之保存来龙去脉交代清楚,尤其丰氏弟子朱南田居士故事令人动容。

《护生画集》第二集出刊后,原稿不知去向,后由朱居士发现在上海旧货摊

[①] 林少雯:《丰子恺〈护生画集〉体、相、用之探讨》,硕士论文,2010年,第20页。

上,已装裱成册,且索价甚昂,朱遂卖家中沙发购得,后捐给菖蒲院,至此1至5集原稿始搜集齐备。广洽法师于序言最后一段语重心长之感言可回味再三:

> 夫护生之道,功德莫大,可动天地,可惊鬼神。区区纸墨原稿,颠沛流离于数十年来干戈扰攘之世,竟能失而复得,完全无缺,此非偶然之世,盖冥冥之中佛力加被,有以完成此奇迹也。①

另广洽法师于《护生画集》第六集之序言很长,为全六集之画册做了总结,亦值得读之再读,回味无穷。

丰子恺:丰氏是一位信守承诺可敬的人。未践履承诺时,在梦中都会提醒自己,丰氏非常喜爱小孩,在颠沛流离中,家庭气氛依然很和乐融融,丰一吟是他最小的女儿,从未见过弘一大师,但在父亲熏陶下,对弘一大师种种如数家珍。故弘一大师的弟子,无论是丰子恺或刘质平,他们都是全家几代人的护持,向心力很强。

丰氏也是正向阳光的人,在编绘《护生画集》46年中遭逢八年抗日之流离,时局变化及"文化大革命"之浩劫,但丰氏始终以正能量面对,抗战期间完成《护生画集》第二集,画风令人耳目一新,夏丏尊及李圆净非常赞叹,前已提及。高明芳对此之解说:

> 丰氏始终相信这是一场"为和平的战争,反战争的战争。"对未来,永远怀抱着重生的信念。②

又在"文化大革命"期间,病魔缠身、身心饱受煎熬:

> 丰氏被迫下乡住农舍、睡湿地、在河滨洗脸。家人看了心酸,丰子恺却打趣说:"地当床,天当被,还有一河滨的洗脸水,取之不尽,用之不

---

① 广洽法师:《〈护生画集〉第五集序》,(台中)佛教莲社,1989年,第3页。
② 高明芳:《丰子恺与〈护生画集〉的编绘》,《"国史馆"学术集刊》2006年第13期,第228页。

竭,是造物主无尽藏也。"①

丰氏在《生机》一文中的一段话令人振奋:

人间的事,只要生机不灭,即使重遭天灾人祸,暂被阻抑,终有抬头的日子,个人的事如此,家庭的事如此,国家、民族也如此。②

另在《护生画集》中多次以"重生"和"生机"为主题:

描述自然界中生生不息强韧的生命力,《护生画集》本身也经历过重写和重绘的重生经验。丰子恺总是把眼光望向人性中的良善与光明面。③

丰子恺为"重生"所做的诗:

大树被斩伐,生机不肯息,春来勤抽条,气象何蓬勃。
悠悠天地间,咸被好生德,无情且如此,有情不必说。

图中,大树干虽被砍伐,但依然刚健,地上的小草及新抽嫩枝,挺拔有力、生机勃勃。故凡事往正向想,心中改变,则外境随之改变,一切操之在我。

综上所述,《护生画集》作者群都以正能量投入《护生画集》编绘及出版,当然读者也能深深接收到正能量,进而以无限生机投入自己人生中。

斯人,方有斯书。更妙的《护生画集》450幅画皆令人护生中启发良善之心,只要能护心则读一即读全。

图2-9 重生

---

① 高明芳:《丰子恺与〈护生画集〉的编绘》,《"国史馆"学术集刊》2006年第13期,第233页。
② 高明芳:《丰子恺与〈护生画集〉的编绘》,《"国史馆"学术集刊》2006年第13期,第237页。
③ 高明芳:《丰子恺与〈护生画集〉的编绘》,《"国史馆"学术集刊》2006年第13期,第237页。

三、《护生画集》推广模式之探讨

如上节所述,《护生画集》具有多重特色,有众多特色之好书,如何推广出去,令更多人受益?!本节乃探讨推广模式。

(一) 参访佛光山佛陀纪念馆风雨走廊《护生画集》浮雕

2003年佛光山佛陀纪念馆兴建之初,星云大师即再三叮咛要推广《护生画集》,令民众有戒杀放生理念。至于《护生画集》以何种方式呈现,如何达到推广效果是须要精心规划。2012年佛陀纪念馆落成,风雨走廊《护生画集》72幅彩色浮雕赫然在目,令人惊艳!据笔者深入访问导览员的培训,令人惊喜的是导览员佛光小姐如数家珍细细述说每一幅图的故事,生动活泼,令人印象深刻。原来在解说员培训课程中,设有《护生画集》解说单元,解说员要非常熟悉每一幅图的故事,在结业测试时,打出那个故事的投影片,导览员即能朗朗上口,为大家讲故事。推广力是很强的。由于风雨走廊是沿着山势斜坡而上,几经考虑,《护生画集》每幅图以圆形呈现,则倍加自然好看,而且以彩色浮雕呈现,生动活泼。参观者莫不啧啧称奇。据悉在大陆扬

图3-1 佛陀纪念馆风雨走廊护生图

州宜兴星云大师祖庭大觉寺大殿墙四周也有 48 幅《护生画集》图，很受欢迎。在这重视节能减碳时代，难能可贵的是这《护生画集》彩色浮雕慢慢成为台湾中小学生户外教学的教材，藉郊游旅行的机会到户外听故事，可长见识，据导览员说一周最多的是每一导览员要带 12 至 14 所学校参观，平均每团 80 至 90 人。

多位解说员经验丰富，随着参观观众的年龄层或中学或小学或幼儿童之不同，解说层次之深浅亦随之调整，甚至还设计互动有奖小问答或小活动，以提升学习效果。重要的是解说员自己先能感动，才能感动听众。有数名解说员培训结业时，已开始茹素。

图 3-2　解说员介绍护生图

在 72 幅图中，幼儿园小朋友最喜欢的是"已死的黑熊"及"蚂蚁搬家"，当小朋友听到母熊已死，还是抱着石头不放，原来怕砸到底下小熊，母爱的伟大,有的小朋友已流泪了!

《蚂蚁搬家》也深受小朋友喜爱,有的老师及家长反映,小朋友回去后看到蚂蚁也会有样学样保护之,"蒙以养正",仁慈心从小培养起是很重要的。至于小学生较喜欢的有《昨日与明朝》,生与死的对比太强烈了,令人印象深刻。高中女生较喜欢的是"好鸟枝头亦朋友",她们觉得好诗情画意。除了学生外,还有机关团体、国内外旅客等等甚喜欢《护生画集》彩色浮雕及其故事,一般参观者对《雀巢可俯而窥》、《烹鳝》、《!!!》几幅浮雕印象很深刻。

图 3-3 已死的母熊 　　图 3-4 蚂蚁搬家 　　图 3-5 雀巢可俯而窥

图 3-6 烹鳝 　　图 3-7 !!!

以烹鳝为例,在《护生画集》中写道:"一名叫周豫尝的学士正在烹煮鳝鱼,却看见鳝鱼首尾在汤中,而腹部隆起在上,于是好奇解剖了鳝鱼,发现鳝鱼腹中有鱼卵,才知道原来鳝鱼将腹部隆起是为了避开热汤、保护子女,自此后周豫尝再也不吃鳝鱼了。"动物尚且如此,更何况人类。

佛陀纪念馆馆长如常法师亦提及他感动的身边小故事:

记得有一回，我带一对母子欣赏佛馆的护生图，大约七岁的儿子不期然的伫足在"蚂蚁搬家"图前面，用他那稚嫩的童音念道："墙根有群蚁，乔迁向南岗。元首为向导，民众扛馔粮。浩荡复迤逦，横断路中央。我为取小凳，临时筑长廊，大队廊下过，不怕飞来殃。"这当中，有他不认得的字，但他并没有中断，一口气念完。妈妈为儿子解释画意，儿子听得出神，许久才认真地说道："以后我们家的蚂蚁要搬家，妈咪也要为牠们盖一座长廊。"妈咪笑而不答，儿子又说了一遍，妈咪若有所思，儿子不放过，再说了一遍，妈咪点点头，儿子不放心地又重复说了一遍，妈咪用力点头，大声说"好！"儿子开怀地笑了……①

佛光山佛陀纪念馆已开馆五年，每年有上千万人来参观，《护生画集》推广效果殊胜。配合《护生画集》风雨走廊浮雕的展示，滴水书坊还可买到相关等书籍，如林少雯著作的护生画集图文赏析《欣欣向荣》六册、弘一大师与丰子恺及丰一吟之作品合辑《禅意情趣护生》以及《护生图》书画集。

行文至此，深深感佩星云大师之真知灼见，眼光深远，有前瞻性认知，兴建佛陀纪念馆风雨走廊外墙之浮雕，将《护生画集》广为介绍给世人，让世界更美好，星云大师亦可说是弘一大师之知音及志同道合的同参好友。

图3-8 《护生画集》图文赏析　　图3-9 禅意情趣护生　　图3-10 护生图

---

① 如常法师：《〈禅意情趣护生〉序》，佛光缘美术馆出版，2016年，第21页。

（二）举办《护生画集》原画稿展览

回想 1984 年广洽法师将《护生画集》原图稿带回赠送浙江博物馆以为永久典藏，2013 年为纪念海峡两岸文化遗产节特举办展览。佛陀纪念馆向浙江博物馆借了 146 幅《护生画集》原画稿于佛陀纪念馆展出，从 2013 年 12 月 14 日至 2014 年 3 月 2 日在此之前已于惠中寺展出三个月。除展出外，并培训解说员现场解说，另配合展出的活动有：

1. 出版《禅意情趣护生》——弘一大师、丰子恺、丰一吟作品合辑画册，以为爱好者典藏。画册内有弘一大师书法墨宝、丰子恺护生画稿及丰一吟临摹丰子恺为创作之护生图，内容丰富，印刷精美典雅，装订精致，珍置案头，每次翻阅，赏心悦目。

2. 依然培训优秀之解说员为参观者解说，效果殊胜。

3. 举办"从护生图谈生命教育"座谈会，由馆长如常法师主持，特邀请丰子恺居士女公子丰一吟老师谈丰子恺居士生命故事，一吟居士娓娓道来，令人动容。另邀请对《护生画集》潜心研究的林少雯老师介绍《护生画集》。

吾等平日翻阅《护生画集》画册，已很受感动，在展览场中能亲见原迹及聆听一吟女士亲随子恺居士之生活点滴，别有一番满足在心头。

（三）云水车故事妈妈讲《护生画集》故事

佛光山佛陀纪念馆购进 60 部云水车（即活动图书馆），分布于各县市佛

乐读书　书读乐　读书乐

光山道场。每天由海鸥叔叔随车开往各县市偏远地区学校让小朋友借还书。小朋友凡借一本书都有累积点数,还书时如果小朋友愿意将读书心得向海鸥叔叔述说,则另加点数,累积一定点数可兑换礼物。感佩云水车之精心设计,令鼓励学生阅读之效果更为落实。台中惠中寺故事妈妈随车前往为小朋友讲《护生画集》故事。故事妈妈亲和力强,讲故事生动有趣,深受小朋友喜爱。在学习成效中,看的不如听的印象深刻,如能再配合上活动,则很难忘怀。以下为云水车巡回偏远地区学校的情况:

(四)《护生画集》课程开授

有关《护生画集》的推广,如能以开授课程方式推广效果会更好,目前在台湾:

1. 小学。据了解南投县佛光山均头小学有正式开课,据笔者访问校长及授课之觉森法师,他们表示,自去年起试开课程,为小学三年级学生每周开授一节(45分钟)《护生画集》的课,今年是第二年实施。在开课前特请林少雯老师做教师培训(见照片),由觉森法师任课,觉森法师本身是教育专业,又是出家众,对佛学亦有精研,教起来特别生动。其程序是采用佛光山编印《护生画集》小册子(约16页)为课本,先讲故事,然后讨论,再配合作图,让小朋友任意挥洒,并解说自己的画作。而今年起让全班集体创作共同制作一本护生书,小朋友很有成就感,平均一学期可讲16个故事。此目前还属实验教学,以点的范例慢慢可推广至全校及其他学校,亦可将环保等课题融入教学。

图 3-11 学生创作封面　　　　图 3-12 学生之创作

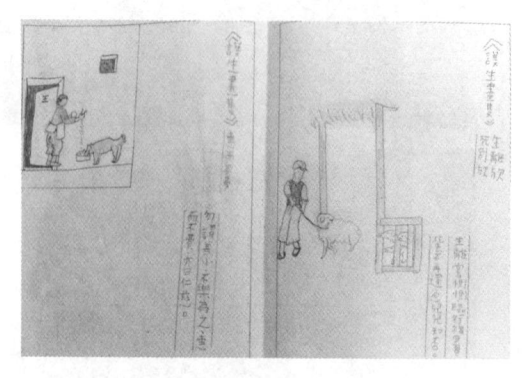

图 3-13　学生集体创作(一)　　　图 3-14　学生集体创作(二)

2. 在大学，笔者在大学开授生命教育课程，在典范人物单元中亦曾介绍弘一大师约 8 节课，其中拨出两至三节课分享《护生画集》，用倒装法教学，先介绍 20 至 30 幅图，再介绍《护生画集》6 册 450 幅图绘编出版经过，学生听得很入神，留 20 分钟讨论，下次上课请学生交 300 至 500 字感想或心得。

笔者长年教书，讲故事的功力还可以，但重要的是自己要先感动，学生才会感动。教学重要是能触动学生心灵深处，唯课后在阅读学生心得时，笔者亦深深被触动了：

- 学生甲："有一天看到报纸全幅只有几个大字'我生在西伯利亚，我死在台湾'，心想什么事这般怵目惊心！？再看到旁边小字'救救伯劳鸟'，原来这是公益广告，伯劳鸟千里迢迢从西伯利亚飞到台湾恒春过冬，但你可以在街上烤鸟店找到牠，一只 15 元，香香的，难道我是飞来祭你们的五脏庙，明年春暖花开我还要飞回去繁衍家族，情何以堪！"幸亏，目前伯劳鸟已列入保育鸟类。

- 中文系的乙："老师介绍'农夫与乳牛'的画我印象最深刻，我祖母不准我们吃牛肉，并教我念台中莲社导师李炳南老居士的诗，诗题是猎枪'未许豺狼当道蹲，驯良从不射鸡豚，人间唯有牛刀贱，肯负平生饱饭恩。'当时我只会背，还不懂意思，现在念中文系，我才知猎枪是隐喻正义之士，牛刀则恰恰相反。"

- 学生丙："记得中学时有一年春天，我们教室旁的树林里飞来了一只鸟衔着树枝，另一只衔着黏土……他们开始筑巢了，他们一趟趟飞，或衔稻草或衔树枝，不辞辛苦，不几天，筑好了巢，开始下蛋，孵到小鸟出生，又一次次衔小虫喂宝宝，那么多只鸟嗷嗷待哺，鸟妈鸟爸不知要飞多少次……，我们导师特许我们在上课时偶尔偷望一下，鸟爸鸟妈始终不知,牠们为我们一排教室的观众上了人生宝贵的一堂课,那年我们的父母也都不知道我们为何变乖了许多!"
- 学生丁:"高中生物老师很喜欢鸟,对鸟有深入研究,他告诉我们鸟也很爱干净,每天早上都会清洁鸟巢,他们会把小鸟的便便衔到很远的地方丢弃,而不是直接往树下丢,你们知道为什么吗?为了保护牠的孩子,预防天敌,你们看动物的爸妈也很爱小孩。"

看完学生的心得,凝视良久,心中浮起两个感想:

"谁说年轻人是失落的一代,不信东风唤不回,单看你怎么教他?"

"下一次上课我也要分享我的故事及台湾蝴蝶的故事:有一年夏天我家院子树上结了一个很大的虎头蜂窝,我请119的人员来,他说他们会准备一盆酒,然后用灯光照蜂窝,虎头蜂就会掉落盆中(补酒),我请教一窝蜂有多少只,他们说大约2000只左右,我查了书知道牠们的生命周期大约是三个月,到了冬天就会自然凋萎。遂请119人员回去,虎头蜂既然选定在我家院子作客,我不能把牠们整个家族灭掉,遂请相熟法师为虎头蜂皈依,并祈求不要伤到邻居,每天小心谨慎过日子,所幸到了冬天,人蜂都平安,第二年全家出奇的顺!"

"台湾蝴蝶的故事:多年前台湾的邮局出版了一套紫斑蝶的邮票,每年清明节左右,有成千上万紫斑蝶迁徙,途经高速公路林内附近。据测通常1分钟会有千只蝴蝶飞过,有30只会被车流震落,遍地蝶尸,于心何忍!高工局下令当紫斑蝶飞近时,高速公路北上外侧车道暂时封闭,让蝴蝶好好飞

图3-15 紫斑蝶纪念邮票(一)　　图3-16 紫斑蝶纪念邮票(二)

过,如之,则1分钟千只蝴蝶飞过仅有4只震落,有一次,还封闭4小时!对大自然的动植物都这般爱惜,对人就更不用说。特发行精美的纪念邮票。"笔者生命教育课程开授在通识学程,发现不同专业领域的学生会有不同的感动,甚至有些学生在课余借了弘一大师传或丰氏传记阅读,其感受就更为深刻,兹分享之:

- 美术系A君之心得:"丰子恺不但悟性高,还是行动派,当他师范毕业去教书时,有一次美术课,他拿了一颗青皮桔子让学生素描,不知为何,一股莫名的感觉涌上心头,他将自己想为眼前这颗青桔子,半生不熟却赤裸裸地在大众前献丑,思考后,他豁然开朗,决定要出国留学充实自己,才不至于愧对自己和学生,毅然借了钱及卖了家产到日本留学。"

- 音乐系B君写道:"我最感动的是丰子恺疯狂练小提琴的过程,令人动容,丰氏在日本短短四个月就拉完了三册小提琴练习本和几个轻快的歌剧,相对的一般学生而言,只能完成一册练习本,我就更不用说了……,当然我的老师一直纳闷,为什么最近我的小提琴有突飞猛进的进步?!"

- 动漫系的C君:"想不到弘一大师的现代感十足,前瞻性的认知及国际观令人佩服。当弘一大师提出《护生画集》要画六集时,大师希望六集各具特色,其中一集可用连环画体裁,另一集采用动漫画要力求新颖,或有一集纯粹欧美的护生事迹,不得不佩服大师才思敏捷,创造力强,能与时代同步,甚至超越。"

- 哲学系D君:"老师说凡事豫则立,不豫则废。如你每次都能在上课前两分钟到达教室,每次交作业都在期限前一天准备好,你的人生才不会有遗憾,你的事业会成功的。丰子恺感动我的是他永远在期限前一天准备好!《护生画集》第四集出版正逢"文化大革命",本在1970年出版,但丰氏怕有变化,1966年就提前出版。他自己知道世寿难预料,1973年就完成《护生画集》第六集,1975年过世,1979年弘公百岁冥诞按时出版,真是天地有情,人间无憾!"

- 幼儿教育系E君:"丰子恺是位慈祥的父亲,在《护生画集》中有许多童心童趣的护生画,都是我最恰切的教材,不但趣味十足,重要是能培养儿童的慈悲心。"

(五)《护生画集》工作坊之举办

今年年初中华文艺写作协会请林少雯老师为台中市中坑小学学生举办《护生画集》工作坊，教孩子们如何写作。每次 3 小时，共进行 5 周。深受教师、家长之肯定，小朋友快乐学习，作画画及写作皆有很好的表现。参阅小朋友之画作及作文如下。

图 3-19　画作(一)

图 3-20　画作(二)

图 3-21　画作(三)

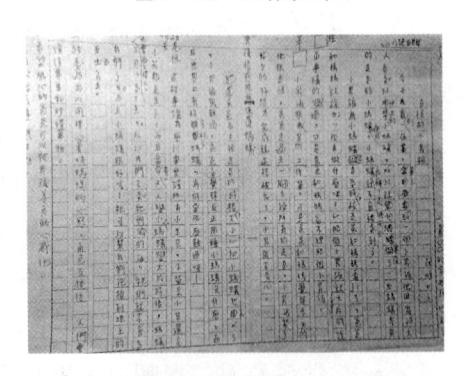

图 3-22　写作(三)

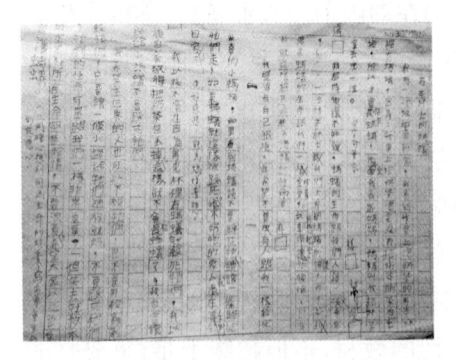

图 3-22　写作(二)

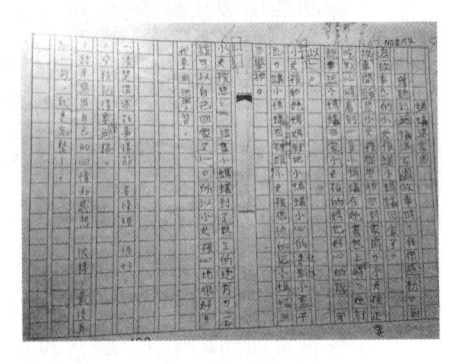

图 3-22　画作(二)

（六）硕博士论文撰写之推广模式

通常大学有关中文、艺术、教育、宗教、生死及幼儿教育等研究所之研究生会考虑以弘一大师、丰子恺的生平或人格特质或艺术成就等为硕博士论文之研究主题。经由指导教授指导，投入多年时间精研，此属深度推广模式，并能藉之培育中高阶人才。有关及相关《护生画集》之硕博士论文很多，兹介绍笔者较受益的论文如下。

林少雯：《丰子恺〈护生画集〉体、相、用之探讨》，玄奘大学宗教学系硕士班，2009年。

蔡秉诚：《丰子恺〈护生画集〉研究——以一、二集为对象》，佛光大学艺术学研究所，2011年。

马志蓉：《丰子恺散文护生思想之研究》，华梵大学东方人文思想研究所，2000年。

邱士珍：《丰子恺绘画艺术之研究》，屏东师范大学视觉艺术教育学系，2003年。

林素幸：《〈护生画集〉与民初佛教的现代化》，台南艺术大学艺术史学系，2010年。

吴颖敏：《丰子恺〈护生画集〉探讨——以戒杀素食观为主》拉曼大学中文系，2017年。

在此特别介绍蔡秉诚及林少雯两位的硕士论文，蔡秉诚对《护生画集》第一、二集的画有深入之意境介绍，并和当今之改良式放生活动相结合，亦融入莲池大师及儒家仁爱的思想，相得益彰。

又林少雯老师文笔流畅，为知名之儿童文学及环保作家，中年方进入研究所就读。一日于打坐中感应到弘一大师及丰子恺居士，遂决定以《护生画集》为硕士论文之研究主题，阅读了许多文献并亲自拜访丰氏故居，访问丰一吟居士、陈星主任等。撰写了18万字《丰子恺〈护生画集〉体、相、用之探讨》硕士论文，并在文史哲出版社正式出版。分两大部分：

其一：针对《护生画集》的外在表现形式评论，包括创作理念、传播媒介、绘画风格技巧、文人画、简笔画、题材与书法等。

其二：内涵的思想与意境，包括文学美及佛教、儒家、道家、道教等哲学思维与生态伦理、童心童趣、亲子教育、护生戒杀思想、艺术价值、教育及美学思想等加以全面阐述。

　　唯少雯老师还觉得意犹未尽，开始对一册册《护生画集》进行图文赏析写作，针对每一幅画及题词深入探讨，并于人间福报专栏发表，冀能发挥弘一大师的文字般若，和丰子恺以画说法之护生护心，多年下来完成了六册《护生画集》图文赏析，如照片，这是对《护生画集》延伸研究深受肯定的第一人。学而优则文，文而优则讲。林少雯老师并应邀至台湾各地讲演或培训老师，均以《护生画集》为题材培育小学生写作，近一年来亦受邀至扬州、上海、北京讲演或在教育中心讲演，均以《护生画集》为题，深受欢迎，忙得不亦乐乎，少雯老师亦以弘化《护生画集》为终身志业。

（七）大专院校专业课程开授

　　大专院校艺术、中文、宗教、教育、儿童教育、幼儿教育学研究所等会为研究生开授《护生画集》选修课，此亦为深度之推广模式，可开授之主题有：《护生画集》与禅心禅趣、《护生画集》与儒道思想、《护生画集》与生态伦理、《护生画集》与童心童趣、《护生画集》与艺术、《护生画集》与文学赏析、《护生画集》与教育、《护生画集》与幼儿教育、《护生画集》与动漫艺术、《护生画集》与戒杀素食。

（八）传统之推广模式

　　上述所讲的属动态推广模式，很受欢迎。唯静态之推广模式属于较传统方式，即由出版社或佛教团体、慈善团体等主动出版《护生画集》，或出售或赠送。以往大多以此方式推广，此方式优点是普及率广，效果也不错；兹分享：

　　个案1：知名的儿童文学作家林良，小学时即喜爱看《护生画集》，让他很感动的一首诗及画"拾遗"一共四句，"钩帘归乳燕，穴牖出痴蝇；爱鼠常留饭，怜蛾不点灯"。前两句不大懂，但三、四句却把他的心打动了、变柔了，也深深感到佛家胸襟的开涌及伟大，自己也开始有"尊重生命"的想法。这童年阅读《护生画集》的经验，一直深藏心中没有忘记。①

个案2：莲社导师李炳南居士雪庐老人在撰写《护生画集》序文中说道："民国十九年因军阀内战，被困莒县，几乎断粮，偶然机缘看到《护生画集》，又看到蝴蝶自由飞舞，深有所感，遂誓约如此次脱困，将素食……"这是雪庐老人茹素因缘。②

个案3：王邦雄是台湾大学艺术系教授，他说他初中时第一次接触到丰子恺的画，就有说不出的亲切感，丰子恺的画有童趣、有诗情、有禅玄……，还有一种对人的关怀。③

个案4：57岁的家庭主妇刘甘读完《护生画集》后写道："仔细读《护生画集》第一集后，内心感到非常震惊。没想到画家丰子恺先生往往简单数笔，竟然勾画出直指人心的警世图像。而弘一大师随图所书的警语，亦如同暮鼓晨钟般地敲醒每一位阅读者的良知。过去我们往往在不经意间伤害了无辜的生灵而不自知，尚且还沾沾自喜。在看了'喜庆的代价'之后，深深觉得世俗的人在喜庆满溢门楣的当下，大肆庆祝，杀猪宰羊，唯欲家人欢，却枉顾畜牲哀哀嚎。所造业不亡啊。又如溪边垂钓打发时间，虽闲情逸致，却将个人的快乐建筑在鱼儿的痛苦之上。看到鱼儿刺骨穿肠，我们人类又于心何忍？所以我们当发仁慈、悲悯之心，护念生灵。然而，除了不忍食其肉。更积极的做法是我们当教育我们的下一代，从小就不可儿戏，在他们还是幼儿的阶段，就要培养、长养慈悲恻隐之心，切勿伤害幼小生命。从小教育子女护生、爱生的观念。总而言之，勿以恶小而为之，勿以善小而不为。所谓'己所不欲，勿施于人'，将心比心之后，我们将渐渐成为有智慧又慈悲的人。"

其他拜阅《护生画集》有许多受益、感动之故事，不一一列举。

---

① 林良：《重读〈护生画集〉的美好经验》，见林少雯著《蝴蝶来仪》（护生画集图文解说），（香港）香海文化事业有限公司2013年版，"序"第3页。
② 李炳南：《狮头山无量寿长期放生会重印光明画集》，见《护生画集》，（台中）佛教莲社，1989年，"专序"第1页。
③ 何莫邪：《丰子恺——一个有菩萨心肠的现实主义者》，张斌译，山东画报出版社，2005年。

（九）出版护生漫画

弘一大师曾言《护生画集》亦可用动漫方式呈现，此种方式甚至更契合读者之喜好，尤其是小读者。台中佛教莲社出版之《明伦》月刊，有护生漫画故事，并汇集出单行本，甚受肯定。另和裕出版社之《护生的故事》、智者文教基金会出版之《动物美谭》及《仁慈诗文集》，不但文字优雅，构图精美且色彩饱满具启发性，后三本书还附有注音符号。相信弘公在西方极乐世界必有深获我心之赞许。

图 3-23　护生漫画集　　　　图 3-24　护生的故事

图 3-25　动物美谭　　　　　图 3-26　仁慈诗文选

（十）其他

除了以上之活动外，另有不定期举办之活动，如举办《护生画集》中小学生阅读作文比赛、绘画比赛或讲故事比赛等。或举办《护生画集》学术研讨会,或丰子恺研讨会等,均可收殊胜之功效。

另顺提及2013年起,丰子恺后代将画授权给大陆中央中宣部作为公益广告之用,许多出自《护生画集》中的单幅漫画,在大陆的大城小镇、大街小巷、电视屏幕、公交站牌、大马路中央安全岛的灯箱上、路旁飘扬的布幕、电线杆悬挂的旗子上,都随处可见丰子恺画作。作为启发民大仁心爱心,共创和谐社会,以及生态环保教育推广之用,可见其受到重视的程度。[①]

四、结语

本研究之进行,受限于时间等因素,暂以台湾为研究范围,台湾有中华文化长期的熏习及宗教信仰自由之人文优势,故《护生画集》之推广接受度高,契合性大,推广模式较多元。唯大陆亦拥有地利及人和之优势,浙江平湖是弘一大师家乡,目前设有"李叔同纪念馆"如莲花似之建筑,令人悠然神往! 馆内典藏了许多弘一大师墨宝(多半为刘质平居士捐赠),曾于2010年由温州博物馆出版《弘一大师墨迹》,收藏较完备,内容丰富、印刷古朴典雅,翻阅之余,缅怀质平居士舍命舍财护持大师墨宝的故事,不觉热泪盈眶。又天津有大师故居,经政府出资整理,目前已开放参访,大师孙女李莉娟、李汶娟居士住天津,写得一手好字。浙江一师是杭州师范大学的前身,为纪念弘一大师及丰子恺两位对学校有贡献的杰出教师及学生,特设立弘一大师·丰子恺研究中心,由专研弘丰学的学者专家陈星主任坐镇中心,定期举办国际学术研讨会,中心内对弘丰资料之搜集典藏相当丰富。又虎跑乃大师断食及出家的寺院,大师舍利纪念塔,常令人流连徘徊,不忍离去。灵隐寺是大师受戒的地方,白马湖春晖中学及晚晴山房隐逸于上虞乡下,不觉想起了那群谈笑风生的艺文好友,包括夏丏尊、朱自清、朱光潜等。大师也在闽南留下了许多修持、弘法足迹,最后于泉州示寂。又浙江桐乡是丰子恺的故乡,缘缘堂建于石门镇。又丰子恺的子女丰一吟老师等,刘质平的子女刘雪阳居士等住在上海。2013年笔者赴杭州参加第四届弘一大师国际学术研讨

[①] 林少雯:《情牵两岸三地弘一大师丰子恺〈护生画集〉——护生护心护生画在佛陀纪念馆发光发热》,于佛陀纪念馆讲演之参考资料,2017年4月。

会时，李莉娟、李汶娟、丰一吟、刘雪阳等居士都拨冗参加，李炳南老居士之孙女李珊亦特从山东济南前来参加，台湾的慧观法师、慧明法师、高明芳居士亦莅会，虽然有些人是第一次会面，但大家在拜读彼此的著作上神交已久，倍感亲切。

在上节介绍了《护生画集》多元推广模式，如问哪一种模式成效最好？这就很难问答。阅读《护生画集》450 幅画中，虽然只看一幅，但能心开意解，护生之善心油然生起，则读一即全。如药无贵贱，因病予药，法无高下，契机最要，各种不同之推广模式可因时因地因人置宜。

《护生画集》最大之特色，是不但以前读者受用，而当今之读者亦适用，更能因应未来读者之需要。原来护生、护心就是人间真理，可超越时空。《护生画集》又如千年沉香，只要触及，或顶戴或脚踢，身上已沾满檀香味！

［作者：(台湾)南华大学哲学与生命教育研究所兼任教授］

A Discussion on Features and Promotion Modes of *Protection for Living Beings* — A Case Study on Taiwan

Ji Jie-fang

This paper consists of three parts: the first part introduces the compilation journey of all the 6 volumes of *Protection for Living Beings*; in the second part, four features of the book are concluded: (1) The integration of Buddha dharma, comics, literature, calligraphy, philosophy, psychology and eudemonics, through which some concepts in the Buddhism, such as good deeds, protection for body, protection for life, protection for heart, are well illustrated by means of comics, calligraphy, literature, and etc. Consequently, it exerts subtle influences on readers and triggers enlightenments for their further development; (2) from the perspective of time and space, the book, with the combination of both Chinese and western cultures, covers the past, the present and the future in correspondence with different purposes; (3) with regard to readers, all walks of life, varying in ages, education backgrounds, religious beliefs, races, and nationalities, are likely to accept the book; (4) apart from touching contents of the book, the friendship between the master and the disciple, the affection between friends, and the love between family members, impress readers deeply. In the third part, 9 promotion modes are classified on the basis of the investigation, including visiting the relievo of corridor in Fo Guang Shan Buddha Museum, holding exhibitions of original paintings, a series of mum's stories, teaching courses, carrying out workshops, writing theses for MA and Ph. D. , teaching courses in colleges and universities, promoting traditions and etc. It is quite flexible for us to choose one or more of them according to different situations.

从佛法看弘一大师出家与当代省思

李明书

一、前言

弘一大师(1880—1942,俗名李叔同)在文学、佛学、音乐、书法、绘画等许多方面的重要性,已是众所周知的事实,至今仍有相当丰富的研究成果,并且尚有难以测度的研究潜力,本文于此就不再赘述与强调其生平背景,而是直接从佛法的视角去检视弘一大师出家的行为。弘一大师在甫出家时,其两位妻子伤心欲绝,并且日本妻子曾携子前往,试图挽回,这几件事情之中,并不全然只是常见的解读,以弘一大师婚后的成就评判其出家的价值;也并非如同一些非学术之流,因不能谅解此一抛家弃子的行径,就一味地否定弘一大师的人格。这几件事件之间,当还有一些诠释的张力,是既往的文献中尚未指出的。

如果只是一般人,自行抉择出家与否,影响难以深远。然而,正由于弘一大师在许多方面皆有举足轻重的地位,因此其任何行为,都可能带来长远的影响。就此而论,从其出家的背景与遭遇中,当可提供今人在出家与在家的生活上,一些思考与判断。本文即试图从相关的文献中,去整理出弘一大师在身心上如何调节出家与在家之间,这样的方法,或可让当今之人在面对出家与在家的抉择时,找到合理的依据,并且将自身与家人的伤害都降到最低。

弘一大师出家之后,固然常与友人谈及出家前的事情,然而对于婚姻之事就鲜少再提。其友人与不少评价,多是采取同情的理解,尊重其选择,甚而有将其妻小比拟为恶魔,试图阻碍弘一大师追求人生更为高超的精神层次。这种种的记载,尚有许多层面值得厘清,包括从弘一大师自身的著作与行为,如何看待这样一件事情,并且在其对于佛法如此重视,持戒甚严的情况下,如何立基于对佛法的了解,却又有这样的伤害家人之行为,是否只是如其自述或一些评述认为,弘一大师是为了能够慈悲、泛爱于众生而选择出家?即便善意地解读这些行为,但如何从这些行为中,提出对于后世的影响、帮助,乃至于对于生活抉择上的反思,都是了解弘一大师的思想,并使其思想能够流传于后世的重要工作。

关于弘一大师出家的研究,多是讨论其出家的原因,例如是受到什么事件与思想所影响、出家前后的生活与成就有什么差异,当然在出家之后,弘一大师的人事物,几乎都与佛教密不可分。除此之外,身为一位在许多方面皆重要的人物,以佛法对于出家的态度,与弘一法师出家的行为之间,是否有着什么样的冲突、调和、取舍等关系,却较罕为人所提及。

立基于上述的考察与研究动机,本文即试图从佛法的视角,检视弘一大师出家的行为,并从这件事情,思索在当前的社会中,如果一个人面临出家与否的抉择,能否从弘一大师的出家事件中,学习到既符合于佛法,又能够更为圆满的方法。这所谓的佛法,除了佛教的基本观念之外,还涉及经典中关于出家与在家修行的记载,经典则以《大般若波罗蜜多经·第十二会·净戒波罗蜜多分》[①]为依据。本文的架构,则如下依序论述:第一节,"前言";第二节,"弘一大师在家与出家的抉择";第三节,"弘一大师与时人的性别观";第四节,"从'净戒波罗蜜多'看在家修行的行为";第五节,"结语:弘一大师出家的省思"。

二、弘一大师在家与出家的抉择

根据弘一大师的《我在西湖出家的经过》[②]一文可知,其出家的原因有两个,一个远因是好友夏丏尊(1886—1946)的一句玩笑话:"像我们这种人,出

[①] 唐·玄奘译,CBETA, T. 7, no. 220, pp. 1019b - 1044a.
[②] 弘一法师述、高胜进笔记:《我在西湖出家的经过》,见《弘一大师全集》第 7 册,福建人民出版社 2010 年版,第 196—198 页。

家做和尚倒是很好的。"①一个近因则是在虎跑寺断食时,接触了《普贤行愿品》《楞严经》及《大乘起信论》等佛经,深受佛法吸引。除此之外,相关记载与许多研究指出,弘一大师出家,尚期望能够以一身之力,救度世人,影响万千众生的悲愿。② 这样的心愿自是不具有什么争议,饶富兴味之处,实是在于就其悲愿是救度世人而言,何以与其对妻子的伤害形成强烈的反差。许多的评价通常导向价值上的抉择,也就是如果在家,可能仅是对于一个家庭有所帮助,或者其思想与创作仅能影响非佛教徒者。其学生李鸿梁(1895—1972)即如此说:

> 他放弃了安适的生活,抛妻别子,穿破衲,咬菜根,过苦行头陀的生活,完全是想用"律宗"的佛教信仰,去唤醒那沉沦于悲惨恶浊的醉梦中的人群。——尽管这注定要失败,但我们不能离开时代的背景、离开先生的经历,苛求于他。③

这样的言论显示出,李鸿梁同情地理解弘一大师,对于可以选择过着舒适生活的人,竟会选择一般人眼中似是苦行的佛教生活,除了困惑之外,更重要的是深入了解其背景,而后对于一个人在抉择过程所难以顾及到的面向,不应再去指责或批判。

容起凡也抱持着类似的看法,并且对于弘一大师抉择出家的感受,做了更为深刻的描述,如其所言:

> 弘一法师少年时是个风流倜傥的人物,娶有一妻一妾,而且亦曾有走马章台、捻柳平康等放荡行为,他恋过名妓,捧过坤伶,交好于歌郎;

---

① 弘一法师述、高胜进笔记:《我在西湖出家的经过》,见《弘一大师全集》第 7 册,福建人民出版社 2010 年版,第 197 页。
② 相关的研究,可参阅徐承《李叔同出家思想探微》,载《杭州师范大学学报(社会科学版)》2009 年第 4 期;戴嘉枋《无尽奇珍供世眼一轮圆月耀天心——李叔同——弘一法师生平思想暨出家因缘析》,载《天津音乐学院学报》1992 年第 1 期;戴嘉枋《无尽奇珍供世眼一轮圆月耀天心(二)——李叔同——弘一法师生平思想暨出家因缘析》,载《天津音乐学院学报》1993 年第 3 期。
③ 李鸿梁:《我的老师弘一法师李叔同》,见《弘一大师全集》第 10 册,福建人民出版社 2010 年版,第 284 页。

又生长在那个以嫖妓为文人学士的韵事之一个时代,脱略不羁的李叔同,也就染有这种癖好了,这似乎不足惊奇。然叫人感到诧异的,是这个风流才子,怎样后来竟然断然地遁迹空门? ……一个多情自命的人,在某一种环境之下,常放纵于一己一物之爱,但是在时间与空间的感受上,经过思想的变化,这种丰富的情感便有可能在自愧与自反之下,扩放成为广博的众生的爱,所以我们认为弘一法师的出家他的心情由于脂浓粉艳的境地,参澈情禅,"众生无常""色相皆空"的新生活,当然在这个转变的过程中,敏感聪明的他是要忍受许多心理上的矛盾的苦闷和冲突的。……我们揣测,在弘一法师的主观意识中,作为一个救国救民的革命家,和一个发愿度世抱着"我不入地狱谁入地狱"之宏愿的苦行僧,在思想的本质或者没有什么区别呢!①

　　容起凡的说法,类似于李鸿梁,皆是从同情地理解弘一大师的心情,去看待其出家这件事情,自身也须承受极大的痛苦与挑战。尤其一个人要从既有的情感奔放而不受任何拘束的生活,改变成为佛教的修行者,甚至还选择要求甚严的"律宗",任何身、语、意的行为,都受到戒律的规范,如此翻转的勇气、决心与毅力的坚强,确实如容起凡所说的艰难。之所以能够支撑弘一大师贯彻出家的行为,其背后应有更为长远而广大的目标,也就是救国救民的宏愿,自许能如同佛教高超的修行者一般,即便不能立刻让所有人顿悟,然而,出家的行为所能影响的范围,将远远超出目光所及。

　　相关的论述还有不少,笔者自也肯定弘一大师这样的成就,只是就其对于家庭与婚姻的考虑时,是否尚有值得后人省思之处。当其出家之时,中国妻子俞氏对于弘一大师的个性较为了解,知道劝阻应无效果,于是并未前去询问原由,而日籍妻子则带着幼儿前往探视,苦苦哀求,却果真被弘一大师拒于门外,并遣人代为送别。弘一大师这样的行为,当然皆可理解为出家需要决心,而这尤其是决心的展现。继而从其后来的成就来看,也许更加可以找到理由支撑弘一大师当时的行为是正确的。就结果来看,或许可以

---

① 容起凡:《弘一大师出家的研究》,见《弘一大师全集》第 10 册,福建人民出版社 2010 年版,第 244—245 页。

推测弘一大师出家的成就,可能高于在家。姑且不以严格的逻辑推论,指出这种相关的论述可能有倒果为因的谬误。笔者于此想要提出的省思,是如何在出家抉择的过程中,也能够顾及妻小的心情与生活,①或者说是不是可以纳入更多的考虑,而将对于妻小的伤害多少再降低一点。要能够提供这样的省思,当然不能仅止于个人观点的抒发,而是就本文试图提出的,以佛法的视角与弘一大师出家的行为交相讨论。而这里所谓的佛法,是诉诸佛教经典的记载,而且必须是与出家修行相关的经文,才足以做为对话的桥梁。在提出佛法以兹讨论之前,从既有的文献中尚可看出一个可能,就是当时的性别观,可能间或影响弘一大师,导致其出家的考虑,未将妻小纳入。

三、弘一大师与时人的性别观

从弘一大师友人高文显(1913—1991)的描述中,可以看出当对于女性的态度。如其所著《弘一法师的生平》曰:

起初他说要把出家人的生活先来试几个月看看,然后正式地穿和尚的服装。在虎跑寺住了一个多月,到底正式出家了。但"道高一尺,魔高一丈",法师的出家,却引起情魔来缠绕了。他的日本太太携着幼儿,从南京赶来,要来和他会面。但是铁石心肠的他,连会面的因缘也拒绝她。她没有办法,只好再三地恳求,说她的爱儿也同来见他。可是他更表示坚决,吩咐通报的人,请对她说,把他当作害虎列拉病死了一样,一切家庭的事,从此不过问了。她知道他信仰宗教的热情,已达于极点,只好携着爱儿北上天津,交给他的家属,然后自己凄然东归,以成

---

① 依据弘一大师俗家三子李端的记述,弘一大师出家后,原配俞氏的生活失去重心,只能勉力找些事做打发时间,如其所言:"先父的出家为僧,给我母亲的刺激很大。她为了打发无聊的日月,就到北马路龙亭后孙姓办的刺绣学校里学绣花解闷,约有两年左右的时间。去的时候有人力车接送,有时也带着我去玩。再以后,我母亲在家里又找了几位女伴,教她们绣花,但时间不长,就散班了。……先母病故以后,家中曾给已出家为僧的我的先父去信报丧,但他没有回来。"李端:《家事琐记》,见《弘一大师全集》第 10 册,福建人民出版社 2010 年版,第 346 页。

就他的道业。①

从上一节的铺陈,可知多数人对于弘一大师的出家,是抱持肯定的态度,本文亦同意出家修行所能救度、饶益的世人,可能远比一个家庭要来的多。然而,高文显以外人的身份,竟将弘一大师俗家的妻儿比喻做"魔高一丈"、"情魔",足见其对于弘一大师俗家妻儿的评价之低,已超越了弘一大师本人的冷淡处理。本文于此不拟详细地考证当时的风气文化是否确实有着歧视女性的情形,也不拟将整个事件上升到性别平等与否的争议,只是如同上一节所述,这些对于人、事、物的价值考虑,可能皆影响着弘一大师出家的抉择,而从上述的引文看来,或许可以显示当时对于女性的态度,尤其在更多的文献着重于弘一大师出家后的成就,而鲜谈其对妻小的伤害时,或许至少反映出当时对于女性并未特别重视。②

有意思的是,弘一大师出家后,却不只一次表示女性的地位与价值,如《关于女性异说讨论致竺摩法师书》与《梵行清信女讲习会规则并序》所述:

> 大小乘佛典中,虽有似轻女性之说,此乃佛指其时印度之女性而言,现代之女众不应于此介怀。……。大小乘佛典中,记述女人之胜行圣迹甚多,如证初二三四果、发无上道心,乃至《法华》龙女成佛、《华严》善财所参善知识中,亦有示现女身者。惟冀仁者暇时,遍采大藏经中此等事迹,汇集一编,以被当代上流女众之机;则阅者必生大欢喜心,欣欣向荣,宁复轻生疑谤乎?③

> 南闽无比丘尼,常人谓为憾事。宁知是固非佛意耶。律谓女人出

---

① 见《弘一大师全集》第10册,福建人民出版社2010年版,第189页。
② 林子青在《弘一大师新谱》中曾表示当时知识分子对于弘一大师出家的不理解与惋惜,认为其出家后影响了艺术创作的发展,其中仍未有人对其妻小发出声音。如其所言:"弘一大师的出家,一般人都不很理解。各人有各人的看法,大多数知识分子对他好像都抱一种惋惜的心情。因为他多才多艺,于艺术领域几乎无所不精。有位作家说:'就艺术论艺术,弘一大师是一个难得的全才。从艺术应有的作用来说,由于他世界观的极度消极,其才华并没有很好的发挥。因此他的后半生和他的整个艺术生命都是个不幸的悲剧。"林子青:《弘一大师新谱》,见《弘一大师全集》第10册,福建人民出版社2010年版,第14页。
③ 弘一大师:《关于女性异说讨论致竺摩法师书》,见《弘一大师全集》第8册,福建人民出版社2010年版,第191页。

家,佛所不许。以若度者,正法减半。其后便自剃法,阿难尊者三请。佛令依"八敬法",乃许出家。像季以还,尼行"八敬法"者殆所罕闻,乖违佛制,催坏大法。南闽无比丘尼,非憾事也。南闽女种习佛法者,恒受三皈五戒,为清信女。亦有并断正淫者,别居精舍,有如僧寺,俗云菜堂。称女众曰菜姑。其贞节苦行,精勤课诵,视比丘尼殆有过之。所缺陷者,佛法大纲罕能洞解,文字智识犹有未足耳。①

第一则引文引自《关于女性异说讨论致竺摩法师书》,弘一大师于其中提及佛经的说法,如龙女成佛等故事,可以见出佛教对于女性的态度,如有轻视之说,应是佛陀当时的社会背景所造,经典的记载则提升女性的地位,不应将轻视女性视为佛教的主张,弘一大师更提倡当时应强调这样的观点。

第二则引文引自《梵行清信女讲习会规则并序》,内容涉及弘一大师对于"八敬法"的批评,认为"八敬法"违背佛陀制戒的原则,毁坏佛法,②因此南闽的女性学习佛法,受持三皈五戒,却未出家,不应因此而感到遗憾。弘一大师在当时能够提出这样的主张,则见其在性别的对待上,不以既定的成规做为标准,而是能够反思成规的不合理之处,也可见出弘一大师对于女性的重视,是以学佛的内涵为主,而不以出家的形式为考虑。弘一大师对于女性能够重视至此,旁人若以将女性视为毒蛇猛兽,而用以支持弘一大师出家,恐是有所不妥。

当然也有可能是弘一大师在出家学习佛法之后,而产生这样的观念,然而即便是如此,亦可见出弘一大师对于女性的重视,也许在出家的抉择上未能顾及妻小的感受,但是其出家的事件,以及后来所表示的性别观,就足以做为后世的考虑。这就衔接到下一节所要探讨的,佛法中是否尚有其它可供出家与在家抉择的思想,以作为今人的参考。

---

① 弘一大师:《梵行清信女讲习会规则并序》,见《弘一大师全集》第 7 册,福建人民出版社 2010 年版,第 626 页。
② 关于"八敬法"是否为佛说的研究,可参阅释昭慧、释性广编著《千载沉吟——新世纪的佛教女性思维》,法界出版社 2002 年版。

四、从"净戒波罗蜜多"看在家修行的行为

从以上的铺陈可以看出弘一大师出家的抉择，以及当时的性别观念，可能对于弘一大师的出家有着隐微的影响，而弘一大师出家后对于女性价值的提倡，又显示出其并非对于女性一味地轻视，对于后世而言，面临相同的抉择时，或许可以有更为完善的做法。

关于出家修行的抉择，在《大般若波罗蜜多经·第十二会·净戒波罗蜜多分》中有相关的讨论。"净戒波罗蜜多（Skt.：śīla-pāramitā）"是大乘（菩提道）修行所需具备的"布施（Skt.：dāna-pāramitā）"、"净戒"、"安忍（Skt.：kṣānti-pāramitā）"、"精进（Skt.：virya-pāramitā）"、"禅定（Skt.：dhyāna-pāramitā）"与"般若（Skt.：prajñā-pāramitā）"等六波罗蜜多（Skt.：sad-pāramitā）之一，《大般若波罗蜜经·第十二会·净戒波罗蜜多分》的重点在于讲解"净戒波罗蜜多"在大乘修行上的要点及其内涵。如同戒律的意义，是对于出家或在家修行者的规范，"净戒"的内容亦是如此，只是所要求的对象，是在于教导大乘修行者，尤其是菩萨境界以上的修行者，所应遵守的规范。经典的记载，将菩萨所修的净戒，判定为比"声闻"、"缘觉"二乘所修行的净戒更为高超，由此可见净戒波罗蜜多的重要。① "净戒波罗蜜多"与一般戒律有别之处在于，"净戒波罗蜜多"并非逐条列出戒律的规定，而是多从各种情境去解释，身为一位大乘修行者，应如何在不同的情境中抉择应做的行为。其中尤其重要的，是经文中关于欲望与在家修行的原则，可以与弘一大师出家的抉择相互对照。

从《净戒波罗蜜多分》关于欲望的记载来看，如下所示：

> 若诸菩萨安住居家、受妙五欲，应知非为菩萨犯戒。……譬如，王子应受父王所有教令，应学王子所应学法，谓：诸王子皆应善学诸工巧

---

① 《大般若波罗蜜多经·第十二会·净戒波罗蜜多分》："若诸菩萨，心作分限. 饶益有情. 引发净戒，是诸菩萨所起净戒，不胜二乘无漏净戒，不名净戒波罗蜜多。然诸菩萨，心无分限，普为度脱无量有情. 求大菩提. 引发净戒。是故，菩萨所起净戒，能胜二乘无漏净戒，名为净戒波罗蜜多。" p. 1032c。

处及事业处,所为乘象、乘马、乘车,……及余种种工巧事业。若诸王子能勤习学如是等类顺益王法,虽受五欲种种嬉戏,而不为王之所呵责。如是,菩萨勤求无上正等菩提,虽处居家,受妙五欲种种嬉戏,而不违逆一切智智。①

若诸菩萨虽处居家,而受三归,深信三宝,回向无上正等菩提,是诸菩萨虽复受用五欲乐具,而于菩萨所行净戒波罗蜜多常不远离,亦名真实持净戒者,亦名安住菩萨净戒。②

若诸菩萨虽经殑伽沙数大劫,安处居家,受妙五欲,而不发起趣向声闻、独觉地心,是诸菩萨应知不名犯菩萨戒。何以故?满慈子!是诸菩萨增上意乐无退坏故。何等名为增上意乐?谓定趣求一切智智。③

上述的三则经文,所说的道理大致是相同的,指的是菩萨修行者若居处于家中,接受在家的生活,只要仍遵守"净戒"的原则,以"无上正等菩提"、"一切智智"为修行的目标,则妥善地运用眼、耳、鼻、舌、身(皮肤)等五种感官配备的欲望("五欲"),接受与五欲相关的种种行为,以及种种行为所带来的欢乐("受妙五欲种种嬉戏"、"受用五欲乐具"),并不算是违背菩萨修行者应遵守的规范("应知非为菩萨犯戒")。④

就这三则经文所显示的意义,对于菩萨修行者在家可做的行为,着重于欲望上的说明。"五欲"在欲望的类别上,相当于感官上的或身体上的欲望,夫妻之间维持情爱的方式,以及传宗接代所需的性行为,都属于这一种欲望的类别。这一类的欲望,是维持一个家庭,或者说使得一个家族、血缘关系得以延续条件。藉由这样的推论,经典所要指出的,就是当菩萨在世间的身份,如果是一个在家居士,则应可适当地运用感官或身体上的欲望,使一个

---

① CBETA, T. 7, no. 220, p. 1019c.
② CBETA, T. 7, no. 220, pp. 1020a.
③ CBETA, T. 7, no. 220, p. 1022b.
④ 从这三则经文所显示的意义都是菩萨不犯戒,至于何为菩萨犯戒,所涉及义理,偏向于大乘修行的道路,大意即是称之为菩萨的修行者,如果偏离大乘的修行道路,而走向解脱道的"声闻乘"或"独觉乘",则是菩萨未遵守应尽的规范。如经文所曰:"若诸菩萨安住声闻、独觉作意,是名菩萨非所行处。若诸菩萨安住此处,应知是为菩萨犯戒。若诸菩萨行于非处,是诸菩萨决定不能摄受净戒波罗蜜多。"p. 1019c.

家庭或家族以其较为顺适发展的方式维持下去。藉此可以推知,除了佛法基础的随顺"因缘"之外,以在家居士的身份,使得一个家庭减少痛苦,增加欢乐,是佛法认同且支持的行为。这样的思考,衔接到出家与在家的抉择时,如果藉由在家修行的方式,可以增加家庭的快乐,并且在世间所要拓展的事业仍可能达成时,出家修行可能并非唯一的选择。如果决意出家,则应将家庭成员能否接受的情形,进行完整而全面的考虑之后,再做出适切的判断。这所谓的适切的判断,就在于减少家庭成员的痛苦。

就此而论,佛法对于出家与在家的抉择,也许并非给予很明确的建议,却是指出菩提道的修行,所能够运用的条件较为多样,不由于家庭所可能带来的情欲、负担、身份,就认为修行只有出家一途,而是应从居家生活的考虑,找出既能饶益众生,又能为家庭带来欢乐的选择。

五、结语：弘一大师出家的省思

藉由本文的论述,试图从弘一大师出家的抉择中,提供今人在出家上的反思。本文无意批判弘一大师出家行为的是非、应然与否,而是就佛法的关怀而言,思索出家这样的决定,对于今人是否尚有更多考虑的空间。从弘一大师的自述,以及他人的著作中可以发现,一般支持弘一大师出家的理由,是由于其出家的悲愿,毅然决然、一往无悔的精神,然而,在这过程中忽略了对于妻小身心的照顾。推测此中的原因,可能与当时的性别观有关,但在弘一大师出家之后对于女性地位的肯定,发现弘一大师的性别观有所转化,这也提供了一个思考的要点,就是如果一个人对于女性有所重视,何以在出家的抉择上,不去考虑女性的感受？如此的提问,仍无意评断弘一大师这个行为的价值,而是将这样的事件,作为往后的人,在出家抉择上的考虑。最后则引用《大般若波罗蜜多经·第十二会·净戒波罗蜜多分》的经文,作为佛教修行者可明确参考的依据,说明在家的生活、家人的感受等,皆是佛教修行者应尽可能顾及的面向。

（作者：华中科技大学哲学系讲师）

Master Hongyi's Decision to Become a Monk and the Contemporary Reflection: From a Buddha Dharma's Perspective

Li Ming-shu

  This papers aims to examine Master Hongyi's decision to become a monk from a Buddha Dharma's perspective. In the modern society, if an individual faces a decision about whether to stay at home or to become a monk/nun, he/she can learn from Master Hongyi's personal experience to obtain a better approach that is in line with the Buddha Dharma. According to the Buddha Dharma *the 12th Assembly of the Sutras of the Perfection of Wisdom*, it is recorded that a home practitioner should increase the joyfulness and avoid the painfulness of a family life, which is taken as a benchmark for whether to stay at home or to become a monk/nun. The structure of this paper is provided as follows: Section 1: "Preface"; Section 2: "Master Hong Yi's Decision Between Staying at Home or Becoming A Monk"; Section 3: "Master Hongyi and Contemporary Individuals' Viewpoints Towards Gender"; Section 4: "Conduct of a Home Practitioner — A Perspective from *the 12th Assembly of the Sutras of the Perfection of Wisdom*"; Section 5: "Conclusion: Master Hongyi's Reflection on Becoming a Monk".

——English translated by Li Ming-shu

弘一律师与禅

林清凉

作为中兴南山律宗第十一代祖,弘一律师的修行路径可谓律净兼修,这在教内外早已是没有任何疑问的。之所以特别地讨论"弘一律师与禅"这么一个极为边缘的话题,是因为每每见到两种截然相反的倾向:一些人喜欢把弘一律师跟禅宗对立起来,或者至少是想撇清弘一律师与禅宗乃至禅的关系,认为二者之间完全没有任何关联(这些观点后面还将具体提及,此处从略);还有一些人则轻率地主张弘一律师"在律宗、禅宗、净土宗方面都有杰出的贡献"[1],有些人甚至把"禅"当作他身上最重要、最显著的宗教特征之一,即使仅按极其粗略的统计,近二十余年来在中国大陆正式出版的以"禅"为名的弘一律师(李叔同)文集及相关著述,就有二十多种。[2] 鉴于此,笔者以为,在"弘一文化热"可以说依然炽盛的今天,尝试着对弘一律师与禅宗及禅的关系进行一番简要的考察与辨析,对于增进一般人对弘一律师的认知、

---

[1] 马榕君:《弘一大师后期住锡佛寺及佛学艺术学术活动研究》,载《徐州师范大学学报》2011年第3期。

[2] 有《禅灯梦影》(1998,2004,2009)、《李叔同的佛语禅心》(2005)、《禅里禅外悟人生》(2006,2010,2017)、《花雨漫天悟禅机:李叔同的佛心禅韵》(2007,2010)、《心与禅》(2008,2013)、《李叔同的凡世禅心》(2008)、《向李叔同学禅悟道》(2010)、《听李叔同大师说禅》(2010)、《李叔同凡世禅心全集(珍藏版)》(2010)、《听李叔同讲禅机得潇洒人生》(2010)、《李叔同谈禅论佛》(2011)、《听李叔同讲禅》(2011)、《弘一法师说佛讲禅解经》(2012)、《读禅,有智慧》(2012)、《天心月圆悟禅机:李叔同说佛》(2012)、《弘一法师赠你的7部人生禅卷》(2012)、《人间有味是清欢:李叔同的情诗禅》(2012)、《李叔同禅心人生》(2014)、《中国人的禅修》(2014)、《在世界尽头拈花微笑:李叔同与苏曼殊》(2014)、《空灵:听李叔同讲佛理禅机》(2014)、《佛心禅语:弘一法师语录》(2014)、《弘一大师七部人生禅》(2015)、《禅里禅外:李叔同卷》(2016)、《李叔同的禅语与修身》(2016)、《李叔同的禅修智慧》(2016)等;此类书籍的出版尤以近十年来为甚。

廓清人们对于弘一律师的某些讹误印象而言,应该是有一定益处的。

一、"我非禅宗"与弘一律师的宗派定位

论及弘一律师与禅宗的关系,就不得不提及一桩在弘一研究界差不多是众所周知的事件:1919 年秋,弘一律师暂居杭州灵隐寺,其南社故友、早年在《太平洋报》一起共事过的胡朴安前来拜谒,并留赠了一首纪事诗。诗曰:

> 我从湖上来,入山意更适。日澹云峰白,霜青枫林赤。殿角出树梢,钟声云外寂。清溪穿小桥,枯藤走绝壁。奇峰天飞来,幽洞窈百尺。中有不死僧,端坐破愁寂。层楼耸青冥,列窗挹朝夕。古佛金为身,老树柯成石。云气藏栋梁,风声动松柏。弘一精佛理,禅房欣良觌。岂知菩提身,本是文章伯。静中忽然悟,逃世入幽僻。为我说禅宗,天花落几席。坐久松风寒,楼外山沉碧。①

对此,"凡事认真"的弘一律师则书以"慈悲喜捨"四字相答赠,并就这首诗的后半部分对胡朴安进行了毫不留情面的批评:"学佛不仅精佛理而已,又我非禅宗,并未为君说禅宗,君诗不应诳语。"②

有关此事的记载,见于胡朴安在弘一律师圆寂后撰写的回忆性文章《我与弘一大师》中。由于胡朴安撰文时此事已过去二十多年,其间个别细节或许未必尽然准确,但所述大体事实应该是可靠的,因此,这一说法后来为林子青先生编撰《弘一大师年谱》时所直接采信。③

我们知道,此时的弘一律师,距虎跑出家、灵隐受戒亦不过一年多,既尚未研习根本说一切有部律,当然更未到发愿"弃舍有部,专学南山"的时候,所以其"律师"身份远未明朗;与此同时,他虽然念佛,但其作为净土行人的身份却似乎还未十分明确。不过,1919 年秋的弘一律师,此前早已在嘉兴精

---

① 胡朴安:《我与弘一大师》,见上海弘一大师纪念会编《弘一大师永怀录》(重排本,据大雄书局 1943 年版),上海佛学书局 2005 年版,第 137 页。
② 同上。
③ 林子青编著:《弘一大师年谱》,宗教文化出版社 1995 年版,第 105、107 页。

严寺阅藏数月,于各部诸宗经论典籍应已大体通览知晓,且在披阅《梵网合注》《灵峰宗论》《传戒正范》《毗尼事义集要》等法本后随即"发起学律之愿"①。所以,弘一律师这时直接宣称"我非禅宗",表明他在出家后不久,便有意识地做出了不选择禅宗学修路径的决定。这一决定事实上为他此后一生所遵循,进而在一定程度上构成了弘一律师后来以律为行、以净土为依归的因缘之一。

概言之,弘一律师当然不是禅宗僧人。他一生的言教和修行实践给人们主要示现的,当然也绝不是"禅",而是难行能行、"以戒为师"的修行品格和"一句弥陀作大舟"的深悲宏愿。

二、非"禅宗"的弘一律师并非与禅宗无关

如上所述,弘一律师"我非禅宗"的宣言,客观上为后人"证明"弘一律师与禅宗及禅无关提供了最为重要而直接的"依据",有的学者便据此认为"他与禅没什么关系"②。应该说,此类似是而非的断语显然是有欠推敲的,这里且不去讨论"禅"与"禅宗"本来就不是一回事,即便仅就禅宗而言,弘一律师跟它的因缘也是极为深厚的。

(一) 弘一律师年幼、年轻时的禅宗渊源,对他的重要性可谓不言而喻

首先,在弘一律师幼年的家庭佛教背景中,就有较为清楚的禅宗因素。其父筱楼公本"精阳明之学,旁及禅宗,颇具工夫"③,晚年更是愈加亲近佛教,喜读内典而尤好禅宗(如姜丹书等均谓之"晚年耽禅悦"④)。尽管彼时弘一律师尚年幼,但其家庭中如此浓郁的佛教氛围却无疑对他产生了深远的影响。不仅僧睿法师认为"师之品格,多秉承乃父"⑤,连弘一律师自己在说

---

① 弘一大师:《余弘律之因缘》,见《弘一大师全集》第1册,福建人民出版社2010年版,第234页。
② 龚鹏程:《弘一法师的精神世界》,见《慈悲与和谐:第四届弘一大师研究国际学术会议文集》,中国广播电视出版社2013年版,第60页。
③ 胡宅梵:《记弘一大师之童年》,见《弘一大师永怀录》,上海佛学书局2005年版,第19页。
④ 姜丹书:《传一》,见《弘一大师永怀录》,上海佛学书局2005年版,第1页。
⑤ 僧睿:《传二》,见《弘一大师永怀录》,上海佛学书局2005年版,第7页。

起"从五岁时,即常和出家人见面,时常看见出家人到我的家念经及拜忏"①时,也承认来自家庭环境的潜移默化是其后来出家的一个远因。

其次,弘一律师出家前后几年的佛法因缘,几乎都与禅宗寺院相关联。换句话说,在弘一律师逐渐转向佛法修学之际(大致起于他供职浙江省立第一师范学校期间,最晚或可从 1916 年 10 月他在《题陈师曾荷花小幅》里说"余将入山坐禅"②开始算起),他所受到的佛法熏习主要是在禅宗寺院中进行的。而无论是弘一律师在虎跑定慧禅寺断食、出家,还是在灵隐寺(云林禅寺)受戒,其所在均为历史悠久的禅宗道场。有的研究者只是把弘一律师出家后的宗派选择简单地称作"弃禅习律",却往往无视或忽略了此类现象在传统佛教教义背景下的固有之义:弘一律师决定毕生研律、弘律,固然源自其重振律教的大愿;但"未曾有一法,不自因缘起",他既能在禅寺中对佛法起信,并依托禅寺而行皈依、剃度、受戒之仪,倘若弘一律师未在禅宗宿植深根,如此"大事因缘"断无可能。

(二) 成为"律师"之后的弘一律师也并没有与禅宗"绝缘"

上述事实或许只是说明弘一律师与禅宗有着甚深夙缘,但笔者想要特别指出的是:即使是在弘一律师已经真正发心深究毗尼之后——无论是在他潜心有部律的十年(1921—1931),还是后来决定专弘南山律的十余年(1931—1942),他也并非像有些人所说的那样就变得跟禅宗或禅无关了。对此后文还将进一步论及,这里仅略举数例:

其一是 1930 年春,弘一律师曾从事藏经古籍整理,其中就整理过禅宗典籍并作编目。是年正月,弘一律师移居泉州承天寺,正值性愿法师创办月台佛学研究社,"景象很好",而弘一律师也在那里一边从事教学工作,一边"遇有闲空,又拿寺里那些古版的藏经来整理整理,后来还编成目录"③,而他所整理的这些古版藏经,共编成五辑,每辑又分成禅宗部、律宗部等,每部又再

---

① 弘一法师述、高胜进笔记:《我在西湖出家的经过》,见《弘一大师全集》第 8 册,福建人民出版社 2010 年版,第 197 页。
② 弘一大师:《题陈师曾荷花小幅》,见《弘一大师全集》第 8 册,福建人民出版社 2010 年版,第 36 页。
③ 弘一大师:《南闽十年之梦影》,见《弘一大师全集》第 8 册,福建人民出版社 2010 年版,第 201 页。

分为甲、乙两种（甲种为全本,乙种为残本）,颇为周详。

这次涵盖了禅宗部典籍在内的藏经整理,前后持续了约三个月。从弘一律师本人记述此事的语气来看,或许他只是信手为之,但是,他对禅宗典籍进行了整理、编目,这一事实却是确定无疑的。

其二,就在弘一律师整理古版藏经之前大概不过半个多月左右,也即旧历己巳年底,并非禅宗的弘一律师跟同样并非禅宗的太虚法师还曾有一段"挑灯共话古禅宗"的佳话。按照《太虚自传》里的记述：是年,弘一律师曾与太虚法师等人在泉州小雪峰一起度岁。① 太虚法师在此期间赋诗一首,题为《与转逢弘一芝峰之小雪峰》：

> 寒郊卅里去城东,才地青溪便不同；林翠荫含山外路,蕉香风送寺前钟。虎踪笑觅太虚洞,诗窟吟留如幻松；此夕雪峰逢岁尽,挑灯共话古禅宗。②

当然,太虚法师诗中所记之事并不只发生在他和弘一律师之间,而是包括转逢法师、弘一律师、芝峰法师等人在内（诗题中的人名系依年齿排列,年长者居前,其中芝峰法师为太虚法师的弟子）。这首诗最后一句"此夕雪峰逢岁尽,挑灯共话古禅宗"所描述的,当是太虚法师和他们之间共同参加的一次讨论。这或许至少可以说明,此时此刻,"禅宗"郑重地出现在了包括太虚法师、弘一律师在内的几位高僧的共同视域之内,而弘一律师既然能在度岁之际有兴致参加这场"挑灯共话古禅宗"的活动,那么这时的他对禅宗也就理应是认真关注的。

其三为1939年秋,弘一律师曾有一段"掩关习禅"的经历。这段经历尽管一直以来没有得到研究界的足够重视,但其中所透露的信息却是重要而明确的：弘一律师不仅持戒、念佛,他也"习禅"。在弘一律师于1940年讲于永春的《普劝净宗道侣兼持诵〈地藏经〉》里,是这么记述的：

---

① 太虚大师：《太虚自传》,见《太虚大师全书》第29册,善导寺佛经流通处1998年版,第307页。
② 太虚大师：《与转逢弘一芝峰之小雪峰》,见《太虚大师全书》第32册,善导寺佛经流通处1998年版,第143页。

予来永春,迄今一年有半。在去夏时,王梦惺居士来信,为言拟偕林子坚居士等将来普济寺,请予讲经。斯时予曾复一函,谓俟秋凉后即入城讲《金刚经》大意三日。及秋七月,予以掩关习禅,乃不果往。①

在这里,弘一律师本人亲口说明了他之所以未能应王梦惺居士之邀去讲《金刚经》,是因为要"掩关习禅"。此事可与弘一律师致王梦惺居士两封书信里的相关内容相互印证:

入夏,雨不可止,山路崎岖,未敢远劳仁等枉临。俟秋凉后,朽人当入城,在桃园讲《金刚经大意》三日,以广结法缘也。②

朽人自今日始,暂掩室习禅。③

前一封信里,弘一律师本来承诺入秋后开讲《金刚经大意》,但从后一封信可见,入秋后弘一律师又改变了主意,未前往讲经,而是"掩室习禅"。显然,信中所说的"掩室习禅",跟弘一律师对大众讲法时所说的"掩关习禅",指的是同一件事情。弘一律师自1920年在新城贝山首次掩关始,此后二十余年闭关次数甚多,其目的或为阅藏,或为研律,或为念佛,或为自省,或为著述,而这一次则明确是为了"习禅"。尽管他对"习禅"二字未多作解释,但从他1935年给性常法师的《掩关笔示法则》来看,对闭关修行的不同任务、目的,他的界限是比较清晰的:"古人掩关皆为专修禅定或念佛,若研究三藏则不限定掩关也。"④据此大致可以推断,弘一律师此次"掩关习禅"、"掩室习禅",不论其所"习"是否为禅宗之"禅",其所指都应当是对禅定的闭关修习

---

① 弘一大师:《普劝净宗道侣兼持诵〈地藏经〉》,见《弘一大师全集》第7册,福建人民出版社2010年版,第577页。
② 弘一大师:《致王梦惺(一)》(一九三九年旧四月十一日,永春普济寺),见《弘一大师全集》第8册,福建人民出版社2010年版,第436页。(1939年5月29日,致王梦惺)
③ 弘一大师:《致王梦惺(二)》(一九三九年旧七月十三日,永春普济寺),见《弘一大师全集》第8册,福建人民出版社2010年版,第436页。(1939年8月27日,致王梦惺)
④ 弘一大师:《为性常法师掩关笔示法则》,见《弘一大师全集》第8册,福建人民出版社2010年版,第189页。

无疑。

三、弘一律师是否对禅宗持批评与贬抑态度

既然可以确定,出家后以持戒、念佛为主要修行方式的弘一律师,实际上跟禅宗、禅仍然存在着各种各样的直接关联。那么,弘一律师对禅宗的态度又是怎样的呢?这个问题实际上已为部分研究者所注意,比如有人就认为弘一律师"重净土而轻华严、天台与禅"①,而学界一种比较有代表性的意见则更是认为:"在评判中国佛教各宗派的过程中,弘一大师站在弘扬净宗、律宗的立场上对禅宗多持批评意见。"②应该说,从某些特定的表象上来看,这样的说法当然也不能说毫无原由,但它是否全面、真实地概括了弘一律师对律宗的态度呢?这恐怕还需要更为细致的讨论与辨析。

(一)所谓对禅宗的批评实为对禅宗流弊的批评,殊不知弘一律师对律宗流弊的批评其实更多、更严厉

作为一位以复兴律学为己任的僧人,弘一律师每每将律、禅并举时,均对宋以后禅宗兴而律学衰的局面抱有深深的痛惜。如《律学要略》云:"南宋后禅宗益盛,律学更无人过问。"③而对一般禅宗僧人所奉行的与律制相违的清规,弘一律师更是毫不客气地给予了批评:

> 百丈于唐时编纂此书,其后屡经他人增删。至元朝改变尤多,本来面目,殆不可见;故莲池、蕅益大师力诋斥之。……唯录蕅益大师之说如下。文云:"正法灭坏,全由律学不明。百丈清规,久失原作本意;并是元朝流俗僧官住持,杜撰增饰,文理不通。今人有奉行者,皆因未谙律学故也。"又云:"非佛所制,便名非法;如元朝附会百丈清规等"。又

---

① 龚鹏程:《弘一法师的精神世界》,见《慈悲与和谐:第四届弘一大师研究国际学术会议文集》,中国广播电视出版社 2013 年版,第 61 页。
② 蒋九愚、陈晓玲:《论弘一大师的净土观》,见光泉主编、杭州佛学院编《吴越佛教》第 6 辑,宗教文化出版社 2011 年版,第 90 页。
③ 弘一大师:《律学要略》,见《弘一大师全集》第 1 册,福建人民出版社 2010 年版,第 236 页。

云:"百丈清规,元朝世谛住持穿凿,尤为可耻。"按律宗诸书,浩如烟海。吾人尽形学之,尚苦力有未及。即百丈原本今仍存在,亦可不须阅览;况伪本乎?今宜以莲池、蕅益诸大师之言,传示道侣可也。①

其中的批评不可谓不严厉,但只要认真分析便会发现,尽管弘一律师明确指出,即使《百丈清规》原本还在,相较于佛陀所制的戒律而言也是次要的,故"亦可不须阅览",但其批评的真实指向,无疑是经元代世俗僧官删削之后、"本来面目,殆不可见"的《百丈清规》伪本。既然弘一律师的看法基本上继承了蕅益大师,那么我们就看,蕅益大师对禅宗是否持批评态度呢?我们且看蕅益大师自己的一段话:"予二十三岁,即苦志参禅,今辄自称私淑天台者,深痛我禅门之病,非台宗不能救耳。奈何台家子孙,犹固拒我禅宗,岂智者大师本意哉!"②从其中的"深痛我禅门之病"、"拒我禅宗"等语可知,蕅益大师实际上是视自己为禅宗中人的,既如此,他又如何可能自谤宗门呢?须知蕅益大师所在年代,作为五家禅之末流的狂禅之风颇盛,而他所批评的,正是这种不学教、不依律的禅宗流弊,因此他一方面欲以台宗之教来匡正禅宗,另一方面则感于"正法灭坏,全由律学不明",痛批禅宗寺院中流行的清规伪本,力图重振律制。

再看弘一律师对《问答十章》之最后一问——"古代禅宗大德,居山之时,则以三条篾、一把锄为清净自活。领众之时,又以一日不作一日不食为清规;皆与律制相背,是何故耶?"——的回答:

古代禅宗大德,严净毗尼,宏范三界者,如远公、智者等是也。其次,则舍微细戒,唯护四重;但决不敢自称比丘、不敢轻视律学。唯自愧未能兼修,以为渐德耳。昔有人问寿昌禅师云:"佛制比丘不得掘地损伤草木。今何自耕自种?"答云:"我辈只是悟得佛心,堪传佛意,指示当机,令识心性耳。若以正法格之,仅可称剃发居士,何敢当比丘之名耶?"又问:"设令今时有能如法行持比丘事者,师将何以视之?"答云:

---

① 弘一大师:《问答十章》,见《弘一大师全集》第1册,福建人民出版社2010年版,第296—297页。
② 弘一大师:《蕅益大师年谱》,见《弘一大师全集》第7册,福建人民出版社2010年版,第599页。

"设使果有此人、当敬如佛、待以师礼。"我辈非不为也,实未能也。又紫柏大师,生平一粥一饭,别无杂食。胁不着席四十余年;犹以未能持微细戒,故终不敢为人授沙弥戒及比丘戒。必不得已则授五戒法耳。嗟乎!从上诸祖,敬视律学如此,岂敢轻之;若轻律者,定属邪见,非真实宗匠也。(以上依蕅益大师文挈录)①

显然,弘一律师不仅对"严净毗尼"的历代祖师尊敬有加,即使对"舍微细戒"的禅宗古德也并未轻加置喙,只是引禅宗古德自己所说的话来说明:哪怕是因遵守清规而舍微细戒的禅宗古德们,也是"敬视律学"的!而且,凡涉及对禅宗流弊的批评之处,弘一律师差不多都是沿引蕅益大师的相关回答,鲜有自己加以发挥之处。在弘一律师所撰《蕅益大师年谱》中,他就认为蕅益大师"尽谙宗门近时流弊,乃决意弘律"②,这在某种程度上或许也正是弘一律师的自况之语。其中所谓"宗门",即专指以心传心之禅宗,可见弘一律师跟蕅益大师一样,对禅宗流弊是有深刻认识的。

事实上,弘一律师不仅对禅宗的流弊有所批评,他对末世律学之衰败、律宗之流弊更是痛心疾首,这也是他发愿重振律宗的重要原因。南宋以降,南山律典逐渐散佚,唯余道宣律师《四分律删繁补阙行事钞》和《四分律删补随机羯磨疏》,而后者的版本讹误错漏以致几乎"无人能诵习",这甚至可能直接就是宋元以来律学衰微的因由之一。弘一律师感叹道:"宋元明藏本中,此书讹误最多,舛错脱落,满纸皆是,惟有掩卷兴叹,束置高阁。……南宋已后,南山律教渐以湮没,殆由斯耶?"③

于是,弘一律师对律教衰微、律宗流弊及律学著作所存在问题的批评,远比他对禅宗流弊及《百丈清规》等禅宗典籍的批评要严厉得多。弘一律师自己在给人讲律时,尽管勉励大家前来受戒的发心,却也直率地指出:由于已经"没有能授沙弥戒比丘戒的人","沙弥戒与比丘戒皆是不能得的"。他极为伤心地感慨道:"从南宋迄今六七百年来,或可谓僧种断绝了!以平常

---

① 弘一大师:《问答十章》,见《弘一大师全集》第1册,福建人民出版社2010年版,第298页。
② 弘一大师:《蕅益大师年谱》,见《弘一大师全集》第7册,福建人民出版社2010年版,第599页。
③ 弘一大师:《〈随机羯磨疏〉跋》,见《弘一大师全集》第7册,福建人民出版社2010年版,第614页。

人眼光看起来,以为中国僧众很多,大有达到几百万之概;据实而论,这几百万中间,要找出一个真比丘,恐怕也是不容易的事情!如此怎样能授沙弥比丘戒呢?既没有能授戒的人,如何会得戒呢?"①类似的话他说过不止一次。只要结合其"律师"身份,不难看出这实际已是对律宗、律学在末法时期衰微至此的最为沉痛而严厉的批评!

即使是对晚明四大高僧之一云栖袾宏所撰的《沙弥律仪要略》,弘一律师亦毫不客气地直接指出作者"律学非其所长",该书"多以己意判断,不宗律藏":

> 莲池大师为净土大德,律学非其所长。所著《律仪要略》中,多以己意判断,不宗律藏;故蕅益大师云:"莲池大师专弘净土,而于律学稍疏。"……又云:"《律仪要略》,颇有斟酌,堪逗时机,而开遮轻重忏悔之法,尚未申明。"以此诸文证之,是书虽可导俗,似犹未尽善也。②

对明末清初的见月读体律师,我们知道,弘一律师可以说是极为敬仰与推崇的,还曾专门为之作传。即便如此,对见月读体所撰的《传戒正范》与《毗尼日用切要》,弘一律师也还是进行了毫不留情的批评。如清季以来享有盛名的《传戒正范》,弘一律师即认为它与南山律学有相乖违之处,谓"现在所流通之《传戒正范》,非是完美之书,何况随便增减,所以必须今后恢复古法乃可。"③而对《毗尼日用切要》,弘一律师更是引蕅益大师的话说:

> 蕅益大师曾解释此义,今略录之。文云:"既预比丘之列,当以律学为先。今之愿偈,本出《华严》,种种真言,皆属密部,论法门虽不可思议,约修证则各有本宗。收之则全是,若一偈、若一句、若一字,皆为道种;捡之则全非,律不律、显不显、密不密、仅成散善;此正法所以渐衰,而末运所以不振。有志之士,不若专精戒律,办比丘之本职也。"④

---

① 弘一大师:《律学要略》,见《弘一大师全集》第1册,福建人民出版社2010年版,第239页。
② 弘一大师:《问答十章》,见《弘一大师全集》第1册,福建人民出版社2010年版,第297页。
③ 弘一大师:《律学要略》,见《弘一大师全集》第1册,福建人民出版社2010年版,第237页。
④ 弘一大师:《问答十章》,见《弘一大师全集》第1册,福建人民出版社2010年版,第296页。

其中对《毗尼日用切要》的不认可，溢于言表。而在写给邓寒香的一封书信里，弘一律师更是直言："后世律学衰灭，而《毗尼日用》之书乃出。时人不察，竟以是为律学之纲维，何异执瓦砾为珠玉也！"①只要不预设立场地认真比照弘一律师诸如此类的尖锐之言，就不难明白，他绝不是如一些人所说的那样是站在自己一宗的立场上去对禅宗加以贬斥，弘一律师对律宗流弊和禅宗流弊的批评，二者本怀原无二致。

（二）有关修行法门选择上的应机演说，本无关乎法门的高下，也就无所谓贬抑

弘一律师沿用一般的说法，认为佛教传入中国后，前后大致形成了十大宗派，即律宗、俱舍宗、成实宗、三论宗、法相宗、天台宗、华严宗、禅宗、密宗和净土宗。比较描述了十大宗派之后，弘一律师独推净土，认为该宗："始于晋慧远大师，依《无量寿经》《观无量寿佛经》《阿弥陀经》而立。三根普被，甚为简易，极契末法时机。明季时，此宗大盛。至于近世，尤为兴盛，超出各宗之上。"②此外，在写给一位居士的信中，他又说："净宗者为佛教诸宗之一，即念佛求生西方之法门也。此宗现在最盛，以其广大普被，并利三根。印光法师现在专弘此宗。余亦归信是宗，甚盼仁者亦以此自利利他也。他如禅宗及天台、贤首、慈恩诸宗，皆不甚逗现今之时机。禅宗尤为不宜，以禅宗专被上上利根，当世殊无此种根器。其所谓学禅宗者，大率误入歧途，可痛慨也。"③有人便据此认为，弘一律师有抬高净土，贬抑他宗尤其是禅宗之嫌。

实际上，弘一律师所谓净土宗"超出各宗之上"的结论，是有内涵上的限定的，完整地说就是："至于近世，尤为兴盛，超出各宗之上。"这分明指的是净土宗的兴盛程度在近世以来"超出各宗之上"，而不是在论说教法本身的高下。1937年3月28日，弘一律师在南普陀寺给佛教养正院学僧授课时也

---

① 弘一大师：《致邓寒香（一）》（一九二五年闰四月廿二日，温州庆福寺），见《弘一大师全集》第8册，福建人民出版社2010年版，第362页。
② 弘一大师：《佛法宗派大概》，见《弘一大师全集》第7册，福建人民出版社2010年版，第572页。
③ 弘一大师：《致姚石子》（一九二八年，上海），见《弘一大师全集》第8册，福建人民出版社2010年版，第387页。

说过:"我平时对于佛教是不愿意去分别哪一宗、哪一派的,因为我觉得各宗各派,都各有各的长处。"①至于他对净土教法的提倡,也并不表明他排斥别的宗派或法门,而仅仅是因为"他如禅宗及天台、贤首、慈恩诸宗,皆不甚逗现今之时机",一句话,净土法门于当下较为切时应机而已。至于"禅宗尤为不宜,以禅宗专被上上利根,当世殊无此种根器。其所谓学禅宗者,大率误入歧途,可痛慨也"等语,既是就应机而言,也是对末世禅宗的流弊而言,对禅宗本身完全没有贬抑之意。就如弘一律师自己曾经说过的,从理体上来说,佛教的各宗各派乃至各法门,既是如来所说,自是中边皆甜,平等无二,"无论大小权实渐顿显密,能契机者,即是无上妙法"②。有的佛教学者在探讨弘一律师何以舍弃有部而改宗南山时,就曾经较为公允地指出:"……舍有部崇南山,主要体现着一种时代特征与应机方便,而非律部本身的孰优孰劣。"③同样,弘一律师之所以选择律宗、净土宗而不是禅宗,也是源于特定的时代、环境气候下的"应机"需要,而不是认为在禅、净、律之间存在着谁优谁劣的问题。

(三) 在弘一律师的言论、记述中,可以看到诸多对禅宗的恭敬与赞叹

在谈到禅宗时,弘一律师说道:"梁武帝时,由印度达摩尊者传至此土。斯宗虽不立文字,直明实相之理体。而有时却假用文字上之教化方便,以弘教法。如金刚、楞伽二经,即是此宗常所依用者也。"④其中绝无贬辞。而对禅宗高德,不论今古,弘一律师的态度均是礼敬有加。如在其自述性的回忆文章《我在西湖出家的经过》里,对他出家之初的传戒师父、曾任灵隐寺方丈的慧明和尚⑤就着墨甚多(足足占了该文近三分之一的篇幅)。对这位不识字却能够讲经说法滔滔不绝不滞文句、且善用各种善巧方便调服众生的一

---

① 弘一大师:《南闽十年之梦影》,见《弘一大师全集》第 8 册,福建人民出版社 2010 年版,第 202 页。
② 弘一大师:《佛法宗派大概》,见《弘一大师全集》第 7 册,福建人民出版社 2010 年版,第 572 页。
③ 温金玉:《弘一法师弘律因缘探究》,载《法音》2007 年第 6 期。
④ 弘一大师:《佛法宗派大概》,见《弘一大师全集》第 7 册,福建人民出版社 2010 年版,第 572 页。
⑤ 和尚名圆照,字慧明,福建汀州人,九岁出家,曾于无量寺、国清寺、天童寺、阿育王寺、宝华山、普陀山等多处参学,民国年间住持灵隐寺十一年有余,使灵隐"有中兴气象"(太虚法师语),1930 年圆寂于灵隐丈室。据太虚法师《灵隐慧明照和尚行述》(撰于 1930 年,收入《太虚大师全书》第十九编,善导寺佛经流通处 1998 年版)、乐观法师《记慧明法师》(载《佛教文化》1966 年第 1 卷第 3 期)等文,以及由慧明和尚讲示、陈耀智居士记述的《慧明法师开示录》(台芳书店 1936 年印行),可知和尚"志趣在禅那"、"为诸方出家禅和子所称道"(乐观法师语)的禅宗高僧。

代著名禅僧,弘一律师自谓"令我佩服不已"①。1938 年弘一律师居瑞竹岩时,又曾撰《瑞竹岩记》,对唐楚熙禅师、宋大觉琏禅师、清智宜禅师的事迹多有称颂,尤其智宜禅师,谓"梵行高洁","亦能绍隆光显前业,为世所称"。②

弘一律师六十二岁时掩关福林寺所编的《晚晴集》,集佛经、祖语、警句共百余条,其中先后就录有智者大师、黄檗禅师、翠岩禅师、盘山禅师、圭峰禅师、佛眼禅师、大慧禅师、永明禅师、归宗芝庵禅师、石屋禅师、云峰禅师、仁潮禅师、天如禅师、妙叶禅师、莲池大师、蕅益大师、诵帚禅师、幽溪大师、西斋禅师、彻悟禅师、悟开禅师等二十余位与禅宗及禅宗教法密切相关的祖师大德的法语警句。③ 尽管这些禅师有相当一部分亦兼修净土,但至少从中可以见出弘一律师对禅宗绝无排斥之意,而且对禅宗古德可谓极其重视。

不仅对禅宗、禅僧,弘一律师是恭敬的,对禅宗的修行法门本身,弘一律师亦颇有赞叹之意。如在弘一律师出家数年之后编辑的《蕅益大师警训略录》(一名《寒笳集》)里,即有"一参禅,念念机锋是务"、"胁尊八十出家,昼观三藏,夜习禅思,乃有济"、"超生脱死法门……将定盘星认得清楚明白,然后看经可,坐禅可,营福可"等语。④ 1938 年他在泉州承天寺为明代李贽专门题写的"像赞"中亦说道:"由儒入释,悟彻禅机。清源毓秀,千古崔巍。"⑤从弘一律师的用语即可以见出其对禅宗的修行法门本身无疑是推崇的。

(四)禅宗大德对弘一律师的评价,也可侧面反映弘一律师对禅宗的态度

弘一律师圆寂之后,年齿居于"民国四大高僧"之首的禅宗巨擘虚云老和尚曾专门作过《弘一大师全集序》、《弘一大师事略序》、《弘一大师传》等三篇纪念文章。在《弘一大师全集序》里,虚云老和尚说:"弘一大师,未出家前,固世所称为翩翩俗世佳公子者也;及既受具,诸缘顿息,灵顶赤足,动止循律,以身作则,追导师之芳踪,振坠绪于末造,影衾无愧,明德在躬,令闻四

---

① 弘一法师述、高胜进笔记:《我在西湖出家的经过》,见《弘一大师全集》第 8 册,福建人民出版社 2010 年版,第 198 页。
② 弘一大师:《瑞竹岩记》,见《弘一大师全集》第 8 册,福建人民出版社 2010 年版,第 203 页。
③ 弘一大师辑:《晚晴集》,见《弘一大师全集》第 8 册,福建人民出版社 2010 年版,第 253—256 页。
④ 弘一大师辑:《寒笳集(又名〈蕅益大师警训略录〉)·法语》,见《弘一大师全集》第 8 册,福建人民出版社 2010 年版,第 257—258 页。
⑤ 弘一大师:《李卓吾先生像赞》,见《弘一大师全集》第 8 册,福建人民出版社 2010 年版,第 215 页。

溢，海宇从风。于是世之知大师者，无不知有戒法；敬大师者，无不知敬佛法。荷担如来家务，师非其人欤！"在《弘一大师事略序》里，他又说道："予非能文者也，何能记？因仰大师律行，述其行愿以劝世。若能体大师之心，如律行持，则大师在世，无法可施；如或不然，虽建恒沙宝塔，以纪念之，于事何补！纵使律师再来，恐亦对面不相识也。"而在《弘一大师传》里，虚云老和尚则说："云因僻处西南，未亲师座，故对师之道德、密行幽深之事，诚难尽识。……但久仰师高行，恨未能见。"篇篇充满着对弘一律师的赞叹之情。[①]

众所周知，虚云老和尚一生弘扬禅宗教法，乃是一身兼嗣禅宗五家法脉的近世禅宗硕德。即使是对当时极负盛名的印光法师，虚云老和尚也曾经委婉地说过一些不满的话："印光法师在今世佛法衰落时期，算是难得的善知识，信仰他的人很多……但有偏见——谁人向他问禅，就被他骂。他常以《四料简》来批评禅宗"，"我平生没有劝过一个人不要念佛，只不满别人劝人不要参禅"[②]。而对弘一律师，虚云老和尚则自始至终都是推许之言。须知虚云老和尚撰写前述三篇文章的时候，弘一律师的许多佛学著述早已在佛教界流通甚广，虚云老和尚既愿意多次撰文纪念，就应该不是草率之举，他对弘一律师的相关见解应该是有清楚了解的。若弘一律师对禅宗的态度真是批评与贬损，虚云老和尚又如何可能对此不着一词、却对他极尽推重之意？因此，虚云老和尚的高度评价，一定程度上应可作为弘一律师未曾对禅宗进行过贬低、毁谤，甚至未曾对禅宗本身进行过批评的一个重要旁证。

四、弘一律师的佛法行持与文艺作品，亦不无通"禅"之处

说到这里，有必要对一个在前文中一直被搁置的问题作一个简单的说明，那就是"禅宗"与"禅"两者其实既有联系又并不等同。不论"禅宗"还是"禅"，学界和教界都存在着诸多并不完全一样的界说，但对它们的源流进行详尽的梳理和辨析，显然并不是本文的任务，恐怕也并非笔者所能胜任。不过大致地说，"禅宗"是中国佛教八大宗派之一，由达摩祖师所实际开创，主

[①] 净慧主编：《虚云和尚全集》第2册，中州古籍出版社2009年版，第217—220页。
[②] 净慧主编：《虚云和尚全集》第1册，中州古籍出版社2009年版，第344—345,347页。

张以禅定为主的修习方法,故名,其特点是被称作"十六字玄旨"的"不立文字,教外别传;直指人心,见性成佛";其参究,以彻见心性本源为旨,亦名佛心宗;后来在禅宗的发展过程中,又形成了北宗和南宗(有"五家七宗")等流派,各派又形成了各具特色的具体禅修方法。而"禅"(梵文 dhyāna,巴利文 jhāna),或曰"禅修",音译全称为"禅那"、"驮衍那"、"持阿那"①,意译有"思维修"、"静虑"等,它几乎可以说是汉传、藏传、南传佛教乃至诸多其他宗教修行的通法;在佛教的实际用语中,"禅"往往和"定"(也称"三昧"、"三摩地"等)连用,是为"禅定",它既是小乘佛法修行之进阶,亦是大乘佛法修行的必由之路(系"六度"或"六波罗蜜"之一);在佛教共通的解脱道修持方法也即"三无漏学"——戒、定、慧里,"定"指的就是禅定。因此,禅宗固然讲究禅定的修习,但从事禅修、有禅定工夫的,却未必都是禅宗。

(一) 弘一律师的持戒、念佛,与"禅"本来就有殊途同归的共通处

作为一名"律师",弘一律师修行的本业便是戒律的研习、修持与弘扬。戒律的本意,乃是对于清净之身、语、意的守护。其功用,约略地说,就"止持"而言,可令止恶防非、不造作诸种恶业;就"作持"而言,可令增长善根福德与智慧;而无论是"止持"还是"作持",其指向都并不是戒律本身,而是制心一处的禅定工夫,更进一步地说,通过对毗尼净戒的行持,使心既不放逸散乱、亦不向外执取,从而获得成就随缘觉照之慧的前提与基础。从这个意义上说,一直严持清净戒的弘一律师,当有极高的禅定工夫,这是决定无疑的。我们知道,持戒、禅定、智慧,并称"三学",亦是菩萨"六波罗蜜"(布施、忍辱、持戒、禅定、精进、智慧)中的三波罗蜜。不论"三学"还是"六波罗蜜"中,持戒均与禅定密切关联。

弘一律师是以戒律为宗的,然而在弘一律师写给闽南佛学院学僧的训语《悲智颂》中,他还是念念不忘提醒大家要戒、定、慧"三学"并举:

> 智慧之基,曰戒曰定。如是三学,次第应修。先持净戒,并习禅定,

---

① 李炜:《早期汉译佛经的来源与翻译方法初探》,中华书局 2011 年版,第 43 页。

乃得真实,甚深智慧。①

换句话说,在修行的次第中,持戒本身并不是目的,它实际构成了禅定的重要基础,又和禅定一起共同构成般若智慧得以显现的前提。弘一律师的持戒,在佛教的解脱道修行中,与禅定是直接相通、相关联的。因此,当弘一律师圆寂后,哪怕是自称"不参佛法"、"教宗堪慕信难起"的叶圣陶,在解释其临终遗墨"悲欣交集"时,也忍不住说:

"悲欣交集",遂与世绝。悲见有情,欣证禅悦。一贯真俗,体无差别。嗟哉法师,不可言说。②

其中"欣证禅悦"一语,是否如实地阐释了"悲欣交集"之"欣",我们不得而知。但如果用它来解释弘一律师一生严谨的戒律修持实际上与禅定相通,却似乎还是恰当的。

在持戒之外,弘一律师最为重视的修行手段无疑是念佛。应当承认,净土宗持名念佛的直接目的是往生极乐净土,禅宗参禅的直接目的则是开悟或者说"识自本心,见自本性",两者有着明显的区别。但是,依照前文中已经申明的禅宗与禅的异同,如果我们能够不拘泥于狭义的禅宗之禅,那么也就不能否认,净土宗重要经典之一《观无量寿经》所提倡的"十六观",实际上就是一种广义的禅修方法;而《佛说般舟三昧经》里的"般舟三昧",作为净土修法的一种,也可以说是一种特殊而猛利的禅修方法;同样,净土宗高僧印光法师曾经对弘一律师寄予厚望的证得"念佛三昧"③,亦不外是一种经由念佛而达到的甚深禅定境界——"三昧"者,"定"也,一心不乱的念佛三昧,与制心一处的禅定工夫,均为禅定。在这方面,佛教学者洪修平先生曾著有专

---

① 弘一大师:《悲智颂》,见《弘一大师全集》第 8 册,福建人民出版社 2010 年版,第 189 页。
② 叶圣陶:《代序——谈弘一法师临终偈语》,见《弘一大师全集》第 1 册,福建人民出版社 2010 年版,第 2 页。
③ 印光法师 1923 年致弘一律师的几次复函中,多提及"一心念佛"、"念佛三昧"等语。如印光法师《复弘一师书一》中有:"光愿座下先专志修念佛三昧。"(参见释印光:《印光法师文钞全集》第 1 册,团结出版社 2013 年版,第 105 页)

文论述①,故本文不再赘述。

(二)弘一律师不是禅僧,但这并不表明从他的文艺作品和言行举止里不能见到"禅意"、"禅境"

范古农居士在弘一律师圆寂后曾撰《述怀》一文②,指出弘一律师出家后仍"以笔墨接人"的因缘,后人据此便谓弘一律师出家后"诸艺皆废,惟书法不辍"。其实,不仅范古农没有说过这样的原话,"诸艺皆废"说也早已被不少论者证明其实是后人对弘一律师的一种并不十分确切的印象③。他当然并没有"诸艺皆废",不过,就其创作频率与规模而言,出家后的弘一律师在书法之外的多种艺术创作上均不能跟出家前相提并论,唯书法创作一贯始终,留下大量的墨宝,这却是大体符合事实的。关于弘一律师在其部分书法作品中体现出"禅意"与"禅境"的问题,已经有一些研究者指出过④,笔者无意在此重复,也无力作出进一步的论述。不过,弘一律师本人曾认真指出过的"余字即是(佛)法"⑤,应该说的不仅仅是其书法的内容,也指其书法在渗透了佛法精神之后所形成的无滞无碍、自觉自在的审美之维。于是,日本佛教学者铃木大拙对"禅"所下的定义:"从本质上看,禅是见性的方法,并指出我们挣脱桎梏走向自由的道路。"⑥在某种程度上或许正好可以作为弘一律师书法之"禅意"与"禅境"的一个注脚。

"禅"在弘一律师所创作的文艺作品中的表现,首先当然源于弘一律师

---

① 洪修平:《从"念佛禅"看弘一法师修习念佛法门思想》,见觉醒主编《觉群·学术论文集》第 1 辑(第一部分"禅学研究"之第 3 篇),商务印书馆 2001 年。
② 范寄东:《述怀》,见上海弘一大师纪念会编《弘一大师永怀录》(重排本,据大雄书局 1943 年版),上海佛学书局 2005 年版,第 125-128 页。
③ 较有代表性的论者是陈星。早在 1994 年,陈星在其《天心月圆———弘一大师》一书中就设专节对"诸艺皆废"说提出了异议。后来,陈星根据一些新材料,又撰"诸艺皆废"与"诸艺未废"———范古农《述怀》解读一文(载《嘉兴学院学报》2009 年第 4 期),重申其义。
④ 如杨士林《人生·禅·书艺——弘一大师书法艺术臆说》(载《书法之友》1996 年第 3 期)、朱浩云《有书无法,有书入禅——漫话弘一法师其人其书》(载《收藏界》2012 年第 4 期)、朱浩云《僧俗敬仰,有书入禅——弘一艺术的市场走向》(载《荣宝斋》2012 年第 9 期)、蒋锦彪《自性观照———弘一大师书法艺术的禅意境界》(载《青年文学家》2012 年第 12 期)、周红路《试论弘一法师书境对禅境的三重审美》(载《中国书法》2016 年第 1 期)等。
⑤ 林子青:《弘一大师新谱》,(台北)东大图书公司 1981 年版,第 344 页。
⑥ 铃木大拙:《禅与生活》,刘大悲译,光明日报出版社 1988 年版,第 1 页。

经由修行而得的禅定工夫与禅悟境界,但是,也并不排除它们可能部分地来自弘一律师有关禅宗的学识与学养。如 1935 年秋晚时节,弘一律师将离开净峰寺移居草庵之际,曾留下脍炙人口的诗偈一首:

我到为植种,我行花未开。岂无佳色在?留待后人来。①

如若细细品读个中滋味,很难说没有受到禅宗祖师菩提达摩的影响:

我本来兹土,传法救迷情。一花开五叶,结果自然成。②

又以弘一律师一生中仅有的一次对书法的较为系统的讲解为证——1937 年 5 月 8 日,弘一律师在厦门南普陀佛教养正院作了一次以"谈写字的方法"为主题的讲演,他在讲完"写字的基本法则"之后说道:

……写字最好的方法是怎样?用哪一种的方法才可以达到顶好顶好的呢?我想诸位一定很热心的要问。我想了又想,觉得想要写好字,还是要多多地练习,多看碑,多看帖才对,那就自然可以写得好了。诸位或者要说,这是普通的方法,假如要达到最高的境界,须如何呢?我没有办法再回答。曾记得《法华经》有云:"是法非思量分别之所能解",我便借用这句子,只改了一个字,那就是"是字非思量分别之所能解"了。因为世间上无论哪一种艺术,都是非思量分别之所能解的。即以写字来说,也是要非思量分别,才可以写得好的;同时要离开思量分别才可以鉴赏艺术,才能达到艺术的最上乘的境界。记得古来有一位禅宗的大师,有一次人家请他上堂说法,当时台下的听众很多;他于登台后,默然坐了一会儿以后,即说:"说法已毕",便下堂了。所以今天就写字而论,讲到这里,我也只好说:"谈写字已毕了。"

---

① 弘一大师:《净峰种菊临别口占》,见《弘一大师全集》第 8 册,福建人民出版社 2010 年版,第 37 页。诗前有小记:"乙亥首夏来净峰,植菊盈畦,秋晚将归,犹含蕾未吐,口占一绝以志别。"
② 明尧、明洁编校:《禅宗六代祖师传灯法本》(修订版),河北禅学研究所 2007 年版,第 9 页。

> 假如诸位用一张白纸，完全是白的，没有写上一个字，送给教你们写字的法师看，那么他一定说："善哉，善哉！写得好，写得好！"
>
> ……
>
> 我觉得最上乘的字或最上乘的艺术，在于从学佛法中得来。要从佛法中研究出来，才能达到最上乘的地步。所以，诸位若学佛法有一分的深入，那么字也会有一分的进步，能十分的去学佛法，写字也可以十分的进步。[①]

其中，弘一律师不仅通过讲说"是字非思量分别之所能解"，指出书法的真义不唯不在有形的法度亦且非思维逻辑所能把握，更直接引述古代禅宗"说法已毕"而实无所说的典故，指出书法的要旨本非语言文字所能够形容。弘一律师此种"不可思议"、"言语道断"的书法境界，实际上已与"究竟之真理"无二无别。很显然，弘一律师在这里所阐明的，早已不是"书法"之"法"，而是"禅"。明白了这一点，便知弘一律师所言"余字即是（佛）法"绝非自矜之语。同样，他在这次讲演中所说的"最上乘的字或最上乘的艺术，在于从学佛法中得来"、"要从佛法中研究出来，才能达到最上乘的地步"、"若学佛法有一分的深入，那么字也会有一分的进步，能十分的去学佛法，写字也可以十分的进步"，也绝非纯粹的劝勉之辞。

弘一律师在艺术上的此种"禅意"与"禅境"，实际上也贯穿于他的日常生活中。他虽然并不是禅宗僧人，但作为一名躬身力行的真修行人，从他平常的行住坐卧、言行举止里仍然可以见出一些"禅"的真味。弘一律师的挚友、他早年在浙一师任教时的同事夏丏尊先生，在《〈子恺漫画〉序》里就曾经记述过一系列生动的场景，清楚地勾勒出了弘一律师如同一位禅僧一般活在当下、"六度"无违的自在状态。其一：

> 云水堂中住着四五十个游方僧。铺有两层，是统舱式的。他住在下层，见了我笑容招呼，和我在廊下板凳上坐了，说：

[①] 弘一大师：《弘一大师最后一言——谈写字的方法》（丁丑三月二十八日在南普陀佛教养正院讲，高文显笔记），见《弘一大师全集》第 7 册，福建人民出版社 2010 年版，第 563 页。

"到宁波三日了。前两日是住在某某旅馆(小旅馆)里的。"

"那家旅馆不十分清爽罢。"我说。

"很好！臭虫也不多，不过两三只。主人待我非常客气呢！"

他又和我说了些在轮船统舱中茶房怎样待他和善，在此地挂褡怎样舒服等等的话。①

其二：

行李很是简单，铺盖竟是用粉破的席子包的。到了白马湖后，在春社里替他打扫了房间，他就自己打开铺盖，先把那粉破的席子丁宁珍重地铺在床上，摊开了被，再把衣服卷了几件作枕。拿出黑而且破得不堪的毛巾走到湖边洗面去。

"这手巾太破了，替你换一条好吗？"我忍不住了。

"那里！还好用的，和新的也差不多。"他把那破手巾珍重地张开来给我看，表示还不十分破旧。

其三：

他是过午不食的。第二日未到午，我送了饭和两碗素菜去(他坚说只要一碗的，我勉强再加了一碗)，在旁坐了陪他。碗里所有的原只是些莱菔白菜之类，可是在他却几乎是要变色而作的盛馔，丁宁喜悦地把饭划入口里，郑重地用筷夹起一块莱菔来的那种了不得的神情，我见了几乎要流下欢喜惭愧之泪了！

第二日，有另一位朋友送了四样菜来斋他，我也同席。其中有一碗咸得非常的，我说：

"这太咸了！"

"好的！咸的也有咸的滋味，也好的！"

---

① 夏丏尊：《〈子恺漫画〉序》，见《平屋杂文》，中国文联出版公司1993年版，第64—66页。说明：在本文中，此后引文均出自该篇，不另作注释。

其四：

　　我家和他寄寓的春社相隔有一段路,第三日,他说饭不必送去,可以自己来吃,且笑说乞食是出家人的本等的话。
　　"那末逢天雨仍替你送去罢！"
　　"不要紧！天雨,我有木屐哩！"他说出木屐二字时,神情上竟俨然是一种了不得的法宝。我总还有些不安。他又说：
　　"每日走些路,也是一种很好的的运动。"
　　我也就无法反对了。

　　于是,夏丏尊忍不住感慨道："在他,世间竟没有不好的东西,一切都好,小旅馆好,统舱好,挂褡好,粉破的席子好,破旧的手巾好,白菜好,莱菔好,咸苦的蔬菜好,跑路好,什么都有味,什么都了不得。"又说道："莱菔白菜的全滋味、真滋味,怕要算他才能如实尝得的了。对于一切事物,不为因袭的成见所缚,都还他一个本来面目,如实观照领略,这才是真解脱、真享乐。"弘一律师此种无论平日"吃饭着衣"均能尝到"真的滋味"、不管"乘船坐车""看山行路"俱可领略到"真的情景"的境地,如果还不是禅,又有什么是禅呢？

五、小结

　　作为一名以净土为依归的律宗高僧,弘一律师显然不属于禅宗。不论是根据弘一律师自己的说法,还是综观他出家后二十余年的佛法修持,他都不能算作是禅宗僧人。同时,他身上最为显著的宗教特征也不会是"禅",而是极为严格的戒律行持和念佛往生极乐净土的行愿。因此,那种毫无保留地试图以"禅"来描述弘一律师的核心宗教特征的做法,无疑是不恰当的。
　　然而,并不能据此就认定弘一律师跟禅宗及禅没有什么关系。弘一律师无论是出家前还是出家后,均与禅宗及禅有着甚深的因缘,即使是在他发愿研修律学、弘扬律宗之后,他对禅宗也仍然保持了一定的关注,而且依据他本人留下的文字记录,直到圆寂前几年他仍有过闭关修禅的经历。

此前学界曾经流行着一种说法，认为弘一律师站在净土宗、律宗的立场上对禅宗多持批评与贬低的态度。这实际上是对弘一律师的严重误解。弘一律师对禅宗、对禅宗的古今大德都是恭敬、赞叹的，但弘一律师对禅宗流弊的批评却是毫不客气的，就像他对律宗流弊的批评也毫不客气一样，我们当然不能把他对禅宗流弊的批评简单地等同于他对禅宗的批评。尽管他弘扬的主要是律宗和净土宗，但他对佛教各宗派本身并不存有偏见，当然也就不可能去分其高下。

不仅如此，弘一律师的持戒、念佛，跟"禅"之间本来就有殊途同归的共通之处，因此，弘一律师尽管从严格意义上说并不是一位禅僧，但是，人们常常还是能够从弘一律师的文艺作品和言行举止里见到些许"禅意"与"禅境"，这实在是再自然不过的事情。

（作者：杭州师范大学弘一大师·丰子恺研究中心助理研究员）

Master Hongyi of Vinaya Sect and Zen

Lin Qing-liang

As a great master of Vinaya Sect and once cultivated Pure-land Sect, Master Hongyi was evidently not a disciple of Zen Buddhism. Therefore, it is inappropriate to describe Hongyi's core religious features from a Zen perspective. However, Hongyi did have a close relationship with Zen Buddhism before or after he became a monk. Even after he decided to promote Vinaya Sect, he showed great concerns towards Zen Buddhism with the experience of meditation retreat before his death. In addition, there is a popular saying in academia that Hongyi used to criticize Zen Buddhism from the viewpoints of Pure-land Sect and Vinaya Sect, which is actually a misunderstanding of him. As a matter of fact, Master Hongyi generally held a respectful and commendatory attitude upon Zen Buddhism.

As it should be, he cast serious criticism towards abusing practices in the same way he did upon Vinaya Sect, and the criticism towards abusing practices is quite different from that of Zen Buddhism. Furthermore, Master Hongyi's practices of precepts upholding, Buddha's name chanting have much in common with those of Zen and it is quite natural for us to find Zen's spirits and enlightenments in Hongyi's words and deeds as well in his literary works.

弘一大师护生护心

——慈悲智慧放生行

释慧明

一、序论

在台湾,放生相关法规修正案于2014年1月获行政主管当局通过并函送立法当局时,引起台湾各界争论。宗教团体于放生,从之前一段时间以来,分为反对与赞成两种看法,有些放生团体后因耽心罚款监禁,而不敢放生。

如依《梵网经》菩萨戒之"不行放救戒"制定:"若佛子,以慈心故,行放生业。应作是念,一切男子是我父,一切女人是我母,我生生无不从之受生,故六道众生皆是我父母。而杀而食者,即杀我父母,亦杀我故身。一切地水是我先身,一切火风是我本体。故常行放生,生生受生常住之法,教人放生。若见世人杀畜生时,应方便救护,解其苦难。常教化讲说菩萨戒,救度众生。"[①]故佛子应以慈悲心戒杀放生!

因声闻戒与菩萨戒(大小乘戒),都极为注重"戒杀放生";弘一大师与古来祖师亦尽力提倡"戒杀放生"。戒杀放生,长养慈悲心;若不放生,丧失慈悲心矣!笔者乃不揣浅陋,义无反顾,奋勇投入"戒杀放生"之护持阵容。

笔者便以创办之僧伽医护基金会,调和各界争论,数次汇整各放生团体意见,代表宗教团体,与"林务局"专家深入讨论,寻求合理可行之规范方式,并扩大关怀生命之深广度,且和"林务局"、"中研院"合作,拟定放生SOP(标

[①]《梵网经》CBETA, T24, no. 1484, p. 1006, b9-16。

准作业程序)。……经过三年多来之艰苦努力,其间发现:慈悲救生,智慧放生,还要做到积极护生。护生是放生更积极之做法。

今以弘一大师护生护心、僧伽医护基金会慈悲智慧放生行,与诸善知识共勉,一起来学习"无缘大慈,同体大悲"之菩萨精神。

二、弘一大师护生护心

弘一大师与丰子恺合作《护生画集》,提倡"戒杀放生",彻底实践护生意义。

(一)读是画者,善护其心

第一集,子恺作画,大师书写题词,马一浮作序。

马一浮序:"月臂法师与丰君子恺、李君圆净,并深解艺术,知画是心,因有《护生画集》之制。子恺制画,圆净撰集,而月臂为之书。三人者盖夙同誓愿,假善巧以寄其恻怛,将凭兹慈力,消彼犷心。可谓缘起无碍,以画说法者矣。

"圣人无己,靡所不己。情与无情,犹共一体,况同类之生乎!夫依正果报,悉由心作。……故知生,则知画矣;知画,则知心矣;知护心,则知护生矣。吾愿读是画者,善护其心。……月臂书来,属缀一言。遂不辞葛藤,而为之识。戊辰秋七月,蠲叟书。"[①]戊辰为1928年。

马一浮卓见,赞叹《护生画集》以画说法。"愿读是画者,善护其心。"教人看画,善护慈悲之心,而实践"戒杀护生"。

弘一大师跋:"李、丰二居士发愿流布《护生画集》,盖以艺术作方便,人道主义为宗趣。每画一叶,附白话诗,选录古德者十七首,余皆贤瓶道人补题。并书二偈,而为回向:我依画意,为白话诗,意在导俗,不尚文词。普愿众生,承斯功德,同发菩提,往生乐国。"[②]

大师慈悲,普愿众生,承"《护生画集》,以艺术作方便,人道主义为宗趣"

[①] 陈星:《功德圆满——护生画集创作史话》,(台北)业强出版社1994年版,第59—60页。
[②] 《弘一大师全集》第8册,福建人民出版社1992年版,第28页。

之功德,同发菩提心,往生极乐国。

(二) 斥妄戒杀,显正护生

第二集,子恺作画,大师书写题词,夏丏尊作序。

夏丏尊序:"弘一和尚五十岁时,子恺绘护生画五十幅,和尚亲为题词流通,即所谓《护生画集》者是也。

"今岁和尚六十之年,斯世正杀机炽盛,弱肉强食,阎浮提大半沦入劫火。子恺于颠沛流离之中,依前例续绘护生画六十幅为寿,和尚仍为书写题词,使流通人间,名曰《续护生画集》。

"二集相距十年,子恺作风,渐近自然,和尚亦人、书俱老。至其内容旨趣,前后更大有不同。初集取境,多有令人触目惊心不忍卒睹者。续集则一扫凄惨罪过之场面,所表现者,皆万物自得之趣与彼我之感应同情,开卷诗趣盎然,几使阅者不信此乃劝善之书。盖初集多着眼于斥妄即戒杀,续集多着眼于显正即护生。戒杀与护生,乃一善行之两面。戒杀是方便,护生始为究竟也。

"犹忆十年前和尚偶过上海,向坊间购请仿宋活字印经典。病其字体参差,行列不匀。因发愿特写字模一通,制成大小活字,以印佛籍。还山依字典部首逐一书写,聚精会神,日作数十字,偏正肥瘦大小稍不当意,即易之。期月后书至'刀'部,忽中止。问其故,则曰:'刀部之字多有杀伤意,不忍下笔耳。'其悲悯恻隐,有如此者! 今续集选材,纯取慈祥境界,正合此意。题词或取前人成语,或为画者及其友朋所作。间有'杀'字,和尚书写至此,蹙额不忍之态,可以想象得之。

"和尚在俗时,体素弱,自信无寿征。日者谓丙辰有大厄,因刻一印章,曰'丙辰息翁归寂之年'。是岁为人作书常用之。余所藏有一纸,即盖此印章者。戊午出家以后,行弥苦而体愈健,自言蒙佛加被。今已花甲一周,曰仁者寿,此其验欤!

"和尚近与子恺约,护生画当续绘。七十岁绘七十幅,刊第三集。八十岁绘八十幅,刊第四集。乃至百岁绘百幅,刊第六集。护生之愿,宏远如斯!

"斯世众生,正在枪林弹雨之中,备受苦厄。《续护生画集》之出现,可谓契理契机,因缘殊胜。封面作莲池沸腾状,扉画于莲华间画兵仗,沸汤长莲华,兵仗化红莲。呜呼!此足以象征和尚之悲愿矣。夏丏尊谨序。一九四〇年十月。"①

夏丏尊深刻体会:初集多着眼于斥妄即戒杀,续集多着眼于显正即护生。戒杀与护生,乃一善行之两面。戒杀是方便,护生始为究竟。又在抗战期间,芸芸众生,正在枪林弹雨之中,备受苦厄。《续护生画集》之出现,可谓契理契机,因缘殊胜。封面作莲池沸腾状,扉画于莲华间画兵仗,沸汤长莲华,兵仗化红莲。此足以象征和尚之悲愿。

大师仍书写《续护生画集》,跋曰:"己卯秋晚,《续护生画》绘就。余以衰病,未能为之补题。勉力书写,聊存遗念可耳。"己卯为1939年。

接《续护生画集》之后,大师仍为三至六集《护生画集》认真策划;子恺亦依"世寿所许,定当遵嘱"之承诺,不惜身命,履行与大师此"生死之约"。

(三) 放生功德,杀生恶报

弘一大师1933年5月15日,五十四岁,于泉州大开元寺,演讲《放生与杀生之果报》②。以因果开示"戒杀放生"。

"今日与诸君相见。先问诸君(一)欲延寿否?(二)欲愈病否?(三)欲免难否?(四)欲得子否?(五)欲生西否?

"倘愿者,今有一最简便易行之法奉告,即是放生也。

"古今来,关于放生能延寿等之果报事迹甚多。今每门各举一事,为诸君言之。

"一延寿……二愈病……三免难……四得子……五生西……

"以上所言,且据放生之人今生所得之果报。若据究竟而言,当来决定成佛。因佛心者,大慈悲是,今能放生,即具慈悲之心,能植成佛之因也。

"放生之功德如此。则杀生所应得之恶报,可想而知,无须再举。因杀生之人,现生即短命、多病、多难、无子及不得生西也。命终之后,先堕地狱、饿鬼、畜生,经无量劫,备受众苦。……

---

① 《护生画集》,(台北)灵岩山双溪小筑2006年10月印赠,第271—272页。
② 蔡念生汇编:《弘一大师法集》第4册,(台北)新文丰出版股份有限公司1976年版,第1730—1733页。

"今日与诸君相见,余已述放生与杀生之果报如此苦乐不同。惟愿诸君自今以后,力行放生之事,痛改杀生之事。

"余尝闻人云:泉州近来放生之法会甚多,但杀生之家犹复不少。或有一人茹素,而家中男女等仍买鸡鸭鱼虾等之活物任意杀害也。

"愿诸君于此事多多注意。自己既不杀生,亦应劝一切人皆不杀生。况家中男女等,皆自己所亲爱之人,岂忍见其故造杀业,行将备受大苦,而不加以劝告阻止耶?

"诸君勉旃,愿悉听受余之忠言也!"

大师以延寿、愈病、免难、得子、生西,与短命、多病、多难、无子及不得生西,恺切开示放生与杀生之果报。并指出放生,即具慈悲之心,能植成佛之因,当来决定成佛。

大师强调,已述放生与杀生之果报如此苦乐不同。惟愿大家自今以后,力行放生之事,痛改杀生之事。而且,若自己既不杀生,亦应劝一切人皆不杀生。最后,苦口婆心,为众生请命曰:"愿悉听受余之忠言。"

我们能不深受感动而依教奉行?当慈悲放生,深植成佛之因,决定成佛而广度众生。

(四) 千禽百兽,拜舞于前

丰子恺《护生画第四集后记》:"广洽法师将予历年陆续写寄之护生画八十幅,在星洲付刊,以祝弘一大师八十冥寿。此乃予之宿愿,人事栗六,迁延未偿;今得法师代为玉成,殊感欣慰。此中所刊,绝大部分取材于古籍记载。其中虽有若干则近似玄秘,然古来人类爱护生灵之心,历历可见,请勿拘泥其事实可也。予于校阅稿样之夜,梦见千禽百兽,拜舞于前。足证生死之事,感人最深。普劝世人,勿贪口腹之欲而妄行杀戮,则弘一大师、广洽法师、舍财诸信善及书画作者之本愿也。庚子冬子恺校后记。"[1]

庚子,为1960年。栗六,即栗碌,指事务忙碌。

梦见千禽百兽,拜舞于前,乃护生善行,感应难思!子恺体会"生死之事,感人最深"。普劝世人,勿贪口腹之欲而妄行杀戮,此乃弘一大师、广洽

---

[1] 陈建军编:《子恺书话》,海豚出版社2013年版,第321页。

法师、舍财诸信善及书画作者之本愿。

笔者看到"千禽百兽,拜舞于前",颇为震撼!为使物命免于杀害,离苦得乐,对护持"戒杀放生"之事,更觉得要全力以赴。

(五)生日七事,不宜杀生

弘一大师提倡、实行"戒杀放生",自古亦多有提倡、实行"戒杀放生"之典范。

明朝莲池大师撰有《戒杀文》和《放生文》,开示深入浅出道理,记载历代真实戒杀、放生故事,让人见贤思齐。后人加以发扬光大,辑成《莲池大师戒杀放生文图说》,还作白话批注。

莲池大师《戒杀文》,编入《云栖法汇》(选录)。

"世人食肉,咸谓理所应然。乃恣意杀生,广积冤业,相习成俗,不自觉知。昔人有言,可为痛哭流涕长太息者是也。计其迷执,略有七条。……

"一曰生日不宜杀生。哀哀父母,生我劬劳。己身始诞之辰,乃父母垂亡之日也。是日也,正宜戒杀持斋,广行善事。庶使先亡考妣,早获超升;见在椿萱,增延福寿。何得顿忘母难,杀害生灵?上贻累于亲,下不利于己!此举世习行而不觉其非,可为痛哭流涕长太息者一也。……

"二曰生子不宜杀生。凡人无子则悲,有子则喜;不思一切禽畜亦各爱其子。庆我子生,令他子死,于心安乎?夫婴孩始生,不为积福,而反杀生造业,亦太愚矣!此举世习行而不觉其非,可为痛哭流涕长太息者二也。……

"三曰祭先不宜杀生。亡者忌辰,及春秋祭扫,俱当戒杀以资冥福。杀生以祭,徒增业耳。夫八珍罗于前,安能起九泉之遗骨而使之食乎?无益而有害,智者不为矣!此举世习行而不觉其非,可为痛哭流涕长太息者三也。……

"四曰婚礼不宜杀生。世间婚礼,自问名纳采以至成婚,杀生不知其几?夫婚者生人之始也,生之始而行杀,理既逆矣!又婚礼吉礼也,吉日而用凶事,不亦惨乎?此举世习行而不觉其非,可为痛哭流涕长太息者四也。……

"五曰宴客不宜杀生。良辰美景,贤主佳宾,蔬食菜羹,不妨清致。何须广杀生命,穷极肥甘,笙歌餍饫于杯盘,宰割冤号于砧几?嗟乎!有人心者能不悲乎?此举世习行而不觉其非,可为痛哭流涕长太息者五也。……

"六曰祈禳不宜杀生。世人有疾,杀牲祀神以祈福佑。不思己之祀神,欲免死而求生也。杀他命而延我命,逆天悖理,莫甚于此矣!夫正直者为神,神其有私乎?命不可延,而杀业具在。种种淫祀,亦复类是。此举世习行而不觉其非,可为痛哭流涕长太息者六也。……

"七曰营生不宜杀生。世人为衣食故,或畋猎,或渔捕,或屠宰牛羊猪犬等,以资生计。而我观不作此业者亦衣亦食,未必其冻馁而死也。杀生营生,神理所殛。以杀昌裕,百无一人。种地狱之深因,受来生之恶报,莫斯为甚矣!何苦而不别求生计乎?此举世习行而不觉其非,可为痛哭流涕长太息者七也。……"[①]

莲池大师于《戒杀文》中,列出生日、生子、祭先、婚礼、宴客、祈禳、营生等七事不宜杀生,叹杀业乃"举世习行而不觉其非,可为痛哭流涕长太息者"。淑世导俗,慈悲之至!

弘一大师与莲池大师,于奉劝"戒杀",均如此披肝沥胆,我们能不尽心尽力认真护持?

(六) 昊天垂悯,古圣行仁

莲池大师《放生文》亦编入《云栖法汇》(选录)。

"盖闻世间至重者生命,天下最惨者杀伤。……

"是故逢擒则奔,蚖虫犹知避死。将雨而徙,蝼蚁尚且贪生。……

"何乃网于山、罟于渊,多方掩取?曲而钩、直而矢,百计搜罗?……

"使其胆落魂飞,母离子散!……

"或囚笼槛,则如处囹圄。或被刀砧,则同临剐戮。……

"怜儿之鹿,舐疮痕而寸断柔肠。畏死之猿,望弓影而双垂悲泪。……

"恃我强而陵彼弱,理恐非宜。食他肉而补己身,心将安忍?……

"由是昊天垂悯,古圣行仁。……

"解网着于成汤,畜鱼兴于子产。……

"天台智者,凿放生之池。大树仙人,护栖身之鸟。……

"赎鳞虫而得度,寿禅师之遗爱犹存。救龙子而传方,孙真人之慈风未泯。……

---

① 《云栖法汇》CBETA, J32, no. B277, p. 757, b4 - p. 758, a19。

"一活蚁也,沙弥易短命为长年,书生易卑名为上第。一放龟也,毛宝以临危而脱难,孔愉以微职而封侯。……

"屈师纵鲤于元村,寿增一纪。隋侯济蛇于齐野,珠报千金。……

"拯已溺之蝇,酒匠之死刑免矣。舍将烹之鳖,厨婢之笃疾瘳焉。……

"贸死命于屠家,张提刑魂超天界。易余生于钓艇,李景文毒解丹砂。……

"孙良嗣解罾缴之危,卜葬而羽虫交助。潘县令设江湖之禁,去任而水族悲号。……

"信老免愚民之牲,祥符甘雨。曹溪守猎人之网,道播神州。……

"雀解衔环报恩,狐能临井授术。……

"乃至残躯得命,垂白璧以闻经。难地求生,现黄衣而入梦。……

"施皆有报,事匪无征。

"诸放生者,或增福禄,或延寿算,或免急难,或起沈痾,或生天堂,或证道果。随施获报,皆有征据。然作善致祥,道人之心岂望报乎?不望报而报自至,因果必然,辞之亦不可得耳。放生者宜知之!

"载在简编,昭乎耳目。……

"普愿随所见物,发慈悲心。捐不坚财,行方便事。……

"或恩周多命,则大积阴功。若惠及一虫,亦何非善事?……

"苟日增而月累,自行广而福崇。……

"慈满人寰,名通天府。……

"荡空冤障,多祉萃于今生。培溃善根,余庆及于他世。……

"倘更助称佛号。加讽经文。……

"为其回向西方,令彼永离恶道。……

"则存心愈大,植德弥深。……

"道业资之速成,莲台生其胜品矣。……"①

莲池大师于《放生文》中,强调"世间至重者生命,天下最惨者杀伤"。彰显"昊天垂悯,古圣行仁"。剀切曰:"诸放生者,或增福禄,或延寿算,或免急难,或起沈痾,或生天堂,或证道果。随施获报,皆有征据。"诰示曰:"然作善

---

① 《云栖法汇》CBETA, J32, no. B277, p. 758, b9 - p. 761, a15。

致祥,道人之心岂望报乎？不望报而报自至,因果必然,辞之亦不可得耳。放生者宜知之!"表扬曰:"载在简编,昭乎耳目。……"祈勉曰:"普愿随所见物,发慈悲心。捐不坚财,行方便事。……"净化人心,慈悲之至!

弘一大师与莲池大师,于鼓励"放生",均如此披肝沥胆,我们能不尽心尽力认真护持？

三、僧伽医护基金会慈悲智慧放生行

僧伽医护基金会(简称僧医会)"愍念一切众生海,兴起无量大悲心",对"戒杀放生"亦随缘尽力为之。

放生物命,包括陆、海、空界。陆有:猪、羊、牛、蛇(含消防蛇)等;海有:鱼、鱼苗、海龟等;空有:鸟(含飞安鸟)等。

(一) 外海放生暨环保净滩活动

僧医会每年办三次放生活动,曰"慈悲智慧放生行"。

如:2011年7月,为消弭刀兵之劫起,祈求世界之和平,假东北角海岸举办"外海放生暨环保净滩活动"。

在主法法师带领下,与会大众念诵放生仪轨,施洒甘露,普愿水族众生,在三宝护念之下,永离杀害。

乘船出海,小心翼翼将鱼儿、螃蟹等物命,一一放回大海,深深祝福,不再遭捕。

回岸以后,随即净滩。以慈悲心为出发点,实行环境与心灵环保。

特别需要一提者,是"念诵放生仪轨"。若参照莲池大师《放生文》中"助称佛号,加讽经文,回向西方……",更知放生之深刻意义。

"遇生能放,虽是善功,但济色身,未资慧命。更当称扬阿弥陀佛万德洪名,讽诵大乘诸品经典。然虽如是,但凡买生火急须放,讽经不便,只以念佛相资。若隔宿买而来朝始放,或清晨买而午后犹存,必待陈设道场,会集男女,迁延时久,半致死亡。如是放生,虚文而已!

"念佛功德,愿诸生命尽此报身,往生西方极乐世界,莲华化生,入不退地,永离恶道,长息苦轮。恶道者,六道之中,三道为恶,地狱饿鬼畜生是也。

"见苦放生,所存者善心也,今则是大菩提心矣,故云'愈大'。放生得福,所植者世间之德也,今则是出世之德矣,故云'弥深'。

"心大德深,其事何验?盖利他者菩萨之行也。以此行门助修道业,譬如船得顺风,必能速到涅槃彼岸矣。净业三福,慈心不杀实居其一。今能不杀,又放其生;既能放生,又以法济令生净土。如是用心,报满之时,九品莲台高步无疑矣!普劝世人,幸勿以我德薄人微而不信其语也。"①

莲池大师在《放生文》中,谆谆教示:放生须"助称佛号,加讽经文,回向西方……"。见苦放生,存大菩提心;放生得福,植出世之德。心大德深,盖利他者,菩萨之行也。以此行门助修道业,必能速到涅槃彼岸矣。净业三福,慈心不杀实居其一。今能不杀,又放其生;既能放生,又以法济令生净土。如是用心,报满之时,九品莲台高步无疑矣!

善哉!莲池大师之《放生文》,悲智双运,定慧等持!

我们放生之时,皆依教奉行。为物命皈依、念佛,期仗三宝功德、佛力加被,使之得生善道,得闻佛法,得生净土。则永离恶道,长息苦轮,但受乐果矣!

(二) 荣获"推动生命教育特优楷模奖"②

僧医会在 2015 年 3 月 12 日孙中山逝世纪念日,植树节大会上,得到该年非常特别之"推动生命教育特优楷模奖"。"林务局"汇整"僧伽医护基金会推动生命教育重要成果摘要"如下:

于 1998 年 6 月 21 日成立之"财团法人佛教僧伽医护基金会",目标在建立一个跨寺院之全台湾僧伽医护组织,来为僧团服务,照顾及促进全球僧伽健康,同时从事关怀生命、慈善救济、弘扬佛法、传授戒律等业务。近年工作内容包括筹建僧伽赡养如意苑、定期出版僧伽医护会刊,并与行政部门合作推动其他重要放生团体与生态团体及学术单位间之对话。

基金会立案宗旨,原以规划服务全球僧团健康及从事关怀生命志业,以关怀僧众出发;近年因宗教放生活动引起之社会争议,基金会热心协助,全

---

① 《云栖法汇》CBETA, J32, no. B277, p. 760, c25 - p. 761, a15。
② 编辑部:《103 年度推动生命教育楷模奖》,《僧伽医护》第 83 期,僧伽医护基金会 2015 年 4 月,第 40—41 页。

面启动生命教育任务,务使行政单位及大众了解关怀生命之深层内涵,并使宗教团体除具备关爱众生之慈心,更求进一步了解不同生物生活需求,推动细致之智慧放生,号召更多对不同生命之关心及对智慧放生之认识,扩大人民关怀生命之广度与深度。其具体作为包括：

1. 台湾野生动物保育法第32条放生相关法规修正案,行政主管当局于2014年1月23日通过并函送立法当局,僧伽医护基金会为调和各界争论,数次汇整各放生团体意见,代表宗教团体,与当局代表深入讨论,寻求合理可行之规范方式。

2. 由基金会协调,"林务局"代表多次与宗教团体办理小型会谈。其中包括4次办理当局与海涛法师会谈,讨论野生动物保育法修法现况,协助目前台湾地区最大放生团体了解法规规范,亦协助行政单位了解放生团体之需求。

3. 由基金会协调,促进"林务局"、澎湖县、澎湖海洋生物研究中心、本局嘉义林区管理处、台湾地区中兴大学、台湾地区特有生物研究保育中心及中华护生协会等单位,于澎湖及嘉义数次示范生态放生,野放救援伤愈海龟。

4. 于基金会弘法活动中,加强包括中药等之保育类野生动物产制品介绍,增加大众对于保育类野生动物产制品之觉知,减少相关产品之不当利用。

基金会以其宗教对生命关怀之角度出发,唤醒更多其他宗教团体及社会大众对生命之关心,终至调和社会对放生之争论,并扩大大众关怀生命之广度与深度。对生命教育之推动卓有绩效,堪称绩优楷模。

笔者亲自出席了2015年植树节大会,领取了"推动生命教育特优楷模奖"。得奖是荣誉,也是责任。僧医会一定秉持创会宗旨及"无缘大慈,同体大悲"之精神,继续在生命关怀、护生放生等方面努力而责无旁贷。

(三) 举办复育生态放生座谈会[①]

僧医会结合专家学者和行政单位,为现代化、科学化之放生,赋予新的诠释,期待为社会大众做出慈悲又智慧之示范。

[①] 何采蓁采访撰文：《新时代的放生：生态、科学、环保》,《僧伽医护》第86期,僧伽医护基金会2016年2月,第55—61页。

1. 好生之德

笔者觉得"让物命多活一天,就多一天功德。这是对放生最简单之理解"。戒杀是不忍之心,放生是怜悯之心。但在现代社会里,我们不只要做到慈悲救生,智慧放生,还要做到积极护生。因此强调,护生是放生更积极之作法。就是在适当之地点野放随缘购来或捡拾照顾之生物以外,并能保育和复育生物生态之栖息环境,让他们永续物命,不受人为干扰和迫害。唯有这样,才能让放生之意义扩大,真正成全上天好生之德。

2. 台湾史上最大数量之放生

提到好生之德,"中研院"生物多样性研究中心执行长邵广昭博士曾提过一个例子。2009年莫拉克台风,造成台湾西南部数个养殖重镇之鱼塭养殖鱼几乎都被冲到外海。据统计,至少5538公吨之鱼量,学者一度忧心破坏生态。若从物命角度来说,也许可称为"台湾史上最大数量之放生"!然而,这些鱼量经事后监测,学者忧心之现象,根本未发生。

邵教授说,台湾地区每年鱼产食用需求为160万公吨,其中40万—50万公吨仰赖进口。每年台湾养殖数量,将近100万公吨。事实上,台湾捕捞和进口鱼量,都无法满足市场需求,相对于宗教团体一次仅数十公斤到几百公斤,至多上千公斤之放生量,两相比较,放生鱼量微乎其微,以营利为目的之养殖业者,自然不会因"放生"需求而养殖。

3. 鱼苗放流

有学者预言,海洋总体状况再不改善,2048年台湾鱼产资源将枯竭耗尽。事实上,鱼类放流与海洋资源保育息息相关。行政机关若能善加规划管理海洋保护区、禁渔区,并与学术界、宗教团体之放生合作,将对海洋资源复育有巨大贡献。

依据学者吴全橙调查,台湾放生物种包括鸟类、鱼类、两栖类及爬虫类,以鸟类与鱼类最普遍。台湾鱼类资源日渐枯竭之今日,相关单位已为海洋永续经营在积极努力,于适当时间、地点做鱼苗放流,意义和僧医会之精神相同。

4. 拟定放生SOP

放生之慈悲应与科学结合。最近一年,"林务局"、"中研院"和僧医会合作,拟定放生SOP,多次在大台北、桃园、高屏、澎湖地区,规划和实施放生活动。

当生物经评估可放生后,由"中研院"会勘适合地点,再依季节气候决定日期,带领"林务局"、"特生中心"和僧医会信众,一起进行放生之旅。

生物野放之前,会做正常检查程序,包括体重、身长等。并确认其状况,依照其习性。如柴棺龟性喜水域环境,会在水里游泳觅食,野放地点就选在某溪流水域旁边。食蛇龟适应力特别好,只要低地丘陵,有细密植栽,就能觅食和躲避,不怕干扰和猎捕。

在适地、适时、适量野放之后,继续监测五六年,了解它们是否适应新环境,作为生态研究和未来野放生物之参考。

5. 净滩净溪环保护生

僧医会秉持尊重生命、慈悲护生并关怀自然生态之理念,自2010年起,于每次放生圆满后,便接着举行净滩活动。信众都戴上手套,使用夹子回收玻璃片、废弃针头、带有铁钉之木板危险垃圾,也捡拾海浪吹来之保丽龙、塑料瓶等海洋垃圾。

海洋垃圾和河川污染,也是我们关切之议题。做到保护环境,才能使放生之意义彻底实行。近年常看到海洋垃圾造成鲸鱼、海豚、海龟误食而伤亡,这些人类使用之塑料袋,被水流冲进河川、海洋,让千里之外的海洋生物,受到莫名伤害。想到人类无明之作为,使生物受到无妄之灾,就令人心痛,我们该做之事还有很多。

现代生命面临之问题和古代相差很多,让生物不吃到垃圾袋造成危害,对人类来说,只是举手之劳。我们使用环保袋,或多次利用塑料袋,就可以在无形之中拯救很多无辜之生命。人类能克制欲望,建立环保观念,使河川不受到污染,让万千河海生灵平安健康栖息成长,也是功德无量!

让物命自然回归野外,免受刀割烹煮之苦,免受生态迫害之难,达到放生和护生之实质意义,才是人类该做的慈悲之事!

(四)分享推动慈悲救生、智慧放生、积极护生[①]

"智慧放生,爱护动物也保护生态。期待汇整各方意见,不仓促立法。"

为落实佛教慈悲护生之救济理念,并呼应环保、科学、生态复育之实质

[①] 张幸雯采访撰文:《智慧放生,爱护动物也保护生态》,《僧伽医护》第87期,僧伽医护基金会2016年4月,第58—60页。

作为，笔者于2016年3月21日应邀出席行政当局农委会林务局举办之"禁止任意释放保育类野生动物及大闸蟹"记者会，分享僧医会数年来推动慈悲救生、智慧放生、积极护生之施行成效。

笔者于记者会上强调："动物不等于宠物，动物也不等于食物，我们尊重所有生命生存之权利。"自2015年4月起，僧医会与"林务局"合作，主办"生态智慧放生辅导计划"，制定符合"生态、科学、环保"之放生流程，包括物命救伤、物种选择、地点及地域评估、运送方式、生态教育等项目。

宗教团体之放生活动，原意为积德行善、培养慈悲心。《大智度论》有云："诸余罪中，杀业最重。诸功德中，放生第一。"因此，经常举办放生，信众也踊跃参与。

然而，不可否认，确实曾发生少数放生者因不了解法规及自然生态，将不当之生物物种、数量，于不当之时间、地点释放。加上媒体刻意渲染谣传、保育团体抗争等，引发民众之疑虑与误会。

不刻意捡择物种，随机救赎临命危之物命，采买后将该物种释放于适当之生存地点，并注意释放地点之生态平衡，使放生真正体现佛教之平等精神，不落入商业买卖之操作行为。依照生态、科学、环保之放生流程，发扬佛教智能慈悲之核心思想，好让放生善行更圆满。

这几年来，相关单位积极推动立法，希望对"放生"行为有所规范，却无法和宗教放生团体取得共识。于是，僧医会在行政主管机关与放生宗教团体之间，搭起沟通协调之桥梁，汇整各放生团体意见后，向"林务局"反映，亦协助"林务局"了解放生团体之需求，进而寻求合理可行之放生规范方式。

在记者会上，"林务局"提出《野生动物保育法》第三十二条及第四十六条修正草案，未来释放野生动物，须经行政许可，否则将面临罚款。修法重点为：

"未经许可，释放一般类野生动物，处以五万元以下罚款。

"未经许可，释放保育类野生动物，处以五万元以上至二十五万元以下罚款。

"如致动物死亡或破坏生态系之虞者，处以五十万元以上至二百五十万元以下罚款。"

在"林务局"宣布此修改法案后，现场笔者立即与"林务局"、"渔业署"沟通，希望政府不要仓促立法，期能再次汇整宗教团体意见，促进各方彼此了解及协调，让放生法案之修订能更臻圆满。

（五）出席"林务局"论坛演讲"慈悲智慧放生行"[①]

笔者 2016 年 12 月应"林务局"邀请，出席"2016 护生与环境永续论坛"，发表"慈悲智慧放生行——僧伽医护基金会放生报告"。

首先对与会大众表示：僧伽医护基金会倡导之放生，一直是希望慈悲、智慧能够兼具。以《华严经》偈"愍念一切众生海，兴起无量大悲心"为宗旨，18 年来致力于僧伽医疗之照护，进而于 2007 年将放生会（成立于 2001 年）更名为生命关怀委员会，防止自杀、买物放生等，并扩大对一切生命之关怀，推动"慈悲救生、智慧放生、积极护生"之正面价值。

接着，说明僧医会之目标与成果为：

1. 透过动物野放，配合宗教广大影响力，建立放生与保育之间相互信任与合作之机制。

2. 透过邀集各团体或人物参与座谈会，宣传放生团体对于保育知识之汲取与正确之认知，藉以传达放生关怀与保育生态共存之道。

3. 平衡访谈与报导宗教放生及专业保育，推广生态护生观念。

4. 建立标准实施作业流程，进而产生智能放生之全新保育观念，供放生团体或个人作为实施依据。

总之，僧医会实施之"放生多元化"，内容包括："护生在地化"、"智慧放生 SOP"，对于生态予以介绍、物种给予皈依祈福，并推动与各界观念交流之教育工作，也制作出智慧放生之 SOP，提供给放生团体使用。

笔者因为博士课程主修"佛教医学"，学的是中医，故常敦请中医师在用药时尽量不要采用动物药，以植物药和矿物药代替；不得已需用动物药时，也尽量不用保育类动物。

演讲最后，播放一段外国国道警察救护小鸭之护生影片，倡导随缘随地之救护放生概念，也是一种慈悲之展现。

[①] 唐玉采访撰文：《慧明法师出席"林务局"论坛专题演讲"慈悲智慧放生行"》，《僧伽医护》第 91 期，僧伽医护基金会 2017 年 1 月，第 57—58 页。

(六) 计划"人雉平安——机场飞安威胁鸟救护"[①]

在"林务局"论坛中,"林管处"技正林国彰应邀演讲"人雉平安——机场飞安威胁鸟救护",特别将笔者"救人又救鸟"之理念加以阐述。

林国彰说明,这项救护计划是和僧医会合作,以台湾特有亚种环颈雉为主角,在清泉岗军用机场,救护目前所有危害飞安之鸟类,并移地保育、复育野放。只要能力可及,一定救援!

从6月到10月,计划启动不到半年,救援77只鸟类,包括7只环颈雉及同为濒危之草鸮、猛禽、其他猫头鹰、过境之迁徙鸟类,还有家鸽,也一并解救。

这项计划持续进行中,期待能降低威胁鸟之鸟击风险,又能保育濒危物种环颈雉,并共创飞安、保育、宗教放生合作三赢局面,成为宗教界慈悲救生、智能放生之优良模式。

四、结论

于放生法规修订,人心惶惶之时,笔者深信:"一切众生皆有佛性"[②],皆堪作佛,学戒持戒,当"戒杀放生"。弘一大师《护生画集》,表显护慈悲心,为自护护他,常保慈悲心,当"戒杀放生"。祖师大德,如莲池大师剀切撰述《戒杀文》《放生文》,为淑世导俗、净化人心,当"戒杀放生"。"护生慈光",古今不昧;当使戒杀放生,永续不断!

笔者便以创会之僧伽医护基金会,致力于"慈悲智慧放生行"。不辞远道拜访专家,请教放生相关事宜;汇整宗教团体意见,参加各界研讨会议;协调可行实施方案,拟定标准作业流程。这些年来之具体事绩,如:外海放生暨环保净滩活动,荣获"推动生命教育特优楷模奖",举办复育生态放生座谈会,分享推动慈悲救生、智慧放生、积极护生,出席"林务局"论坛演讲"慈悲智慧放生行",计划"人雉平安——机场飞安威胁鸟救护"等,期为"护生护

[①] 林国彰:《人雉平安——机场飞安威胁鸟救护》,《僧伽医护》第92期,僧伽医护基金会2017年3月,第25—31页。

[②] 《梵网经》CBETA, T24, no. 1484, p. 1003, c23。

心"略尽绵薄之力。普愿慈悲之士,共襄盛举。……若有见闻者,悉发菩提心。尽此一报身,同生极乐国!

【附图】

图1:放生昌后

图2:蜈蚣听经

图3:智者大师放生池

图4:戒杀免勾

图5：莲池大师戒杀放生文图说

图6：护生画集跋

图7：护生画集二 跋

图8：杨枝净水1

杨枝净水

毛道凡夫 火宅众生
胎卵湿化 一切有情
善根菊種 佛果終成
我不輕汝 汝毋自輕

庚白居士偈 此畫為放生儀式
與護生畫初集末頁相同宜參觀之

图 9：杨枝净水 2

朗月光華照臨万物
山川艸木清涼純潔
嬌動飛沈團圞和悅
共浴靈蓮如登樂國

即仁補題

中秋同樂會

图 10：中秋同乐

图 11：今日与明朝

（作者：西莲净苑法师，佛教僧伽医护基金会董事长）

Master Hongyi Protects Life and Heart—the Practice of Life Release that Reveals Compassion and Wisdom

Ven. Hui-ming

The series of Life Protection Picture Books by Master Hongyi reveals his wish to protect the heart of compassion. In order to protect oneself and others to always keep the heart of compassion, one should "prevent from killing and practice life release". Master Lianchi, one of the great Buddhist patriarchs, also earnestly wrote the articles On Preventing from Killing, and On Life Release, urging that to improve and lead the morality of society and purify the mind, one should "prevent from killing and practice life release". "The merciful light of life protection" will shine forever; the practice of no-killing and life release should be kept ongoing.

As the founder of the Buddhist Sangha Health Care Foundation, the author endeavors to conduct activities of life release that embody compassion and wisdom. For the past few years, the events held in the name of the Foundation include the offshore life release and beach cleanup, which was awarded the Outstanding Model of Life Education Promotion, the conference of life release for ecological restoration, sharing of the experiences in life saving, life releasing, and life protection, giving the speech on the Practice of Life Release that Reveals Compassion and Wisdom at the forum initiated by the Forestry Bureau, the plan for the Safety of Humans and Birds—Saving the Birds that Threaten the Airport's Safety in the Air, and so on. The author's wish is to contribute her efforts, though insignificant, to the protection of life and heart. A pray for compassionate companions with the same wish to walk together on the same path!

English translated by Jiang Zhenhui

示现诸佛深妙法　开发众生菩提心

——论弘一大师献身佛教的伟大心怀

刘继汉

"公元1918年8月19日(农历七月十三)这一天,当时最负盛名的音乐家、书法家与近代戏剧先驱者——身兼浙江第一师范与南京高等师范教席的李叔同,在世俗社会猝不及防的情况下,突然在杭州大慈山(虎跑)定慧寺宣布削发出家,成为'弘一和尚',不仅使他的天津及上海两地的家人遭逢天崩地坼的悲伤,也使中国文化艺术界人士(包括他的朋友、学生和昔年上海文坛的老友们)都感到不可思议地错愕与震惊!"[①]的确,弘一大师当年的出家,确实震惊了很多人,很多对佛教没有信仰的开始有了信仰,很多有信仰的人因为弘一大师出家的影响而大受震动,走入空门。此绝非妄言,笔者自幼生活在上海"圆明讲堂"和"玉佛寺"中,在与年轻僧人相处中,知道其中很多人是因为受到弘一大师的影响而出家的。其中多有高学历的莘莘学子。即使今日仍有人在看到弘一大师的传记而出家的。弘一大师的出家不仅震惊了普通老百姓,即使他的师长、好友、学生,各阶层的权贵、名人也感到震惊,愕然;如"他的老师蔡元培(曾提倡美术代宗教之说),及国内名人如吴稚晖、叶楚伧……,以及他的朋友学生,如夏丏尊、丰子恺都是莫名其妙的"[②]。但弘一大师为何出家这个问题历来各方人士揣测研究,众说纷纭,莫衷一是。我们暂且撇开这个议题,就说弘一大师的出家,给中国文化界、思想界、佛教界……确实掀起了不小的波澜;以前那些用所谓"科学"和"迷信"的理论来攻击佛教的人,使他们瞠目结舌,尤其是那些

[①] 陈慧剑:《弘一大师论》,(台北)东大图书公司1996年版,第11页。
[②] 高文显:《弘一大师的生平》,《弘一大师全集》第10册,福建人民出版社1993年版,第42页。

污蔑念佛法门是乡下无知老头老太愚昧无知行为的人,使他们不再妄言……。尤其是丰子恺的"三层楼说",已成为后来文化艺术界对人生感悟的经典之论。

一

佛教何时传入中国,据《四十二章经序》(约作于汉明帝时代)和《牟子理惑论》(约完成于东汉末年)的记载:东汉永平年间(约公元 58 年—75 年)明帝深夜梦见神人,全身金色,项有日光,于殿前飞绕而行。"意中欣然,甚悦之。"次日,明帝召集群臣,问:"此为何神也。"有博学者傅毅出而答曰:"臣闻天竺有得道者,号曰佛,轻举能飞,殆将其神也。"汉明帝似有所悟,乃"即遣使者张骞、羽林中郎将秦景、博士弟子王遵等十二人至大月氏国写取佛经四十二章,在第十四石函中,登起立塔寺"。(梁僧祐《出三藏记集》卷六《四十二章经序》)嗣后的一些文献中,便有"摩腾来华"、"白马驮经"的记载。摩腾来华后,"明帝甚加赏接,于城西门外立精舍以处之,汉地有沙门之始也"。(梁慧皎《高僧传》卷一)所立精舍即为洛阳白马寺。(杨衒之《洛阳伽蓝记》卷四)但国内多数学者认为,佛教在传入中国内地前,早已在西域各地广泛流传。西汉哀帝元寿元年(公元前 2 年)大月氏王使臣伊存向博士弟子景卢口授佛经,所以他们通常把它视为佛教传入汉地之始。裴松之在《三国志》注引中说:"昔汉哀帝元寿元年,博士弟子景卢受大月氏王使伊存口授《浮屠经》。曰复立者,其人也。《浮屠》所载临蒲塞,桑门,伯闻,疏问。白疏问,比丘,晨门,皆弟子号也。"(《三国志》卷三〇《乌丸鲜卑东夷传》)文中"浮屠"者,即"佛陀","复立"者,当系"复豆"(与浮屠同音)之误,意即佛陀。临蒲塞,即优婆塞,指在家弟子。此《浮屠经》属早期口授笔录的佛经,故用语尚不规范。所以在佛经初传之时。汉地百姓不感兴趣,很少归信。而"四十二章经"因为以四十二段短小经文,阐述了人生无常,爱欲之苦等佛教之精义,与当时的道家思想有相通之处,所以深受社会各界尊崇而使佛教逐渐深入民间而广为传播。

先秦时期,哲学思想界呈现出百花齐放、百家争鸣的繁荣景象,各种学说各种流派异彩纷呈,相互辉映,直至西汉武帝时采纳了董仲舒的专尊孔子、罢黜百家的主张，儒家成为独尊地位。公元265年，司马氏夺取曹魏政权，建立西晋。西晋末年，北方大乱，宗室南迁，建立东晋。两晋的动荡，促使"贵无"思想的滋长和发展，这也促进了佛教的发展。西晋时期，佛学与玄学相互影响，共同发展；到东晋时期，佛教般若学的社会影响超过玄学。是故，北方地区的佛教影响则迅速发展昌盛。其中以鸠摩罗什为代表的译经事业蓬勃发展，他所译出的很多经论多成为中国佛教发展和兴盛的奠基石，其中《成实论》、《十住毗婆沙论》、《阿弥陀经》、《金刚经》、《法华经》、《维摩诘经》等，为以后的"天台"、"禅"、"净土"等诸宗的建立和发展具有奠基之功。而《成实论》、《十住毗婆沙论》等诸经论为基础而兴起的"三论"、"四论"、"成实"学派，为整个中国佛教史开创了一个新纪元。在此期间佛教虽得到了蓬勃发展，并脱离了先前依附儒道的困境，但也遭到了儒道二教的猛烈攻击和责难；佛、道、儒之间的激烈争论不断，尤其在北魏太武及北周武帝时代的二次灭佛法难，给佛教的发展几乎造成了致命的打击。但因各宗及各学派已经形成并已深入人心，植根民间，所以为以后隋唐时期佛教的发展和兴盛奠定了基础。但到了唐武宗会昌五年（公元845年），由于宰相李德裕的鼓动，终于又发生了毁佛的"会昌法难"。这次法难又使佛教受到了一次毁灭性的打击，包括寺庙、佛教文化、经典宝籍，大多毁灭。尔后虽有几代皇室的竭力护持，但由于唐末王朝的衰落，佛教在中国历史上的鼎盛时期随之结束。宋代虽有复甦之象，但因国运不兴，佛教虽延绵不绝，但已远非隋唐之兴盛。嗣后由于辽、金两个少数民族政权与北宋王朝长期处于对峙，逐鹿中原，他们受到了汉民族文化和佛教的广泛影响，使慓悍好战的蒙古民族大多成了佛教的忠实信徒。到兴宗耶律宗真（1031—1055）更受具足戒，"儒书备览，优通治要之精，释典咸穷，雅尚性宗之妙"（《辽文汇》卷七）。同时大量兴建寺塔，举行佛事，予僧侣极高之地位。由于受宋王朝的影响，主流形态仍是禅宗。正如大金国志所载："浮图之教，虽贵戚望族，多舍男女为僧尼，惟禅多律少。"（《大金国志》卷三六）直至元世祖忽必烈迎请西藏八思八进京，遂使喇嘛教成为元代的国教，直到明王朝建立。

由于明太祖朱元璋早年有过短暂的出家经历，所以对佛教怀有尊崇和虔敬之情，他曾召集当时高僧大德于南京蒋山举行盛大法会，并亲自率领大臣向佛菩萨顶礼膜拜，与当时的著名高僧谈经论道，并诏天下沙门讲《心经》《金刚》《楞伽》三经,命宗泐、如玘等注释颁行。(《释氏稽古略续集》卷二)他还亲自撰写了《释道论》《三教论》《诵经论》《心经序》等诸文,这对明代佛教再兴奠定了基础。但他早年投身"白莲教"的农民起义行列,对佛教内幕十分清楚,对假借佛教之名搞政治的阴谋具有极清醒的认识和警惕;所以他始终从政治统治国家的角度对佛教利弊得失有着清醒的判断,尤其对当时佛教的堕落现实极为不满。他在《释道论》一文中说:"近代以来,凡释道者不谈精进般若,虚无实相之论,每有欢妻抚子,暗地思欲,散居尘世,污甚于民,反累宗门,不如俗者时刻精至也。"(《明太祖文集》卷一〇)他认为,出家人应如古人那样"夜孤灯于岭外,昼侣影于林泉"清净修行,绝不能"不务佛之本,行污市俗。居市廛,以堂堂之貌,七尺之躯,或逢人于道,或居庵受人之谒"。(《宦释论》,见《明太祖文集》卷一〇)由此可见,朱元璋对此甚有戒心,深恐由此佛教与世俗社会融汇、结合,对其王权构成威胁。但自明成祖朱棣在禅僧道衍的帮助下发动"靖难之役"而取得帝位后,对佛教即取偏护之势。嗣后的帝王也都悉心保护佛教,对佛教大兴土木,建造寺庙,刻经、印经成为一时之盛。到清初的诸位帝王对佛教更是礼敬有加,尤其到雍正帝,主张禅、教、净共弘之论,为以后的以念佛为之的净土法门具有奠基之功。另由官方主导的印经事业兴旺发达,尤其是官印的《龙藏》,以及汉、满、蒙、藏、梵五种译本,和民间出版的《百衲藏》《频伽藏》等,对佛教事业的巩固和发展做出了巨大的贡献。清末,由于太平天国作乱,佛教遭受惨重打击,其危害程度甚于三武一宗之法难,寺庙被毁,僧尼受辱被害,佛教几近灭绝。即使嗣后佛教有所复苏,已远非原来景象。多被一些变异的披着佛教外衣的邪教所掌控。这种邪恶的流弊危害极大,直至今日仍在某些地方存在,蛊惑人心,侵害佛法。直到民国初年,居士佛教的复兴,为寻求民族救亡之道,很多杰出的大学者,大学问家试以佛法拯救国家民族危亡。如康有为、梁启超、谭嗣同、章太炎、杨文会、桂伯华、谢无量、梅光羲、欧阳渐等一大批杰出的领袖人物,为正法的弘扬,为教化广大苦难的中华儿女,他们作出了极大的努力和贡献;尽管当时各种思潮,各种学说广为传播,他们弘扬的佛教思想就如一股永不枯竭的清泉,涓涓流淌,汇入大海,滋润着我们的社会,培养着人们的善良心灵,使我们的社会更和谐,人民更幸福。

二

弘一大师是民初以来最使人怀念，最令人敬仰的一代高僧。他的一言一行就如一座永远不灭的灯塔，指引着人们前行的方向。诚如性光所言："惟夫弘一法师者，诚当代之圭臬，人天之依止也。……释振锡遍寰内。顶奉尸罗以弘范……。可谓释迦嫡孙，南山胄裔。承如来之家业，慧灯重明。……净德昭彰，旭日高举。闻名者，若春雷之惊幽蛰……"[1]此言实不为过。他的一生犹如一座无尽的宝藏，令人向往，永远探求。他未出家前，不论在人格修养，在音乐、美术、书法、篆刻、戏剧……，诸多方面的煌煌业绩，在中国近代文化艺术史上，光辉灿烂，影响深远。他突然地遁入空门，成为一个持律严谨的苦行僧，使人震惊，影响深远。人们一直在探索他的出家原因，绵绵不断，新论叠出；这不能不说是一个独特的现象，令人深思。笔者认为，这和时代的变迁，解放了精神桎梏，使人们在认识世界，探索真理的天地变得更加宽广，更加明亮。所以对大师出家原因的探求，从最初的家庭，政治失意，世俗的各种得失，以及对人生的感悟诸多方面的思考和论述，到最后发展到以佛教的因果、缘起，以及宿根诸多方面的探讨和研究，这不能不说是社会的进步！

当人们深入研究佛教后，才发现佛教并非一种简单的宗教信仰；佛教的内涵博大精深，蕴藏着哲学、自然科学、文化艺术、人文理念……诸多方面的丰富宝藏。诚如瑞士的德维兹教授说："不管我是否是佛教徒，我已经观察了世界上所有伟大的宗教体系，我最后得知从意境美妙和博大精神来看，没有一种宗教能超过佛教的四圣谛、八正道，因此我愿意按八正道去安排我的生活。"[2]从历史上来看，佛教及佛教文化给社会的发展，文化艺术的繁荣昌盛等起到了难以估量的作用。所以历代帝王多有成为虔诚的佛教徒，在他们的影响下，佛教几乎成为全民的信仰，成为国教。也正因为如此，就有那

---

[1] 性光：《悼律宗泰斗弘一大师》，见上海弘一大师纪念会编印《弘一大师永怀录》，上海佛学书局2005年版(据大雄书局1943年版重印)，第113页。
[2] 索达吉堪布：《佛教科学论》，佛教团体敬印，2005年，第18页。

些心怀叵测之人，为其私欲篡改佛教，以变异的佛教，蒙蔽信众，流弊甚广。使正法之传播受到了极大的损害。历代虽有高僧大德为之进行着艰苦卓绝的奋争努力，但毕竟势单力薄，所以还是有种种邪法邪说充斥民间，蒙蔽信众，使人难以辨别邪正，致使正法的弘扬受到极大的损害。若非有非常之人，以非常之举来启导信众，感动人心，这种情况是难以改变的。所以弘一大师的突然遁入空门，正如一声春雷，震醒了世人的梦魇！

中国佛教演绎流传至今有十宗之分：一、律宗，二、论宗，三、禅宗，四、法相宗，五、净土宗，六、唯识宗，七、华严宗，八、密宗，九、俱舍宗，十、成实宗。其中律宗是佛教的根本。所谓"律"，乃指释迦牟尼佛对僧人不当行为而制定的具体规范；其中有"二部"、"五部"、"二十部"。而传来中国的只有"五部"中的前四部，即："十诵律"、"四分律"、"五分律"、"僧祇律"。佛教的戒律着重修身养性，不为自己，专为他人。所以经中说："戒如良师，可以指导我们；戒如城墙，可以保护我们；戒如轨道，可以规范我们；戒如船筏，可以帮助我们渡过生死大海；戒是学习做人的根本，清净的戒行，能够培养健全的人格，圆满幸福快乐的人生。"①其中五戒"杀、盗、淫、妄、酒"是根本戒，是做人的根本。与中国传统文化中的"仁、义、礼、知、信"一样，是做人的根本，违此，即不齿于人类。弘一大师洞察世象，深知伪装正人君子者不乏其人；他又博览经史，更忧心伪装者厕列于佛门中，贻吾正法弘扬。据史载，唐中宗景龙二年（708年）已有"度牒买卖的记载：虽屠沽臧获……；钱三万则度为僧尼"（《资治通鉴》卷二〇九）；"卖官、度僧、道士、收货济年兴"。（《新唐书》卷四八）按僧史记载，则鬻牒之功主要归于神会和尚。（《宋高僧传》卷八之"神会传"）这说明从唐代已经开始了度牒的商品化。虽然宋代对度牒的发放还有比较严格的控制，但尔后出现了度牒买卖泛滥的局面。所以时人指出："自朝廷立价鬻度牒，而仆厮下流皆得为之，不胜其滥矣。"（王栐《燕翼诒谋录》卷三）而获得空名度牒的俗人具有官度的僧侣身份，他们虽名列僧侣，但他们不住寺院，不持戒律，逍遥自在；或虽住寺院而不持戒律。他们真正的兴趣不在精神信仰，而在现世的物质利益。理宗嘉熙年间（1237—1240）年间，双杉中元禅师指出，随着度牒的买卖，佛教的各种弊端日益增多，如住

---

① 《佛教宗派概论》，镇江市焦山定慧寺印赠，第66页。

持之戢,因货贿而求取,而"嚚顽无赖之徒"也可得"贿进"。如此言之,"何以整齐风俗"?(《枯崖漫录》卷下,收入《续藏经》第 148 册)从度牒的买卖中,可以看到佛教的现实和前途。

"缘起"说是佛教的根本原理。所谓"缘起",即世间一切事物都没有独立性、永久性,必须依"因"、"缘"之和合才得有"果";"缘起"是佛教异于其他宗教、哲学、思想的最伟大之处,是解释宇宙万物起灭的至高无上的真理。所谓"果从因生"和"事待理成"的原理都是真实存在的。所以弘一大师的应世和演化正是这种原理的最好诠释。我们且撇开宗教上的话不说,仅从弘一大师的一生来看,他的思想是缜密的,意志是坚定的,感情是深厚的。他的一生既光辉灿烂,又充满了伤感和悲苦。尤其是母亲短暂悲苦的一生,深深镌刻在他的心中,影响了他的一生。他又是一个家国情怀十分深厚的人,他深爱着自己的祖国,深爱着自己的同胞。他曾唱出:"东海东,波涛万丈红。朝日丽天,云霞齐捧,五洲惟我中央中。二十世纪谁称雄。请看赫赫神明种。我的国,我的国,我的国万岁,万岁万万岁!"这气势磅礴的赞美祖国的歌!他亦唱出:"严冬风雪撼贞干,逢春依旧郁苍苍。吾人心志宜坚强,历尽艰辛不磨灭,惟天降福俾尔昌"。这是满怀深情,激励人心的由衷之声!当他看到祖国为外敌侵略,尤其是日寇的残暴,他大声发出"你看那,外来敌,多狈狙!请大家想想,请大家想想,切莫再彷徨!"这是强烈的呐喊,并告诫佛门中人"念佛不忘救国,救国必须念佛"这一伟大的号召!这在古今出家人中是极为罕见的。他这种伟大的爱国之心,迄今仍在激励着中华儿女、佛门中人!最使人难忘的是 1937 年 7 月 13 日弘一大师应倓虚大师之请赴青岛湛山寺结夏,安居讲律,正当是时,日寇大举侵华,而青岛已成战事争点,形势十分危急,有钱人都纷纷南下避难。所以凡亲近过弘一大师的人都十分关心他的安全,蔡冠洛十分崇敬弘一大师,所以他急急写信请他提前南下,但弘一大师回信说:"……今若因难离去,将受极大之讥嫌。故虽青岛有大战争,亦不愿退避也。请乞谅之!"后又有手书"殉教"横幅以明志,并于题记中写道:"曩居南闽净峰,不避乡匪之难;今居东齐湛山,复值倭寇之警。为护佛门而舍身命,大义所在,何可辞耶?……"[①]每读此言,辄悲从心来,热

---

① 林子青:《弘一大师新谱》,(台湾)东大图书公司 1993 年版,第 384 页。

泪盈眶！。

　　回忆弘一大师的一生,我们不难发现,他的人生轨迹好像都是预先设定的,令人产生无限的遐想,他是要通过自身的行为举止来彰显为人处世的理念;尤其是当他的人生事业达到光辉灿烂的巅峰时,突然遁入空门,如春雷巨响,震惊了世界;然后的苦行头陀生涯,更感动了所有的人,尤其对那些徒有虚名,锦衣玉食的"高僧"、"大德",使他们羞愧,再难伪装。可以毫不夸张地说,弘一大师的高尚品德,苦行修持,对佛门来说,就如一座丰碑,在每一个出家人的心中高高矗立;对整饬佛门起到了不可限量的深远影响。他所以有这样不可思议的惊人之举,用宗教上的话来说,他是有来历的,是专为整饬佛门而来到这个世界。而用现代的话来说,由于他多彩的人生经历,深厚的学养功底,逐渐培养起了他高尚的品德,孕育了他伟大的人格,他用深邃的眼光在观察着世界,用慈悲的心怀在思考人生,他最后的遁入空门是欲以自身的演化来启迪人们,从中得到教益！他一生中写得最多的一幅对联:"不为自身求安乐,但愿众生得离苦"正表达了他的这种伟大的胸怀！

余绪

　　弘一大师离我们远去已 75 周年,但绝不因时光的流逝,岁月的消长,对他有丝毫的忘怀,反而因世界各地的战事频发,人与人之间仇恨的不断加深,各种丑陋的事情到处显现,人们生活在恐惧和不安的环境中而更使人们怀念他。在悲痛中回想起他对我们的关爱,想起他给我们留下的无限深情的教导,这又使我们这颗悲伤的心,得到一丝的慰藉,更增强了我们为建设一个祥和安定的社会的决心。

　　(作者:退休工程师,杭州师范大学弘一大师·丰子恺研究中心特约研究员)

Displaying Buddha's Wonderful Dharma and Cultivating Buddha's Mind
—— A Discussion on Master Hongyi's Great Devotion to Buddhism

Liu Ji-han

The life of Master Hongyi provides us with a fascinating story full of treasures. Before he became a monk, Hongyi was famous for his great achievements in not only his personality and virtue, but also his academic skills, such as music, painting, calligraphy, seal cutting, and etc., which makes him become an outstanding figure with great influences in the modern history of culture and art in China. It was a surprising thing that he suddenly followed the Buddhism and became an ascetic monk with rigid self-discipline later on. His noble moral and ascetic practices appear to be a monumental model for all the Buddhists, and further help the Buddhism make improvement in terms of the discipline.

弘一大师生平史料与文化研究

晚清民国时期李叔同(弘一大师)影像之编纂与刊布

陈 星

赵朴初概括李叔同(弘一大师)一生的题句十分准确,即"深悲早现茶花女,胜愿终成苦行僧。无数奇珍供世眼,一轮明月耀天心。"李叔同(弘一大师)多彩多姿、辉煌灿烂的一生,其生平事迹使无数人为之倾倒拜服。这就有了众多关于他的研究论著,以及反映其生平的传记、剧本、小说等各式文艺作品,而他所到之地,如今大多也都有了不同类型的纪念场所。有关李叔同(弘一大师)的生平影像,这是各类论著、文艺作品和纪念场所乐于选用的真实而又形象性的资料。其实,作为对这位杰出艺术家、佛门高僧研究的一部分,对其影像的研究应该受到高度重视。事实也是如此,早在晚清和民国时期,文化界不仅提出了"高僧事迹最能发人深省者,莫过于摄影"的观点,[①] 各相关报刊也时常刊载他的影像,而在他逝世之后,也有过编纂其影像集谋求出版的情况。本文仅就晚清民国时期李叔同(弘一大师)影像集的编纂作一论述,同时亦对此时期其影像在报刊上刊布的情况作一初步梳理。

一、民国时期李叔同(弘一大师)影像集的编纂

1942年10月13日,弘一大师在福建泉州圆寂。在对李叔同(弘一大师)的各种缅怀和纪念活动中,搜集编纂他的影像资料也受到了重视。1943年2月10日,《妙法轮》第1年第2期刊出弘一大师纪念会《征求弘一大师遗稿启事》:"弘一大师处僧范垂衰之际,研述律藏,自行化他,甚奇希有!大师

---

① 于右任等:《弘一大师遗影集募印缘起》,载1947年8月1日《佛教公论》复刊第17期。

未出家时，术擅文艺；教历师范，当识受学，遍于海内。此次撒手西归，无论缁素，感怀眷慕。本会现拟编刊遗集，垂示将来；敢乞藏有大师书札文件等遗墨者，录副或摄影，妥寄上海槟榔路玉佛寺震华法师汇收；俾得编入，专此布达，幸垂鉴答！弘一大师纪念会谨启。"这则启事虽然只是笼统地说明征集对象，即"大师书札文件等遗墨者"，但实际上却包括了其影像资料。如弘一大师纪念会随后就在上海玉佛寺举行了弘一大师生西一周年纪念典礼，并展出征集到的遗墨和其他文献，其中就有数帧李叔同（弘一大师）青少年时期的照片。1943年11月10日，《妙法轮》第1年第11期刊有灵犀《猫双棲楼随记》一文，写道：

> 十七日为弘一大师生西一周年会，举行纪念典礼于玉佛寺，并展览遗墨，图书馆亦于是日揭幕，不佞斋戒沐浴，于午饭后驱车而往……图书馆中供陈抱一先生油画遗像，左右分悬大师造集华严联，句云"入一切智藏，度无量众生"……遗墨陈列后楼讲堂，约近五六十贴……一笺三十年寄与朱酥典居士者，字作蝇头端楷，一笔不苟，一字不误，间加注语，分双行，字大小不逾米，非细辨，不能毕读，时师已六十外，目力精神，至堪惊佩，而大师之持躬处世，事无巨细，其审慎谨严之认真态度，于此可见，殊足为后学立身行道法也。联语悉集华严经，如"勇猛精进无退转，光明相好以庄严"、"当为世依救，普放智光明"、"不为自己求安乐，但愿众生得离苦"、"断绝烦恼，具足菩提"、"灭绝一切苦，圆满无上悲"、"平等观诸法，悲心救世间"、"无上一切相，而与大悲心"、"本学如来之妙慧，而于众生起大悲"。……有少年时摄影数帧，一为平剧之黄天霸，扮相英俊，一为话剧之茶花女……

李叔同扮黄天霸的剧照目前流传的只有一帧，上文中所述"扮相英俊"，应该就是如今所常见的这一帧了（图1）。[①] 而李叔同扮茶花女的照片则有数

[①] 以往的史著中对此照的拍摄地点有歧说。有认为拍摄于李叔同在上海沪学会活动时期，有认为拍摄在天津，而《上海交通大学史》第一卷（上海交通大学出版社2011年版）中则记录李叔同在南洋公学读书时饰演过黄天霸。诸说一致的是此照摄于1905年李叔同留学日本之前。

帧,上文所述为何,不能定论。如果说像弘一大师纪念会这样的征集,李叔同(弘一大师)影像资料还仅为附带的话,那么像谢胜法那样刻意搜集编纂李叔同(弘一大师)影集,则是李叔同(弘一大师)研究史上的一件大事。可惜的是,至今研究界对此尚无专门研究。1947年2月10日,《觉群周报》第2卷第31期刊载《征求附印弘一大师遗影全集》:"系从照片直接翻印,看此全集可知大师一生,每帧四寸共有三十余张,每集只收成本拾万元。接洽处:上海林森中路二五四号二楼一室谢胜法"。可知,其时谢胜法已经搜集到30余帧李叔同(弘一大师)的影像,并已编纂成集。同年4月1日,

图1

《觉有情》第8卷第15、16号合刊"播音台"栏目又介绍了该部影集:"谢胜法居士搜集弘一大师遗影,拟合印全集,承大师诸方知友欢喜赞助,现已集得四十一种,自童年以至圆寂,洋洋大观,可谓大师一生之缩影。现征求附印,因印价续涨,每集收回成本廿四万元。接洽处上海林森中路二五四号二楼谢胜法。又谢居士拟续搜集大师遗影,以备将来举行展览。凡有珍藏者,祈赐暂借,挂号寄下,以便翻印,用毕仍挂号邮还不误……"[1]根据《觉有情》的报道,可知李叔同(弘一大师)的影像资料又增加到了41种,只是其中有的并非其本人的影像。该报道后附此41种影像资料的目录,现将报道中所述影像按原顺序、原名列出,并略作分析说明,以供研究者参考。

1.《大师降生时鸟啣树枝》——此非弘一大师影像。相传李叔同出

---

[1] 同样内容的报道在1947年《人间佛教》第5期上也有刊载,题为《弘一大师遗影全集出世》。几乎与此同时,刘绵松居士编辑《弘一大师全集》时也在搜集弘一大师的影像,如1947年7月1日,《佛教公论》"佛教动态"曰:"弘一大师全集编印会,已于六月底成立,由刘绵松居士负责主持,编辑工作积极进行。现在征求弘一大师之手札诗文序跋碑记像片遗墨及大师早年各种著作写经等。敬希各方长老居士热心赞助,凡见闻所及,君谓随时录寄或函告,通讯处:福建漳州旧府路三十三号弘一大师全集编印会刘绵松居士收。"

生之时,有鹊衔松枝降其室。①

  2.《童子时》——今存。

  3.《公子时》——今存。

  4.《与桐岗公对奕》——今存。

  5.《肄业南洋公学时剧影》——今存。

  6.《剧影二》——今存。

  7.《剧影三》——由第五帧名"肄业南洋公学时剧影"可知,编者系将李叔同此时期的剧照一并排列。但如今可见此时期弘一大师剧照仅2帧,另1帧尚须查证。

  8.《西装影》——今存。

  9.《留学东京美专》——今存。

  10.《扮茶花女》——今存。

  11.《演茶花女于东京》——今存。

  12.《东京与欧阳予倩合影》——今未见,尚须查证。

  13.《扮西人》——今存。

  14.《扮印度人》——今存。

  15.《日装影》——今存。

  16.《编辑太平洋画报时》——如编者标注正确,此影像目前尚未见,须查证。

  17.《任教浙师时与夏丏尊合影》——今存。

  18.《教授美专时与学生合影》。如编者标注正确,此影像今未见,须查证。疑为1914年在浙江省立第一师范学校上人体写生课之影。

  19.《在杭州定慧寺断食》——今存。

  20.《僧装与丰子恺刘质平合影》——今存。

  21.《初出家时》——今存。

  22.《披袈裟中年时》——今存。

---

① 吕伯攸:《记李叔同先生》(1926年9月17日《小说世界》)一文曰:"据他(大师)说,这(松枝)便是他当年呱呱坠地的时候,由一只喜鹊衔着飞进来,落在产妇床前的。"林子青《弘一法师年谱》(1995年8月,宗教文化出版社)倾向此为"文人好事"之说。

23.《四十余岁中影》——今存。

24.《与寂山上人合影》——今存。

25.《与弘伞上人合影》——今存。

26.《与俗侄李圣章合影》——今存。

27.《在杭州宝俶塔前》——如编者标注正确,此影像目前尚未见,须查证。疑为在西泠印社华严经塔前之影。

28.《白马湖与李鸿梁蔡丏因合影》——今未见,尚须查证。

29.《在上海功德林》——今未见,尚须查证。

30.《在上海夏丏尊居士家》——今应有见,疑为持杖站立像。

31.《披袈裟老年时》——今存。

32.《在晋水兰若》——今存。

33.《在船上》——今存。

34.《温州与虚云上人合影》——今应有见。疑为在宁波白衣寺与虚云大师等之合影。

35.《由青岛返闽过沪》——今存。疑为今常被刊用之"标准照"。

36.《在轮船上》——今存。

37.《在漳州》——今存。

38.《与黄福海合影》——今存。

39.《在泉州温陵养老院》——今存。

40.《涅槃卧像》——今存。

41.《舍利相片》——此非弘一大师影像。

以上史料十分重要。虽然个别名称存在疑问,但至少表明在1947年时谢胜法已经搜集到39帧弘一大师的影像(《大师降生时鸟啣树枝》《舍利相片》2帧不计)。更为重要的是,从这份目录可知,除了存疑之影像外,如今至少仍有《剧影三》(姑且以此名表示所缺之剧照)、《东京与欧阳予倩合影》《编辑太平洋画报时》《白马湖与李鸿梁蔡丏因合影》《在上海功德林》等5帧照片未被发现。

该影集实际并未出版。因为像李叔同(弘一大师)影像集这样重要而受普遍欢迎的文献如若在当时已经出版,如今定不会出现未得一见的情况。

至今尚未发现该影集的存在,其原因虽然尚不能断定,但实际上,学术文化界也确实为出版此影像集而努力过。比如,1947年8月1日,《佛教公论》复刊第17期刊登过《弘一大师遗影集募印缘起》,写道:

> 弘一大师俗姓李,名叔同,字息霜,为我国东渡扶桑习美术之第一人,天才奇伟大,凡诗词、歌赋、书画、金石、音乐、剧艺、外语、数理,无所不精,名重士林,举世钦仰,年三十九,悟人生无常,毅然披缁为僧;复感佛教之不振,端在僧人之无行,遂矢志弘律,以身作则,弘法护教,功德难伦。大师自三十一年入灭以还,各方悲恸之余,先后辑有永怀录、年谱、文钞、书简等纪念之辑,于是宇内私淑大师之人,以曩日既不获其亲教,得此亦可稍解仰慕之忱,窃念:高僧事迹最能发人深省者,莫过于摄影,兹者大师之弟子谢胜法居士,竭四年心力,征得各方,搜集大师遗影,四十余帧,自童年以迄圆寂,莫不俱备,或半身,或全身,或独摄,或共摄,或便装,或僧服,或室内,或室外,或潇洒,或隽逸,或雍容,或肃穆,要旨令人一见低回仰慕,倍生敬仰之心。同人等深佩谢居士征集之苦心,复虑有散失之虞,岂可私置箱箧,而不公诸于世耶?爱发起募印弘一大师遗影集,俾鸿爪永留,遗容常在;惟制版印刷,需费殊巨,非少数人力所能举,久仰先生钦崇大师,为特述其因缘,发起募印缘起,请署台衔。用作将伯之呼,则佛教幸甚,文化幸甚,众生幸甚,是为启。
>
> 发起人:于右任、吴稚晖、李石曾、许世英、吴铁城、梁寒操、张道藩、谷正伦、谢冠生、邹 鲁、叶恭绰、丁福保、张太楼、袁希濂、柳亚子、姜丹书、丰子恺、蒋维乔、居 正、俞鸿钧同启。

文中所谓"高僧事迹最能发人深省者,莫过于摄影"一语可知他们对于弘一大师影像的重视程度。联系到刘绵松居士编辑《弘一大师全集》,也曾有募印启事,如1947年6月1日《佛教公论》"复刊第十五期太虚大师纪念特辑"刊出《弘一大师全集募印启》:"弘一大师,艺林耆宿,法海元龙,毗尼振古,律藏结新,著作等身,举世景仰。示寂以还,声誉弥重;遗稿虽曾刊布,究非完整,欲窥全豹,而不可得,殊为一大憾事焉。南闽弟子刘绵松居士,皈依多年,潜心内典,竭力搜索,大师遗著,几经寒暑,裒为一帙。内容:论述,法语,书简,序跋,碑铭,传记,颂赞,疏启,诗词,歌曲,杂著,附录。疏舛讹夺,审慎厘正,容称善本。同人等谋付剞劂,以广流布,第以卷帙浩繁,需费孔巨。自维力微,端赖众擎。普告十方。大德居士,作不请友,施清净财,共襄胜举,轨范人间。功德之宏,曷可拟议。是为启。(编者按:弘一大师全集编印会不日即可成立,今将'募印启'先行发表,详情及发起人姓名下期刊登。)"正如刘绵松所编《弘一大师全集》虽然经众多学术文化人努力而最终并未能出版一样,谢胜法所编之李叔同(弘一大师)影像集,或许也因某些原因而未能出版。

这位搜集李叔同(弘一大师)影像并编辑成集的谢胜法居士曾写过《纪念我的师父》一文,收录在《弘一大师永怀录》中。从此文可知,谢胜法原名谢兴法,胜法系弘一大师为其取的法名,曾供职于大法轮书局。他在书局附设的佛学图书馆见到一本《觉音》杂志上的弘一法师六十纪念专刊后即激起对弘一大师的敬慕之心。于是他请陈海量居士写信介绍,并也收到弘一大师的回信,愿意收其为弟子,还写来了皈依文,赐法名"胜法"。可惜的是,谢胜法还未及与弘一大师见面,弘一大师就圆寂了。因此,夏丏尊曾对他说:"大师弟子不满十个,你是最后的。"①

民国时期流传的李叔同(弘一大师)影像,其出家前部分一般源于丰子恺的收藏。丰子恺在《拜观弘一法师摄影集后记》一文中说:

三十多年前,法师出家前若干天,把许多书物送给我。其中有一包是照片。我打开一看,有少年人,有壮年人,有穿袍褂的,还有女的和扮演京戏的……。我不能辨别哪几个是法师自己的像,曾经拿了这一包照片去问他。法师带着轻蔑的,空虚的,玩耍似的笑声,把照片一张一张地说明:"这是我年青时照的。""这是我初到上海时,穿了上海最时髦的一字襟背心而照的。""这是我在东京时照的。""这是我和东京美术学

---

① 谢胜法:《纪念我的师父》,收《弘一大师永怀录》,大雄书局1943年版,第267—268页。

校里一位印度同学交换了服装而照的。""这是我演京戏《白水滩》时照的。""这是祭孔子时穿了古装而照的。""这是我假扮上海女郎,穿了当时最摩登的女装而照的。""这是我演话剧,扮茶花女时照的。那腰身束得非常之细呢,哈哈哈哈!"这笑声又好像是在笑另外一个人。①

对于这些照片,丰子恺的评价是:

> 看了这套照片,想见弘一法师的生活异常丰富。世间多数人的生活是平凡的,农家的人一辈子做农,工家的人一辈子做工,商家的人一辈子做商,……我们的法师的一生,花样繁多:起初做公子哥儿,后来做文人,做美术家,做音乐家,做戏剧家,做编辑者,做书画家,做教师,做道家,最后做和尚。浅见的人,以为这人"好变"、"没长心",所以我乡某亲友说,"他做和尚不久要还俗的。"我的感想,他"好变"是真的:他具有多方面的天才,他的好变是当然的。全靠好变,方得尽量发挥他各方面的天才,而为文艺教育界作不少的榜样,增不少的光彩。然而他变到了和尚,竟从此不变了。……可见在他看来,做和尚比做其他一切更有意思。②

丰子恺接着介绍了这批照片的保存过程。抗战时,这包照片随着故乡的宅屋一并被烧毁。而逃难时期,收到一位天津人氏来信,内附一套照片,正是李叔同出家前夕送的那套,方记得自己曾借给此天津人氏。此人将照片复制,又把原片归还。此人后来在报上看见丰子恺宅屋被毁,特将他保存的底片重印一套寄上。据此人说,他曾印出许多套分赠好友。谢胜法所藏

---

① 丰子恺:《拜观弘一法师摄影集后记》,载 1950 年 3 月 30 日《觉有情》第 11 卷第 3 期。文中所谓"这是我假扮上海女郎,穿了当时最摩登的女装而照的"这帧照片目前未见。丰子恺在《法味》(载 1926 年《一般》10 月号)一文中也记述过这套照片,如:"后来我返回故乡石门,向母亲讲起了最近访问做和尚的李叔同先生的事。又在橱内寻出他出家时送我的一包照片来看。其中有穿背心的,拖辫子的,有穿洋装的,有扮《白水滩》里十三郎的,有扮《新茶花女》里的马克的,有作印度人装束的,有穿礼服的,有古装的,有留须穿马褂的,有断食十七日后的照片,有出家后僧装的照片。在旁同看的几个商人的亲戚都惊讶,有的说'这人是无所不为的,将来一定要还俗。'……"丰子恺在《拜观弘一法师摄影集后记》中说自己保存的是李叔同出家前的照片,故所谓"有出家后僧装的照片"应系指李叔同皈依后、出家前穿僧衣与刘质平、丰子恺的合影。
② 丰子恺:《拜观弘一法师摄影集后记》,载 1950 年 3 月 30 日《觉有情》第 11 卷第 3 期。

之李叔同出家前的那部分照片应与此天津人氏有关。因为丰子恺文中特别强调："因为我并未借给第二人去复制。"至于谢胜法所藏李叔同出家后的照片,当系由其他途径所获。①

谢胜法用心搜集、编纂的李叔同(弘一大师)影集终因种种原因而未能正式出版。但是,被他搜集到的这些影像,大多还是被流传了下来。故如今能见到丰富的李叔同(弘一大师)影像,既要感谢丰子恺和那位天津人氏,也同样要记取谢胜法的贡献。

二、晚清民国时期李叔同(弘一大师)影像之刊布

如今李叔同(弘一大师)的影像在各类相关书籍中和有关报刊上时常有见。而基于李叔同(弘一大师)在文化艺术界和佛学界之崇高地位,1949年前,他的影像同样也在许多报刊上刊载,有时还出现在佛教用品之上。比如,1936年12月1日《人海灯》第3卷第12期刊出《厦门涌莲精舍(监选名香特制佛珠)名香出售》,写曰:"本市涌莲精舍主人,特制上品美术各种念珠,珠头制有极庄严佛菩萨圣像,并加工特造当代佛教领袖太虚大师,净宗导师印光老法师,律宗泰斗弘一法师各位道影,珍贵精巧,迥异平常,订价低廉,邮购便利,凡国内外信仰三宝,及皈依诸法师者,应速踊跃购请,以便为永久修养纪念。本精舍又监选名香数种……"1936年11月2日《正信周刊》第9卷第16期、11月9日第9卷第17期、11月16日第9卷第18期刊均有《厦门涌莲精舍发行藏香启事》,写曰:"本精舍监选藏香,发行以来,无远弗届,辄荷当代巨公硕颜宠赐赞辞,益觉珍贵。近更特制上品美术各种念佛数珠,珠头嵌有缩影极庄严诸佛菩萨圣像,并另加工精造当代佛教领袖太虚大师相及净土宗导师印光老法师律宗泰斗弘一律师各位道影,嘹亮精巧,迥异平常,订价低廉,邮购便利,凡国内外信仰三宝及皈依太虚大师印光法师弘

---

① 丰子恺写《拜观弘一法师摄影集后记》是缘于一位名叫谢志学的居士。文章开头就说:"谢志学居士珍藏弘一法师的照片,从法师少年时代起,一直到出家,圆寂,一共有数十张。他把这些照片依年代顺序编成一本册子,有一天拿来给我看,要我替这册子写一点感想。我本来早有感想。因为其中一部分照片,曾经是我所珍藏的。"同样姓谢,所编影像数量也是数十张,此谢志学或为谢胜法之别名。然而至今尚无资料证明谢志学即谢胜法,姑且存疑。

一律师座下者,务请踊跃购请以为永久修养纪念,倘蒙惠顾,无任欢迎!国内佛教同仁,如有欲将个人宗祖尊师贤哲名流或寺刹风景照片诗文法语等照,嵌入珠头,均可代办,特此启佈。"

晚清民国时期有关报刊刊载李叔同(弘一大师)影像的情况也十分普遍。基于李叔同首先是在艺术领域崭露头角,而广受瞩目是在晚清时期赴日本留学之时,故他的影像也首先是在日本被刊印。1906年初,李叔同在日本独立创办了中国最早的音乐杂志《音乐小杂志》,2月8日在东京印刷,5天后寄回上海发行。是年秋考入东京美术学校西洋画科。为此,日本《国民新闻》记者作了专门采访,并于同年10月4日在《国民新闻》上刊发《清国人志于洋画》一文。配合此文的发表,附李叔同近照一帧、李叔同水彩画一幅(图2)。记者的采访是缘于"最近因为听说有一位叫李哀的清国人考入美术学校,而且专学洋画"。文中在录存了记者与李叔同的对话后,最后写道:"喝了一杯'涩茶'之后,他一面说明贴满在壁上的黑田(清辉)画伯的裸体画、美人画、山水画、中村及其他的画等,一面引我进入里面六叠的房间,得意地介绍了那就几上作画的苹果的写生。"①

图2

1907年2月11日,李叔同等"春柳社"同人在东京中华基督教青年会礼堂演出话剧《茶花女》片段,剧情为阿芒之父寻访茶花女,茶花女忍痛离开阿芒——时称"茶花女匏址坪诀别之场"。在演出中,李叔同自演茶花女,影响甚巨。为配合本次演出,曾印行过纪念明信片两帧,标注为"茶花女匏址坪诀别之场·春柳社演剧纪念品"。该明信片于1999年秋由上海图书馆张伟在北京潘家园旧书摊上发现。经考证,张伟以为此系"春柳社"演出赠品。

---

① 发表在日本《国民新闻》上的《清国人志于洋画》为日文,中文由林子青翻译,见《弘一大师全集》第10册附录卷,福建人民出版社2010年10月修订版,第167—168页。李哀为李叔同在1905年丧母后经常使用的名字。

明信片上，李叔同、唐肯、曾孝谷和孙宗文饰演的四个主要人物俱全，画面清晰，殊为难得（图3躺在床上者为李叔同，图4前低头者为李叔同，图5为明信片背面）。对于这次演出的舞台装饰，日本演艺界曾有高度评价，即"装饰画亦皆合宜"。① 从明信片上可以看出，舞台布景均系用颜料绘成，根据当时报纸的报道，此亦出自李叔同之手。②

图3

图4

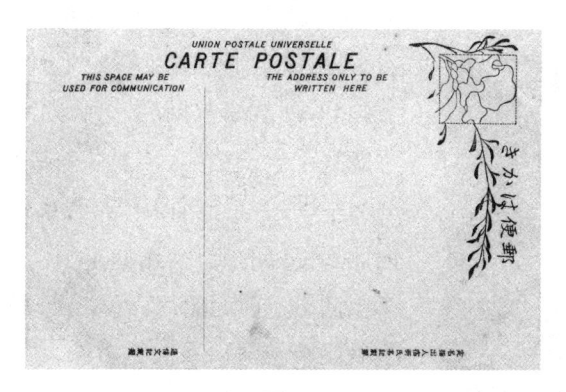

图5

民国时期在一份刊物上刊登李叔同（弘一大师）影像较多的是《语美画刊》和《小说世界》。以《语美画刊》为例，该刊于1936年9月9日在天津创刊，周刊，1937年7月21日终刊，除1937年春节停出一期外，共出刊45期。《语美画刊》上刊登过许多有关李叔同（弘一大师）的文章、作品，其中所刊其

---

① 《记东京留学界演剧助赈事》，载1907年3月20日《时报》。
② 《东京留学生之演剧》，载1907年6月13日《顺天时报》。文中曰："戏园上所装备之屏障各物，以图画助其景物者，日人谓之背景，即背后所见物色之光景，尽以画屏点缀，山水林木，莫不等类，宛如眼睹其物。此则悉李哀所担当，盖在学校专习绘画也。"

影像尤为珍贵。现依刊登顺序述之。1936年9月23日第3期刊出《弘一法师李叔同先生》（图6），附刊忆贞《介绍弘一法师》一文，文中特别写道："现在我们搜集李先生的青年照片，和对联琴幅多帧，依次刊出，此像系前岁在厦

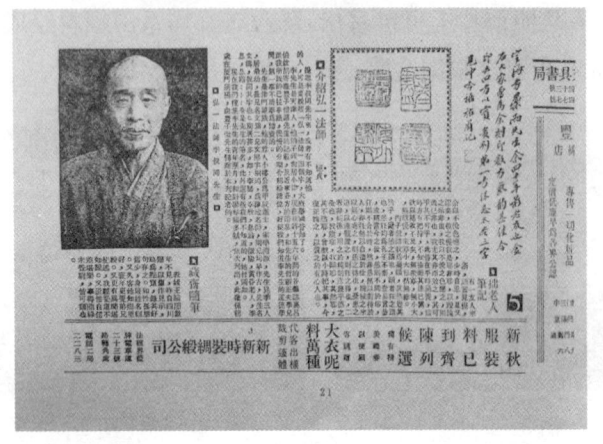

图6

门所摄，由丰子恺先生转赠于本刊记者的。"《语美画刊》所载李叔同（弘一大师）影像，其来源很可能就是丰子恺在《拜观弘一法师摄影集后记》一文中所述，是他向天津某人氏提供的。丰子恺向此人提供的照片，正如丰子恺自己所述，都是李叔同出家前的照片，而《语美画刊》后续刊出的也确是李叔同出家前之影像。唯独第一次刊出的这帧《弘一法师李叔同先生》系出家之后摄。忆贞在《介绍弘一法师》一文中说此照亦系丰子恺提供，这不难解释，因为丰子恺恰恰在此前的1933年秋应广洽法师之请为此照题句（图7）。说明丰子恺是存有此照的。1936年10月21日第7期刊出《弘一法师李叔同先生三十年前像》（图8），附刊忆贞《介绍弘一法师（续）》一文。1936年11月4日第9期刊出《李叔同先生早年造像》（图9）。1937年1月6日第18期刊出《弘一法师李叔同先生早年像》（图10，坐者）。1937年1月20日第20期刊出《天涯五友图》（图11，左一为李叔同）。

图7

晚清民国时期李叔同(弘一大师)影像之编纂与刊布 | 225

此外,《语美画刊》还于 1936 年 11 月 18 日第 11 期上还刊登过李叔同原配夫人俞氏的照片,题为《李叔同夫人像》(图 12,左立者)。

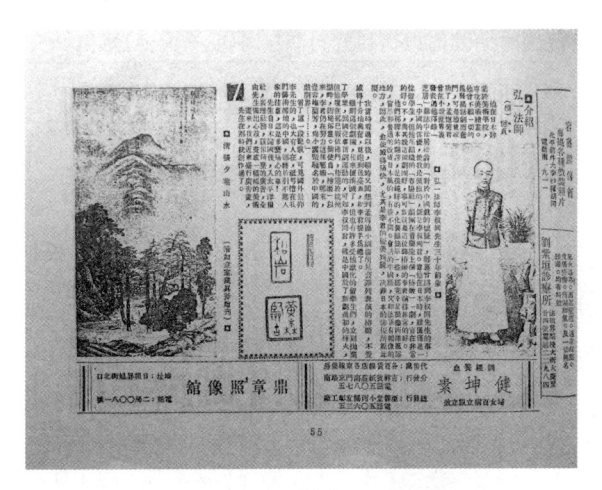

图 8

图 9

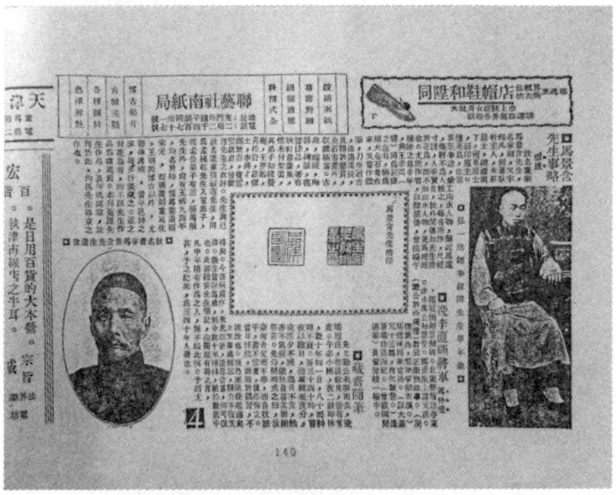

图 10

图 11

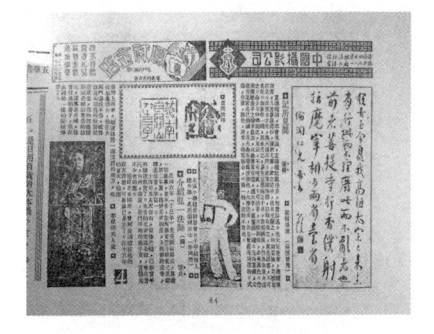

图 12

在其他报刊方面,李叔同(弘一大师)影像也经常被刊载。为表述方便,不妨就目前已知者采用列表的形式予以陈述。

民国时期其他报刊刊载的李叔同(弘一大师)影像

影像	说明
	连载于1927年《小说世界》第15卷第5期至第12期。《小说世界》由商务印书馆发行。1923年创刊,1924年胡寄尘进入商务印书馆后,任《小说世界》编辑。胡寄尘因仰慕弘一大师,自1927年1月28日第15卷第5期开始连载李叔同(弘一大师)早期的照片及书法作品,并刊登了部分与法师有关的文章。 第1帧为李叔同出家前夕着僧衣与弟子刘质平(左)、丰子恺在杭州某照相馆合影; 第2帧为扮演茶花女束腰造型; 第3帧为李叔同于1917年初断食修炼后留影; 第4帧为李叔同在日本留学时着西装留影; 第5帧为李叔同(右)与东京美术学校印度同学换装合影; 第6帧为李叔同(右)与夏丏尊在杭州祭孔时合影; 第7帧为李叔同扮演茶花女时的造型。 (帧数为自左至右依次下数)
	载于1931年《海潮音》第12卷第12期。此为1930年夏,弘一大师(左四)与虚云大师(左五)等在宁波白衣寺合影。照片上的题记曰:"宁波白衣寺欢迎虚云老和尚暨弘一法师摄影以志纪念,时在庚午仲夏。"

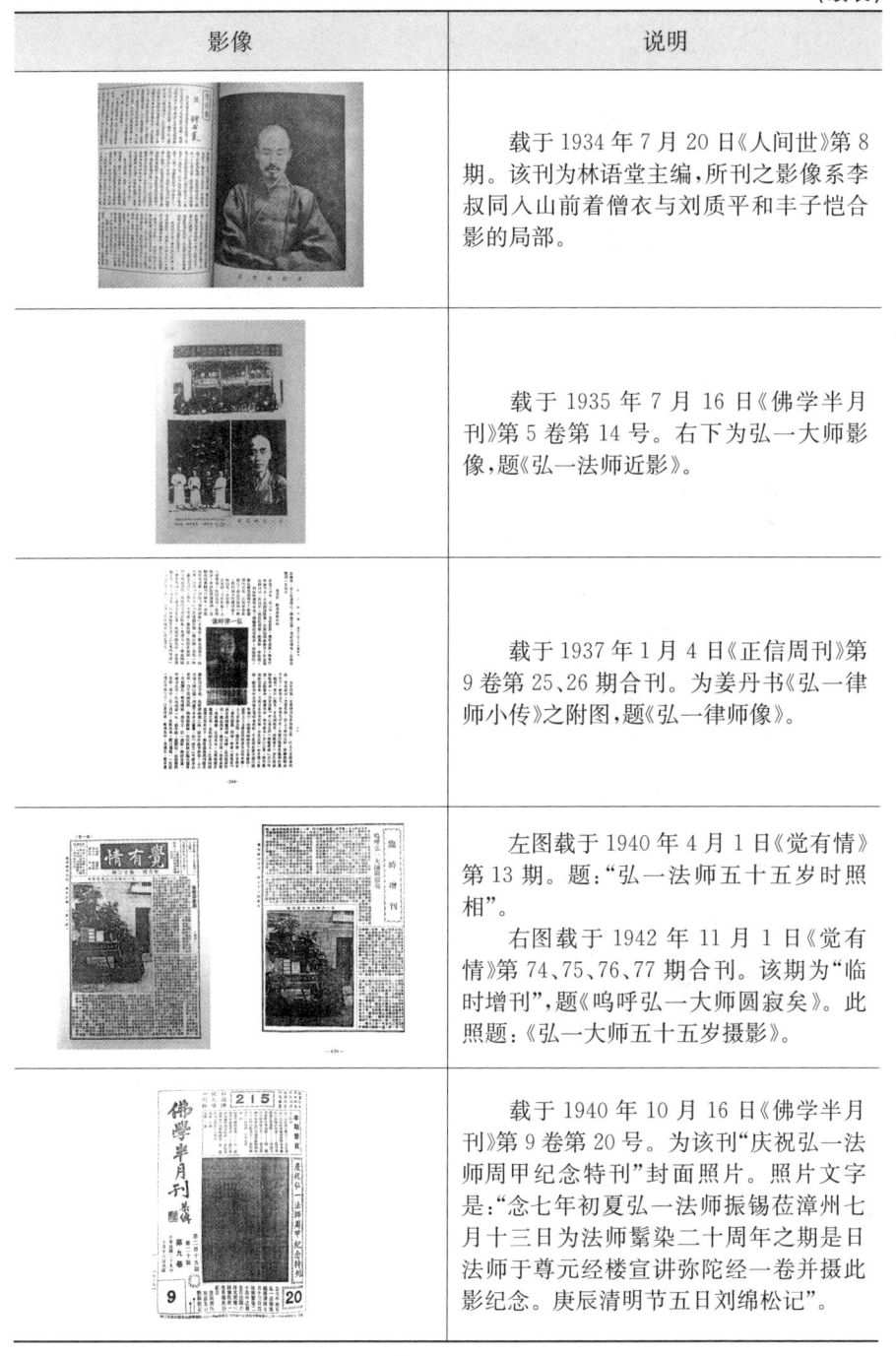

(续表)

影像	说明
	载于 1934 年 7 月 20 日《人间世》第 8 期。该刊为林语堂主编，所刊之影像系李叔同入山前着僧衣与刘质平和丰子恺合影的局部。
	载于 1935 年 7 月 16 日《佛学半月刊》第 5 卷第 14 号。右下为弘一大师影像，题《弘一法师近影》。
	载于 1937 年 1 月 4 日《正信周刊》第 9 卷第 25、26 期合刊。为姜丹书《弘一律师小传》之附图，题《弘一律师像》。
	左图载于 1940 年 4 月 1 日《觉有情》第 13 期。题："弘一法师五十五岁时照相"。右图载于 1942 年 11 月 1 日《觉有情》第 74、75、76、77 期合刊。该期为"临时增刊"，题《呜呼弘一大师圆寂矣》。此照题：《弘一大师五十五岁摄影》。
	载于 1940 年 10 月 16 日《佛学半月刊》第 9 卷第 20 号。为该刊"庆祝弘一法师周甲纪念特刊"封面照片。照片文字是："念七年初夏弘一法师振锡莅漳州七月十三日为法师鬄染二十周年之期是日法师于尊元经楼宣讲弥陀经一卷并摄此影纪念。庚辰清明节五日刘绵松记"。

(续表)

影像	说明
	载于 1941 年 2 月 20 日《觉音》第 20、21 期合刊。该期为"弘一法师六十纪念专刊",照片题为《芒鞋藜杖的弘一法师》。
	载于 1942 年 11 月 16 日《佛学半月刊》第 11 卷第 22 号。该号首页为专题报道"律净尊宿弘一法师圆寂"。
	载于 1942 年 12 月 1 日《觉有情》第 78、79、80 期合刊。该期为"弘一大师纪念号"。封面刊登此像,题:"弘一大师遗像,三十年九月所摄"。
	载于 1944 年 5 月 15 日《海潮音》第 14 卷第 5 期。此为 1932 年 12 月 2 日在常惺法师住持厦门南普陀寺受请典礼合影留念。合影纪念照上题:"常惺法师行住持厦门南普陀寺受请典礼与欢迎弘一律师摄影二一、一二、二、"。一排右十三为弘一大师。
	载于兴慈中学第一届毕业纪念刊"弘一大师法影特辑"。共 6 帧李叔同(弘一大师)影像。

除了上述报刊上刊载的李叔同(弘一大师)影像外,民国时期出版的有关书籍里也收有一些李叔同(弘一大师)影像,如丰子恺编《前尘影事集——弘一法师遗著》(1949年上海康乐书店版);林子青编《弘一大师年谱》(1944年杂华精舍版);施慈航编辑,念西法师著《龙裤国师传》(1947年印行)等。这些不在本文研究范围之内,从略。

三、结束语

1949年后,尤其是"文革"结束后,随着李叔同(弘一大师)研究的深入,其影像在诸多相关著述和众多报刊上都有刊载。但在1999年之前,终究未有专门的弘一大师影像集出版。而以往无论是何种媒介的刊布,还是在不同的文献史料和其他书籍中有所揭载,其影像资料均不甚齐全,即便是福建人民出版社出版的《弘一大师全集》也是如此。以2010年10月《弘一大师全集》(修订版)为例,其所收照片数量也只有85帧,部分照片的文字说明也有明显失误。

为展示李叔同(弘一大师)一生丰富而又独具意味的影像,笔者曾应山东画报出版社之约与人合编过一本《弘一大师影集》,并由该社于1999年10月出版。当时所得弘一大师影像资料82帧。这些照片的来源主要得之于丰子恺之女丰一吟和刘质平之子刘雪阳二位前辈,其他像丰子恺的学生胡治均也贡献良多。十数年过去了,其间,有关出版社也出版过类似《李叔同影事》这样的著作,[①]笔者本人也出版过《李叔同图传》,[②]但毕竟不是专题性的李叔同(弘一大师)影像集,且以文字为主,所收之影像资料亦不全。得益于各地李叔同(弘一大师)研究的深入和新史料的发现,李叔同(弘一大师)的影像资料不断丰富,笔者便有了重新编

图13

① 金梅:《李叔同影事》,百花文艺出版社2005年版。
② 陈星:《李叔同图传》,湖北人民出版社2005年版。

撰的意向。在诸多同行的支持与协助下,如今这个愿望终于得以实现,这就是上海三联书店于 2017 年 8 月出版的《李叔同——弘一大师影像》(图 13)。本书所载之影像,实际比《弘一大师影集》多出 20 帧,达 102 帧。该书同时辅以相关资料照片,并作必要的文字提示。一帧帧的影像,宛如一幕幕人生艺术的大戏,何况这里的主角正是前无古人,后也未必再有来者的李叔同(弘一大师)!

(作者:杭州师范大学资深教授、编审,弘一大师・丰子恺研究中心主任)

The Compilation and Publication of Li Shutong's Images of Late Qing and Republic of China

Chen Xing

The images of Li Shutong have been widely employed in all kinds of writings, literary works and memorial places. The sorting and analysis of these image materials should be highly valued as it is one part of the research on this great master of Buddhism with outstanding contributions to the art. As early as before1949, the view that "photographing outdoing others in enlightenments of Buddhist masters' deeds" was once proposed by the intellectual circles. In addition, it is also the case that the compilation and publication of Li Shutong's images was carried out. In a word, an overall discussion on the compilation and publication of Li Shutong's images before 1949 not only helps the research on Li Shutong, but also does good to the deep understanding towards this versatile senior with great artistic and cultural talents.

鲁迅与弘一法师(李叔同)

潘建伟

鲁迅是五四新文学运动的旗手,弘一法师(李叔同)是重兴南山律宗第十一代祖师,这种完全不同的人生导致两人的交集很少。但由于他们分别于中国现代文学与佛学上具有着无可替代的位置,从20世纪40年代初起,就有论者将他们相互比较,探究异同。释亦幻在1941年发表《弘一法师在白湖》一文中最早表达过鲁迅与弘一法师两者在文学趣味上的相契,他认为弘一法师的"兴趣是沉溺在建安正始之际",并说:"鲁迅翁亦很好六朝文学,如他抄编的那本《古小说钩沉》,弘师见到必很高兴。"[1]李鸿梁60年代写的《李叔同的出家》将李叔同的弃艺从佛与鲁迅的弃医从文相互比较后认为两者殊途同归:"先生的走出围墙,放弃学校教育,好像鲁迅先生的放弃医学从事新文化运动,想更彻底些,更根本些,作用更大些,受教育的对象更广些。"[2]当代的研究中有求两人之"同"者,如万瑶华《"出世"与"入世"的统一——鲁迅与弘一法师之比较》一文认为:"李叔同的出家和鲁迅的入世是殊途,可在'生命欲'的制高点上,两位精神现象各异的大师却又同归于一。"[3]亦有论两人之"异"者,如金梅《从艺术先驱李叔同到弘一法师》一文比较了李叔同与鲁迅的人生轨迹后,认为及至民国初年两人所走的道路并无太大差别,而接下来的几年中前者"逐渐远离着时代的漩涡,规避着人间的纷扰",后者则

---

[1] 《弘一大师全集》第10册,福建人民出版社2010年版,第196页。
[2] 浙江省政协文史资料委员会编:《民国轶事撷拾》,见《浙江文史资料选辑》第70辑,浙江人民出版社2002年版,第64页。
[3] 载《黄淮学刊》1995年第3期。

"更加积极入世,直面人生,七八年之后,成为'五四'运动的先驱者之一"①。虽然这些论述大都或点到即止,或泛泛而谈,但却表明了中国现代文化界这两位巨人的人生选择、文艺取向、人格节操及思想境界等方面,的确能引起人们的比较兴味。本文意图从实证的角度梳理出鲁迅与李叔同从日本留学起到回国后可能存在的交集,并以此寻绎两者在思想上的共通处。

一

鲁迅与李叔同在日本有没有可能交往过呢?学界普遍认为两人没有交往过,但李璧苑认为有,她的理由是:"鲁迅是因1906年陈师曾与李叔同的先前认识,再从陈师曾处认识李叔同的。"②这种推测并不可靠,因为朋友的朋友未必能成为朋友,这既要看性情,更要看缘分。根据周作人的回忆,"鲁迅常外出逛书店,却不去访问友人,只等他们来谈"③。而根据欧阳予倩的说法,在东京时的李叔同的脾气是"异常的孤僻","律己很严,责备人也很严"。他回忆,有一次他远从牛达区拜访住在上野不忍池畔的李叔同,因为超过了预约时间五分钟,就因此被拒之门外。④ 注重冥思而不乐于主动交游的内倾化人格使得两人虽同为东京留学生,却不一定有太多机缘相识。不过,尽管没有材料佐证两人有过来往,但是鲁迅见过李叔同且对他多有关注,则是铁定的事实。

鲁迅1906年3月从仙台医学专门学校退学,旋即赴东京,寻找专治文学与美术的同志,开始酝酿文艺运动。在《〈呐喊〉自序》中,他说:"我们的第一要著,是在改变他们的精神,而善于改变精神的是,我那时以为当然要推文艺,于是想提倡文艺运动了。在东京的留学生很有学法政理化以至警察工业的,但没有人治文学和美术;可是在冷淡的空气中,也幸而寻到几个同志

---

① 金梅:《长天集》下编,天马出版有限公司2012年版,第1222、1224页。
② 李璧苑:《李叔同与陈师曾交游因缘》,见杭州师范大学弘一大师·丰子恺研究中心编《弘一大师今论》,天马出版有限公司2004年版,第72页。
③ 周作人:《鲁迅的故家》,止庵校订,河北教育出版社2002年版,第291页。
④ 欧阳予倩:《记春柳社的李叔同》,见《弘一大师全集》第10册,第179页。

了。"①鲁迅所说的这"几个同志"中，一般都知道的有许寿裳、袁文薮、周作人，根据增田涉回忆，还应包括苏曼殊。② 而在鲁迅当时的视野范围中，或许也有李叔同。

李叔同 1905 年 8 月东渡日本，1906 年 9 月入东京美术学校西洋画科撰科。1907 年 2 月，春柳社在东京举行第一次公演，剧目为《巴黎茶花女遗事》。李叔同饰演的"茶花女"玛格丽特极为成功，因而声名大振。如果说在此之前，鲁迅对李叔同可能并无所知，在此之后，鲁迅对他一定颇加关注。四个月后，即 1907 年 6 月，春柳社举行第二次公演，剧目为《黑奴吁天录》，鲁迅就与周作人、许寿裳等人一同去观看。数十年后，周作人多次提及当年的这场演出。在《鲁迅的故家》第三部分《鲁迅在东京》第二十则《看戏》中，周作人说：

> 还有一次是春柳社表演《黑奴吁天录》，大概因为佩服李息霜的缘故，他们二三人也去一看，那是一个盛会，来看的人实在不少，但是鲁迅似乎不很满意，关于这事，他自己不曾说什么。他那时最喜欢伊勃生（《新青年》上称"易卜生"，为他所反对）的著作，或者比较起来以为差一点，也未可知吧。新剧中有时不免有旧戏的作风，这当然也是他所不赞成的。③

李息霜即李叔同。可见之前鲁迅就不但已听说过李叔同，并且对他有一定程度的了解。鲁迅之所以"佩服李息霜"，应有两个原因。其一，他或许未必看过 1907 年 2 月春柳社公演的《巴黎茶花女遗事》，但是一定听友人谈起过李叔同演得很好。其二，鲁迅在东京时的思想"差不多可以民族主义包括之"④，而《巴黎茶花女遗事》正是因 1906 年底徐淮大水灾而进行的赈灾义

---

① 《鲁迅全集》第 1 卷，人民文学出版社 2005 年版，第 439 页。
② 增田涉：《鲁迅的印象》，钟敬文译，湖南人民出版社 1980 年版，第 48 页。
③ 周作人：《鲁迅的故家》，止庵校订，河北教育出版社，2002 年版，第 313、314 页。在《〈黑奴吁天录〉》、《关于鲁迅三数事》二文中又都提到此事，分别见钟叔河编订《周作人散文全集》第 9 册，广西师范大学出版社 2009 年版，第 839 页；第 12 册，第 780 页。
④ 周作人：《鲁迅在东京时的文学修养》(1936 年 11 月 7 日作)，见曹聚仁编《鲁迅手册》，(上海)博览书局 1947 年版，第 123 页。

演,他由此一定很佩服李叔同的爱国情怀。

周作人说《黑奴吁天录》的演出"是一个盛会",显然在他看来,这次的演出同样很成功。问题在于,"鲁迅似乎不很满意"。为何不满意,周作人给出了两个答案,一是鲁迅"那时最喜欢伊勃生",二是《黑奴吁天录》"不免有旧戏的作风"。但这两个解释并不一定很可靠。其一,鲁迅在日本并未关注或者说并未过多关注易卜生。他在《我怎么做起小说来》中谈到自己在日本时最关注的是"被压迫的民族中的作者的作品","所求的作品是叫喊和反抗,势必至于倾向了东欧,因此所看的俄国、波兰以及巴尔干诸小国作家的东西就特别多"。又说:"记得当时最爱看的作者,是俄国的果戈里(N. Gogol)和波兰的显克微支(H. Sienkiewitz)。日本的,是夏目漱石和森鸥外。"[1]没有提到易卜生。鲁迅博物馆、鲁迅研究室编的《鲁迅年谱》也认为:"至于当时风靡于日本文坛的自然主义文学,以及正负盛名的霍普德曼、苏德曼、易卜生等人却不去注意。"[2]可见并非由于演出的不是易卜生的戏剧导致鲁迅"不满意"的原因。

其二,周作人说鲁迅不满意于《黑奴吁天录》的是其"旧戏作风",这也不大可靠。参演过《黑奴吁天录》的欧阳予倩回忆道:"这个戏分五幕,每一幕之间没有幕外戏,整个戏全部用的是口语对话,没有朗诵,没有加唱,还没有独白、旁白,当时采取的是纯粹的话剧形式。"并认为:"《黑奴吁天录》这个戏,虽然是根据小说改编的,我认为可以看作中国话剧第一个创作的剧本。"[3]因而春柳社演的话剧《黑奴吁天录》已经是很标准的新戏了。周作人说的"旧戏作风"很可能是指该戏第二幕中加上的一些"游艺节目",其中有唱歌、跳舞,还有印度人、日本人、朝鲜人穿着各自国家的服装"扮一个角色到台上走走",也有中国人"唱一段京戏"。[4] 但这只属于为活跃气氛、轻松场面所安排的"插剧",不应罪责《黑奴吁天录》本身。

笔者认为,鲁迅对《黑奴吁天录》演出的不满意是另外两个原因。其一

---

[1] 《鲁迅全集》第 4 卷,第 525 页。
[2] 鲁迅博物馆、鲁迅研究室编:《鲁迅年谱》,人民文学出版社 1981 年版,第 188 页。
[3] 欧阳予倩:《回忆春柳》,见田汉、欧阳予倩等编《中国话剧运动五十年史料集》第一辑,中国戏剧出版社 1958 年版,第 18、19 页。
[4] 欧阳予倩:《回忆春柳》,见田汉、欧阳予倩等编《中国话剧运动五十年史料集》第一辑,第 19 页。

是由于小说与戏剧之间文本的转换差异所导致的。鲁迅早已阅读过林译小说《黑奴吁天录》,并且感受很深,在1904年10月8日致蒋抑卮的信中提到读完小说后的心情:"昨忽由任君克任寄至《黑奴吁天录》一部及所手录之《释人》一篇,乃大欢喜,穷日读至,竟毕。拳拳盛意,感莫可言。树人到仙台后,离中国主人翁颇遥,所恨尚有怪事奇闻由新闻纸以触我目。曼思故国,来日方长,载悲黑奴前车如是,弥益感喟。"①对小说的印象越深刻,就越会觉得其他形式改编得不好。鲁迅1930年致王乔南的信中就认为自己的《阿Q正传》"实无改编剧本及电影的要素,因为一上演台,将只剩了滑稽,而我之作此篇,实不以滑稽或哀怜为目的"②。这些话当非自谦之词,因为在1936年致沈西苓的信中他再次表达了《阿Q正传》"搬上银幕以后,大约也未免隔膜,供人一笑,颇亦无聊,不如不作也"③。这些都表明鲁迅其实并不看好从小说改编为话剧或电影的形式。曾孝谷编剧的《黑奴吁天录》对林译小说改动很大。小说是典型的"话分两头"之叙事,一边叙述汤姆的经历,一边叙述哲而治、意里赛的逃难,而戏剧中则将两者合二为一。比如第五幕"雪崖之抗斗"中,汤姆早已经被奴隶贩子海留带走卖到了南方的圣格来家,但在话剧中他却和哲而治、意里赛等人一起与奴隶贩子马概等人作斗争。再如小说的结尾是汤姆虽然死亡,但哲而治、意里赛最终获得自由,白人乔治在汤姆坟前立誓"永不蓄奴",而话剧的结尾却是黑人杀死几个奴贩子逃走了。④话剧中的这种重大改动对于阅读过小说且有深刻印象的人,难免会造成"期待错位"。

其二就是李叔同在《黑奴吁天录》戏中并未扮演主角汤姆或哲而治,而是饰演了两个非常次要的角色。一个是"爱密柳夫人"。小说中她所出现的篇幅不会超过总内容的二十分一。在剧中,她只在第二幕"工厂纪念会"最后才出场,第三幕"生离欤死别欤"中的戏也非常少,之后就不再出现。李叔同演的另一个角色"跛醉客"就更加次要了,几乎可以忽略不计,以致周作人

---

① 《鲁迅全集》第11卷,第329页。
② 《鲁迅全集》第12卷,第245页。
③ 《鲁迅全集》第14卷,第119页。
④ 有关话剧内容的部分均参考欧阳予倩《回忆春柳》,见田汉、欧阳予倩等编《中国话剧运动五十年史料集》第一辑,中国戏剧出版社1958年版,第15—18页。

在另一篇文章《〈黑奴吁天录〉》(载 1950 年 11 月 17 日《亦报》)中说,虽然那一次去看戏"差不多就是为他而去的",但是"他在戏里扮的是什么人现在早也忘记了"①。

春柳社的第二次公演《黑奴吁天录》没有符合鲁迅的期待,这两个因素可能性极大。在这次演出后,鲁迅是否继续关注过李叔同,根据目前的材料来看,并没有这种迹象。1909 年,鲁迅回国;1911 年,李叔同回国。鲁迅在日本时只等着朋友来访,回到国内依然是这个风格。除了逛书店、去演讲等外,他很少会主动去朋友处拜访。不论是与许寿裳、徐梵澄等亲密的友人,还是与李霁野、曹靖华等普通的交往,都是"只等他们来谈"。而后来成为弘一法师的李叔同自然更不会主动去拜访鲁迅,交友风格是两人始终未能见面的因素之一。他们两人倘要来往,必须通过共同的友人牵线搭桥。

二

弘一法师与鲁迅的确有很多共同的朋友。在这些朋友中,陈衡恪是两人最早共同认识的好友。鲁迅与陈衡恪最早在 1899 年 1 月下旬相识于南京江南陆师学堂附设的矿务铁路学堂,1903 年 3 月又在日本弘文学院速成师范科两人相遇,并同住一个寝室。② 之后两人保持着密切的往来,1909 年 3 月鲁迅、周作人合译出版的《域外小说集》第一册之书名,即由陈衡恪以篆体题签。鲁迅于 1912 年 2 月开始在南京临时政府教育部工作,5 月赴北京政府教育部;陈衡恪于 1913 年到北京,任教育部编纂,主持图书编辑,同事的关系使得两人的来往更为频繁。

李叔同于 1906 年与陈衡恪在东京相识,两人一起参加过书画社"淡白会"。回国后,李叔同于 1912 年 4、5 月任《太平洋报》副刊编辑时,陆续发表了陈衡恪的《春江水暖鸭先知》、《偶坐侣是商山翁》、《落日放船好》、《独树老夫家》等十多幅作品。又于 1916 年有诗《题陈师曾荷花小幅》云:"一花一叶,

---

① 钟叔河编订:《周作人散文全集》第 9 册,广西师范大学出版社 2009 年版,第 839 页。
② 鲁迅博物馆、鲁迅研究室编:《鲁迅年谱》,人民文学出版社 1981 年版,第 104 页。

孤芳致洁。昏波不染,成就慧业。"①既赏陈氏为人为艺,又以此自励自勖。1923年左右又作《朽道人传》云:"道人姓陈,名衡恪,字师曾。义宁陈伯严先生长子也。风雅多能,工诗词,善书画、篆刻。中年以后,技益进,名满都下。执政教育部十年,不为习俗所溺,人以是多之。子封可,亦善画,能篆刻。"②非常精准地描述了陈氏的家世、经历、艺术与风格,可以想见两人的关系绝非一般。如果陈衡恪不英年早逝,鲁迅与李叔同的确有可能通过这位共同的好友而有一面之缘。

除了陈衡恪外,鲁迅与李叔同共同的朋友还有夏丏尊、丰子恺、叶圣陶、内山完造、曹聚仁、柳亚子、欧阳予倩等,尤其与前面四位,交往颇多。

其一是夏丏尊。夏丏尊与鲁迅是旧相识,前者于1908年春入浙江两级师范学堂(即后来的浙江省立第一师范学校),后者于1909年9月执教于该校,虽属不同科系,但两人仍有往来。1927年10月3日,鲁迅抵达上海开始他最后十年的生活,两人有了进一步的交往。根据鲁迅日记,1927年10月5日,夏丏尊等访鲁迅,未遇;10月12日,鲁迅访张锡琛,遇夏丏尊;10月30日,鲁迅收到夏丏尊信;11月6日,鲁迅受夏丏尊邀请,往上海华兴楼所设暨南大学同级会演讲,并一起午餐。③ 夏丏尊当时在上海立达学园负责中国文学进修班,兼任暨南大学中国文学系主任,又负责开明书店的编辑工作,鲁迅与夏丏尊等合译的《芥川龙之介集》就于1927年12月由夏氏编辑出版。

至于夏丏尊与李叔同的友情就更深了,后者的出家就与前者的助缘密不可分。从浙江两级师范学堂相识到弘一法师迁化前,都保持着密切联系。根据《弘一大师全集》之"书信卷"的收录,弘一法师致夏丏尊信有103通之多。弘一法师在人生最后写的两首偈诗所赠之人即为夏丏尊。④

其二是叶圣陶。鲁迅与叶圣陶神交很早,但到1926年8月30日鲁迅南下厦门路过上海时才有第一次的见面,此后两人来往、通信频繁,并形成了深厚的友谊。鲁迅于1927年10月8日从上海共和旅馆搬至景云里23号

---

① 《弘一大师全集》第8册,第36页。
② 《弘一大师全集》第7册,第584页。
③ 《鲁迅全集》第16卷,第40、41、43、46页。
④ 两首偈诗即为:"君子之交,其淡如水。执象而求,咫尺千里。""问余何适,廓尔亡言。华枝春满,天心月圆。"见《弘一大师全集》第8册,第324页。

时,还与叶圣陶成为邻居。①

叶圣陶初次见到李叔同是在 1927 年 10 月初的上海功德林,同坐的还有夏丏尊、丰子恺、内山完造、周予同。叶圣陶不久写的《两法师》以生动的语言描述了这次相见。叶圣陶于 1937 年又写了《弘一法师的书法》评价其近年来的书法"毫不矜才使气,功夫在笔墨之外"②。直到 1980 年,叶圣陶还写《全面调和》一文以"无往斋"草书三字及落款为例,高度评价弘一法师的每一字每一笔"皆适居其位,似乎丝毫移动不得"③。

其三是内山完造。1927 年 10 月 5 日,鲁迅到上海的内山书店购书,始与内山完造相识。④ 此后鲁迅经常去内山书店,直到去世前的 1936 年 10 月 17 日还到过该书店。内山完造则有大量写鲁迅的文章,后结集为《我的朋友鲁迅》。

弘一法师大约也在 1927 年的 10 月初与内山完造相识,叶圣陶《两法师》记载在功德林一起会面的"日本的居士"就被认为是内山完造,这与内山完造在《弘一律师》一文写到由夏丏尊的邀请在功德林与弘一法师见面相一致。⑤ 在这次相会中,内山完造允诺会将弘一法师的《四分律比丘戒相表记》30 册与《华严经书论纂要》12 部代为分赠给需要者,两人因此结下友谊。

其四是丰子恺。鲁迅与丰子恺在 1927 年 10 月前已因同译《苦闷的象征》而互闻其名。两人最早的见面很可能是在鲁迅于 1927 年 10 月 28 日来立达学园演讲之时,该日的鲁迅日记云:"上午得绍原信并译稿。下午往立达学园演讲。"⑥丰子恺为立达学园的创办者之一,又同时任校务委员、董事

---

① 许广平《景云深处是吾家》一文回忆说:"景云里的二十三号前门,紧对着茅盾先生的后门,但我们搬进去时,他已经因国民党的压迫到日本去了。留在他家中的,还有他的母亲和夫人及子女等人,好在叶绍钧先生住在近旁可以照应。"见马蹄疾编《许广平忆鲁迅》,广东人民出版社 1979 年版,第 571 页。
② 《叶圣陶集》第 5 卷,江苏教育出版社 2004 年版,第 444 页。
③ 《弘一大师全集》第 10 册,第 291 页。
④ 鲁迅日记 1927 年 10 月 5 日。见《鲁迅全集》第 16 卷,第 40 页。
⑤ 学界一般认为弘一法师与内山完造的初次见面时间是 1927 年 10 月份,但仍有争议,可参见金梅《长天集》下编,天马出版有限公司 2012 年版,第 1294—1296 页;陈星著《李叔同身边的文化名人》,中华书局 2005 年版,第 185—188 页。
⑥ 《鲁迅全集》第 1 卷,第 43 页。

会董事以及西洋画科负责人,去参加鲁迅的演讲是情理中事。近一个月后丰子恺又拜访了鲁迅,11月27日的鲁迅日记云:"黄秋涵、丰子恺、陶璇卿来。"①在鲁迅逝世后,丰子恺又以小说《阿Q正传》为主题绘过连环漫画,可见出丰子恺对鲁迅非常尊敬。

以上鲁迅与弘一法师的这四位共同友人(学生),本身又都是朋友,可这些友人就是没能促成两人的相识。特别是在鲁迅到上海开始他晚年生活的1927年10月份,弘一法师也在此时云游到了上海,并在丰子恺的江湾寓所持续住了一个月左右之久。② 这一个月中,鲁迅与弘一法师分别与这四位友人均有往来,但两人却无缘见面,不能不说是一个遗憾。

三

鲁迅1927年10月28日往立达学园讲演时,弘一法师很有可能仍在丰家,也有可能刚好离开了。此后,这四位友人有没有在弘一法师面前提过鲁迅,我们不得而知,但鲁迅一定在这些朋友那里听说过关于弘一法师的思想人格、自我行持,对之倾慕有加,甚至引为同道。他在1931年3月1日的日记中云:

> 午后往内山书店,赠内山夫人油浸曹白一合,从内山君乞得弘一上人书一纸。③

---

① 《鲁迅全集》第16卷,第48页。
② 丰子恺1929年写的散文《缘》这样记叙:"这是前年秋日的事:弘一法师云游经过上海,不知因了什么缘,他愿意到我的江湾的寓中来小住了。……这样的生活,继续了一个月。"(《丰子恺文集》第5卷,浙江文艺出版社、浙江教育出版社1992年版,第154页)弘一法师在丰家小住应该主要是在十月份。理由有二。其一,10月21日(农历九月二十六日),丰子恺在上海江湾镇立达校舍从弘一法师皈依佛门,法名婴行。其二,叶圣陶《两法师》记叙了在功德林与弘一法师会面、又一起拜访印光法师之事,文末提到:"弘一法师就要回到江湾子恺先生的家里。"(叶圣陶:《稻草人》,天津人民出版社2012年版,第177页)该文作于1927年10月8日,可知此前弘一法师就已在丰子恺家中。以此推断,弘一法师在丰家的这一个月的时间跨度应是从9月底或10月初至10月底或11月初。这是弘一法师在上海待的最长的一段时间,此后的岁月他很少涉足上海,即便到过上海,也只是云影萍踪,不作久留。
③ 《鲁迅全集》第16卷,第245页。

鲁迅肯定知道内山完造与弘一法师多有往来,并存有不少书法作品。所以,他在拜访内山完造时,以"油浸曹白"赠内山夫人,"乞"回了弘一法师的书法一幅,应该是有备之举。内山完造《弘一律师》一文也提道:

> 弘一律师和我通过好几次信,赠过我好几张法书,可是现在我连明信片都没有一张,因为全被朋友们讨去了,他送给我的字幅也被内地的拿走了。①

这些朋友们一定也包括鲁迅。被鲁迅乞去的这幅书法,根据萧振鸣的介绍,条幅书"戒定慧"三字,右上钤一坐佛印章,落款为"支那沙门昙昉书",下钤"弘一"印一方,现存鲁迅博物馆。②

以往论者往往只注意鲁迅乞书一事,无暇顾及书法本身的内容。笔者认为,鲁迅乞得的"戒定慧"三字,大有深意。"戒定慧"后称"三学",但三字合称且有详细的解释,最早就出现于北朝姚秦佛陀耶舍等译的《四分律》这一部中国律学萌芽期的重要经典中(弘一法师的第一部著作就是《四分律比丘戒相表记》)。"戒定慧"三者相辅相资,虽以"慧"为归宿,但戒是根本,无戒不能入定,无从慧观,更谈不上益利众生。释亦幻说弘一法师是以"四分律为行"③,其首要工夫就是"戒",这是最为重要也最难以做到的行为操持,也是弘一法师佛学思想中最核心的要素。弘一法师继承了隋唐之际南山宗道宣律师以《妙法莲华经》、《大乘涅槃经》等大乘佛教经典阐释《四分律》的一贯理路,并且将众生离苦得乐作为最终的净土信仰,但律宗所强调的"戒"始终是他的学佛根基。他在 1929 年为闽南佛学院所作的《悲智颂》中即云:"智慧之基,曰戒曰定。如是三学,次第应修。先持净戒,并习禅定。乃得真实,甚深智慧。依此智慧,方能利生。"④弘一法师之所以为人所仰止,正在于其极为严格的律己苦行之精神,以此来担荷世间诸苦,诠释"不为自身求安乐,但愿众生得离苦"的菩萨愿行。

---

① 《弘一大师全集》第 10 册,第 184 页。
② 萧振鸣:《鲁迅美术年谱》,国家图书馆出版社 2010 年版,第 382 页。
③ 《弘一大师全集》第 10 册,第 193 页。
④ 《弘一大师全集》第 8 册,第 189 页。

鲁迅以一"乞"字来透露他对弘一法师"戒定慧"三字的看重，不但表明他对弘一法师的思想有一定了解，而且也证悟于自身的佛学修行。内山完造在1936年10月上海虹口会葬纪念鲁迅时就说："鲁迅先生，是深山苦行的一位佛神。"徐梵澄对此评道："这一语道着了一点先生的精神真际。"[①]鲁迅虽然没有明确提到律宗对自己的影响，但他特别推崇小乘佛法强调的"坚苦"修行，并将之看成是佛教的真精神。在1927年写的《庆祝沪宁克复的那一边》明确提到："我对于佛教先有一种偏见，以为坚苦的小乘教倒是佛教。"[②]鲁迅有别于同时代新文化人而独具冷静、深邃与渊慧，正与他长期坚苦的省察存养密不可分。

由此看来，有些人或许终生未能相识，但其精神品质却遥相呼应。从日本东京观剧到内山书店乞书，表明了鲁迅对李叔同的认识在逐步深化，两人在表面看似完全不同的道路上都体现出坚毅卓绝、勇猛精进的一致性。他们都能看透人生的虚无而又涵容人生的一切，都能以智上求证佛法而以悲下化润众生，他们的生命境界正是佛教精神博大、深刻、积极之集中体现。

（作者：杭州师范大学弘一大师·丰子恺研究中心副研究员）

Lu Xun and Master Hongyi（Li Shutong）

Pan Jian-wei

Lu Xun's gradual understanding towards Li Shutong is well illustrated in the incidents from drama-watching in Tokyo of Japan to request for books in Uchiyama Bookshop. Both of them share the uniformity of perseverance and bravery though it seems that they have different ways of

---

① 徐梵澄：《星花旧影——对鲁迅先生的一些回忆》，见《徐梵澄文集》第4卷，上海三联书店、华东师范大学出版社2006年版，第388页。
② 《鲁迅全集》第8卷，第198页。

life. In fact, both of them can not only see through the nothingness of life, but also bear everything in the world; not only seek for the law of Buddhism by their wisdom, but also guide all living creatures with their benevolence. In a word, the realm of their lives is a vivid reflection of vast, deep, and active nature of Buddhism. This paper aims to sort out the possible intersections of Lu Xun and Li Shutong from their studying in Japan to coming back China in an empirical way, and further seek for the similarities between them in terms of thoughts.

李叔同将出家前书写的一幅书法残片

姜书凯

我的父亲姜丹书（1885—1962），字敬庐，号赤石道人，江苏溧阳人，寄籍杭州。1910年底他以最优等的成绩毕业于南京两江优级师范学堂图画手工科，与吕凤子、李健、汪采白、沈企侨、吴溉亭等一起，成为我国近现代第一批自己培养的艺术教育师资。1911年7月他应聘到杭州，接替日本籍教师，任教于浙江两级师范学堂（辛亥革命后改名浙江省立第一师范学校）。1912年秋，李叔同也应经亨颐校长之聘来该校任教，当时学校专任的艺术教师只有他们二人，我父亲教图画、手工，李叔同教图画、音乐，我父亲与李叔同除了专业上经常互相切磋，在为人处世和性格上也很投缘，所以私交甚深。他们二人在一师同事六年，1918年夏李叔同出家成了弘一法师后，经常来往于沪、杭、甬等地，我父亲则在沪、杭两地的艺术院校教书，两人仍时有过从。

在他们两人近30年的交往中，李叔同（弘一法师）曾多次以他的书法作品赠我父亲。其中李叔同在出家前一天晚上应我父亲恳请所书的《姜母强太夫人墓志》最为世人熟知，我曾撰《记李叔同（弘一法师）的一件手书墓志》一文，刊载于1982年第2期《中国美术》杂志上，该件墓志书作是李叔同在俗时的绝笔，又是出家成了弘一法师后的开笔之作。比这件墓志稍早一点，李叔同还赠送过我父亲一幅书法作品，这就是本文要重点介绍的他的一件书法残片。

1983年已建成60年的我父亲的画室——丹枫红叶楼——将被征用拆毁。在我母亲和我五哥、五嫂及三个侄女搬去过渡房以后的第一个星期日上午，我特意回到丹枫红叶楼，以示与这座留下我青少年时期的种种回忆的老屋作最后告别。当我走到二楼我父亲生前的画室兼会客室时，看到的是一片狼藉：满地的废纸垃圾及散落在地板上的我父亲的旧画笔，我赶紧将旧画笔收起作为永久留念，同时将废纸堆一一翻捡一遍，以防不懂也不爱好书画的五哥遗漏了什么值得保存的东西。我在通向假三楼的楼梯下，找到了一筐亲友和我父亲的师友、学生致我父亲的信函，我一封一封仔细检视，竟发现了许多名人的来信：有我父亲的老师、著名山水画家萧俊贤（屋泉）；父亲的老友马一浮、吕凤子、邵裴子、张宗祥、钟毓龙、堵申父、马公愚、钱均夫（钱学森之父）、孙智敏（清朝1903年癸卯科进士，入翰林），还有著名画家钱松嵒、徐悲鸿夫人廖静文等，以及他的学生潘天寿、丰子恺、李鸿梁。在假三楼的废纸堆中，我还捡到了一幅张大千与经亨颐合作的《松竹》中国画（右上角略有破损）。最令我欣喜而又惋惜的是在一只黑色的破箱子中，发现了大堆宣纸的纸屑，其中竟有一幅李叔同的书法作品残片。原来丹枫红叶楼是建于1923年的土木结构的西式楼房，我父亲于1962年6月8日逝世后，假三楼只是用来堆放父亲的书籍及几只画箱，并不住人，到老屋拆毁前已经有二十多年没有人去检视父亲的藏书和画箱。丹枫红叶楼因年久失修，以至家鼠为患甚烈，这只黑色的画箱因木质疏松，家鼠咬穿箱角进入箱内做窝，所以箱内所藏书画竟成一堆纸屑，这幅李叔同写赠我父亲的书法残片就混在纸屑中被我清理了出来。残片高60厘米，宽23厘米，像是一付对联的上联，其中间部分尚存的三个大字是"放浪为"（图1），每个字高13厘米，宽12厘米；右边尚存"抚张猛龙碑阴，反似山谷如何如何"题字（后面一个"如何"以重复号"、、"代替）；左边尚存"士息翁时将入大慈"题字，每个字高2厘米，宽2厘米。

图 1

从这幅残片上的题字中，一看便知是李叔同"将入大慈"披剃前几日书赠我父亲作留念的，比书写《姜母强太夫人墓志》略早几天，残片一如李叔同出家前的其他书法作品，也是法乳魏碑，气度雄深健雅，在弘一法师（李叔同）的书法作品中，实在不失为"直闯魏室"的上乘之作。

李叔同出家成了弘一法师后，还陆陆续续赠送过我父亲五幅书法作品，其中有一幅是1928年秋弘一法师为我父亲收藏的《雷峰塔经卷》题写的一段华严经，我写的《弘一大师为雷峰塔经卷题写华严经》一文刊登在《永恒的风景——第二届弘一大师研究国际学术会议论文集》中（中国文化艺术出版社，2008年1月），在此就不再赘述。另外四幅书法作品都是弘一法师出家后陆陆续续书赠我父亲的条幅，一幅是抄写《大宝积经》的，一幅是抄写《华严经》的，另外两幅是抄写蕅益大师警训的。字体都是被誉为"弘一体"的书法，下面全文抄录弘一法师这四幅书法作品。

一、弘一大师《南无阿弥陀佛》书法释文（图2）

南无阿弥陀佛

　　《大宝积经》云：菩萨成就八种法，故于诸佛前莲华化生。一者乃至失命不说它过；二者劝化众生令归三宝；三者安置一切于菩提心；四者梵行无染；五者造立佛像置莲花座；六者忧恼众生令除忧恼；七者于贡高人中常自谦下；八者不恼它人。

　　岁在昭阳　昙昉

尺寸：高64厘米，宽31厘米
钤印：名字性空（白文）、幻士（白文）

图2

二、弘一大师《利关不破》书法释文（图3）

利关不破，得失惊之。名关不破，毁誉动之。
蕅益大师警训　一音

图 3　　　　　　图 4　　　　　　图 5

尺寸：高 80 厘米，宽 36.5 厘米

钤印：南无阿弥陀佛佛像印、弘一（朱文）

三、弘一大师《一味痴呆》书法释文（图 4）

一味痴呆，深自惭愧。劣智慢心，痛自改革。

藕益大师警训　一音

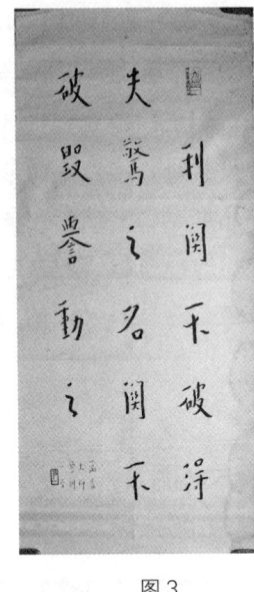

尺寸：高 80 厘米，宽 36.5 厘米

钤印：南无阿弥陀佛佛像章、弘一（朱文）

四、弘一大师《佛华严经云》书法释文（图 5）

佛华严经云：以无碍眼等视众生。

岁集鹑尾秋居莴林　沙门亡言时年六十二

尺寸：高 65 厘米，宽 31.5 厘米

钤印：南无阿弥陀佛佛像印、龙辟（白文）

最后一幅书法作于弘一大师逝世前一年，应是他书赠我父亲的最后纪念了。

今年是弘一大师圆寂 75 周年，也是我父亲逝世 55 周年，摩挲大师遗墨，追忆先人风采，在此介绍他们之间的深厚交谊，以作为对两位先辈永恒的纪念。

（作者：浙江省农药工业协会顾问）

An Introduction to a Remnant of Li Shutong's Calligraphy before His Becoming a Monk

Jiang Shu-kai

Jiang Danshu was Li Shutong's workmate of teaching art in Zhejiang Two-level Normal School, which was renamed as Zhejiang First Normal School after the Revolution of 1911. They worked together with deep friendship for 6 years and Li Shutong sent some of his calligraphy works as gifts to Jiang Danshu. As a result, there are 7 pieces of Li's calligraphy works left in Jiang's home. One piece, which was later produced into the stela and rubbing and entitled "An Epigraph of Qiangtai Madam, Jiang's Mother" in request of Jiang Danshu before Li entered into the Buddhism, won great popularity throughout the world. This paper aims to introduce another piece of Li's calligraphy works in remnant by Jiang's little son named Jiang Shukai, which was a litter bit earlier than the epigraph.

从严修丙午信草到李叔同义事史料之新发现

王维军

一、严修丙午答李叔同函

1905年8月12日李叔同离开天津,赴日求学后不久,李叔同的先生赵幼梅亦于1905年9月25日赴日考察。严修日记中记录了当天为赵幼梅赴日送行的景况:"五钟起,赴新车站送幼梅诸君赴日本之行,随车至老龙头乃告别。"①赵幼梅此行,是奉直隶总督兼北洋大臣袁世凯和天津道周学熙之命,以工艺总局参议和直隶高等工业学堂庶务长的身份随同北洋银元局提调陈一甫去日本考察实业币制及各学堂工厂,以资效仿。因为当时的直隶工艺总局下面的附属机构主要包括有直隶高等工业学堂、考工厂、实习工场、劝工陈列所、教育品制造所、北洋劝业铁工厂等,所以同行考察的还有考工厂提调周荇汾及郭芸夫、胡鹿泉、李叔扬、曹汝霖、秦卫玉和银元局局员贾元甫、吴伯生及两名工匠,共12人,日方三井洋行派翻译随行。在日期间,赵幼梅既考察了诸多学校工厂,亦往访晤见了弟子李叔同,并将所见所闻函告严修,这在严修的日记、手稿中皆有记录。那么,我们是否能从这些当年往来之信札中找到一些有关李叔同的今人未知的新史料信息呢?

笔者为此查阅了严修在李叔同留日时期的众多手稿,将手稿中所涉李叔同之信息整理出来,并以表格的形式罗列如下:

---

① 《严修手稿》,天津古籍出版社2012年版,第4854页。

序号	时间(旧历)	相关内容	出处
1	1905年十月二十五日	收信：叔同	光绪三十一年乙巳日记
2	1906年闰四月十一日	幼梅丈自津来。夜与幼丈谈至两点。收信：李叔同	丙午北京日记
3	1906年闰四月十六日	写致叔同信(钱君官费难谋,可否吾两人分任)	丙午北京日记
4	1906年闰四月二十六日	会客：曾纶襄笃斋令郎；收信：李叔同(介绍曾纶襄)	丙午北京日记
5	1906年六月二十三日	收信：李叔同	丙午北京日记
6	1906年六月二十五日	写信：李叔同	丙午北京日记
7	1906年十一月二十四日	收信：李叔同	丙午北京日记
8	1906年十一月二十六日	写信：复叔同	丙午北京日记
9	1907年四月十一日	写信：写复叔同信	光绪三十三年丁末日记

可知,1905—1907年间,李叔同和严修彼此信来函往有明确记录的共有9通。或是李叔同因事向严修推荐友人上门面见,以求相助,如1906年6月17日曾笃斋之子曾纶襄(即曾孝谷)持李叔同之介绍信,在北京登门造访严修,6月26日,严修至曾孝谷府上回访曾氏父子,8月7日曾孝谷赴日求学前再见严修以辞行；或是严修有求于李叔同,陈请帮忙,如1906年6月7日,严修为钱君谋学费事等,去函李叔同,期获资助。彼此信札往来,交流未曾有断。在严修手札底稿《自起信草(丙午至庚戌)》中,有一通严修手书"答李叔同"函,其中所记与李叔同相商为钱君谋学费事等,未见以往史料文献记载,引起了笔者的兴趣和关注。

该信札手稿之落款时间是"闰四月十六日",未记年。查万年历,知闰四月当在1906年。据此时间线索,笔者又检阅其时之严修日记,两相比对,果在1906年闰四月十六日日记中找到与此函内容相同之记录信息。如日记中有云:"写致叔同信(钱君官费难谋,可否吾两人分任)"[1],而《答李叔同函》中则有"钱君志士,学费不继,诚应代谋,唯直隶学务自设提学司后,兄已不复

---

[1] 《严修手稿》,天津古籍出版社2012年版,第5058页。

与闻。且前因退学风潮,停止资送,即前经奉准者,亦迟迟不能成行,纵今言之,决难得请。老弟一人协济为数不资,可否由吾两人分任,敬候示遵",信札、日记彼此内容相吻。由此可以确定此通未纪年的《答李叔同》信稿应系严修于1906年闰四月十六日(阳历6月7日)写致李叔同之函。现将此信札内容抄录如下:

答李叔同

叔同仁弟大人左右

去岁书来,未即奉报为歉。顷奉惠示,忻悉体健神愉,德修业进,佩慰兼深。钱君志士,学费不继,诚应代谋,唯直隶学务自设提学司后,兄已不复与闻。且前因退学风潮,停止资送,即前经奉准者,亦迟迟不能成行,纵今言之,决难得请。老弟一人协济为数不资,可否由吾两人分任,敬候示遵。幼梅先生昨来京寓,似以吾弟在校外独修为未安。兄则以为,吾弟必有深意,否则去家万里,岁损巨资,宁肯浅尝而止乎?天气渐暑,诸凡珍重,不尽欲言。

日本东京本乡区真砂町二十五番地亚细亚馆九番室,钱永铭君转交闰四月十六日(图1)①

昧函意可知,赵幼梅此次10月在日本考察期间与李叔同是有过晤面交流。据考,赵幼梅在日本不仅与李叔同有过交集晤谈,而且还去了李叔同报考的东京美术学校考察,当时在天津考工厂任工艺长的日本人盐田真为此还特别致函东京美术学校校长正木直彦先生,介绍赵幼梅(即下表中赵元礼)、周荇汾(即下表中周家鼎)等一行,望能提供参观之方便。吉田千鹤子在《东京美术学校的外国留学生》中,统计了明治三十六年—四十二年来东京美术学校参观的中国人名单,在其摘录的东京美术学校总务科档案材料《本校来访文件》②中,至今还保存着明治三十八年(1905年)的这份珍贵原始记录:

---

① 《严修手稿》,天津古籍出版社2012年版,第12047页。
② [日]吉田千鹤子:《东京美术学校的外国学生》,韩玉志、李青唐译,天马出版有限公司2004年版,第23页。

年月日	介绍人	所属地（部门）	来访者名
（9）文件日期	天津考工厂工艺长帝国农商务省技师盐田真	考工厂提调北洋高等工业学堂事务长	周家鼎赵元礼※及教员、学生
（11）文件日期	外务省石井局长	北洋造币局提调	陈惟壬及随员

※敬启者：近日秋高气爽，祝您贵体安康！据督宪袁之创意，受北洋工艺总局总办周之命，本厂提调（本国的事务长）周家鼎、北洋高等工业学堂事务长赵元礼二人及教员、学生等一行今赴本国视察学事及实习之事，望贵校接洽，清国美术事业刚刚起步，此行对学员培养和督宪的创意必将大有裨意，望不吝赐教。

光绪三十一年八月廿五日
明治三十八年九月廿三日
清国天津考工厂艺长帝国农商务省技师盐田真（印）
（介绍信）

东京美术学校校长正木直彦先生

赵幼梅考察回国后数月，于1906年的闰四月十一日（6月2日）专程从天津赶往北京严修的寓所，向严修详细叙述了在日本考察期间的见闻和感受，以及李叔同在东京生活和学习的情况，并对李叔同未能在校内集体修习而是独自在校外租房自修甚觉不妥，认为若长此以往缺乏监督，难免懈怠，恐日久身心涣散，以致影响学业。赵幼梅的担心其实也不无道理，当时留日学生中确实有不少因外宿而至学业荒废者，《官报》第29期之"学界纪事"上曾专就第一高等学校留学生中，某些官费生没能按规定入校寄宿以致影响学业之现象，陈述其弊，令行禁止："本处年付该校寄宿舍费用为数甚巨，去年学生中有不入寄宿者，本年成绩相去甚远，该校一再以此事与本处切商，务令考取各生一律入寄宿舍。……自此次详告之后倘再有不入寄宿舍，查明定即开除名额，无谓言之不预也"[①]；而严修则认为李叔同一向做事认真精进，且求学心切，故对赵幼梅的忡忡忧心和不安表示甚不以为然："兄则以为，吾弟必有深意，否则去家万里，岁损巨资，宁肯浅尝而止乎"，认为李叔同既然作此选择必有其外在的需要和内在的用意和考量，况且，此时李叔同尚未考入学校就读，时值复习备考阶段，故对李叔同的外宿不仅不反对，且表

[①]《官报》第6册，国家图书馆出版社2009年版，第496页。

示理解认同。笔者思量,李叔同在外租居或许还有另外的原因,如若仔细阅读其时李叔同致好友之信函,会发现1906年闰四月十五日李叔同曾致沪上好友杨白民一函,信中自述数月来一直患神经衰弱症,甚至无法着笔,受此困扰以致痛苦不堪:"弟自正月负神经衰弱症,不耐苦思。执是之故,未暇走笔为文。他日少瘥,当必有以报命也,亮之为幸"①,可知李叔同到日不久后,神经衰弱旧疾复发,外租独居和安静的环境有利于李叔同病况之治疗和身体之康复。另外,李叔同所习美术之绘画写生需要有一个较大和相对独立的空间,在经济条件许可的情况下,李叔同选择租屋独居是可以理解和合乎情理的。而未知李叔同身体状况详情的赵幼梅,作为昔日师长,由关心而生担心,亦当难免,也属情理之中。就在赵幼梅登门拜访严修的当日,严修又恰好收到李叔同自去年十月二十五日从日本寄来第一封信后的又一通来函,得知李叔同在日详细情况之一一。这一晚想必李叔同成了严修和赵幼梅彼此交谈的主要话题之一,话多夜短,如严修在日记中所记"夜与幼丈谈至两点"②,仍意犹未尽。四天后的四月十五,赵幼梅别过严修,返回天津。送走了赵幼梅后,十六日(6月7日),严修即复上函"答李叔同"。

二、李叔同义举事相

如若仔细读阅此通严修1906年闰四月十六日(1906年6月7日)所书之"答李叔同"函,除了如前所述李叔同在外租屋独修之事外,发现信中传递出另一个鲜为人知的重要信息,值得我们备加关注:李叔同在日期间曾应严修之请,代为接济留日学生钱永铭之学资。

为了获得此事更多的相关信息,笔者查阅了严修的多种手稿资料,发现关于李叔同资助钱永铭之事,共有三处相关信息可得:一、1906年闰四月十六日,严修在《自起信草》中的《答李叔同》之"钱君志士,学费不继,诚应代谋,唯直隶学务自设提学司后,兄已不复与闻。且前因退学风潮,停止资送,即前经奉准者,亦迟迟不能成行,纵今言之,决难得请。老弟一人协济为数

---

① 《弘一大师全集》第8册,福建人民出版社2010年第2版,第269页。
② 《严修手稿》,天津古籍出版社2012年版,第5054页。

不资,可否由吾两人分任,敬候示遵"①;二、1906年闰四月十六日,严修在其日记中云"写致叔同信,钱君官费难谋,可否吾两人分任"②(图2);三、在严修《自起信稿(丙午至庚戌)》中,有一页丙午未写就的半篇信札草稿,此半通信内容中言及李叔同去年冬曾修书一函致严修,因严修离开天津赴京城出任学部右侍郎不久,新旧交替,此函因故未能收讫,并言李叔同为将入工科大学的湖州钱君捐助学资,"为谋之忠,可胜钦佩"③(图3),此半通未写就之草函可作为《答李叔同》及严修日记中所言李叔同资助钱永铭一事之信息补充,互为佐证。

严修在信中提及李叔同捐助在日留学生钱永铭学资一事,因关乎隐私,纯属朋友间私情交谊,不便对外人言,乐施好善的李叔同更是己善不扬,故百多年来外界对此李叔同捐助之事一直无人知晓,未见有传。而严修的这通"答李叔同"函,则为我们揭开了这段隐藏百年的李叔同善行义举之秘密。在这通信札的背后又有着一个怎样的未为人知的故事呢?

严修信中所言钱君,即信末提及代为转交信函之钱永铭,也就是后来成为民国银行界巨头,被称为中国近代十大银行家之一的钱新之。钱永铭(1885—1958),字新之,晚号北监老人,浙江湖州人,1885年生于上海。1897年入上海育才学堂,1902年考入天津北洋大学堂学习财政经济。1903年袁世凯委任从日本考察学务归来的严修为直隶学校司,严修在职内率先推广新式学堂教育,要求每个府县都必须设立学堂、开办师范学校,并主张选派优秀学子赴日留学,博采新学。据互联网"百度百科"和"互动百科"所搜"钱永铭"条目之介绍,就在严修任直隶学司这一年,钱永铭"1903年后得官费赴日留学,入神户高等商业学校,学习财经和银行学"。而1905年冬,因日本文部省颁布《关于清国人入学之公私立学校之规则》,引发中国留日学生罢课、退学风潮。学潮风波与同盟会宣扬民族情绪、鼓吹革命,反对清政府之思想运动相互呼应,此举引起了清政府的恐惧和不满,明令要求留日学生禁止参加政治活动,禁止集会、结社,并加强了对官费生的审批和资费的发放,不少

---

① 《严修手稿》,天津古籍出版社2012年版,第12047页。
② 《严修手稿》,天津古籍出版社2012年版,第5058页。
③ 《严修手稿》,天津古籍出版社2012年版,第12256页。

学生因此学费不继,无以应学。钱永铭此时亦受困于学资无着,只得求助于时任学部左侍郎的严修。此时之严修,虽官居学部,然几年来数度自费出国考察教育,耗资颇巨,虽有心援之,但力恐不足,便想到了家境殷实的李叔同,遂于1906年6月7日致函李叔同说明原委,陈说钱永铭有志于学业,却受困于学资之窘况,希望能得到李叔同的帮助,若一人协济不资,亦愿与李叔同两人一起共同分任之。而此时之李叔同因未获官费留学名额,以自费生报考东京美术学校,按照当时学部所定官立学校每人每年450元的官费学习标准作为参考,加上画事所需画布、颜料、油彩、雇佣模特等耗资皆不菲,且李叔同在外租居也需要一笔不小支出,故李叔同其时生活和学习开销比一般留日学生所需资费要大许多,但是我们从丙午严修未写就的半篇信草中"为谋之忠,可胜钦佩"之语句来判断,李叔同当是慨然应允,承担起了钱永铭的留日资费,没让严修失望。

在李叔同考入东京美术学校,并于1907年因成绩优异获得清政府自费改官费待遇后,因严修牵线助缘而受李叔同资助的钱永铭亦勤学精进,不甘于后。据宣统元年岁末钱永铭在留日学生监督处档案资料之《各校各生履历表》中所填信息可知,1907年三月,钱永铭考入了以商科著名的神户高等商业学校(见下表)。而按学部颁布的《管理日本游学生监督处章程》,钱永铭与李叔同一样亦符合"凡自费学生能考入官立高等或专门学校及大学者,应由总监督商请该生本省督抚,改给官费"之条件。那么符合自费改官费条件的浙江钱永铭能否如愿以偿,如直隶李叔同一样就此享受自费改官费了呢?而李叔同又是否自此可以停止助费了呢?

1909年末,李岸(李叔同)、钱永铭等自填履历表(笔者整理自《官报》第38期)[①]

姓名	籍贯	年龄	费别	到东年月	入校年月	学科	年级
李岸	直隶天津	29	直隶	光绪三十一年八月	光绪三十二年八月	东京美术学校,西洋画科	第4年

---

① 《官报》第9册,国家图书馆出版社2009年版,第30页。

(续表)

姓名	籍贯	年龄	费别	到东年月	入校年月	学科	年级
钱永铭	浙江乌程	25	浙江	光绪三十一年六月	光绪三十三年三月	神户高等商业学校	第3年
曾延年	四川成都	27	四川	光绪三十年五月	光绪三十二年八月	东京美术学校，西洋画科	第4年
陈之驷	直隶丰润	27	直隶	光绪二十九年七月	光绪三十四年八月	东京美术学校，西洋画科	第2年
汪济川	山东	26	直隶	光绪三十一年八月	宣统元年八月	东京美术学校，西洋画科	第1年
经亨颐	浙江上虞	33	浙江	光绪二十八年正月	光绪三十一年二月	东京高等师范学校	第2年
陈衡恪	江西义宁州	34	直隶	光绪二十八年十一月	光绪三十二年三月	高师博物科	第3年

根据留日学生管理规则，钱永铭自费补官费之事当由浙江布政使信勤和提学使支恒荣会商而定。就此，笔者查阅了学部就1907年4月又有自费生考入官立各高等学校一事后，向各省行文《咨呈学部请分别咨行各省考入官立大学及高等专门各学校之自费生照章改给官费文》(《官报》第7期)，文中开列此次总计10省39人应改给官费学生姓名表，呈各省以察核，并"请本省督抚于该生入校之月起给官费"，"无论本省财政支绌及有无缺出均应一律补给官费，以遵章程，而昭公信"[1]，而此39人名单中，浙江省学生共有9人，钱永铭添列其中，表中信息："姓名：钱永铭；籍贯：湖州；学校：神户高等商业学校"。故钱永铭1907年4月(旧历三月)以自费生考入神户高等商业学校并得改官费一事，史述清楚，确实无误。而"百度百科"和"互动百

---

[1] 《官报》第1册，国家图书馆出版社2009年版，第559页。

科"所述钱永铭1903年得官费,入神户高等商业学校之时间信息为错误,纠正之。

随后,笔者又查阅了《浙江巡抚咨复专门高等学生改补官费一节暂从缓议文》(《官报》第5期)①,文中详述浙江省本应照学部奏定章程第四节"管理自费生条规"第一条之规定,给予考入官立高等或专门学校及大学的自费生改给官费,但鉴于浙江省上年灾欠严重,财政短缺,入不敷出,一切紧要需用之款亦欠甚巨,库款罗掘殆尽,实在无力兼筹所增学资,故改给官费一事"惟有详请咨复暂从缓议,俟岁孰徵旺再行奏明办理,以纾款力"。由此可知,钱永铭虽符合学部自费改官费的条件,但因当时浙江省财款不足、无力筹资而遭缓搁,钱永铭还须自费求学,故学资仍由李叔同捐助;数月后,时至9月,浙江省又有自费生考入官立各校,学部遂再次咨文浙江巡抚《咨浙江巡抚请将考入官立高等专门大学之学生照章给予官费文》②,咨请浙江将前次拖延未给官费、今次新添应给官费者一并照章按名筹给官费,并附上新旧两次应给官费各生名单,请迅行解汇,以凭发给。在学部呈浙江省的这份名单中,罗列了钱永铭、经亨颐、夏铸(夏丏尊)等前后两次应给官费诸生共计41人,惜浙省仍以库藏奇窘、经费竭蹶为由搁置缓议,钱永铭等本应获给官费诸浙生,学资依旧无果,仍需诸生自行筹措。

直至1909年,浙江布政司颜钟骥、提学使支恒荣合议后,准将学部已先后三次开单请改官费的浙江省自费已考入官立各校的41名学生酌给官费,宣统元年三月发行的第28期《官报》刊此行文《咨复浙江巡抚补定张竞勇等四十一名官费文》③(图4),云:"浙张竞勇等共四十一人,又另案请补官费洪彦远等三人,共计四十四人,应即以此四十四人酌给官费","准自本年下学期起补给官费",并言以后若再有自费考入官立各校者,一概不再补给",由于浙省应补官费之事延日甚久,诸生境况多有变动,有的或已回国,有的或入他校,故监督处将此名单布告各生,限令报名登记查核,最后有钱永铭等41人核查通过,均在应补之列,"所有以上分别补给各生,应领学费均准照浙

---

① 《官报》第1册,国家图书馆出版社2009年版,第373页。
② 《官报》第2册,国家图书馆出版社2009年版,第201页。
③ 《官报》第6册,国家图书馆出版社2009年版,第70页。

省来文,於光绪三十四年下学期一律支给",1909年9月起钱永铭之学费终获浙江省财政统一拨给。

至此,钱永铭自费改给官费一事在拖延了两年之后也总算圆满,故无须李叔同再施资以助。1911年,《浙江官费生辛亥上期学费预算表》①名单中最后一次出现钱永铭的名字,同年,钱永铭学成归国。

三、佐证

李叔同资助钱永铭一事,除了严修手稿中言及外,是否还有其他论据史料可作佐证支撑呢?笔者仔细查阅了现存之李叔同信札手稿,又在李叔同致刘质平信札中也找到了一通与资助钱永铭之事有关的信札,此线索,可充作印证本题之再一论据。

李叔同留日归国后,应浙江省立第一师范学校经亨颐校长之邀请,于1912年出任浙一师图画和音乐老师。同年,刘质平考入该校,并成为李叔同的得意门生。1916年,于浙一师学成毕业后的刘质平,在李先生的鼓励下,也踏上了赴日留学之路,1917年考入东京音乐学校深造。正当刘质平学业日进时,却收到家里寄来的一纸来函,被告知因家境困难,已无力继续支付其留学开支。刘质平便四处求助,以延学资,却最终无果。面对学资无着,学业即将半途而废的残酷现实,刘质平情绪低落,甚至想到了自杀。李叔同得悉消息后,马上给刘质平写信,循循善诱,开导学生;为使爱徒能顺利完成学业,一向做事求己不求人的李叔同,甚至放下颜面和尊严,为刘质平请求官费留学一事四处求人,奔走代谋,并想方设法筹措学资,然终究未遂人愿。于是,李叔同便发心压缩自己薪水开支,以节省之余资捐助刘质平继续完成学业。李叔同的这通与钱永铭相关的致刘质平函,就是在这样一个背景下,于1918年春所写:"质平仁弟:来书诵悉。借假无复音,想无可希望矣!某君昔年留学,曾受不佞补助,今某君任某官立银行副经理,故以借款商量。虽非冒昧,然不佞实自忘为窭人矣!于人何尤?……"(图5)②此信函在《弘

---

① 《官报》第12册,国家图书馆出版社2009年版,第288页。
② 《弘一大师全集》第8册,福建人民出版社2010年第2版,第279页。

一大师全集》及历年出版之诸种李叔同手稿文献资料集中屡被收录和引用,在现有各种释文中,李叔同信中所言昔年曾资助之"某君",其人为何？困惑今人,久考而未知其详,不知其所云。故当下出版文献中皆作无解,未能释名,以至无人知晓此"某君"到底为何许人也。至于李叔同所言曾补助某君助学之事更是无人清楚内中因缘,云里雾里,一无所知。但若将李叔同此信所言之"某君"与严修的"答李叔同"一信联系起来分析,原本雾里看花的"某君",其形象倒是渐渐清晰立体起来了。致刘质平信中:"某君昔年留学,曾受不佞补助",这与严修信中所记李叔同留学日本期间曾资助钱永铭一事甚相吻合。再观钱永铭回国后的履历种种:辛亥事起,先是在上海都督府财政部任事;1912年由南京临时政府工商总长陈其美派往北京参加接收旧农工商部,任会计课长,不久又辞职回沪;1917年,黄炎培在上海发起成立中华职业教育社,钱永铭参与其中,为特别社员;1918年经张謇向曹汝霖推荐,钱永铭出任交通银行上海分行副经理,次年升任交通银行上海分行经理,1920年荣膺上海银行公会会长,1922年任交通银行总行协理;1925年钱永铭离开交通银行转任盐业、金城、中南、大陆四行储蓄会副主任及四行联合准备库主任;南京政府成立后,蒋介石任命钱永铭为财政部次长,1928年又兼任浙江省财政厅厅长、上海法科大学董事长,1930年任中法工商银行中方副董事长,1938年钱永铭接任交通银行董事长之职,1945年11月又兼任金城银行董事长;1949年离沪前往香港,次年3月迁往台湾定居,1958年在台北去世(图6)。而李叔同致刘质平之此函所写时间是1918年,信中所言"今某君任某官立银行副经理",恰恰与钱永铭1918年所任交通银行上海分行副经理职事相符,故李叔同信中提及为刘质平谋学资而向"某君"借款,却无覆音,此处被李叔同隐去姓名、让后人猜测了近一个世纪、百思不得其解的"某君",无疑当是钱永铭。而这通百年前李叔同致刘质平函,可以作为我们解读110年前严修"答李叔同"一札的信息补充,为我们印证李叔同助人善举再添一例有力实证。"为善最乐"、"临事须替别人想"、"人生在世多行救济事",这些被李叔同后来常常用来互勉友生、教导学僧的箴言,在李叔同的早年生活中,其实早已得到了践行和体现。

【附图】

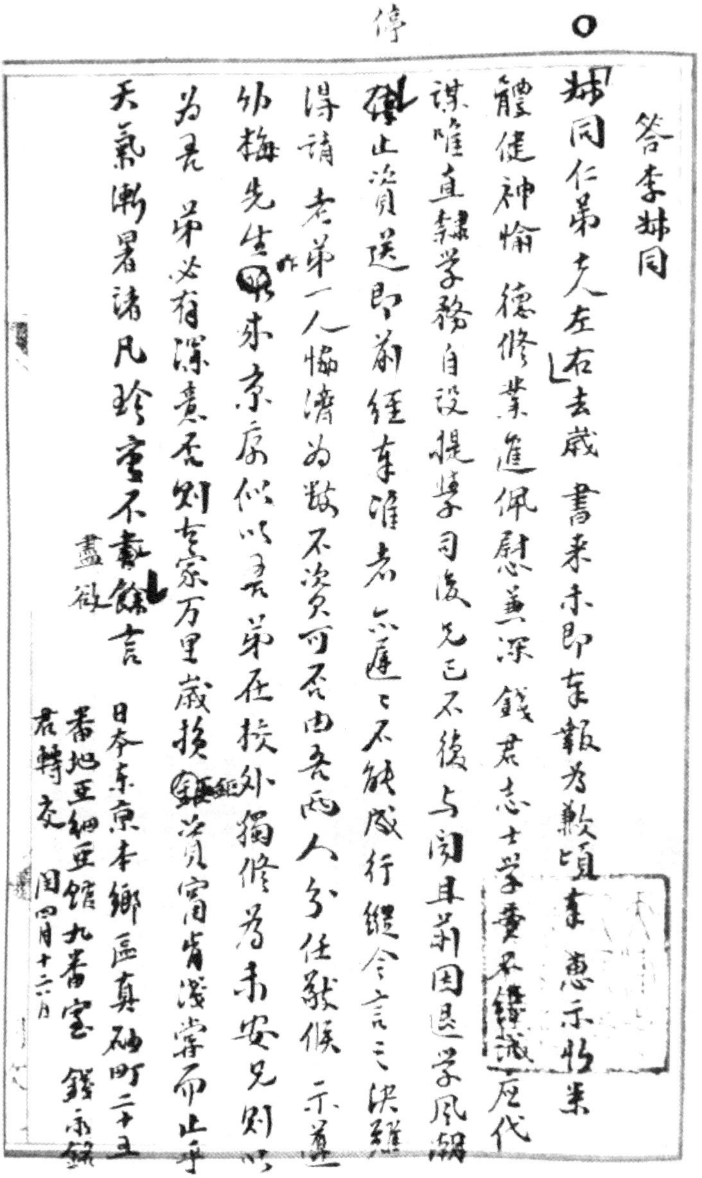

> 答李叔同
>
> 叔同仁弟足下去岁书来未即奉报为歉顷奉惠示忻采
> 体健神愉德修业进佩慰无深钱君志士学费及钟溅尼代
> 谋惟直隶学务自设提学司后无已不复与闻且其因退学风潮
> 剧止资送即新经东继者无虑十不能感行鲲今言之决难
> 得请老弟一人惴惴为欤不贷可否由吾两人分任救候示盖一
> 外梅先生处弟来京原似以寄弟在按外独修为未安兄则以
> 为苦弟必有深责无则专家万里岁换资窘肯浅掌而止乎
> 天气渐暑诸凡珍重不尽馀言   尽欸
>
> 日本东京本乡区真砂町廿五
> 番地亚细亚馆九番室 钱永铭
> 君转交 旧四月十二日

图 1：严修《答李叔同书》

图 2：严修日记手稿　　　　图 3：严修信草手稿

图 4-1：《咨复浙江巡抚补定张竞勇等四十一名官费文》

图 4-2

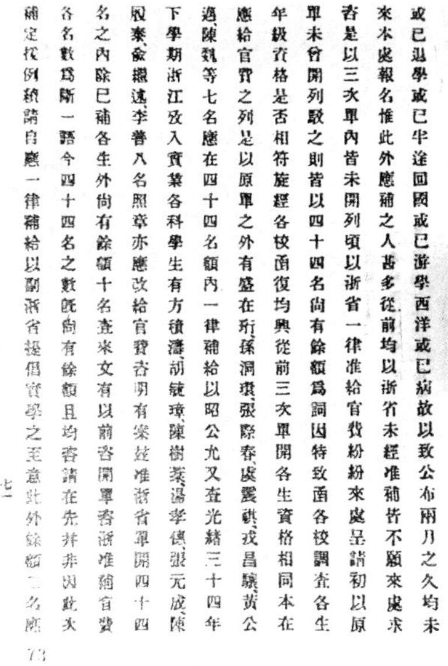

图 4-3

图 4-4

图 4-5

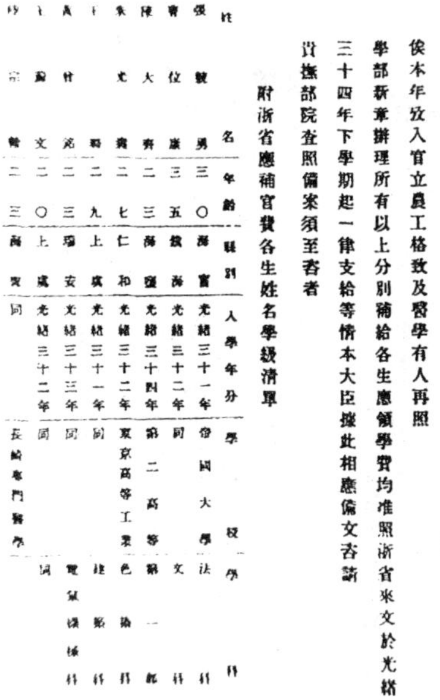

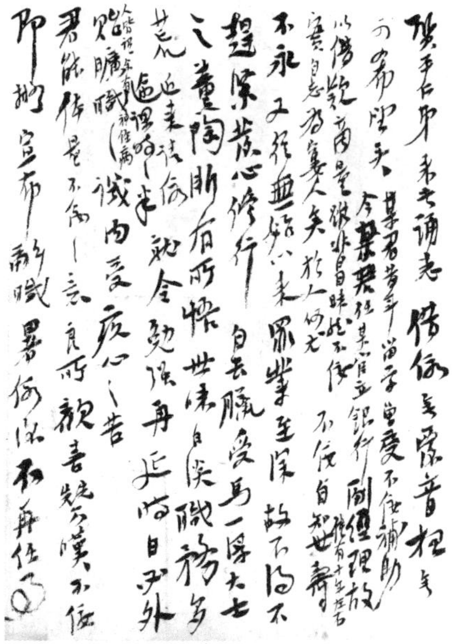

图 5-1：李叔同致刘质平函

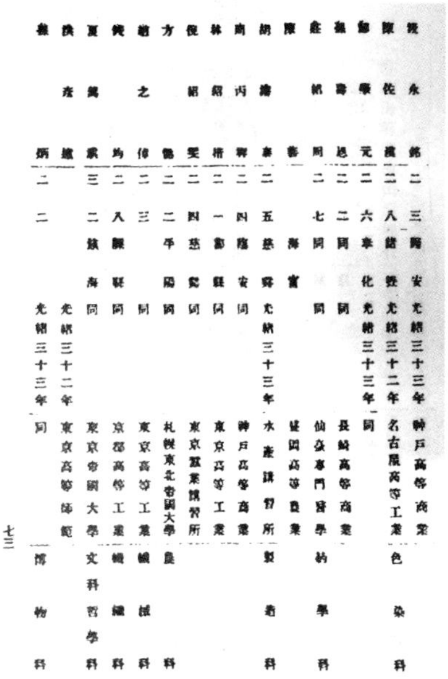

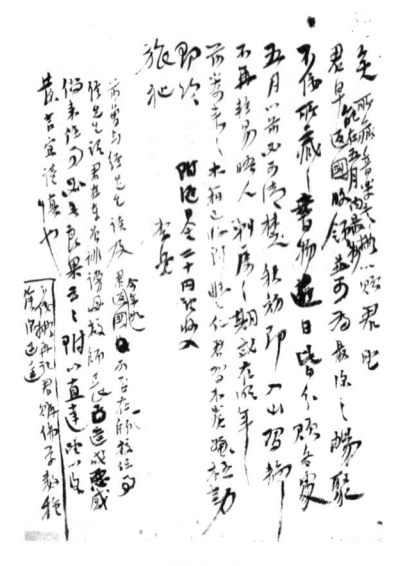

图 5-2

图 6-1：南洋中学董事长钱永铭题签

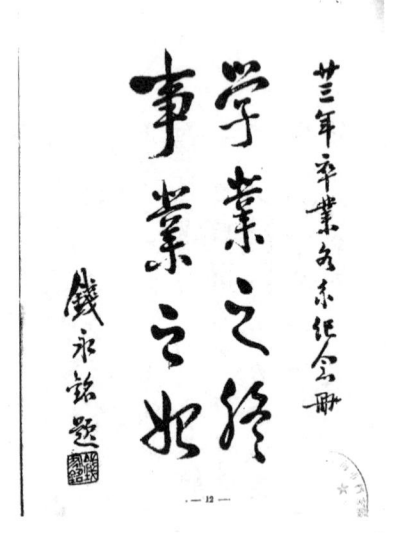

图 6-2：上海法学院董事长钱永铭为毕业生题字

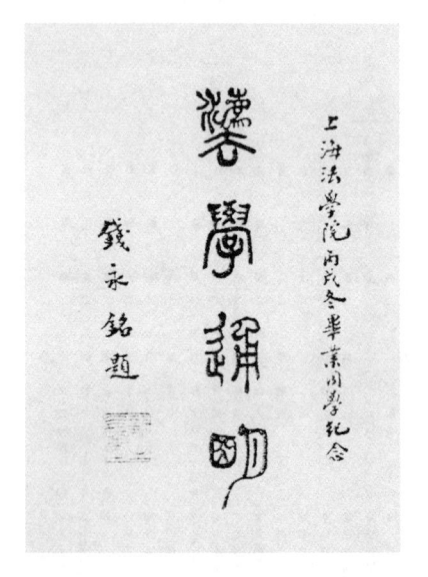

图 6-3

(作者：平湖市李叔同纪念馆研究员)

A New Discovery of Li Shutong's Charitable Behaviors
—— A Case Study on Yan Xiu's Diary, Letters and Manuscripts

Wang Wei-jun

When Li Shutong was teaching in Zhejiang First Normal School, he used to cut his expenses to financially support his student Liu Zhiping to go abroad in Japan for further study in music, which is well-known and widely respected. Moreover, after he entered into the Buddhism with the religious name "Hongyi", he kept on donating his friends' gifts of money to the poor, so as to save the world from suffering rather than seek comfort for himself. According to the diary, letters and manuscripts of Yan Xiu collected in Tianjin Library, it is discovered in this paper that Li Shutong used to give financial aid to help others finish their studies, which is unknown so far. The paper aims to narrate his good deeds to restore the truth on the basis of the textual research.

李叔同留日期间自费改官费之史事探考

王维军

查阅历年编撰出版之种种李叔同研究资料和著述文献等,但凡言及李叔同赴日留学东京美术学校之事,几乎无不同声皆称其为自费生,至今未见有述其为官费生并提供相关论据者。故无论前述,还是今说,学者论及此事皆延用此观点,持李叔同以自费生身份就读东京美校六年之说,即使偶有发官费之声者,亦因无据可陈,未能立说。但事实真相果如众人所说的那样吗?经笔者考证后,答曰:事不尽然!今作如下梳理,述陈己见,以释众疑。

一、多艺并进,修习备考

1905年8月12日,李叔同离开天津,取道沪上,东渡日本,求学深造。到东京后,李叔同一面补习日语、画事、写生等,俟待学校招生考期;一面积极参与社会诸种文化艺事。我们在留日学生高天梅、陈去病1905年秋创刊于东京的《醒狮》月刊之第2期上可以看到李叔同当时用"惜霜"笔名,为该刊"美术"栏目撰写《图画修得法》一文,从文中序言"不佞航海之东,忽忽逾月,耳目所接,辄有异想。冬夜多暇,掇拾日儒柿山、松田两先生之言,间以己意,述为是编"[①](图1)可知,李叔同刚到日本后仅月余,即结合自己学习日本画家绘画理论之心得,加以消化吸收和提炼总结,撰成此美术专论;并在"文苑"栏目刊登其在出国前所创作的诗词《为沪学会撰文野婚姻新戏册既竟系

---

① 惜霜:《图画修得法》,载《醒狮》第2期。

之以诗》《金缕曲·将之日本留别祖国并呈同学诸子》。在《醒狮》第3期上又以"息霜"名连载《图画修得法》，并在"杂俎"栏目上，撰《美术界杂俎》一文，分别介绍英国著名表演艺术家亨利·欧文及其病逝之消息、日本洋画大家三宅克己的水彩画艺术成就并推荐他所出版的作品画集、日本出版流通的十余种洋画杂志，并就日本近期文艺社团之艺术活动作全面汇总介绍，如日本美术协会第38次展览会、日月会展览会、白马会展览会、二叶会例会、日本绘叶书展览会、东京音乐学校音乐会等等。第4期《醒狮》再以"息霜"名，发表李叔同撰写的又一美术文论《水彩画略说》，同时在"文苑"中还刊登了李叔同的诗词作品《滑稽传题词》《天末》和《喝火令》。天津博物馆藏有两件李叔同在日本的绘画作品，就是这个时期创作的，一件是水彩画《山茶花》，画面下方题有附记："回阑欲转，低弄双翘红晕浅。记得儿家，记得山茶一树花。乙巳冬夜，息霜写于日京小迷楼"（图2）；另一件是寄给天津徐月庭明信片上所绘水彩画《昭津风景》，有题记："沼津，日本东海道之名胜地。郊外多松柏，因名其地曰'千本松原'。有山耸于前，曰爱鹰。山岗中黄绿色为稻田之将熟者，田与山之间有白光一线，即海之一部分也。乙巳十一月，用西洋水彩画法写生，奉月亭老哥大画伯一笑。弟哀，时客日本。"（图3）这两幅水彩画的创作时间都是李叔同刚到日本不久的1905年旧历十一月。

初到日本的李叔同不仅在绘画上勤于自习精进，同时在音乐上亦奋而耕耘，与志趣相投之留日学生共拟创刊《美术杂志》，每年春秋两期，内容涵盖美术和音乐等。正当筹办妥当时，11月2日，日本文部省鉴于当时日益庞大的清朝留学生群体中日趋强烈的革命倾向，以及留日学生中时有出没于酒馆妓寨等不雅之事，遂颁布了第十九号令《关于清国人入学之公私立学校之规则》，对留日学生加强管束，力图让学生回归学习本份。在规则第九、十条内容中分别提出了："受选定之公立或私立学校，其供清国学生宿泊之宿舍或由学校监管之公寓，须受校外之取缔"和"受选定之公立或私立学校，不得招收为他校以性行不良而被饬令退学之学生"的要求。《规则》一出，激起中国留学生的强烈反对，群起抗议，上书清政府驻日公使杨枢，要求取消《规则》中的第九、十两条，并纷纷罢课，甚至引发了退学潮，许多留日学生更愤而回国。李叔同们原定出版的《美术杂志》，因此次风潮突起，同志先后散去,前说亦成泡影。但形单影只的李叔同并未就此作罢,他不曾忘记自己的初心,没有放弃通过音乐的传播和普及来陶冶人性、教化社会的这份责任和担当,而且更加精进。两个月后,李叔同以一己之力,独自组稿、撰稿、绘图、编辑、设计、出版创刊了中国历史上第一本音乐刊物《音乐小杂志》。我们从刊首的自序文字中可晓知其中因缘之一二:"乙巳十月,同人议创《美术杂志》,音乐隶焉。乃规模粗具,风潮突起。同人星散,瓦解势成。不佞留滞东京,索居寡侣,重食前说,负疚何如?爰以个人绵力,先刊《音乐小杂志》,饷我学界,期年二册,春秋刊行。蠡测莛撞,矢口惭讷。大雅宏达,不弃窳陋,有以启之,所深幸也。"(图4)此刊编就后,于 1906 年旧历正月十五由日本东京市神田区美土代町二丁目一番地三光堂印刷,随后李叔同将此《音乐小杂志》寄回国内,委托沪上好友尤惜阴于正月二十日由上海大东门内北城脚义务小学堂内公益社出版发行。

1906 年夏,李叔同又加入了日本当时最负盛名的汉诗团体——随鸥吟社,与日本的汉诗大家森槐南、永阪石埭、本田种竹、日下部鸣鹤、大久保湘南等交往,随鸥吟社社刊《随鸥集》之 21、22 编皆有报道。如 7 月 1 日诗社在偕乐园举行"追荐物故副岛苍海等十名士"宴会,李叔同以李哀之名,初次与会,即席赋诗二首:"苍茫独立欲无言,落日昏昏虎豹蹲。剩却穷途两行泪,且来瀛海吊诗魂。""故国荒凉剧可哀,千年旧学半尘埃。沉沉风雨鸡鸣夜,可有男儿奋袂来。"[①]7 月 8 日在上野公园之三宜亭开诗社例会时,由森槐南主讲我国晚唐诗人李商隐的代表作《送千牛李将军赴阙五十韵》,李叔同以李息霜之名亦到会聆听。会上诸诗友即兴和联句三十二句,由大久保湘南起句"星河昨夜碧沄沄",李叔同作第五句为"仙家楼阁云气氲",森槐南作最后压句"故乡款段思榆枌"。[②] 一日,诗社社友玉池宴请李叔同及好友梦香、藏六,李叔同席间和玉池旧作诗韵,赋诗:"昨夜星辰人倚楼,中原咫尺山河浮。沈沈万绿寂不语,梨叶一枝红小秋"[③],并即兴绘水彩画一幅,玉池又叠韵为李叔同画幅作题:"古柳斜阳野寺楼,采菱人去一船浮。将军画法终三

---

① 林子青:《弘一法师年谱》,宗教文化出版社 1995 年版,第 45 页。
② 林子青:《弘一法师年谱》,宗教文化出版社 1995 年版,第 46 页。
③ 林子青:《弘一法师年谱》,宗教文化出版社 1995 年版,第 46 页。

变,水彩工夫绘晚秋"①,从玉池的题诗中可知李叔同即兴绘就之水彩画是一幅夕阳西下、人去舟空、古柳寺楼的晚秋图,惜今已无见。《随鸥集》还在第23、24、27、28、29等编,先后刊登李叔同以李哀、息霜之名发表的《春风》《前尘》《朝游不忍池》《风兮》诗作,主编大久保湘南在李叔同的诗后还一一作评,或云"顽艳凄丽,异常出色","奇艳之至,其绣肠锦心,令人发妒"再云"如怨如慕,如泣如诉","所见无非愁景,所触无非愁绪",不吝赞美之词。(图5)可见,初到日本的李叔同很快在绘画、音乐、文学诸领域融入其中,学用并重,文艺相长。

二、自费考入,奖享官费

由于在艺事上的习学双修,勇猛精进,使得李叔同于1906年9月以优异成绩顺利通过东京美术学校的撰科入学考核,成为当时少数几个以自费生资格考入文部省直辖之官立高等学校的中国学生。如当时清留日学生监督处于光绪三十二年(1906年)始编《官报》之第37期中"学界纪事"所云:"从前游学日本之中国学生人数虽几及万,而其入官立高等各学校者百不一二"②,而李叔同无疑就是这百不一二学子中之翘楚者。李叔同遂以不忘对岸祖国之意,更学名为李岸,开始了新的艺术人生。随之李叔同从原先租住的"小迷楼"搬至东京下谷区茶屋町一番地中村寓所,同年底,又移至东京下谷区清水町一番地越岛寓所,此后,再迁至春柳社事务所所在的东京下谷区池之端七轩町28番地钟声馆(图6),这在李叔同当时致好友许幻园、杨白民诸信中皆有所交代,有迹可寻。

李叔同当时报考的学校不是其时盛行的法政、商业和师范学校,而是当时日本唯一的一所国立美术学校——东京美术学校,时任校长是李叔同好友严修1902年秋在日本考察教育时结识的朋友正木直彦。在校期间,李叔同师从油画科主任日本著名画家黑田清辉,并在中村胜治郎、长源孝太郎门下习西洋画。1906年10月4日东京《国民新闻》刊登记者在专访

---

① 林子青:《弘一法师年谱》,宗教文化出版社1995年版,第46页。
② 《官报》第8册,国家图书馆出版社2009年版,第632页。

李叔同后所撰写的《清国人志于洋画》，其中描述李叔同自言最喜欢的是油画，画室的墙上贴满黑田清辉的裸体画、美人画、山水画，及中村等其他画家的画作。

东京美术学校创办于明治 20 年（1887 年），对于外国留学生的招收，当时的东京美校按照明治 34 年 11 月 11 日省令第十五号《文部省直辖学校外国人特别入学规程》实施，根据规程要求，外国人欲进入该校学习，第一条件是必须持有外务省、日本驻清公使馆或驻日的清公使馆介绍信，然后通过学校的全部考试，再由学校决定是否录取，学员在所定期限内完成学业，并通过学校考试者，授予与日本学生同样的毕业证书。明治时期申请入东京美术学校的中国学生甚少，笔者结合日本学者吉田千鹤子在所著《东京美术学校的外国学生》中的统计材料，以及清朝直接管理留日学生事务之"游学生监督处"所编《官报》中所载数据，查得 1905 年入东京美术学校学习的外国留学生仅 4 人，其中 1 名中国留学生黄辅周（1885—1971，字二南）考入西洋画撰科，工艺科三名外国留学生分别是泰国 2 人，印度 1 人；1906 年东京美术学校核定入校学习的中国留学生指标数是 3 名，当年申请西洋画撰科的中国学生共 2 人，申请雕刻撰科的中国学生 1 人，三人都通过入学考核，李叔同即是此三者之一，其他两人分别是曾延年和谈谊孙，同年考入西洋画撰科学习的还有一名印度的留学生。为方便读者比对分析，笔者将李叔同入学东京美术学校前后共八年间该校招收外国留学生的情况整理成如下表格，供比对参考：

1905 年 - 1912 年明治时期东京美术学校外国人入学情况表

时间和专业	日本画	西洋画	雕刻	工艺	出处
1905 年（光绪 31 年、明治 38 年）		撰科 中国 1 人 （直隶黄辅周）		撰科 印度 1 人 泰国 2 人	光绪三十三年第 2 期《官报》、吉田千鹤子《东京美术学校的外国学生》
1906 年（光绪 32 年、明治 39 年）		撰科 中国 2 人（天津李岸，四川曾延年）； 印度 1 人	撰科 中国 1 人 （江苏常州谈谊孙）		光绪三十三年第 2 期《官报》、宣统元年第 38 期《官报》、吉田千鹤子《东京美术学校的外国学生》

（续表）

时间和专业	日本画	西洋画	雕刻	工艺	出处
1908年（光绪34年、明治41年）	撰科朝鲜1人	撰科中国2人（直隶丰润陈之驹，北京白常龄）			宣统元年第38期《官报》、吉田千鹤子《东京美术学校的外国学生》
1909年（光绪35年、明治42年）	撰科美国1人中国1人	撰科中国1人（山东汪济川，又名汪洋洋）；朝鲜1人			宣统元年第38期《官报》、吉田千鹤子《东京美术学校的外国学生》
1910年（光绪36年、明治43年）		撰科 中国2人（安徽潘寿恒；四川方明远）			吉田千鹤子《东京美术学校的外国学生》
1911年（光绪37年、明治44年）		撰科中国1人（广东雷毓湘）；朝鲜1人			吉田千鹤子《东京美术学校的外国学生》
1912年（光绪38年、大正元年）		撰科 中国2人（天津严智开；江苏江新，后名江小鹣）；朝鲜1人			吉田千鹤子《东京美术学校的外国学生》

由上表可见，1905年—1912年间，共有19名外国留学生考入东京美术学校学习，其中中国人仅12人，这12人中，李、严两家之李叔同（1906年入学）、严修的儿子严智开（1912年入学）就占了其中两席。李叔同在学成归国后事职于沪上《太平洋报》文艺副刊主笔时，曾在1912年4月7日的《太平洋报》上发表过一条信息，介绍就读于东京美术学校之国人学子："吾国人留学日本，入官立东京美术学校者，共8人，皆在西洋画科。曾延年、李岸二氏于去年四月毕业返国。此外，留东者有陈之驹、白常龄、汪济川、方明远、潘寿恒、雷毓湘诸氏。又有谈谊孙氏，于六年前曾入该校雕刻科，至二年级时因

事返国",与上表资料相合。而考入东京美术学校的第一位中国人是1905年西洋画撰科的黄辅周,1906年李叔同、曾延年和谈谊孙紧接其后,程淯在《丙午日本游记》之10月13日访东京美术学校时记道:"学科分为西洋画、日本画、塑像、铸造调漆、莳绘、木雕刻、牙雕刻、石雕刻、图案等。西洋画科之木炭画室,中有吾国学生二人,一名李岸,一名曾延年。所画以人面模型遥列几上,诸生环绕分画其各面"。鉴于自费生中有如李叔同这样出类拔萃之人中麟凤佼佼者,时任学部左侍郎的严修与学部诸臣在议定《管理日本游学生监督处章程》时考虑到对此类优秀学子应另当优待,以昭示朝廷求才若渴、奖励先进之用意,故于该章程第四节"管理自费生条规"之第一条中明文规定:"凡自费学生能考入官立高等或专门学校及大学者,应由总监督商请该生本省督抚,改给官费"。条规一出,各省遵照实行,虽各省财务状况不同,实行亦略有先后,但都乐于其成。1907年二月发行的第2期《官报》又刊出《通咨各省督抚请将留学官立各大学及高等专门各学校自费生改给官费文》,并附上各省《自费学生现在官立大学及高等专门学校肄业者,分别学校、学科、入学年月并籍贯姓名表》,要求各省仔细核查,并请于"光绪三十二年(1906年)十一月十七日,即东历四十年一月起改给官费,并希迅覆施行"[①]。笔者将总计13省共138名(其中:直隶8人(图7),山东2人,河南1人,江苏42人,安徽3人,江西3人,湖北8人,湖南2人,福建21人,浙江24人,广东12人,四川11人,贵州1人)符合自费改官费生中与李叔同(时名李岸)有交集之相关人员信息列表如下:

姓名	学校	学科	入学年月	籍贯
李岸	东京美术学校	选科	明治三十九年十月(光绪三十二年八月)	天津
谈谊孙	东京美术学校	选科	明治三十九年十月(光绪三十二年八月)	常州
曾延年	东京美术学校	选科	明治三十九年十月(光绪三十二年八月)	成都
严智怡	东京高等工业学校	应用化学特别本科		天津
经亨颐	东京高等师范学校	本科	明治三十九年九月(光绪三十二年七月)	宁波

[①] 《官报》第1册,国家图书馆出版社2009年版,第125页。

直隶提学使卢靖遂遵学部新章程,核对符合自费改官费之相关生源名单,上报直隶总督批准后迅覆施行,光绪三十三年(1907年)三月十五日发文《直隶总督咨明自费生准照章改给官费及以后各缘由文》致出使日本大臣兼游学生监督处总监督杨枢,文中云:"查直隶留学日本官费生,除刘培极去夏已回任邱,王用舟去冬已回定州,均不再赴东,应早开除外,计共六十二名。常年经费即以此为预算。""此次杨大臣所开单内自费生应给官费者十三人,系遵学部新章办理,自应照准。兹查得原有邓如钦、董如奉、黄辅周、李侨四名去年业已改给官费,应即照旧办理;其杨嵓、蔡耀卿、何基鸿、严智怡、刘皋卿、李岸、余边申七人,向属自费,韩振华、陶履恭二人向系公费,此次均拟一并改给官费,合之原额,共计七十一人。"①(图8)并言此次照办之后,即以此数为定率,如再有自费生考入高等专门各学校者,则视品学、家贫等境况,待有缺额时方可择优补缺,不再新赠名额。故知严修等所拟学部新规出台后天津官费生由原来的62名增加至71人。因当时留学生除了自费生和省、学部财政列支学费的官费生外,另有各州县地方自筹经费以充学费之公费生。故此次直隶新增加的9名官费生中,自费改官费7人,李叔同和严修次子严智怡皆获添其中;另有2人系公费改官费。

笔者再比对1906年底《各省官费学生学费预算表》和1907年五月开列的《各省官费学生学费预算表》,发现直隶入学官立学校之官费学生数从之前统计的29人,增加至38人,刚好与直隶三月报告中准李岸等7人自费改官费,准韩、陶两人公费改官费,核新增9人之数相符;年度学费预算数亦由1906年底的13050元,提增至1907年五月的17100元,共新增学费4050元,依照新增自费改官费的李叔同等九人学生,新增人均学费450元,刚好与学部《管理日本游学生监督处章程》划定官费生核拨学费"大学本科学生:每月四十一元,每年五百元;官立学校学生:每月三十七元,每年四百五十元;私立学校学生:每月三十三元,每年四百元;士官毕业学生:每月五十元,每年六百元;联队振武测量学生:每月三十五元,每年四百二十元"规则中的凡入读官立高等专门学校之官费生,每人每年学费日金450元整的标准学费数额相吻合。可见直隶财政于1907年五月将自费改官费所需学资费用全部列

---

① 《官报》第1册,国家图书馆出版社2009年版,第231页。

入了新学年学费预算中。

李岸(李叔同)获官费前：1906年底《直隶官费学生学费预算表》(引自《官报》第1期)

省份	官立学校学生数	岁计经费(日金)
直隶	29	13050

李岸(李叔同)获官费后：1907年五月《直隶官费学生学费预算表》(引自《官报》第6期)

省份	官立学校学生数	岁计经费(日金)
直隶	38	17100

李叔同在经历了1年的自费生学习生涯后，从1907年新学年起由自费改为官费。自此，李叔同可以持游日学生监督处核发的凭单，按期至监督处领取官费学资。按当时《管理日本游学生监督处章程》中"凡官费生患病非入医院不可者，应入监督处择定之医院，医药费一切宜从节约，由副总监督派员与医院清算，毋庸学生经手"[1]之条规规定，官费生因病可享受一切医费由监督处与医院一并清算之免费就医待遇。故笔者继而又搜寻了《官报》各期刊登的监督处统计官费生就医情况之《请送病院学生一览表》，以求找到李叔同享受官费就医之记录，以作为李叔同自费改官费的佐证材料。果然，在1908年、1909年、1910年的众多记录官费生就医时间、就医医院、就医费用等详细情况的《请送病院学生一览表》中，笔者找到了李叔同享受官费生免费医疗的相关原始信息，并从共计支出一百多元之医药费可知，李叔同于1908年六、七月间应是多有病疾。李叔同获准官费之事实由此再添新证。

李岸(李叔同)获官费后就医情况表(整理自各期《官报》之官费生《请送病院学生一览表》)

时间	医院名	外诊或入院	费用(日金)
1908年七月十五日	杏云堂	外诊	
1908年七月一日至二十七日	杏云		七十三元零五分

---

[1]《官报》第4册，国家图书馆出版社2009年版，第487页。

(续表)

时间	医院名	外诊或入院	费用（日金）
1908 年 8 月		外诊 3 次	五元四角六分
1908 年六月八日至三十日	田端		三十九元三角一分
1908 年 9 月		外诊 6 次	十一元八角四分
1909 年 8 月		外诊 2 次	五元一角
1909 年下学期		外诊 2 次	五元一角
1910 年 5 月		外诊 1 次	三元

此后，在游学生监督处每学期公示的《直隶提学司官费生学费表》中，我们都可以看到李岸的名字，直至1911年李叔同毕业那年，第49期《官报》之《直隶学司官费生辛亥上学期学费预算表》①中最后一次刊列李岸之名。1911年3月，李叔同完成在东京美术学校的学业，毕业归国，4月回到了天津。

三、结论

综上所述，李叔同就读东京美术学校6年期间，先是于1906年9月以自费生身份考入学校学习，继按清政府《管理日本游学生监督处章程》奖励先进之规定，旋于入学后之次年，即1907年，由自费生获享改为官费生之待遇，而此等信息因相关资料长期缺失，故不为外界所知，以至学界一直误持李叔同六年日本留学皆系自费之说。此次新史料的挖掘和发现，修正了近百年来研究资料和文献著作中关于李叔同为自费生的不确切叙述和记载，用原始档案还原历史真相，丰富和补充了李叔同史料信息。

---

① 《官报》（第12册），国家图书馆出版社2009年版，第275页。

| 274 光风霁月

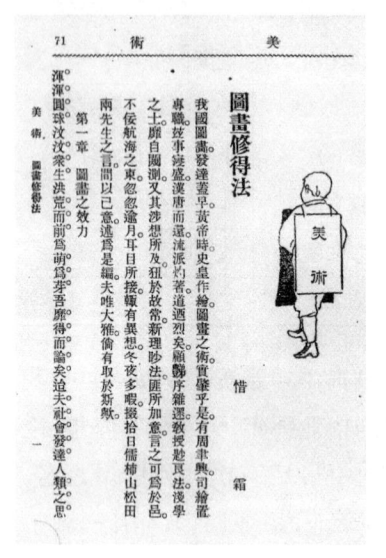

【附图】

图 1：《醒狮》第 2 期　　图 2：1905 年冬，李叔同在东京创作的水彩画《山茶花》

图 3-1：1905 年冬，李叔同在东京创作的水彩画《昭津风景》

图 3-2：《昭津风景跋》

图 4-1：1906 年初，李叔同在东京创设计的《音乐小杂志》封面图

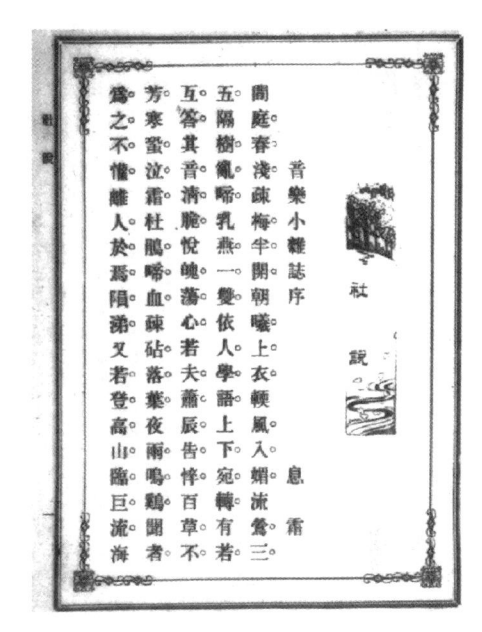

图 4-2：1906 年初，李叔同撰《音乐小杂志序》

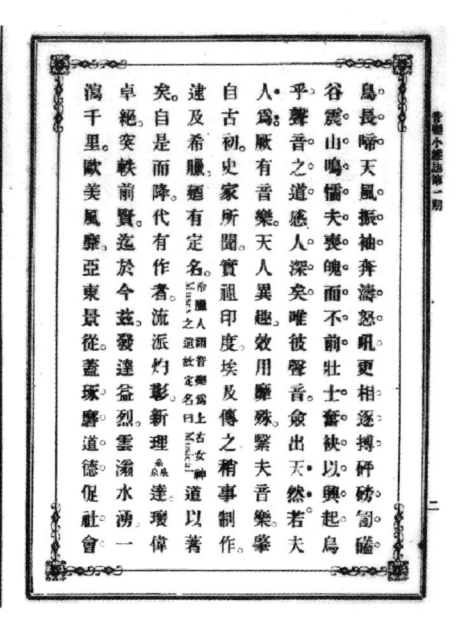

图 4-3：1906 年初，李叔同撰《音乐小杂志序》

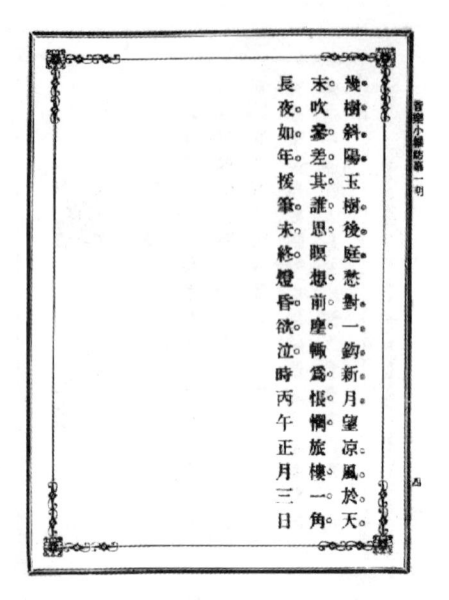

图 4-4

图 5-1：1906 年日本随鸥吟社社刊《随鸥集》刊发李叔同诗作

图 5-2

图 5-3

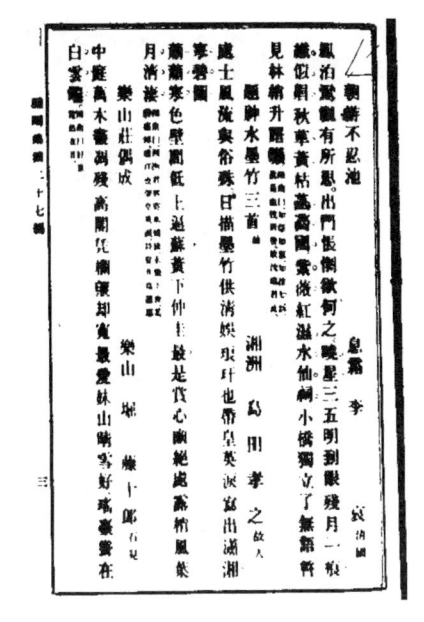

李叔同留日期间自费改官费之史事探考 | 277

图 5-4

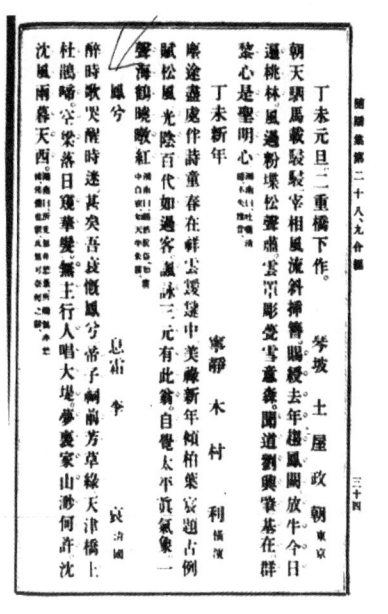

图 5-5

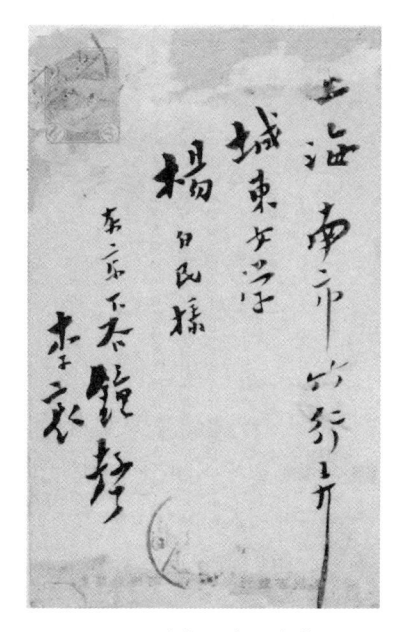

图 6-1：李叔同在日本住址

文芸協会会員名簿 [28863]
李哀（李叔同）
住所に「下谷区池之端七軒町
二十八 鐘声館」とある。

图 6-2：李叔同在日本住址

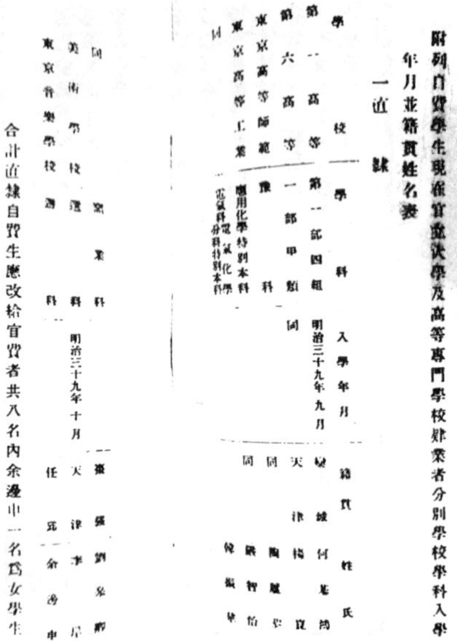

附列自費學生現准官費決學及高等專門學校肄業者分別學校學科入學年月並籍貫姓名表

一直隸

學校	學科	入學年月	籍貫	姓氏
第一高等	第一部四組	明治三十九年九月	蠡縣	何基鴻
第六高等	一部甲類	同	天津	楊寶
東京高等師範	豫科		同	陶履恭
東京高等工業	應用化學特別本科		同	嚴智怡
同	電氣化學分科特別本科			韓振華
同	窯業科		獻縣	劉泉鏵
美術學校選科		明治三十九年十月	天津	李岸
東京音樂學校選科			任邱	余邊中

合計直隸自費生應改給官費者共八名內余邊中一名爲女學生

图7：第2期《官报》在公布的自费改官费生名单中，李叔同（李岸）名列其中

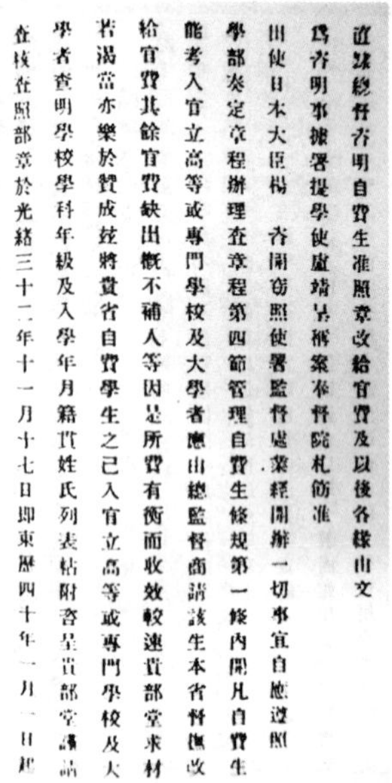

直隸總督咨明自費生准照章改給官費及以後各緣由文
爲咨明事據署提學使盧靖呈稱案奉督院札飭准
出使日本大臣楊　咨開竊照使署監督處業經開辦一切事宜自應遵照
學部奏定章程辦理查章程第四節管理自費生條規第一條內開凡自費生
能考入官立高等或專門學校及大學者應由總監督商請該生本省督撫改
給官費其餘官費缺出概不補人等因是所費有衡而收效較速貴部堂求材
若渴當亦樂於贊成茲將貴省自費學生之已入官立高等或專門學校及大
學者查明學校學科年級及入學年月籍貫姓氏列表粘附咨呈貴部堂議請
查核在照部章於光緒三十二年十一月十七日即東歷四十年一月一日起

图8－1：《直隶总督咨明自费生准照章改给官费及以后各缘由文》，照准李叔同自费改官费

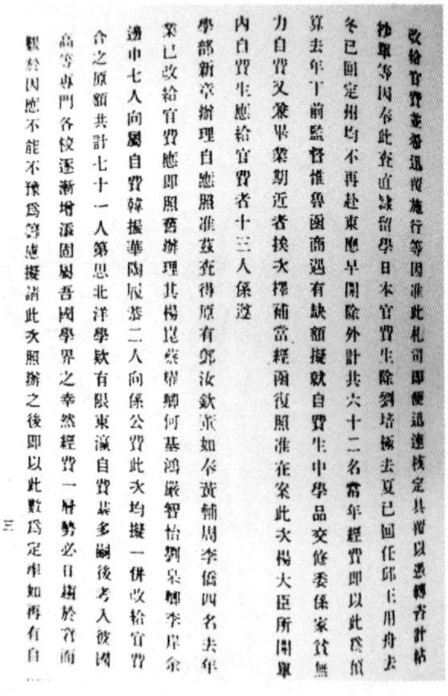

改給官費並希迅賜施行等因准此札司即便迅速核定具覆以憑轉咨計粘
抄單等因奉此查直隸留學日本官費生除劉培極去夏已回任邱王用舟去
冬已回定州均不再赴東應早開除外計共六十二名需年經費即以此爲預
算去年丁前監督推尊函商遇有缺額擬就自費生中學品交修委係家貧無
力自費又兼畢業期近者挨次擇補當經函復照准在案此次楊大臣所開單
內自費生應給官費者十三人係遵
學部新章辦理自應照准茲查得原有郭汝欽董如春黄輔周李僑四名去年
業已改給官費應即照舊辦理其楊昆蔡椿鄉何基鴻嚴智怡劉泉鏵李岸余
邊中七人向屬自費韓振華陶履恭二人向係公費此次均擬一併改給官費
合之原額共計七十一人第思北洋學款有限東瀛自費甚多嗣後考入彼國
高等專門各校逐漸增添固屬吾國學界之幸然經費一層勢必日絀於窘而
艱於因應不能不預爲籌慮擬請此次照辦之後即以此數爲定率如再有自
三

图8－2

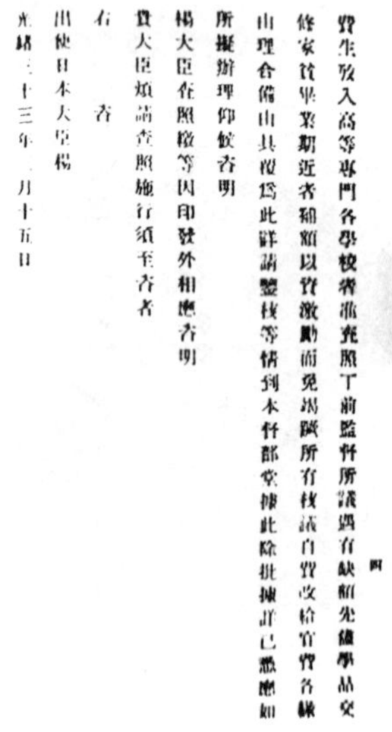

四
費生考入高等專門各學校者准先照丁前監督所議遇有缺額先儘學品交
修家貧畢業期近者補額以資激勵而免渴蹶所有核議自費改給官費各緣
由理合備由具覆爲此詳請鑒核等情到本督部堂據此除批據詳已悉應如
所擬辦理仰候咨明
楊大臣查照檄等因印發外相應咨明
貴大臣煩請查照施行須至咨者
右　咨
出使日本大臣楊
光緒三十三年　月十五日

图8－3

（**作者**：平湖市李叔同纪念馆研究员）

An Explorative Study on Li Shutong's Identity Change from Self-funded Student to Government-financed Student

Wang Wei-jun

Li Shutong arrived at Japan in 1905 and got enrolled in Tokyo Art School the following year. He finished his study and came back to China in 1911. During his 6 years of study in Tokyo Art School, it is believed that he was a self-funded student, which was widely accepted without any doubt, especially in publications. In this paper, on the basis of the "Government Papers" collected by the library of Waseda University and compiled by the Qing's Supervision Department for Students Studying in Japan in 1906, the view of Li Shutong's self-funded identity was proved to be wrong. The fact was that he first got enrolled in Tokyo Art School as a self-funded student, but later obtained his government-financed identity the following year. In other words, he received financial support in the following 5 academic years from Qing's government, except the first year, and graduated in the name of the government-financed student.

弘一大师大护法堵申甫史料补订

叶瑜荪

堵申甫先生的史料,经杭师大陈星教授多方寻找和深入调查,终于有了重大突破。写出了《弘一大师与堵申甫交游考》一文,并对现能见到的弘一致堵申甫书信作了研究和考证。上述成果均收在他所著《弘一大师考论》(2002年7月浙江人民出版社出版)一书中。使我们能较为完整地认识和了解弘一大师这位大护法堵申甫的生平事迹。但是,因未能找到堵公的后人和亲近过他的知情者,致使无法弄清许多史实的详细情形。

2014年9月,杭州图书馆馆刊《文澜》第13期,刊发了陈谅闻教授《造福诜诜　屹山仰之——怀念堵申甫(福诜)先生》长篇回忆文章,为我们再现堵公的鲜活形象提供了很多详细史料。

堵申甫像

陈谅闻,退休前任教于浙江大学地理系。系萧山涝湖陈氏后裔,因父亲陈璧承移居余姚,1920年娶余姚汤纫秋女士为妻,故谅闻与三个哥哥(䜣闻、谌闻、谔闻)、三个姐姐(諕闻、诗闻、谧闻)都为余姚籍。1935年,谅闻的大哥䜣闻从余姚来"杭初"插班考试,就寄宿在堵申甫先生家,从此谅闻一家与堵公有了很亲密的交往。谅闻也是读"杭初"时,父亲带他去拜识堵公的。他说:"我生有幸,在1953年至1958年,与堵先生有过长达6年的接触,颇知其人,我很崇敬他。"①谅闻回忆纪念堵公的文章,是据中学生时期在堵家所见所闻,或向堵公请教、询问所得而写成,故属极其难得的"三亲"史料。

鉴于弘丰研究者多数不易得读《文澜》馆刊,现将陈文中一些以前未悉史料,结合其他文献分别条述以下,以补充和丰富堵公史料之不足。

一、护送弘一大师灵骨回虎跑

堵申甫出身于绍兴富家,祖上原居无锡。八世祖堵胤锡为明崇祯丁丑进士,知长沙府,是抗清名将,谥"文忠",《明史》有传。

堵申甫与李叔同在浙一师同事时,因志趣投契,成为挚友。"鉴于堵申甫为人比较热心,家境比较富裕,并有比较强的处理事务的能力,李叔同以出家后的'护法工作'相托。""事实证明,堵申甫是可以信赖的朋友。在李叔同出家后的十多年里,堵申甫极其负责地为这个皈依佛门的僧人弘一做到衣、食、住、行各方面的完整无缺,甚至后来帮助他出版一些佛书。堵申甫的护法不仅仅扮演一位'施舍财物'的角色,他还与弘一共同担负起护卫佛教、护卫寺院和护卫所有僧人的要务。"②

考虑到弘一身体比较虚弱,"堵申甫为之招收一名衢州籍的农家孩子给弘一做徒弟,来服侍弘一。后来师徒关系很好,弘一给他取名'宽愿'"③。

经过抗战劫难之后,堵申甫家境败落,靠变卖家产、出售古玩度日,经济已陷入困境。时弘一虽已圆寂,但堵申甫对弘一的身后事依然十分关切,积极参与了弘一灵骨归葬虎跑之事。

"民国三十七年(1948)刘胜觉等人将弘一部分灵骨从福建泉州移至杭州,暂存葛岭南麓招贤寺。该年秋天,堵申甫约了几位佛教信徒护送弘一灵

---

① 陈谅闻:《造福诜诜　屹山仰之——怀念堵申甫(福诜)先生》,载《文澜》2014年9月第1期(总第13期),第1页。
② 陈谅闻:《造福诜诜　屹山仰之——怀念堵申甫(福诜)先生》,载《文澜》2014年9月第1期(总第13期),第5、6页。
③ 陈谅闻:《造福诜诜　屹山仰之——怀念堵申甫(福诜)先生》,载《文澜》2014年9月第1期(总第13期),第7页。

骨到虎跑定慧寺,暂时安埋于寺后的山冈上,前面立了块简易的石碑,石碑约两尺见方,请马一浮书写'弘一法师灵骨瘗处'八个大字。"

"1953年初,丰子恺、钱君匋、章锡琛、叶圣陶等人发起在虎跑寺后修建弘一法师舍利塔。堵申甫负责向马一浮索取题字。那年春天某日下午,堵申甫来到面临小南湖的蒋庄马一浮住处。马一浮知道堵的来意后,从书柜中拿出黄表纸摊开在桌上,当场写了'弘一大师之塔'六个篆字。接着,两位老友促膝长谈。太阳西斜,堵申甫把墨迹已干的黄表纸卷起来要离开时,马一浮站在旁边深情地说:'申甫,今日你为弘一事而来,我要送你下去。'真是好大的面子,即使总理或省长来访,马一浮也从不送客下楼。马一浮陪堵申甫绕过庭前巨大的广玉兰树,走过定香桥,一直到苏堤边。"[1]

1954年1月10日,"弘一大师之塔"在虎跑定慧寺后山举行落成典礼,来宾们在塔前合影留念。站在后排中间,马一浮左边穿风衣者即堵申甫先生。

堵申甫和许多崇敬、热爱弘一大师的朋友、学生一样,希望在弘一大师住居最久而就地出家的杭州,有一个纪念馆,他也呼吁、游说过。丰子恺在纪念老师的文章中专门提到:"弘一法师的作品、纪念物,现在分散在他的许多朋友的私人家里,常常有人来信问我有没有纪念馆可以交送,杭州的堵申甫老先生便是其一。"[2]

丰子恺与这位"浙一师"的老师堵先生关系密切,在老师困难之时,亦常设法帮助。1953年11月,谅闻听见堵公对自己父亲在说"丰子恺很照顾我,上半年以六十二元的价格在上海替我卖出一张蓝田叔的山水画。"[3]同年,浙江省文史研究馆成立,马一浮被聘为首任馆长。经马一浮推荐,堵申甫成为首批馆员。每月可领55元月薪,基本生活费用才有了保障。[4]

---

[1] 陈谅闻:《造福诜诜　屹山仰之——怀念堵申甫(福诜)先生》,载《文澜》2014年9月第1期(总第13期)第19页。
[2] 丰子恺:《李叔同先生的爱国精神》,见《丰子恺文集》第6册,浙江文艺出版社、浙江教育出版社1992年版,第539页。
[3] 《文澜》2014年9月第1期(总第13期),第2页。
[4] 陈谅闻:《造福诜诜　屹山仰之——怀念堵申甫(福诜)先生》,载《文澜》2014年9月第1期(总第13期)第19页。

二、完成文澜阁《四库全书》癸亥补钞

杭州西湖有文澜阁《四库全书》,浙江读书人引以为荣。1861年太平军两度攻陷杭州,文澜阁遭到严重破坏,《四库全书》惨遭毁散。杭州学者丁申、丁丙兄弟伤痛之余,不辞劳悴,尽量摭拾,收回库书九千零六十多册。

光绪六年(1880)浙江巡抚谭钟麟重新在文澜阁原址建新阁。丁氏兄弟又不断钞写、收藏。从光绪八年到十四年雇员百余人,耗资五万元,又收回、补钞2174种。使《全书》恢复到十分之九。

民国元年(1912),浙江图书馆"孤山馆舍"建成,文澜阁《四库全书》并入"浙图"。民国四年离职后的"浙图"首任馆长、吴兴学者钱恂主持进行了第二次文澜阁《四库全书》补钞。历时八年,共钞回33种,又购回原阁本182种,史称"乙卯补钞"。徐仲荪(徐锡麟二弟)和学生堵申甫自费参与了补抄工作。但仍未补全。

凡有担当的浙江文化人,都以补全文澜阁藏书为己任。

1922年,"堵申甫去看望时任教育厅长的张宗祥,谈论关于复兴浙江文教事业的事儿"。两人"一致认为,一定要把文澜阁《四库全书》补全"。[①] 身为教育厅长的张宗祥,此项工作正是其份内之事,于是说:"申甫,这件事只有你组织和督理才能办好。你看这样好不好,你我一起发起,你来承办。"[②] 堵公答应了,并提议:"经费方面请省府拨款之外,还得去上海向浙籍富商募捐。"[③] 张宗祥点头称是。

不久,张宗祥专程去上海,从浙籍富商周庆云、张元济等大佬处募得捐款六千多银元(其中周庆云出钱最多)。浙江方面,督办卢永祥赞助四千银元,省长张载阳赞助五百银元。在教育部任职的学界前辈吴震春极为支持,

---

[①] 陈谅闻:《造福诜诜　屺山仰之——怀念堵申甫(福诜)先生》,载《文澜》2014年9月第1期(总第13期),第7页。
[②] 陈谅闻:《造福诜诜　屺山仰之——怀念堵申甫(福诜)先生》,载《文澜》2014年9月第1期(总第13期),第7页。
[③] 陈谅闻:《造福诜诜　屺山仰之——怀念堵申甫(福诜)先生》,载《文澜》2014年9月第1期(总第13期),第7页。

也捐了钱。加上各地市捐过来的,共筹集到三万银元。

凭借张宗祥曾经担任过京师图书馆主任这层关系,1923年2月,堵公以浙江省教育厅秘书名义,领命在杭州组织人力,前往北京督理"癸亥补钞"。

当年北京正闹灾害,愿谋微利度活者多,而字体秀丽者也多,招雇抄写者达五六十人。都与堵公同住北京海昌会馆,费用亦很节省。

该次补钞工作前后历时两年,到1924年12月圆满完成。"共抄成二百一十一种、二千零四十六册,又重校丁钞二百一十三种、二千二百五十一册,重抄五百七十七页。终于补全了文澜阁的《四库全书》。"①

年底,堵公撰成《补钞文澜阁〈四库全书〉阙简记事》,并将全部抄本押运到杭州。恰好张宗祥的教育厅长职务北京已另有委派,张改任瓯海道尹了。

"癸亥补钞"是上世纪浙江文化界的一件盛事。当时北京大学校长蔡元培大加褒奖:"张阆声和堵申甫为浙江省文化界做了一件大好事。"北大文学院院长胡适也特地写信给堵申甫,称赞他督抄"四库"的功劳。②

1956年谅闻向堵公询问当年督抄"四库"之事时,堵公还找出一张当年发行的"浙江文澜阁补钞四库全书完成纪念邮片"送其留念(图1)。上面印有乾隆原题字和堵申甫半身照。左下方有堵公所撰说明文字:

"浙江文澜阁《四库全书》经洪杨一役,大半散佚,丁、钱两前辈补钞未竟。癸亥冬,卢公子嘉、周公湘舲暨吴雷川、张阆声二师与诸同志谋竟前功。以文津阁藏书无缺,爰集资,命诜入都,督理其事。幸赖师友匡助,至甲子十二月补录告成。特摄此文津阁清高宗御题及诜小影以作纪念。甲子冬堵福诜识。"③

综合以上史实,说堵申甫是"受张宗祥委托"而赴北京督理补钞文澜阁《四库全书》,似不很确切。事实是堵公与张宗祥都是"癸亥补钞"的发起人,只是二人分工不同,堵公又成了这次补钞的实际执行者和完成者。所以1949年前,堵公的画像一直悬挂在文澜阁陈列厅里。

---

① 《文澜》2014年9月第1期(总第13期),第8页。
② 《文澜》2014年9月第1期(总第13期),第8页。
③ 《文澜》2014年9月第1期(总第13期),第9页。

三、两度出任民国余姚县长

在 2003 年编印《浙江省文史研究馆建馆 50 周年纪念册》的"历任馆员名录"中,堵申甫名下注明其身份的只有"民国时期曾任县长"八个字。指的即是他曾两次出任余姚县长之事。

余姚在浙江是富饶的"一等县",能在这样的县里理政,并得到县民拥护,是很能显示县长才干和能力的。

堵公第一次出掌余姚是 1927 年。4 月间省长陈仪召堵申甫去梅花碑省政府,说是"上面保荐请您去余姚任县长,您去吧!"堵愕然,再三婉辞未果,只好同意。①

5 月到任,正好是"四·一二"之后国民党大力推进"清党"工作。堵公发现原"一师"学生、共产党员郭静唐(1903—1952,余姚人,时任国民党余姚县筹委会主委)还没有离开,赶忙催促他:"静唐,快走吧!不然来不及了。"这位自信的学生听了老师的话才逃离余姚,亡命上海。放跑郭静唐的事,三个月后有人告密,被怀疑"通共",10 月,堵公被逼交出印信,辞去县长职。②

堵公第一次出任余姚县长究竟是谁推荐的,谅闻未问过堵公。余姚的老前辈则有两种说法:一说是堵公的老师蔡元培;一说是他的学生宣中华。

第二次出宰余姚是 1931 年。是蔡元培写信给时任浙江省省委主席张难先,推荐堵申甫。张接信,非常重视,立刻接见。一见面就说:"蔡孑民先生向我推荐你,这样吧!在余姚苗启平刚好县长任期满,你去接他任,好在余姚你以前去过,熟悉的。"③张主席与堵申甫谈得很高兴。临别时还慷慨承诺:"申甫,以后县上有难办的事,尽管来找我。"堵公很兴奋地接受了这次任命。

当年 5 月堵公再次赴任余姚,决心把这任县长干好。一到县衙,在荷花池前先写了一副对联:

---

① 《文澜》2014 年 9 月第 1 期(总第 13 期),第 10 页。
② 《文澜》2014 年 9 月第 1 期(总第 13 期),第 10 页。
③ 《文澜》2014 年 9 月第 1 期(总第 13 期),第 11 页。

> 翠盖能擎天上雨,
> 红衣不沾水中泥。

表示自己一定能做到正直和清廉。又刻了一枚"两宰姚江"的闲章。

他上任后工作主次分明,首先课农,抓粮棉生产。在两年的任期里,粮食年产量达5亿8千万斤,皮棉年产量达8千8百吨,均达到前所未有的高产。境内碾米厂33家,居全省第三位。随着农业生产发展,引资办厂带动了金融业兴起。1932年交通银行余姚支行成立,接着余姚农民银行成立。当时余姚市场繁荣,物价稳定。堵公在其权力范围内取消不少苛捐杂税,减轻人民负担。还鼓励姚籍在沪的银行家来创设余姚私立育才孤儿院。堵公能处处注意贴近人民,县城每有火灾,他必亲临现场,与百姓一起提水灭火。他的爱民政策和亲民形象得到余姚百姓的拥护。

1931年"九·一八"事变后,余姚各界"反日援侨委员会"成立,发表《告全县父老书》,并通电全国,要求对日宣战,堵公积极参与支持。

在文化建设上,他大力推崇王阳明,认为王阳明的"知行合一"就是余姚精神之所在。他倡议重修王文成公祠,个人带头捐款200银元。1932年夏,城内龙泉山上的王文成公祠修复,门额请马一浮题写。堵公撰写了《重修王文成公祠》(图2),刻石于墙。还保护、整修了余姚竹山的王阳明先世墓地。并重视对余姚县内名胜古迹的保护和修葺。

堵公以儒学"仁义"施政同时,对邪恶势力的打击也决不手软。1931年秋,他亲自带保安队上"小火轮"抓盗匪,坚决将罪犯绳之以法。

堵公两宰姚江,勤政爱民,吏治严明,使"风调雨顺"的余姚得以"县泰民安",故受到普遍的好评。

四、与浙籍文化名人多有交往

堵申甫生于1884年,卒于1961年。与晚清至民国时期的文化名人交往甚多,尤其是浙江籍者。从前辈、师长到同学、同事、朋友及学生,几乎都有接触与交往。如汤寿潜、蔡元培,都是堵公父亲堵焕辰(字子铃)的同科举人,结有金兰之谊,故堵公称他们为"世伯"。马一浮、竺可桢、鲁迅、周作人等都与堵公一同考过秀才。吴震春、孙智敏是堵公就读浙江高等学堂时前后监督(即校长);邵裴子、张宗祥是教师;陈布雷、郑晓沧等都是同学。经亨颐、夏丏尊、姜丹书、李叔同、钱家治、马叙伦、单不厂等是浙一师同事。王国维、蒋梦麟、竺可桢则是好友。蒋梦麟任浙江大学首任校长时,堵申甫是秘书长。

堵申甫曾就读于绍兴大通师范学堂,同情革命,亲近秋瑾,敬重陶成章、徐锡麟、蔡元培、章太炎等前辈,秘密加入光复会,故对他们怀有至深情义。

堵申甫家与和畅堂秋瑾家是邻居,又是世交。1907年7月13日秋瑾被捕,堵公闻讯,"急忙往秋瑾家的书房跑,把她放在抽屉里的光复会会员名册收起来,回到自家屋,浸在水缸里捣糊掉"。"第二天堵申甫即去探监,秋瑾自知性命难保,隔着铁窗说:'现在唯一办法,是请外国教堂神甫或牧师来保释'。堵申甫跑了八字桥天主教堂和大坊口基督教堂,结果都'拒保'。再到监狱跟秋瑾讲外国传教士的态度时,秋瑾哭了。"① 秋瑾被杀后,他强忍悲痛,"敦促绍兴同善社给秋瑾成殓,埋葬于城外卧龙山西北麓。并用电报告诉秋瑾丈夫王廷钧家。""过了几天,与堵家颇有交情的分巡'宁绍台'道喻兆藩来通知堵申甫赶快离开绍兴,绍兴知府贵福要大规模逮捕'革命党人'了。原话是'申甫可以走了!'堵申甫连夜离开绍兴,逃往上海。"②

堵申甫把徐锡麟当作老师,关系亲密。清亡后,汤寿潜出任浙江军政府都督,"堵申甫积极地为徐锡麟在西湖孤山南麓寻找墓地。并在民国元年二月一日协助浙江军政府第二任都督蒋尊簋把徐的灵柩从安徽迎回下葬。民国六年,英籍犹太富商哈同在今平湖秋月景点西边建了'罗苑',罗苑围墙挡住了徐锡麟墓南向西湖的视线。堵申甫出面与哈同管家姬觉弥交涉:'革命烈士要看看祖国的大好湖山,为什么你们外国人把视线都挡住了?'姬陪了不是,马上在围墙上打开一扇门(推拉式铁栅门),使徐墓正南方仍然看得到西湖和吴山。"③

章太炎也是堵所崇敬的老师,1933年4月,堵申甫途经上海,专门去看望太炎先生和汤国梨夫人。这时太炎先生已疾病缠身,见到堵申甫,精神好

---

① 《文澜》2014年9月第1期(总第13期),第3页。
② 《文澜》2014年9月第1期(总第13期),第4页。
③ 《文澜》2014年9月第1期(总第13期),第4页。

了许多。说到后来,却喃喃地道:"申甫,我死以后,要葬到西湖边去的,替我葬到张苍水墓的旁边。"①犹如临终嘱咐!

1936年6月14日太炎先生病逝苏州。南京政府答应国葬,但因抗日战事起来而搁置,暂厝寓所后院。直到1949年以后,经家属和有关部门呼吁、请示,中央批示由江苏省和浙江省共同主持其事。于1955年3月将太炎先生灵柩运送至杭州,安葬于西湖南屏山北麓,与张苍水墓比邻。在浙江方面,为此做了很多前期工作的是堵申甫。后来汤国梨填了一首《高阳台》词记其事,在词的小序中有"太炎殁于苏州,会稽堵申父先生为觅莹地于南屏山荔子峰下,苍水公墓为邻"等语。② 可知堵申甫为太炎先生奉安西湖是尽心的。

综上所述,可知堵申甫先生不仅是弘一大师的大护法,也是一位浙江籍近现代文化名人。他为浙江的文化建设做出过重要贡献,理应得到后人的尊敬和纪念。孤山文澜阁和虎跑李叔同弘一大师纪念馆的陈列室中都应展示堵申甫先生的事迹和画像。

【附图】

图1:堵申甫"癸亥补钞"的纪念邮片

---

① 《文澜》2014年9月第1期(总第13期),第13页。
② 汤国梨:《高阳台》,见《汤国梨诗词集》,中国文史出版社2016年版,第94页。

图 2：堵申甫撰《重修王文成公祠记》的拓片

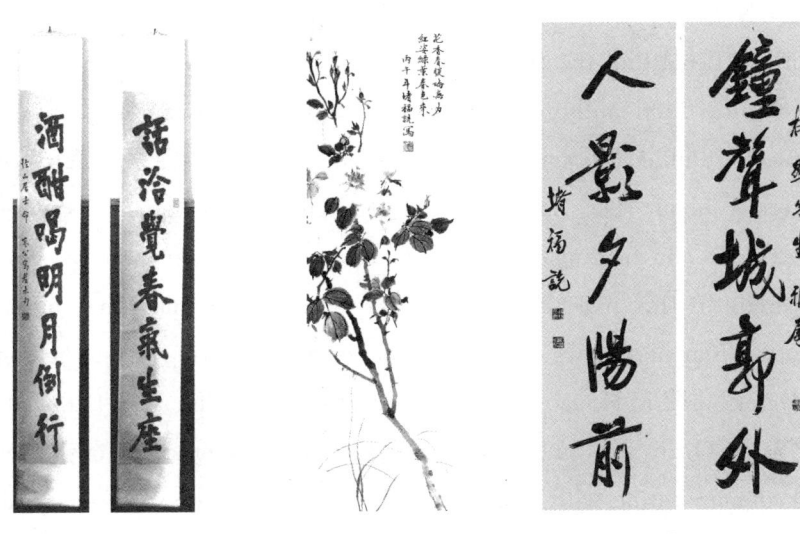

图 3：李叔同书赠堵申甫之联　　图 4　　图 5

图 6：陈璧承与堵申甫（坐者）

(作者:原桐乡丰子恺研究会会长)

Supplements to Historical Records of Du Shenfu, Master Hongyi's Great Dharma Protector

Ye Yu-sun

Du Shenfu has a close relationship with Master Hongyi and Feng Zikai, which is often regarded as a weak aspect concerning the academic research due to insufficient historical records. However, in the article entitled "Benefiting the Society and Receiving Respects — In Memory of Du Shenfu" and authored by Chen Liangwen in the No. 13 Issue of Hangzhou Public Library's bulletin "Wen Lan", quite a lot of historical materials about Du Shenfu, characterized by "personal experience, observation and hearing", are presented, which is very precious for the research. In this paper, on the basis of this paper and other historical records, four highlights of Du Shenfu, namely escorting Master Hongyi's body for burial in Hupao of Hangzhou, making notes for Wen Lan's edition of "Si Ku Quan Shu" in 1923, taking position of governor in Yuyao twice, and communicating with Zhejiang celebrities, have been sorted out, in the hope of supplementing and enriching the records of Du Shenfu. Generally, Du Shenfu is not only Master Hongyi's Great Dharma Protector, but also a famous cultural figure in Zhejiang, who deserves people's admiration due to his great contributions to culture.

厌乱伤时人,进退遣寂寥:曾孝谷探析

罗 明

"改革开放"以来,有关中国话剧运动先驱——"春柳双星"[①]——李叔同、曾孝谷研究所取得的成就,显然是前者多于后者。李、曾二人从日本留学回国后,李叔同在事业上(在俗和在佛)成就卓越,蜚声海内外,而蛰居西南一隅的曾孝谷,则在历史舞台上渐渐退隐,以至于在他的故乡成都,至今也少为人知。究其原因,除了两人的天资、性格差异外,曾孝谷回蓉后的生存遭际,是"春柳双星"后来巨大反差的客观原因。作为晚清后期的文人,李叔同、曾孝谷皆生逢中华民族"千年之大变局"。他们出生的社会背景、个人经历、命运有相似之处。特别是,伴随时代更迭的文化断裂,在其精神成长过程中,亦有相似的烙印。笔者认为,归根结底,就其文化人格精神言,他们是中国传统文化意义上的"士";李叔同出家后,更倾向"佛";曾孝谷回成都后,更倾向"儒"。曾孝谷的朋友在诗中,称他"平生非隐亦非士"[②],这与其说是对他"平生"的概括,不如说是对他后半生(从日本留学回故乡后)社会角

[①] 陈星:《李叔同身边的文化名人·春柳双星——李叔同与曾延年》,中华书局2005年版,第7页—23页。该章节在研究、梳理中国话剧初创史实的大背景上,详细分析了李、曾二人的关系,所提出的"春柳双星",在学术层面,标示出了李、曾两人对"春柳社"创立、戏剧活动、演出的成功等所起的重要作用,和产生的深远影响。

[②] 庞石帚:《曾孝谷大兄枉诗见投时曾方有买臣负薪之感因作奉答并示哲生》诗中曰:"十年所闻曾公子,平生非隐亦非士。蕉萃青衫锦水滨,相逢一笑干戈里……"。庞俊(1896—1964)字石帚,曾孝谷好友之一,初字少洲,因慕姜夔,更字石帚。成都人。博通经史。弱冠即受知于赵熙、林山腴等川中名家。历任成都高等师范、成都师范大学、华西协和大学、光华大学、四川大学教授。有诗文集《养晴室遗集》。

色的准确观照,是对曾孝谷在这一时期的生存选择上,"进""退"①豁然,这样一种旷达人生态度的评价。

对比李叔同回国后至出家前的生活与事业,回成都后的曾孝谷,其家庭生活,其入世之事业等,常常处于尴尬、窘迫以至于艰难的境地。曾孝谷在"大成中学"任教时的学生,刘君惠先生②对自己中学时代的这位老师,有这样的评价:"孝谷先生至情至性,而不偶于俗。他的学养深,闻见博,情志广,其高节畸行,罕为世所知。③"

一、蒿目忧世事,思友遣寂寥

曾孝谷于1873年9月21日出生在成都一书香门第(李叔同于1880年10月23日出生,曾孝谷比李叔同年长7岁)。他的父亲曾培,生于清咸丰壬子年(1852年),字松生,号笃斋,成都人,祖籍贵州兴义府,是清光绪十六年(1890)进士,历官兵部主事,后任山东潍县知事等职。民国元年(1912)因其政情熟,被荐任教育习长,后又任四川铁道银行总理,编辑过《四川国学杂志》,为民国初年成都"五老七贤"之一。曾培工诗词,善书法,有《变澄堂诗草》等传世。

曾孝谷于1913年下半年(或1914年初)回到成都后不久,其父即谢世。成都少城栅子街④通往西城墙根的"小通巷"5号,是他回蓉后,生活于其中的私家宅院。旧时的成都,一般市民将这类独院称为"公馆"。实际上,这些宅

---

① 孝谷先生长诗《悠悠叹·寄林山腴先生》,被认为是个人明志之诗篇,其中有:"进退一生有千秋"诗句。
② 刘君惠,名道龢,号佩蘅(1912—1998)成都华阳人。曾分别就读于私立大成学校小学部、大成中学校;1937年7月毕业于四川大学。他曾问学于蜀中鸿儒赵少咸先生,早年受章炳麟学术思想影响甚钜,对哲学、文学、史学、语言学均有研究,曾在金陵大学文学院主编的《斯文》月刊,主讲训诂学和诸子专书研究,撰有《诸子学导论》,编辑《训诂学名著选编》,著有《方言疏证续补》等。1949后,为四川师范学院(现四川师范大学)教授。
③ 刘君惠:《话剧运动的先驱曾孝谷》,见四川省政协文史资料研究委员会编《四川近现代文化人物》,四川人民出版社1989年版,218页。
④ 成都"少城"位于成都市的城西,是清代满人的聚居地,街道整洁幽静。民国建立后,许多旗人将旧宅出售,吴虞先生即购少城栅子街21号院居住。小通巷是成都少城中的一条半截小巷,清代名仁风胡同,民初少城中各胡同改名时,因为这条胡同的巷道狭窄,有如一条通道,故得此巷名。今少城北方胡同院落区域已翻新建成"宽窄巷子"文化街。

院有好有孬,差距甚大。小通巷5号院内,生长着老树苍藤,蔚然深秀。门前有联语云:"春色岂关吾辈事,茅斋寄在少城隈。"①时代更替,世事无常,曾孝谷蒿目而忧世之患,深居简出于"茅斋"内外,直至1937年去世。

  1911年至1935年20多年间,成都的社会政治现实,处于一个较特殊的历史过渡时期,时时显现着自古以来,该地域因四面的自然地理山高水险形成的天然屏障,被李白《蜀道难》一语道破的地缘政治格局特征:"所守或匪亲,化为狼与豺"。控制西蜀的"雄豪",常将富饶的成都平原作为自己割据的中心,进而窥测天下。为此,地域的各派军阀,为了成都的控制权,频繁地展开争夺战。李劼人先生在《成都历史沿革》一文中指出:"有人统计,从1913年起四川省的军阀土匪的战争便达四百多次。成都是一省的政治中心,凡有野心的军阀都想霸占它。因此,争城之战(连围攻和巷战在内),前后大小有二十多次……军阀政客匪徒特多,投机倒把的奸商们只知自私自利剥削压榨,过他腐化堕落生活,根本不想建设。所以在此段时期中,总的来说,成都是继西晋末巴西氐人李氏入侵之后,是继宋末蒙古兵侵入之后,是继明末张献忠夺占之后第四次衰败了。不过这次衰败与前有所不同处,是看起来好像有些小小的建设,但事实上都是甚至都破坏了。"②这一时期的成都,一些满清时设立的社会公共机构虽然存留了下来,却已渐渐衰落。民国初期临时组建的类似于地方自治管理议会的机构被解散,虽然也重新召集过议事的会议,但对地方社会发挥实际作用不大。因掌控成都的地方军事领导人,对社会公共事务的无为或胡作非为,从而使"五老七贤"、"袍哥"填补了城市行政公共领域管理的缺位,多少也发挥一些实际的社会协调功能,即:在某些特定社会情形下,起着社会代言人和公共财富保护者的作用。"五老七贤","实指一个有崇高社会声望的绅耆群体。其中的人员是变动不居的,人数也是不固定的。这些绅耆大都于前清时代取得了功名。辛亥革命之后,四川的都督、督军、省长们,皆在他们的公署内聘请过一些前清遗老、社会名流、文人士绅等做顾问,以期为当政者效力,对地方公共事务发挥积极作用。但他们常对新的地方政权不甚认同,不少人屡辞当政者的征召,

---

① 隈:《淮南子》有"田者不侵畔,渔者不侵隈"。高诱注:"隈,曲深处,鱼所聚也。"
② 曾智中、尤德彦编:《李劼人说成都》,四川文艺出版社2001年版,第18、19页。

往往选择'隐'的生活,他们自成一个'旧派'小世界……到 30 年代,'五老七贤'开始渐渐衰歇,其根本原因是"绅耆"产生机制的断绝。"

(一) 投身戏剧革新

曾孝谷回成都后,正值新旧文化交替之际,他以己所长,参与成都的著名文艺刊物《娱闲录》的编辑与撰稿,积极投身介入戏剧革新。曾孝谷针对川剧的借鉴改革中,诸多"非驴非马"的"革新戏剧"现象,在《娱闲录》"剧谈"专栏及其他刊物中,发表了许多有益于戏剧革新且颇有见地的戏剧批评文章。在《五十步轩剧谈·序》一文中,曾孝谷道明,之所以撰写戏剧评论,是自己早就有的愿望。其出发点,是阐述中国戏曲古今之变迁,比较中外戏剧的异同;借戏剧艺术的审美社会功用劝善惩恶,论说新剧艺术重美感的要义;涤荡既往戏曲中积淀的糟粕,阐发新时代戏剧艺术应具有的新的艺术价值和艺术生命力。他强调了撰写剧评的宗旨:新剧应以大众易理解接受的通俗艺术形式,传达优秀的民族传统文化,以至于起改良社会,寓教于乐作用,以弥补现实社会教育中高谈阔论的不足!《娱闲录》杂志于 1914 年 7 月 16 日创刊,它是《四川公报》①的特别增刊,每月两册,农历二日、十六日出版。1915 年 10 月,《四川公报》改名为《四川群报》,《娱闲录》便作为《四川群报》的副刊,不再单独出版,李劼人被聘为《四川群报》首任主笔,并主编副刊《娱闲录》。

民国初年,成都社会矛盾复杂,时局动荡不定。军阀、政客、土匪,时有勾结。每当社会进步力量的革新倡导触及他们的利益时,即打压、甚至暗杀进步人士。1917 年樊孔周因得罪了军阀被暗杀,1918 年 4 月末《娱闲录》被军阀打压,令其停刊。1927 年成都著名报人孙少荆②也由于得罪了地域的军

---

① 《四川公报》,是具有开明思想的著名商人、社会活动家,时任四川商会总理的樊孔周(? —1917 年)主办的报纸。《娱闲录》是四川创办较早的、颇有特色和影响力的一份文艺刊物,著名的文化艺术家、作家如吴虞、李劼人(笔名老懒)、曾延年(笔名无瑕、存吴)、方觇斋、刘觉奴、曾兰(吴虞妻)、胡壁经堂、李哲生、"何六朝金石造像堪侍者"(何振羲,字雨田)等,皆为该刊撰稿或担任编辑。作为文艺副刊,《娱闲录》形式多样,内容丰富,有小说、丛录、剧谈、笔记、文苑、剧本等等。
② 孙少荆(1888—1927)原名钟元,笔名行者,成都人,是著名报人。辛亥革命后相继主办《公论日报》、《女界报》、《民治日报》,后赴日本考察。回国后,他又任《四川群报》、《鼎权报》、《蜀报》、《家庭》主笔、编辑。他曾参加少年中国学会,主办《星期日》周刊。1920 年赴德国,1923 年归国,任成都市政公所提调,参与创办成都通俗教育馆。1927 年,因得罪军阀,遇刺身亡。

阀,惨遭杀害。洞悉了社会变迁中的政教败坏、兵祸匪患不绝等诸多阴暗面,曾孝谷意绪悲凉,愤世嫉恶,他慨叹:"况今丁浩劫,衣冠殉洪流,滔滔贼仁义,患贫不讳偷。虎噬杂狐媚,啼笑看俳优。君看天下士,宁为大厦忧"(《漫题五十步轩》),心寒至"此身拼向秦坑葬"(《晚学篇书志所感》);在回复欧阳予倩的诗中表露:"何由甘伏枥,我马已虺颓"。蒿目世事,他的内心绵延着悲愤与疲惫。

(二) 思诤友向江南

曾孝谷秉清人陆桴亭"天下自乱,吾心自治"之守持,常常杜门不出,时常以书信与李叔同、欧阳予倩以诗歌酬答,以志业情操相砥砺。如他怀念叔同诗云:[1]

　　自号人间孔雀王,腹中蝌蚪郁奇光。[2] 曼殊西去春禅老,幸有诗僧接道场。

又如,怀念欧阳予倩诗云:

　　醉别申江夜放船,送行温语忆尊前。怀人漫续三秋咏,海月相违已十年。

再如,怀念李叔同和欧阳予倩的诗:

　　昔经弱水感同舟,不道烟波竟化鸥。别后沧桑更几世,春来歌舞涤千愁。
　　樊笼岂限云间鹤,冠带何伤楚国猴。见说锦帆张挂好,年年芳草满

---

[1] 论文中,有关曾孝谷诗歌引用出处:青年时期创作的诗歌,引自柳亚子主编:《南社诗集(第五册)》,1936年开华书局出版;回成都后创作的诗歌,主要引自编委会编《近代巴蜀诗钞》下册,巴蜀书社2005年版,第1版;孝谷先生怀念李叔同、欧阳予倩等诗歌,则主要转引自刘君惠先生的文章《话剧运动的先驱曾孝谷》。
[2] 宋朝邵桂子《海蟾》诗中有"……腹中万斛蝌蚪藏,吐作列纬森光芒"句。

汀洲。

为挣脱了尘世纷扰、羁绊的叔同感到高兴，称其为自由翱翔于云间之鹤；赞扬予倩突破旧礼的束缚，投身戏剧艺术，……锦城锦水锦帆挂，江头江尾芳草碧。祈望年年可与友人相聚。三人留学日本时，不仅在文学艺术上同心同德，还是直谅多闻①、进德修业的诤友。

孝谷先生年少矜任侠。笃斋公官京曹时，谢无量先生北游，即馆于其家。孝谷先生方游学日本，得间归北京度假，常与谢无量先生饮酒市中，意气睥睨。一日，隔座人有若谩语相侵者，孝谷大声叱之，其人辟易窜去（事见谢无量《梦明湖馆诗序》）。孝谷先生返京时，述此事于欧、李，叔同正言箴之，先生自谓如饮良药，自是终身无疾言厉色。10 年以后，叔同还写了一副五言联语寄孝谷先生，联语云："忍辱波罗密，无量阿僧祇。"仍是 10 年以前赠言之义。"久要不忘平生之言"，孝谷先生每谈及这副联语的经历时犹感动唏嘘，不能自己。②足见李叔同作为诤友之行谊，使曾孝谷终生受益，亦终生不忘！

《题亡友陈师曾〈中国绘画小史〉》，是曾孝谷晚年所作追忆诗：

百岁水争流，陈李夙所厚。誓结金石交，不羡乔松寿。国变遇陈大，海上共尊酒。一别廿年余，相望南北斗。时从李子书（同学李息霜，即今之弘一法师），问余舌在否。远遗书中诗，居然黄子久。忽闻奔母丧，不恤泉下走。李子遁于佛，闭关不可扣。天地几生才，况是无双偶。眼中尽盛衰，老我难为友。朝来游书肆，遗篇忽在手。读之叹鸿烈，道人已不朽（师曾平日作画常署款朽道人）。惟念西河痛，华颠散原叟。

回忆了早年与李叔同、陈师曾的交往和友谊。感叹晚年满眼世相皆衰，

---

① 直谅多闻：成语，意为人正直信实，学识广博。语出《论语·季氏》："益者三友，损者三友。友直，友谅，友多闻，益矣。友便辟，友善柔，友便佞，损也。"孔子说："有益的交友有三种，有害的交友有三种。同正直的人交友，同诚信的人交友，同见闻广博的人交友，这是有益的。同惯于走邪道的人交朋友，同善于阿谀奉承的人交朋友，同惯于花言巧语的人交朋友，这是有害的。"
② 刘君惠：《话剧运动的先驱曾孝谷》，见四川省政协文史资料研究委员会编《四川近现代文化人物》，四川人民出版社 1989 年版，213 页。

友少且孤寂。柳亚子曾远道将自己的《分湖归隐图》寄请曾孝谷题诗,他予所题三首之一咏叹:

> 吾庐逐对百花潭,似领分湖郭十三。锦水桃花春涨阔,年年扶桨向江南。①

"百花潭",为成都市城西锦江边一公园。"锦水",又名"锦江",为岷江上游支流,流经成都市区。诗人于锦水"扶桨向江南",喻情系湖山,心寄江南。在这类诗歌酬唱、对答的创作交流中,在对过去好时光缅怀追忆中,诗人抒发了对江南好友,南社诸诗友思念的遥寄,诸多诗歌意象,更蕴涵了诗人对"春柳社"时期,与同仁们追求艺术创造所激发起来的蓬勃生命力的缅怀!以此抵消所处社会环境对内心自我的挤压,排遣生存于当下郁积的无尽寂寥。

左侧,"午眠温客梦,独醉选春愁",是李叔同的书法作品。它关联着李叔同与曾孝谷的友情以及两人与南社诗友同仁的友谊。此行书对联,是李

---

① "郭十三":郭麟(1767—1831),又名郭廖,字"祥伯"、号"频迦"、"复翁"、"苎萝老者"。因右眉全白,又号"白眉生"别称"郭白眉"。江苏吴江人。少有神童之称。乾隆六十年(1795)参加科举不第,遂绝意仕途。专研诗文、书画,好饮酒,工诗词古文,所作清婉颖异,尤擅篆刻。喜交游,与袁枚为好友。

叔同撷取曾孝谷早期诗歌《潍县春居》（暖气袭帘钩，檐前鸟语幽。午眠温客梦，独醉选春愁。家国忧何切，形骸累未休。萍踪且无定，聊为此乡留）中之佳句，手书抄录后，赠予南社后期负责人姚石子的。其时间极有可能是李、曾二人皆参加的南社第六次雅集（1912 年 3 月）。这件李叔同的书法艺术作品，是李、曾二人难得的友谊及两人曾参与南社雅集的见证[1]；右侧，是曾孝谷在日本留学时，赠给学友李叔同的"秋花图"[2]。此画创作于 1906 年，画的落款为"息霜性嗜秋华，特奉此以将意，丙午深秋，延年"。画面构图简洁，尺幅不大，它也是一件承载着曾李二人友谊的，非同寻常的艺术品。

（三）以教育为志业

民国初年，位于中国西南一隅的成都，较之国内近代开埠较早的地区，其经济与社会文化皆显落后。新旧时代之交的文化教育界，旧学新学并行，尊孔读经依然，新学发展缓慢。曾孝谷虽不能忘情于戏剧，但客观环境使然，其志业主要从事教育工作。他先后在成都高等师范学校、宾萌公学[3]、大成中学（该校长期聘曾孝谷为该校教师）等学校任图画、国文教师。

其时，执掌成都教育界的人物，皆为曾孝谷父亲于成都"尊经书院"求学时的同学和旧友。民国初年任四川教育总会会长的徐炯老先生[4]，与曾孝谷父亲有知己之交，为曾孝谷的师长前辈，曾孝谷格外尊重他。从事艺术教育课余时，曾孝谷组织过成都最早的话剧团体——"成都春柳剧社"（也应该是国内最早的话剧团体之一），也曾组织一批成都县中的中学生在 1918 年进行了成都历史上的第一次话剧（当时俗称"幕表剧"）演出，剧目仍然是《黑奴吁

---

[1] 雅昌艺术网：http://auction.artron.net/paimai-art5028440719. 2017 年 4 月 5 日，上午 8：50。
[2] 章用秀：《曾延年赠李叔同秋花图（图）》，《天津日报》2011 年 10 月 29 日。
[3] 清末废科举、兴学校之际，省城成都专为旅居四川的客籍人（外省人）子弟办了一所"客籍学堂"，专收其子弟就读，后来改名"宾萌学堂"。"宾萌"二字出自墨子，"宾"训宾，"萌"训民，较之"客籍"更典雅。
[4] 徐炯（1862—1936），字子休，号霁园，成都华阳人。19 岁补廪生后，入尊经书院。他倾心宋明理学，广交院中严谨之士。中日甲午之战后，他将所办私塾扩为"泽木精舍"（类同书院）。熊克武、廖学章、尹昌衡、魏时珍、张群、戴传贤、李植、谢持等曾先后求学于"泽木精舍"或是从师于徐炯。曾任四川教育总会会长。辛亥革命后，曾在北京任教于中国大学。1920 年，他创立"大成会"（取孔子集群圣大成之意），开办大成学校并自任校长，主编《大成会丛录》。著作有《霁园遗书》。徐炯饱读诗书，提倡"尊孔读经"，为人鲠直，为成都的"五老七贤"之一。

天录》。其时,成都的"艺术教育"仍处于初创期,既没有较系统的艺术教育理论,也没有艺术教学指导思想,甚至没有必备的艺术教学设备或工具,使曾孝谷颇感尴尬与无奈(他在给李叔同及吴梦非的信中有较详细的描述)。虽然教学条件差,但他对教学却竭尽心智、一丝不苟;他对学生和蔼可亲,不摆师长架子。学生眼中的曾先生,是一位能诗善画并唱得一腔好昆曲的,多才多艺的好老师。他也经常参加学生的各种活动,谈笑间妙语如珠,诙谐风趣。

为弘扬传统文化艺术,提升学生对古代书画艺术及文物的鉴赏水平及修养,大成中学在1926年孔子诞辰纪念日举办了"纪念孔子书画展览"。事后,曾孝谷专门撰写了《丙寅孔子圣诞节参观书画纪略》一文。文章对各年级教室所陈列的书画、文物作了条分缕析的评介,其品评之详,赏析之细,如数家珍,足见其对学校艺术教育所倾心力之甚。该文较长,仅录最后一小段,实不足以概全:

> 各教室之外,更有合班教室一,出品有钱岱雨藦芜长卷,以冷隽放逸之笔墨,写楚骚遗意,凿空成迹,自我作古,所谓文人画之可贵,盖足以见文心也。又何诗孙团扇面,当是中年之作,此海内鲁灵光也。又文衡山桃园图,吴仁山景旭,题为外大父藏、文蔚藏,笔墨平稳之外,无甚见长处。又蒋南沙花卉长卷集,杂花约百种,穿插成文,形色奇巧,信非凡手所能办。又蓝底绘松鹤花瓶一,长几二尺度,是康乾时代官窑作品,其质大工,精可见承平制作矣。①

曾孝谷在古代书画艺术及文物方面的丰富知识、造诣修养,在全文中得以充分展现。字里行间,也传达出了他的鉴赏理论修养及艺术审美观。

曾孝谷的学生屈义林②回忆,曾先生常常在课余时,手握画笔,随意挥

---

① 曾延年:《丙寅孔子圣诞节参观书画纪略》,载《大成会丛录》1926年第16期。
② 屈义林(1908—2004)国画家,1930年毕业于国立成都高等师范学校国文部,后入上海美专学习绘画。1934年毕业于南京国立中央大学艺术系,并受益于徐悲鸿、张大千诸大师,40年代曾任国立重庆女师学院美术教授。曾任四川徐悲鸿、张大千艺术研究院院长、四川省文史研究馆馆员、成都吴芳吉研究会会长等职。有《义林吟稿》、《屈义林画集》等丛书10种。

洒,其深厚的油画功力融于国画之中。他所画的花鸟人物尺幅写生,往往有独特的意蕴。先生教授绘画时,常悬出日本风格的大幅水彩,指导临摹,并讲解其技法。这些示范画的用笔、用色并不复杂,多写自然风物,富有诗意,学生也易理解。

二、"留命供千劫,临歌散百忧"

(一) 早年丧爱妻,追念伴终年

曾孝谷自幼受到了良好的家庭教育,年少时,随父笃斋公宦山东潍县,并在外省考中秀才。青年时期,曾孝谷与济南历下吴氏成婚。婚后没多久,吴夫人因病去世,葬明湖之阴,曾孝谷每年必前往哭其墓,写有至情悱恻的追悼诗13首。如《梦谒琬君墓》诗:

  虫声唧唧那堪闻,碎月窥窗到夜深。不忍池边楼上客,连宵倚梦拜秋坟。

诗歌以秋夜诗境外第三人称视角,刻画倚梦祭扫的"楼上客"。似以平实寄幽愿,实则更显秋夜梦者刻骨铭心之哀伤,情洞之悲苦。梦魂萦绕所向,是"琬君墓"。静谧简穆的意象,传达了诗人内心的至深至情。"吴琬君",应是孝谷先生终生怀念的吴氏妻子的姓名。对发妻的思念之情,老而愈深且挚。他为己居所题曰"梦明湖馆",即是追念吴夫人。笔者认为,曾孝谷的名号"存吴"亦与此追念关联。

(二) 兵乱困危城,心瘼创伤深

1932年11月中旬,四川几支军阀部队为争夺地盘,在成都暴发巷战,巷战又升级为高地争夺战。城西少城附近的城墙,城中心皇城的煤山,成为双方激烈争夺的两个主要战场。李劼人写于1936年的《危城追忆》一文,详细地记叙了这次"二刘夺城之战"①,其中标题为《战地在屋顶上》一节,则以诙谐与反讽修辞笔调,详细地描绘了曾孝谷一家在这次战乱中的不堪遭遇:

> 住在少城小通巷的曾先生,据说,做梦也没有想到他的房子会划为前线,而且是机关枪阵地……他犹然本着民国六年(公元1917年)两次城里打仗的经验,只以为把大门关好,找一个僻静点的房间,将被褥等铺在地上,枪炮声一响,便静静的躺下去,等子弹消耗到差不多了,两方都待休息时,再起来走走……
>
> ……就这时候,他的后院里猛然有了许多人声:"这里就对!把机关枪拿来!"还不等他听明白,接连就听见房顶上瓦片被踏碎的声音,响得很是利害,而破碎的瓦片,恰也似雨点一样,直向头上打来……曾先生只管是自己造的房子,他之为人只管不完全近代化,不过既有了"吾从众"的圣人脾气,又扼于金钱的不够……他那屋顶,到底也只能盖到那么厚……跑上20来个只知暴殄天物的兵士,还安上一挺重机关枪,以及子弹匣子,以及别的武器等,这终于会把它弄一个稀烂的。
>
> ……机关枪阵地摆在屋顶上,陆军变成了空军,我们的曾先生,那时真没有话说,全家四口只好惨默地躲在房间里……三间屋顶虽然全被踏坏,但战事还没有动手。阵地上的战士,到底是一脉相传的黄炎子孙,或者也是孔教徒罢?有一个战士因才从瓦楄中间,向阵地下的主人说道:"老板,你这房间不是安全地方,一打起来,是很危险的,你得另外找个地方。"
>
> 刚才是那么声势汹汹到连话都不准说,小孩子骇得要哭了,还那么"不准做声气!老子要枪毙你的!"现在忽然听见了这片仁慈的关照的言语,我们曾先生才觉得有了一线生的希望了。连忙和悦以极的,就请义士指点迷途,因为他高瞻远瞩,比较明了些。
>
> "我看,你那灶屋子挂在角上,又有土墙挡着,那里倒安全得多。"

---

① "二刘夺城之战",也称自民国建立以来,成都的"第三次巷战"。战争双方的首领是刘文辉、刘湘,二人的血缘关系却是叔侄关系(刘湘的祖父和刘文辉父亲是亲兄弟)。其时,刘湘率21军占据川东,刘文辉率24军占据川西。名义上都是"国民革命军",仅番号不同。夺城之战主要在属刘湘一方的田颂尧的29军与刘文辉的24军之间展开。

我们的曾先生敢不疾疾如律令的,立刻就夹着棉被枕头毯子等等,搬到那又窄又小,而又很不干净的灶屋里去?……曾先生的房子是前线,是机关枪阵地,所以他伏在灶下,只听见他书房里不时总要发出一些东西被打破的清脆声,倒是阵地上,似乎还不大有子弹去照顾。

几天激烈的战争过去了,白天已不大听见密放,似乎相处久了的原故?阵地上的战士,在休息时,也公然肯"下顾"老板,说几句不相干的话,报告点两方已有停战议和,"仍为兄弟如初"的消息……我们的曾先生的眉头反而更皱紧了……曾先生在前所焦虑的事情证实了,"不曾"多买两斗米放在家里,等他们打仗,现在颗粒俱无了!……于是曾先生思之思之,不得不毅然决然,挺身走出灶屋子,"仰告"阵地上战士们:他要带着老婆儿女,趁这不"响"的时节,要逃出去而兼求食了。

说来你们或者不信,阵地上舍死忘生的战士们会这样的奉劝曾先生:"老板,我们倒劝你不要冒险啦!小通巷走得通,栅子街走不通,栅子街走得通,长顺街也一定走不通的,怕你们是侦探。……没饭吃不打紧的,我们这里送得有多,你们斯文人,还搭两个小娃儿,算啥子,在我们这里舀些去就完啦!"

如其不在这个非常时节,以我们谦逊为怀,而又不苟取的曾先生,他是绝不接受这样的恩惠。他后来向我说,那时,他真一点也没有想到为什么使他至于如此境地的原因,只是对于那几个把他好好的房子弄成一种半毁模样的"推食以食之"的兵,发出了一种充分的谢忱。他认为人性到底是善的,但是一定要使你良好环境,被破坏到不及他,而能感受他的恩惠时,这善才表暴得出。

又经过了几天,又经过了两三次凶猛的冲锋,战地上的兵士虽更换了几次,据说,一般的兵士,对于我们的曾先生,仍那样的关切。而曾先生便也在这感激之忱的情况下,以极少的腌菜,下着那冷硬粗糙的"战饭",一直到29军实在支持不住,被迫退出成都为止。

战事停止那天清晨,一般战士快快乐乐从战地上把重机关枪,以及其它种种,搬运下房子来时,都高声喊着曾先生道:"老板,把你打扰了,请你出来检点你的东西好了。我们走了后,难免没有烂人进来趁浑水捞鱼,你把大门关好啦!"

格外一个中年的兵士更走近曾先生的身边,悄悄告诉他道:"老板,你这回运气真好,得亏你胆子大,老守在家里,没有逃走,不然,你的东西早已跟着别人跑光了。你记着,以后再有这种事,还是不要跑的好。军队中有几个是好人?只要没有主人家,就是一床烂棉絮,也不是你的了。"

这一番真诚的吐露,自然更使曾先生感激到几乎下泪,眼见他们走了,三间上房的瓦片尚残存在瓦桷上的,不到原有的二十分之一,而书房以及其它地方,被子弹打毁的更其数不清。令他稍感安慰的,幸而打了这么几天,一直没有看见一滴血。①

如此"含泪的笑"之修辞描绘,生动地扶衬出曾孝谷内心无以言对的凄惶与酸楚!停火后,林山腴先生②念及老友的安危,前往探视。当他走到曾氏寓所一带,目睹民房多毁于战火,残垣瓦砾一片狼藉,心中不免黯然,料想老友已遭池鱼之殃。哪知走进残破的一小屋,只见曾先生安然蜷缩在旧灶坑内,上面盖着木板,木板上还覆盖着破棉絮。林先生见此情景,心中大慰。他感事哀时,写成了《壬申兵祸》诗。这篇五言长诗中,也特别地记述了孝谷先生:

鳞栉数千户,犬豕当屠刀。或全家糜殉,或肢体断抛,苦无棺椁收,乃用苴荐苞……西战栅子街,撤瓦残空橑。墙壁著弹眼,蜂窝石上篙。最惨小通巷,逼仄同煎熬。邻圃数丛竹,青者琅玕瑶,截断若破帚,濯濯无完梢。中有一故人,灶觚覆弊袍。曾孝谷生死不可知,相见魂始招。③

该长诗详尽描写了诗人亲历此次军阀城内争斗造成的灾祸:居民区屋毁人亡之惨状、生民困苦之惨相,曾孝谷自然也成了诗史中的人物。经历此劫,曾孝谷的小院被糟蹋得破败不堪,他写下了《哀大屋》诗:

---

① 曾智中、尤德彦编:《李劼人说成都》,四川文艺出版社2001年版,第91—96页。
② 林山腴(1873—1953),名思进,字山腴,别号清寂翁,华阳人。晚清民国时期著名学者、诗人,著有《澹秋集》《清寂堂集》等。时人评价其诗有王维、孟浩然风骨,所吟咏的哀流民诗"累数百言,词旨悲壮。"深得其时蜀地著名学者、文人廖季平、严岳莲等人赞赏。
③ 林思进著,刘君惠、王文才等编:《清寂堂集》,巴蜀书社1989年版,第245、246页。

大屋未倒群鸟啄，屋镜已破鸟啄木。既破我屋升我堂，屋下雏鸡走仓皇。食卵逐雏号且避，身非黄鹄安能翔？主人东壁①张高宴，帘外血飞看不见。不愁落日黯西山，晚幕独矜安巢燕。寄言巢燕慎将雏，胡马东来人尽奴。奴忍饥肠不敢哭，还从屋根觅残粥。

劫难结束后，一家人虽无伤亡，但栖身的房屋顶大多被毁，孝谷先生于《壬申九月成都围城纪事五首》之一，对作恶的军阀们以愤怒的斥责：

　　鼠穴斗忽起，筑垒与人高。城中十万户，画地真成牢。鸡犬且无声，童稚不敢号。往来无行辙，白日寒萧萧。借问所敌谁？同室不相饶。岂有贸首仇，②主帅气独骄。一怒化虫沙，冤魂谁与招！开国二十年，茂恶非一朝……

诗人的满腔愤怒，直指"鼠穴斗"的祸首，由自我被毁之大屋，推及灾祸殃及死伤的无数百姓，其沉痛其哀伤，心如烹割。战乱中，曾孝谷一方面要自保，另一方面主动履行先父"五老七贤"于此类乱局中之责，《壬申九月成都围城纪事五首》之五有以下记述：

　　恺恻念吾叔，忧时心成痗③。欲为被发救，奔走偕朋辈（与陈太常、徐霁园、尹约堪诸老叩门请命奔走数日。曾孝谷注）。叫阍④虽不应，聊以尽人事。薄俗厌老成，到此责无贷。此情亡父知，泉下有余快。由来五老贤，令闻至今在。玉貌坐围城，无求终有赖。何必商山翁⑤，超然人世外。

---

① 东壁：指曾孝谷住宅院墙东面邻居住宅，此时同样被军队占据。
② 贸首：要得到对方的头颅，指不共戴天的深仇大恨。源于典故《战国策·楚策二》"甘茂与樗里疾，贸首仇也。"
③ "痗"mè，忧思成病。
④ "阍"hūn：看门人。
⑤ "商山翁"：又称为"商山四皓"，秦始皇时，有夏黄公、绮里季、东园公、里先生四人，不满秦统治，逃乱隐居商山（今陕西商县西南）。

记述了曾孝谷与诸贤达一道,为民请命,四处奔走,恳请、吁求战事各方主帅停战。《夏日闲居三首》之一诗中,曾孝谷沉痛地哀叹"治乱成古今,人世终不改。"乱世成常态,他亦"绝尘心所耽,肆志乐无悔①……"曾孝谷后半生的这些经历,在其心灵深处,烙上了厚重的阴影和精神创伤,"其沉哀甚于吞声之哭。他的灵魂深处是一颗忧国忧民的炽热的赤子之心!"②他在《悠悠叹·寄山腴先生》诗中抒发道:

  大地块然黯淡极,养成顽懦沉神州。至今蔓草痛贻祸,国步十改九浮沤!此心已死任烹割,搔痒不觉人何尤……吾泪久凝似新铁,惟恐一挥不能收。化作丹青写荒怪,纵歌亦殊郢巴流……进退一生有千秋……

临歌散百忧,长诗《悠悠叹·寄山腴先生》,被认为是曾孝谷的诗歌中,以诗明志,彰显其人生态度之讴歌,是了解孝谷先生的平生,不可不读之重要诗篇。

跨越空间,移至闽南,我们作共时比较对比。孝谷先生"忧时心成痴"的1932年10月,弘一法师(李叔同)云游南闽厦门,至万寿岩安居,又到妙释寺小住,这是他第三次至闽南弘法……这时,正值弘一大师精治律典、助僧教育、弘法宣讲、立学办报等弘扬佛法事业的鼎盛时期;孝谷先生则于西南一隅,于军阀可耻的内斗战乱中,仅能求自保性命之时,也尽微薄之力,为民请命……当年的"春柳双星",一为民众形而上之苦难,不辞劳苦,殚精竭虑,普度众生;一为陷于水深火热战乱中大众的性命,八方奔走……

(三) 书来思故人,花事冷于秋

  积岁还乡意,轻帆万里游。书来思蹈海,春望约登楼。
  留命供千劫,临歌散百忧。锦城方息战,花事冷于秋。

---

① 肆:此为褒义,意为不受拘束。
② 刘君惠:《话剧运动的先驱曾孝谷》,见四川省政协文史资料研究委员会编《四川近现代文化人物》,四川人民出版社1989年版,第216页。

此《得倭妇贻书》诗的创作时间,应是"二刘夺城之战"结束后的1932年底或1933年初。曾孝谷收到了离别10年的日本妻子的来信。劫后而余生,诗人对自我生存的惨淡现实,对自我生命的价值意义以至于今后的艰难人生,有了更清晰的认识和透彻感悟:"留命供千劫,临歌散百忧!"直面惨淡的人生,仍以豁然旷达之吟咏予以应对。笔者认为,这是曾孝谷后半生中,其人生之"进""退"理念的精神支撑!儒家禀执常道正理和善于权宜变化结合,从而走向通达的极致境地。历史上,晏婴处乱善治,孔子速久进退,以无可无不可之精神,一生行道不已等,方显圣哲处世生存的大智慧。闻见博,学养深的曾孝谷,以他自己的理解,将儒家之常道,赋予自我后半生的生命历程之中。

"书来思蹈海,春望约登楼",劫后阅信思故人,初春登高望繁樱。感情的因素往往倾向于过去,此时此刻的曾孝谷,远致日本妻子之深情,不能说没有。约1923年,曾孝谷的日本妻子离家返回日本。提及此令人遗憾感伤之事,他总神情淡漠地摇头苦笑道:"她说我没学问,这个我不服,说我老而贫,这倒是事实。"人们言传这位日本妻子回国的原因,是不耐清贫空寂的生活。然而夫妻矛盾,其间之抵牾,旁人毕竟难明究里。其时,曾孝谷才五十岁。清贫生活中,空怀才志而不得奋发的他,这时确已两鬓霜染,老态微露。"锦城方息战,花事冷于秋。"夺城战事虽结束,但锦城自古以来每年初春的"花会"盛事,却因战乱的影响,显得格外清冷,"往来看花人不断,到处名花集市廛"[①]之盛景不再。

三、"物性有殊异,所向莫能夺"

曾孝谷经历着丧妻、日籍妻子回国、兵乱、贫病等人生之诸种打击与磨难……因其禀有高简淡然的性格,顺随世缘的人生态度,仍不改其志,深为士林朋友们所钦佩。他深居僻静小巷,在日渐清苦的生活中,亦能以妙语遣寂寞。比如,他给给自己的住宅自题为"五十步轩"。五十步,本来是不大的丈量距离。但曾孝谷在《漫题五十步轩》诗里,却喻为"地容亿万锥,富有吾何

[①] 民国年间,诗人李斗南先生以此诗句,描绘了成都花会花多人稠的盛况。

修"之解颐妙语。人们喻贫,以"无立锥"之地喻其甚,他却幽默地说：我的五十步轩可以容亿万锥了,我是"富有"的!《夏日闲居三首》之二,更显其"物性有殊异,所向莫能夺。士方坐言志,义不问饥渴"之志：

> 牵牛盼早秋,葵心倾夏末。堇荼虽微生,不与蔗争活。物性有殊异,所向莫能夺。士方坐言志,义不问饥渴。入世悟玄机,一毛向人拔。高谈轻冠盖,遗行耻被褐。试作鲰鳝舞,能兴波浪阔。乃知白社中①,由来多贤达。

孝谷先生在成都的好友不多,主要有林思进、庞石帚、李哲生、李劼人、蒲殿俊等。这些学人、老友皆知他的秉性和"所向莫夺之志",因为,他们对此皆有共鸣。在曾孝谷的诗歌中,有提及梁启超,也曾提及胡适,但很难窥见新文化运动或"五四"精神产生的影响。他的这些蜀中老友之志趣,亦难见这一激进的现代精神,更多地皆显现出晚清士大夫遗存的韵致。民国初年内地之士人,庶几近之。

（一）票演是大药

30年代以降,内地文化艺术界渐开文明之风气,现代各门类艺术形式方得普及。当时的"春熙大舞台",有江南人陆淑田带领的戏班演出京戏。曾有过戏剧艺术志向和禀赋的曾孝谷,其戏剧情结亦重新涌动。他终于有了一个机会,在春熙大舞台陆家戏班以票友身份"下海"客串了几场戏。他与傅竺僧合作演《天雷报》（又名"清风亭"）,他饰演老旦;在《翠屏山》中,他饰生角。这些演出轰动一时。其时,曾孝谷虽已六十多岁了,但他的扮相端庄,姿态洒脱,念白仍韵味十足,其唱腔圆润悦耳。他的表演深受观众喜欢,叫好之声不绝。演出成功,曾孝谷的老友蒲伯英（殿俊）,特赠诗予孝谷先生：

> 县知老态未婆娑,画碗闲倾妩媚多。挥斥鬼神身更健,天然大药是高歌。

---

① 白社：借指隐士或隐士所居之处。白居易有诗《长安送柳大东归》："白社羁游伴,青门远别离。"

演出了却了曾孝谷的多年夙愿,登台遭寂寥,高歌是"大药"……日暮沉沉之时,天边绚烂夺目的晚霞,与林间无比温柔的黎明同样令人陶醉。而夕照余晖,总蕴含着惆怅和惋惜!

(二) 倾力教育馆

曾孝谷"退"能守持,"进"能尽责。据现有资料记载,在他的后半生中,曾出任过两个公职:一是于20年代,担任过成都市政公所(相当于市政府)秘书长(其任职时间不长);再就是于30年代担任"市通俗教育馆"(后改为"市立民众教育馆")馆长。

上世纪20年代中期,成都市政公所督办(如今之市长)王瓒绪,承杨森旨意,在市区少城公园商品陈列馆馆址创办"成都市通俗教育馆"。王瓒绪邀请著名社会教育家、社会活动家、实业家卢作孚出任筹备主任及第一任馆长。通俗教育馆设有博物、图书、体育、音乐、讲演、出版、游艺、事物八个部。教育馆的主要活动有三方面:各种形式的展览;群众性的文体活动;群众性的各类庆祝集会等。30年代后期,"成都市通俗教育馆"改名"成都市立民众教育馆"。其时的成都市市长钟体乾(也是30年前与曾孝谷同一时期在日本学习的留学生),恳请曾孝谷出任"民众教育馆"馆长职务,曾孝谷接受了这一邀请(为该馆的第二任馆长),他由"退"转"进",企望以一己之力,为社会、民众做些文化普及工作。

据现成都市档案馆馆存民国时期"市立民众教育馆"残缺不全的档案目录看,曾孝谷主持该馆的时间,主要是在1933—1935年期间。如:1933年12月27日,"成都市政府令通俗教育馆馆长曾孝谷关于为转行须发庆祝二十三年元旦日颁发并发假三天毋庸铺张一案的训令。"[1]1934年10月7日,"成都市政府令通俗教育馆馆长曾孝谷关于为转行奉令筹借行二十三年植树典礼议案的训令"[2]。在曾孝谷和其后的程鸣岐两位馆长努力下,市民众教育馆随时代发展,不断改进教育的民众教育职能和模式,除继续实施"来学"外,还开始注重"往教","以社会教育为目标,实施各种教育事业。辅导

---

[1] 成都市档案馆藏:《成都市立民众教育馆全宗目录1933—1944》,第6页。
[2] 成都市档案馆藏:《成都市立民众教育馆全宗目录1933—1944》,第4页。

本市社会教育之发展"①,逐步改变以往仅接待市民到馆娱乐、受教育的做法,通过流动车、广告牌、民众壁报、问字处、开办学习班等形式,主动走向社会,深入市内各街巷,开展更广泛的社会教育活动,增强了民众教育馆的社会责任感。

(三) 贫病志难夺

曾孝谷迈入老年后,其晚景较凄凉。虽在军阀战乱中逃过一劫,但他的健康却在长期窘迫生活与精神重压下,愈来愈差。其《病居纪事杂诗十首》中,多有这时期的病中吟咏,谨从其中选取如下病中之感慨、太息:

> 三年两回病,渐知精力颓。多少伟丈夫,峣峋骨已灰……;瓶花怜菊瘦,淡影病如予。静对清欲语,无君胡可居……;百岁何悠久,忽已至今夕。明星照庭户,灯下看头白。腼面小儿女,绕床学问疾。强语博爷笑,万千不得一。爷匪不汝怜,烦忧梗胸腹。忍作无情笑,悲于天声哭……;天留命须臾,谁能故相促。有如入汤茧,暂看丝断续。恃此丝未尽,又得活几日。死生义微奥,孔儒非不说。艰虞烁我躯,所患惟一活。生能胜忧患,便知生安乐。以死问鬼神,区区诚蛇足。

菊瘦淡影,病居孤寂,生命在慢慢消褪。小女儿的问疾关心,使诗人强作笑颜的内心更加地悲苦。灾祸、兵乱……艰难忧患不断,侵害、消损着诗人的身心健康,却偏不予诗人以充满希望的生命力。诗人时时以高昂的志节,直面死神的降临:"高歌来鬼神,浩气凌居诸②。顿忘老将至,即老复何如"(《病居纪事杂诗十首》中诗句)……30 年代后期,当曾孝谷辞去民众教育馆馆长职务不久,即沉疴不起。1936 年旧历七月二十五日,曾孝谷以"三十年前旧同学"的名义,给弘一法师写了一封信:

> 弘一大师座右:尘劳迷惘,老与病缘,叹息平生,实辜负盛眷。在昔

---

① 成都市档案馆藏:《成都市立民众教育馆全宗目录 1934—1944》,目录简介。
② 居诸,本为语助词,此借指光阴。《诗经·邶·日月》有"日居月诸,照临下土。"

回波结契,萍根偶合,一日相悦,允愈百岁。惟以故乡井底,只合伏蛙,入蛰二十年,浑忘日月。兵戈水旱,骨肉捐替。苦海劫灰,岂复可说?昨闻飞锡憩处,广荫菩提,转迷开智,群生随喜。小子日眣尘障,若草沾泥,俗不与谐,佛所屏弃。第念法师恺恻,沉溺为忧。尚予箴规,阿殊宝筏。拜德音于上界,期忏悔乎几微。奉告敝居,伫迟善教。①

此为曾孝谷和弘一大师的最后通信。1937年12月4日,曾孝谷因久病不愈去世。去世时,其身无长物,仅有一个年约16岁左右的弱女和半室图书。故旧老友纷纷解囊,并卖掉曾先生留下的部分书籍家具,才将其安葬。

成都著名文士林山腴挽联:

杜甫一生逢乱世;郑虔三绝少知音。

孝谷先生另一好友,四川大学教授李哲生先生②,平时常和他论诗度曲,亲如弟兄。他得到丧报后,痛哭失声,挥泪写了一付挽联:

心苦貌疏狂,人方忧国,国恐随人,一腔画意诗情,怆冥冥以入地。
生悲死安乐,世竟愧君,君无愧世,万古颜穷跖寿,疑苍苍者非天!

四、文学艺术成就

刘君惠先生曾在文章中指出:曾孝谷是"我国早期话剧艺术活动家,是我国最早融中西画理于一炉的著名画家,是我国近代有独特审美意象的诗人"③。

---

① 金梅:《李叔同影事》,百花文艺出版社2005年版,第150页。
② 李思纯,字哲生(1893—1960),四川成都人,著名历史学家,元史学家。1893年生于云南昆明。1919年赴法国巴黎大学勤工俭学,后转赴德国柏林大学留学。归国后,任东南大学、四川大学等校教授。1953年为四川文史研究馆馆员。与陈寅恪、吴宓等史学大师多有交往。著有《李思纯文集》四卷。
③ 刘君惠:《话剧运动的先驱曾孝谷》,见四川省政协文史资料研究委员会编《四川近现代文化人物》,四川人民出版社1989年版,第211页。

(一) 文学创作成就

曾孝谷回国以后的文学创作，以诗歌为主，另有文章、戏剧批评等著述。他在青年时代即以诗名海内，早期的《潍县春居》、《妾貌》等诗，柳亚子盛赞之。他的诗歌主要收集在《梦明湖馆诗》(二卷)。该诗集收录了作者同柳亚子、欧阳予倩、陆镜若、李劼人、林思进、庞石帚、李炳英、陈师曾等名家的交游之作，有较高的史料价值。

曾孝谷诗歌有独特的审美意象。诗歌形式上，他尤长于五言诗，平生创作的诗歌以五言为多。他讲究诗法，但不屑于声律，由此，形成了自我诗歌的个性特征。曾孝谷诗歌最突出的审美意象是"气味简穆"(谢无量语)，简：简古、古朴、平实恬淡而富于清新，这些审美意象在诗人早年的诗歌中比较突出，如前面提到的《潍县春居》、《妾貌》、《入日本白马会习绘事》等诗篇；穆：庄重、沉郁而静穆，所创作的《追悼诗十三首》、《壬申九月成都围城纪事五首》、《病居纪事杂诗十首》等诗歌，多含此类审美意象。其中亦"名理渊渊"(刘君惠语)，诗语间往往蕴含着明辨之义理，也正因为有这一诗艺上的个性特征，谢无量先生中肯地评价："夫危难之情，积久则忘。独诗人推己身之所痛，明当世之所哀，言之亲切而有余，听者鼓舞悲蹈而不能自已"，其诗"气味简穆而真实，出入陶元亮、孟东野诸家，近代则似扬州吴野人《陋轩诗》而真实过之"[1]，是"至情"之作。儒家的民本思想和"惟歌生民病"的现实主义诗歌创作精神亦闪烁其间！

曾孝谷崇尚古文，其所撰文章(包括评论文章)多为文言文。他爱读《古文辞类纂》中唐宋八大家的文章，也经常从中选出作为教学范文。他撰写的文章，尚清正，不着冗辞，常以幽默语言，阐述文章事理，如 1909 年从日本回成都探亲时所撰《毛赓臣四兄弟摹古书法书后》一文，即有此特色。他编有文章集《心治盦[2]琐言》5 卷，内容为平生做学问的心得积淀，多有精论要语，亦含留学日本时，他与李叔同及欧阳予倩切磋艺术的相关文章，弥足珍贵。《大成会丛录》曾连载过一些，今已零落。

---

[1] 刘君惠：《话剧运动的先驱曾孝谷》，见四川省政协文史资料研究委员会编《四川近现代文化人物》，四川人民出版社 1989 年版，第 218 页。
[2] 盦：ān，古时盛食物的盒子，此"心治盦琐言"之"盦"，为"蕴含"之意。

戏剧评论方面,曾孝谷编有戏剧评论集《五十步轩剧谈》,主要是刊载于《娱闲录》杂志和其他刊物上的剧评文章,其中多以"无瑕"为笔名。因晚年清贫而无力出版。该戏剧评论集应该是我国第一部剧评专著,其失散后,至今不可复寻。他的《梦明湖馆诗》诗集(2册),是在他去世后,于1947年由好友出资,才得以出版。

(二) 绘画艺术成就

曾孝谷在日本学习绘画时,曾加入日本的绘画会,以增强绘画学习实践。他曾作《入日本白马会习绘事》诗一首:

> 天马横空信绝伦,毫端能拟四时春。且将寥落平生意,并入胭脂写恋神。

该诗洋溢着对绘画艺术的热爱与神往,也显露出其时意气风发,对自我艺术禀赋的饱满自信。他的绘画,在中国近代美术史上占有突出的地位,刘君惠教授有较详细介绍:

> 李叔同称先生所作国画和油画都在"神品逸品之间"(语见崔龙潜《记曾孝谷先生逸事》)。谢无量称先生"肆力绘画,颇依新法貌山川人物,甚可观也"(谢无量《梦明湖馆诗序》)。先生自谓绘事之勤,已使秃管如山,加上万里远游,得江山之助,又纵观中外古今名画数百种,灼然见画理之精微,画学之博大。他慨叹世之画师矻矻穷年,为旧法所牵,无由自拔,比如浮芥并舟于蹄涔之水,不知天下犹有海涛,这是封闭的。他说:"图龙画犬皆尘相,结习难忘笑贯休"(《杂感》之一)。他一方面反对墨守,力求创新;一方面又反对那种"玄发无可恕,碧眼莫非才"(《杂感》)的全盘西化论。他认为客观世界的美,要能尽态极妍地加以再现,就必须有邃密的观察,不能为技法所缚。先生在他创作的一银红色牡丹的画幅上题过一段话:"山左牡丹以银红色者最为富艳。往岁客历下,常于陈氏静乐轩中对花写照,例年不改。岁月几何,不谓已如隔世事也。"先生重视写生工夫,这与画本描摹者异趣。他和李叔同、陈师曾

的认识是一致的。先生给一位姓梁的老先生所画的《梁孟耦耕图》,笔墨极简古,题了两句话:"能薄天下者而后可与言耦耕之乐。古人如梁孟,其庶几乎!"寥寥几笔,而先生离尘绝致的情操,跃然纸上。

先生所作油画中,有一长约五尺,宽约二尺,画西方神话故事者,表现其国王为忏悔毕生罪孽,把家人奴仆载大车上,自己拉车向净土奔驰。画中人物数十,情态栩栩。这幅画的技法、笔墨都是西方的,而构图、设色、神采、气韵却是有中国特色的。这种能借鉴、能吸收,更能消化、能融会的魄力,为中国绘画的创新作了很深刻的启示。①

已故的四川师范大学文学院刘君惠教授,保存有孝谷先生的画作"牡丹";已故的四川大学教师周菊吾保存有孝谷先生的画作"苏东坡像"。当年成都的文人学士,在每年腊月,有专为东坡做生日的雅集,东坡画像即为孝谷先生所造,至聚会时张挂。这两幅画皆摄取、融合了中西绘画的艺术神韵。

五、寂寞身后事

比较"春柳双星"的前尘后事,曾孝谷的后半生,是寂寞的;他过世后,仍然是寂寞的……

曾孝谷的独生女儿曾世琛,出生于1919年7月,她的生母是孝谷先生从日本带回的日籍夫人。世琛老人的一生,命运多舛,历经了诸多磨难。她的母亲回日本时,因尚年幼,她甚至不记得母亲的模样,而她与父亲相依为命的记忆,却永存于心。因为失去了母爱,她从小倍受父亲溺爱。世琛老人回忆:"他常常将我背在背上走路……夏天我的脚丫长水泡,痒。父亲就把毛巾撕成绺,轻轻套在我脚丫上擦,止痒"。曾孝谷在30年代又娶了继室,世琛的继母还带来了一儿一女。因生活所迫,孝谷先生所住独院的厢房也出租了。1937年孝谷先生去世后,18岁的世琛像浮萍,艰辛地漂泊在动荡的尘世……上世纪50年代初期,欧阳予倩(时任中央戏剧学院第一任院长)出差

---

① 刘君惠:《话剧运动的先驱曾孝谷》,见四川省政协文史资料研究委员会编《四川近现代文化人物》,四川人民出版社1989年版,第217—218页。

来成都时,欲探访曾孝谷的女儿,但其继母只让他见孝谷先生的继子和继女,没有告诉世琛的下落,因此他没能见到曾世琛①。在"文革"期间,曾世琛被扣上了"特务"、"汉奸"、"反革命"等罪名,作为全市批斗对象,剃阴阳头,扫大街……"改革开放"后,随着对近现代以来的文化大师、文化名人们研究的逐渐深入,曾一度被刻意"遗忘"的文化名人及其后代,也逐渐获得了应有的重视与尊严。与华东及全国许多地区比较,内地则在较长时间,对本地域文化名人的全面重视不够。如曾孝谷在小通巷5号的故居,没有得到应有的保护,他平生的许多文艺创作成果(绘画、诗歌、各类文章等),大多数已毁弃或散失。比较"改革开放"后,李叔同、丰子恺等的后人与曾世琛老人的境遇,存在明显的反差。

2007年,时值中国话剧诞生100周年、曾孝谷先生逝世70周年,四川省和成都市剧协、作协的一些作家、艺术家相约去雅安,看望了曾孝谷先生唯一的亲生女儿曾世琛。由于激动、悲伤,整个看望过程,世琛老人的眼泪几乎没有停过……她对人们说:如果当初她见到了欧阳予倩,也许她就不会在"文革"中迫于压力,烧掉父亲的部分遗物了。她说:"我给郭沫若写过信。但信寄出去不久,郭沫若就逝世了。后来,北京来了两个人,问我有什么要求,我说没有,希望将父亲的东西交给国家。我把父亲的几乎所有东西都交给他们带走了,包括父亲为我画的一幅画……但是我什么都没有等到……"世琛老人退休后,选择生活在有"雨城"之称的雅安,看望她的人们觉得:她一生多舛的命运,似雅安城的雨水,太多的不幸与错过,几乎将她的一生淹没。

曾世琛老人于2011年6月2日去世,享年91岁。她生前在成都中和场龙燈山陵园买下了双墓穴,生前先将父亲曾孝谷的遗骨移葬于此,并为自己留下一个墓穴好陪伴在父亲身边。如今,她就葬在父亲的墓旁,永远陪伴着她的父亲。

(作者:成都市社会科学院研究员)

---

① 据刘君惠《话剧运动的先驱曾孝谷》文中记述:"1970年,欧阳予倩还专门派人来成都访问孝谷先生的亲属,其时只有他的孤女名珠(应名琛。笔者注)者在雅安。梦明湖馆已荡然无存,先生平生精力所聚的书法名画也荡然无存了。"如按世琛老人所述,刘文所载或有误。1970年,欧阳予倩即便确实派人来过成都,显然也没有找到曾世琛。

An Exploration on Zeng Xiaogu in a Dilemma

Luo Ming

Zeng Xiaogu fell into instant poverty after he finished his overseas study in Japan and came back to Chengdu. He suffered severely both in physical and mental manner as his dwelling house was badly damaged during the war of regional warlords. On some terrible occasions, he kept staying indoors to make his literary and artistic creation. On the one hand, he communicated with some of his good friends, such as Li Shutong, Ouyang Yuqian to divert from loneliness through letters; on the other hand, he devoted himself to the construction of new culture and movement of drama innovation, in the hope of cultivating talents through education and serving the society by civic education. Poor and sick as he was, he held fast to his ambition and moral. It is a pity that most of his spiritual wealth has been lost over the past years; however, we can still discover his unique personality of traditional culture and precious humanistic values from part of his poetry works and writings.

李叔同歌曲集小考

[日]大桥茂　大桥志华

一、引言

在 2015 年 10 月召开的第五届弘一大师研究国际学术会议上,我们有幸结识了李叔同的孙女李莉娟女士。李女士送给我们一本丰子恺 1958 年编的《李叔同歌曲集》,这本歌集收入了 32 首歌曲。早在 1927 年丰子恺就和裘梦痕合编过一本《中文名歌五十曲》,丰子恺在序言中这样写道:"这册子里所收的曲,大半是西洋的 Most Popular 的名曲;曲上的歌,主要的是李叔同先生——即现在杭州大慈山僧弘一法师——所作或配的。"

我们对李叔同的歌曲感兴趣,是从两年前发表《李叔同与〈送别〉——兼谈李叔同出家的"治标"与"治本"说》时开始的。[1] 这次召开第六届学术会议,正值弘一大师圆寂 75 周年,弘丰中心成立 20 周年。在此之际我们从歌集中选了两首李叔同选曲配词的歌曲,查阅并整理了相关资料,对它们问世前后的轶事、当年和后来的"人气"进行了考察。《中文名歌五十曲》的相当一部分是李叔同的作品,所以这两册歌集所收的歌曲有许多是相同的。我们选的两首歌是《忆儿时》(曲谱详见附图 1)[2]和《梦》(曲谱详见附图 2),[3]这两首歌均被上述两册歌集收入,而且都是美国音乐家原创,又都流传到日本,在日本有过相当的"人气",传唱至今。

---

[1] 大桥茂,大桥志华:《李叔同与〈送别〉——兼谈李叔同出家的"治标"与"治本"说》,载《美育学刊》2016 年 02 期,第 63 页。
[2] 视屏网页(2017 年 5 月 1 日):http://www.fodizi.com/fofa//list/934.htm。
[3] 视屏网页(2017 年 5 月 1 日):http://www.fodizi.com/fofa/list/316.htm。

二、歌曲原创

《忆儿时》的原创歌名为 *My Dear Old Sunny Home*，是美国肯塔基州出生的诗人、民歌作曲家威廉·海斯（William S. Hays，1837－1907）在 1871 年创作的。海斯一生中创作过 350 首歌曲，总销售量达 2000 万份，在同时期的同行当中属产量丰富的。他崇拜英国戏剧大师莎士比亚，当年在乔治敦读书的时候就用"莎士比亚"的笔名通过校刊发表诗作，后来干脆把自己的名字改成了"William Shakespeare Hays"。他的作品形式多样，有低俗搞笑的，也有伤感虔诚的。人们有时会把他的作品和斯蒂芬·福斯特（Stephen Foster）的混淆起来。

My Dear Old Sunny Home 是一首怀旧抒情的歌曲，从"鸟语花香""阳光明媚"唱到"远离家乡""孤独悲伤"。我们找到了这首原创的曲谱和封面（曲谱详见附图3），英文原版有三段歌词，每段后面重复一次歌词相同的四声部合唱。全部歌词如下：

1

Where the mocking bird sang sweetly
Many years ago,
Where the sweet magnolia blossoms
Grew as white as snow,
There I never thought that sorrow,
Grief nor pain could come,
E'er to crush the joys and pleasures
Of my sunny home.
(Chorus)
Oh! I'm weeping,
Lonely I must roam.
Must I leave thee,
Dear old sunny home?

2

Flowers withered, roses drooping,

Round the cottage door,

And the birds that sang so sweetly,

Sing, alas, no more.

Ev'ry thing seems chang'd in Nature,

Since I cross'd the foam,

To my return, my poor heart breaking,

To my sunny home.

(Chorus)

3

Other forms and stranger faces,

All that I can see,

Brings to mem'ry thoughts of loved ones

Who were dear to me.

But my poor heart sinks within me

When I turn to roam,

Far from all I lov'd and cherish'd,

Good bye, sunny home.

(Chorus)

《梦》的原创歌名为 *Old Folks at Home*,[①]是美国宾夕法尼亚州出生的乡谣、民歌作家斯蒂芬·福斯特(Stephen C. Foster, 1826 – 1864)在 1851 年创作的,是一首"艺人歌曲"。这种歌曲盛行于 19 世纪后期的美国,由涂黑了脸的白人演员领唱,音乐也仿照黑人歌曲的格调创作而成。福斯特自己会写歌词,经常是在脑子里打好曲调的框架,然后往里面填歌词,因此往往作词时比较辛苦,需要反复推敲。这首歌的大部分歌词都是他独自完成的,只是在开头的歌词中他想找一个贴切的河流名,曾和他哥哥商量过。他哥

---

① 视屏网页(2017 年 5 月 1 日):https://www.youtube.com/watch?v=sSbvmHPq-5g。

哥先建议用密西西比州的亚祖河（Yazoo River），虽然"Yazoo"和曲调并无冲突，但遭到了福斯特的否决。下一个建议是南卡罗来纳州的匹迪河（Pee Dee River），又被福斯特否决了。他哥哥找来了地图，看着看着大声叫道"Suwanee!"（斯瓦尼），这下福斯特应声答道："好，就用它！""斯瓦尼"的英文单词正确拼法为"Suwanee"，但福斯特为了使歌词和曲调更加协调，更接近当时黑人的英语，把它改成了"Swanee"。所以，这首歌又有《Swanee River》（斯瓦尼河）之称。

听说福斯特为了尽快提升这首歌曲的知名度和人气，仅开价 15 美元，就把这首歌的著作权卖给了剧团的领导。我们没能找到原创曲谱的全部，只找到了部分曲谱和封面（曲谱详见附图 4）。但我们注意到，封面的曲名下方有一行"ETHIOPIAN MELODY"（埃塞俄比亚旋律）的字样，由此不难推断：当时剧团为了宣传这首"艺人歌曲"曾绞尽脑汁。和前面介绍的《忆儿时》的原作 My Dear Old Sunny Home 一样，这首歌也有三段歌词，每段后面也重复一次歌词相同的合唱。

这也是一首怀旧抒情的歌曲。当时黑人奴隶从美国南部种植棉花的农庄逃来北方自由省份，并生存了下来，他们思念童年生活的故乡。对当地土生土长的黑人来说，他们的故乡不是塞内加尔河畔，而是美国南部农庄的棉花地，即歌词中的"plantation"（农庄）。

1

Way down upon de Swanee River,
Far, far away,
Dere's wha my heart is turning ebber,
Dere's wha de old folks stay.
All up and down de whole creation,
Sadly I roam,
Still longing for de old plantation,
And for de old folks at home.
(Chorus)
All de world am sad and dreary,

E'ry where I roam,

Oh! darkeys, how my heart grows weary,

Far from de old folks at home.

2

All round de little farm I wandered

When I was young,

Den many happy days I squandered,

Many de songs I sung.

When I was playing wid my brudder

Happy was I

Oh! take me to my kind old mudder,

Dere let me live and die.

(Chorus)

3

One little hut among de bushes,

One dat I love,

Still sadly to my mem'ry rushes,

No matter where I rove

When will I see de bees a humming

All round de comb?

When will I hear de banjo tumming

Down in my good old home?

(Chorus)

据说这首歌当时风靡美国,说它是"无与伦比的、具有黑人音乐旋律的歌曲","所有的人都在哼着它,钢琴、吉他不分昼夜地弹奏着它。伤感的女士在唱它,浪漫的绅士在唱它,潇洒的青年在唱它,歌星们唱着它,街头的手风琴艺人也边拉边唱着它……"这首歌后来还成了佛罗里达州正式的州歌,新任州长宣誓就职的仪式上人们都会唱这首歌。这首歌的歌词和许多其他艺人歌曲一样,是用古色古香的黑人英语,即居于非洲奴隶方言和美国标准英语之间的方言来创作的,在之后的一个多世纪里曾被修改过多次,个别用词和句子也曾遭到过非议。尽管如此,但我们认为这首歌生动地反映了特定历史时期中特定人群的生活和思想,见证并记录了美国历史上的奴隶制度,无论从纯艺术的角度还是从思想性的观点来看,都无愧为一首世界名曲。

　　福斯特一生创作了 200 多首歌曲,也是一位量产音乐家,他创作的歌曲中有两首最具有代表性,一首是 *Old Folks at Home*,另一首的歌名叫《Old Black Joe》(老黑乔)。1864 年福斯特英年早逝,他的遗体运回故乡时,当地乐队演奏《Old Folks at Home》为他送葬。

三、日文版本

　　数十年后,*My Dear Old Sunny Home* 和 *Old Folks at Home* 传到了日本,当时正是明治时代(1868—1912)末期,用西洋歌曲填词之风盛行。*My Dear Old Sunny Home* 由诗人、词作家犬童球溪(1879—1943)配词,日文版的歌名为《故郷の廃家》(故乡的废宅),刊登在明治 40 年(1907)的《中等教育唱歌集》上。①《故郷の廃家》(曲谱详见附图 5)有如下两段歌词:

　　　　　　　1
　　幾年ふるさと　来てみれば
　　咲く花なく鳥　そよぐ風
　　門辺の小川の　ささやきも
　　なれにし昔に　変らねど
　　あれたる　わが家に
　　住む人　たえてなく
　　　　　　　2
　　昔を語るか　そよぐ風
　　昔をうつすか　澄める水

---

① 《世界のうた》增订版,(东京)株式会社野ばら社 2007 年版,第 9—10 页。视屏网页(2017 年 5 月 1 日):https://www.youtube.com/watch?v=XaAPAhAZSzg。

朝夕かたみに　手をとりて
遊びし友人　いまいずこ
さびしき　故郷や
さびしき　わが家や

中文大意（直译）为：

1

离别多年重访故乡
微风拂面鸟语花香
门前小河低声细语
昔日光景依旧如常
荒芜的老宅
凄凉无人烟

2

微风拂面似叙旧情
小河清澈似现旧景
朝夕牵手和睦相处
童年伙伴何处找寻
孤寂的故乡
孤寂的老宅

　　犬童球溪为 *My Dear Old Sunny Home* 配的词虽然是意译，但充分显示了原创歌词里的"远离家乡"、"鸟语花香"、"孤独悲伤"的意境，整体上恰如其分地再现了原创歌词怀旧抒情的气氛。更重要的是犬童的歌词符合日语约定俗成的表达，挑不出丝毫翻译的痕迹，而且用词精炼，每个音符下方填一个假名，不多也不少，歌词朗朗上口。这就是《故郷の廃家》在日本能跨越时代，跨越代沟，传唱百年人气不衰的原因所在。
　　在日本，有关《故郷の廃家》还有这样一段插曲：

二战末期，美军对硫磺岛的空袭进入了常态化。每当暮色将临美军战机返航之后，守岛的学生兵就走出地下掩体，面对夕阳西下的空际齐声歌唱《故郷の廃家》，遥思故乡。听说一个同在岛上驻防的海军少将听到学生兵的歌声，想到残酷的命运正等待着这些十来岁孩子们时，不禁潸然泪下。然而这些学生兵大部分都成了战争的牺牲品，终未能重返故乡。

和《故郷の廃家》相比，*Old Folks at Home* 的日文版本就多了，没费多少功夫就找到了好几个，本文介绍三个比较有代表性的。其中一个歌名叫《哀れの少女》（可怜的少女），由诗人、词作家大和田建树（1857—1910）作词，刊登在明治21年（1888）发行的教科书《明治唱歌（二）》上。① 《哀れの少女》（曲谱详见附图6）共有三段歌词，第一段如下所示：

  吹きまく風は　顔をさき
  見る見る雪は　地にみちぬ
  哀れ素足の　おとめ子よ
  別れし母を　よぼうらん

中文大意（直译）为：

  狂风呼啸吹裂脸皮，
  大雪纷飞铺天盖地，
  可怜女孩裸露脚掌，
  叫喊她离别的妈咪。

据说这个版本的歌词是以安徒生的童话《卖火柴的女孩》为模特谱写的。日本广播协会在1926—1930的五年中每天播放少儿节目，节目中《哀れの少女》的播放次数排名第三十八。

---

① 《日本のうた》第1集，（东京）株式会社野ばら社1998年，第49页。视屏网页（2017年5月1日）：https://www.youtube.com/watch? v=jDdYpJt-Dcg。

另外两个版本歌名都叫《故郷の人々》（故乡的亲人），歌词不同但意境相似。其中一个由牧师、教会音乐家津川主一（1896—1971）译词，收入 1937 年出版的《福斯特歌曲集》（曲谱详见附图 7）中。① 另一个由作曲家、词作家、译词家堀内敬三（1897—1983）译词，发表于 1949 年（曲谱详见附图 8）。② 这两个版本各有千秋，有的不拘泥原创的一词一句，注重整体气氛；有的比较忠实原创，相对有点直译。但总的来说我们找来的这几个版本都成功地再现了原创作品怀旧抒情的气氛。

Old Folks at Home 在日本曾出现过包括上述在内的多个版本，但目前较为流行的是堀内敬三的《故郷の人々》，共有两段歌词，第一段如下所示：

はるかなるスワニー河　岸辺に
老いしわが父母　われを待てり
はてしなき道をば　さすろう
身にはなお慕わし　里の家路
寂しき旅を　重ねゆけば
ただなつかし　遠きわが故郷

中文大意（直译）为：

遥远的斯瓦尼河　岸边的故乡
家有年迈的父母　父母在盼望
无边无际的旅途　旅途路漫漫
游子思念着故乡　回乡的路上
日复一日　孤独的路途

---

① 《戦後教科書から消された文部省唱歌》，（东京）株式会社ごま書房 1997 年，第 224—225 页。视屏网页（2017 年 5 月 1 日）：https：//www.youtube.com/watch？v＝YFbt8EGEtDw。
② 《世界のうた》，（东京）株式会社野ばら社 2007 年，第 12—13 页。视屏网页（2017 年 5 月 1 日）：https：//search.yahoo.co.jp/video/search？p＝％E6％95％85％E9％83％B7％E3％81％AE％E4％BA％BA％E3％80％85&tid＝5acdb752769c561f2937afe9010ea973&ei＝UTF-8&rkf＝2&dd＝1。

时刻怀念　远方的故乡

四、中文版本

  20 世纪初的中国，在废除科举制度效法欧美教育方式的大气候下，一批新式学堂逐渐在全国各地建立起来。伴随着新式学堂的兴起，出现了在我国近代音乐史上占有重要地位的"学堂乐歌"。学堂乐歌是指那些为新式学堂的音乐课而编创的歌曲。李叔同的《忆儿时》和《梦》就是在这个时期问世的。

  我们注意到《李叔同歌曲集》中，外国原创的几首歌曲《忆儿时》《梦》《送别》《归燕》《丰年》等都注明"李叔同作词"，无一称作"译词"。我们认为这正是李叔同引进外国歌曲时的独到之处。有些译词家的作品忠实原文，原歌词中的"Swanee River"被忠实地翻译成"スワニー"（读作：suwanii）或"斯瓦尼"。在歌词所要求的字数和声韵协调方面如果没有瑕疵，这样直译也无可厚非，但要达到忠于原作高于原作的境界，就可能成为障碍。前面提到的犬童球溪，他配的词挑不出丝毫翻译的痕迹。《故郷の廃家》如此，他配词的另一首歌曲《旅愁》亦是如此，以至有些日本人唱了好多年，还不了解它们是外国原创的歌曲。

  李叔同的《忆儿时》比较短小，只有一段歌词。但这段歌词把《My Dear Old Sunny Home》和《故郷の廃家》的精髓都浓缩在里面了。这首歌曲的正歌和副歌曲调都十分工整，每句四小节，第一小节的头一个音符都是带符点的四分音符，李叔同在原创的休止符时值上作了细微的调整，将每句的第四小节最后一拍统一成四分休止。李叔同在填词上着着实实地下了番功夫，正歌的每句歌词都用四四五的格式来填，这样"春去秋来，岁月如流，游子伤飘泊"十三个字，正好每个音符下面都有一个对应的字，这一点和前述的犬童球溪的《故郷の廃家》有相似之处。每四小节都有一拍休止，使整首歌显得生动活泼。更精彩的是副歌部分唱完一小节四拍的"儿时欢乐"，接下来的小节恰好主旋律全休止而伴奏高八度，就像远处传来一阵"儿时欢乐"的回声，令人身临其境：捉迷藏的孩子们一下子都躲起来了？再接下来出现的"斯乐不可作"，极大限度地渲染了对旧日光景的怀念和留恋之情。

  再来看看李叔同创作《梦》时的填词技巧。

正歌部分共有十六小节。每四小节的第一小节清一色都是一个二分音符后面接四个八分音符，李叔同在这些二分音符下方的歌词上精工细作，分别填入了"哀""惟""梦""母""父"。它们和接下来填入四个八分音符下方的"游子茕茕""长夜漫漫""偃卧摇篮""食我甘酪""语我眠食"在时值上成等值（"哀"两拍，"游子茕茕"每个字半拍）关系，而在词性上二分音符下的和四个八分音符下的又成相对独立（拆得开）的关系。这样当"哀·""惟·"……在歌中出现的时候，就能给人一个心理的缓冲和想像的余地，使后面的歌词更具有魅力。这个效果是原创的英文版 *Old Folks at Home*，尤其是它的日文版们难以甚至不可能达到的。著名表演艺术家濮存昕主演的故事片《一轮明月》中，银幕上的李叔同边弹钢琴边唱的《梦》虽然只唱了较短的一部分，但"惟·""梦·""父·"和副歌倒数第四小节的"泪·"所产生的效果，足以使观众沉思和陶醉。

综上所述，李叔同的《忆儿时》和《梦》达到了忠于原作并高于原作的境界，堪称完美。这样的完美源于李叔同高尚的精神境界、精深的音乐造诣和渊博的国学知识，也是这位大师厚积薄发的必然结果。

My Dear Old Sunny Home 和 *Old Folks at Home* 的中文版本不多。前者除了李叔同的《忆儿时》，我们找到了一个钱仁康（1914—2013，音乐教育家）译词的版本，名叫《故乡的废宅》；后者除了李叔同的《梦》我们找到了周枫、董翔晓，还有邓映易译配的版本，歌名都叫《故乡的亲人》。（曲谱详见附图9）钱仁康的译词和犬童球溪的《故郷の廃家》一样都属意译，在形式上如下所示沿用了李叔同《忆儿时》的四四五格式。

> 离乡背井，一别经年，游子整归鞭。
> 花树掩映，小鸟依人，风起麦浪翻。
> 溪水潺湲，游鱼倏忽，渡桥过前川。
> 眼前景物，恍似昨日，依稀犹可辨。
> 惟见故宅，破落无人烟。
> 颓垣败草，荒圮不堪看。

音乐超越国界，美国原创的歌曲传到了日本，也传到了中国。据我们所知这几首歌的翻版不光在日本，在中国大陆和台湾，还在韩国，在东南亚一带传唱至今，经久不衰。演唱这两首中文版的职业歌手中，有大家可能都熟悉的孙楠、潘安邦、李碧华、柯佩磊等。

五、异国双璧

李叔同的《忆儿时》被看作是《送别》的"姊妹篇"。[①] 还有人把这两首歌和传来中国之前的日文版《故郷の廃家》《旅愁》称为"异国双璧"。[②] 犬童球溪创作《故郷の廃家》和《旅愁》是明治四十年（1907年）前后，正是他受到不公待遇从兵库县调任新潟县的时期。犬童因推进西洋音乐的教育而受到抵制和排斥；李叔同的《忆儿时》和《送别》问世于较犬童稍后的上世纪一十年代，正值他任教浙江第一师范开设人体写生课被指责为"有伤风化"的时期。犬童一生中作词、作曲的作品多达360余首，其中译自西洋歌曲的多达250首；李叔同一生中也创作过许多音乐作品，迄今留存的就达70余首，其中不乏从西洋引进的作品。他们曾有过共同的人生经历，面临过共同的社会现实，被称作双璧的歌曲又都是怀旧抒情、思念故乡和亲人的经典之作。

事实证明他们两位都具有跨时代的前瞻素质，而且又有那么多的共同点，所以我们认为"异国双璧"的提法和"姊妹篇"一样，都是恰如其分的。一个世纪前问世的这些作品深受人们喜爱传唱至今，在文明高度发达、物质极大丰富、竞争异常激烈、道德令人担忧、精神亟需跟进的当今社会，仍延续着积极的作用和影响力。

借这个机会向大家介绍一个著名的声乐组合，叫"FORESTA"（森林组合），这是一个2003年在日本组建的的混声合唱组合。foresta是意大利语，意为森林。用这个词命名的寓意为：一颗颗树木茁壮成长，最终会成为一望无际的森林。他们整年满负荷地在日本各地巡回公演，最具有社会影响力的活动是，每周一晚九点在电视音乐节目"BS日本·こころの歌"（心灵之歌）中登台演唱。

[①] 陈星：《说不尽的李叔同》，中华书局2005年版，第206页。
[②] 钱仁康：《异国双璧——关于〈送别〉和〈忆儿时〉》，载《歌曲》1983年第4期，第39页。

在这个声乐组合里有十多名男女歌唱家和数名钢琴家,清一色都是音乐大学毕业的。歌手中男高音、男中音、男低音、女高音、女中音……,一应俱全。他们以"传唱优美的诗歌和旋律"为宗旨,用他们优美的歌喉为日本的听众和观众演唱明治时期以来在社会上具有影响力的各个时代的人气歌曲,曲目中自然少不了本文中出现的美国原创歌曲的日文版《故郷の廃家》《故郷の人々》《旅愁》等怀旧抒情的歌曲。

六、结语

李叔同和他弟子的作品,如李叔同的歌曲、丰子恺的漫画、散文等等,有许多为世人所爱,经久不衰流传至今。我们认为其最大的原因就是它们都具有一些共同的特点,即超越社会阶层,超越宗教信仰,超越意识形态,超越时空。欣赏和研究他们的作品对更多地了解世界,传承文化,弘扬劝善惩恶和爱国主义乃至国际主义的精神都具有重大的意义。

正如丰子恺在《中文名歌五十曲》序言最后的深情叙说,"这册子虽然很小,但是我们相信它多少总能润泽几个青年的心灵,因为我们自己的心灵曾被润泽过,所以至今还时时因了讽咏而受到深远的憧憬的启示。"

因受参考资料、写作时间和笔者的水平所限,文章难免会有谬误及不足之处,望与会的专家学者和老师们不吝赐教。

【附图】

图 1

图 2

图 3

图 4

図 5

李叔同歌曲集小考 | 331

明治21年(1888)

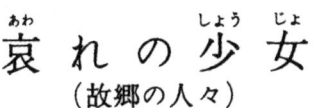

哀れの少女
（故郷の人々）

大和田建樹　作詞
フォスター　作曲

3 - 2̲1̲ 3̲2̲ | 1̇ 1̇ 6 1̇ | 5 5 3 1 | 2 - - 0 |
ふ きーまーく かぜは かおをさき

3 - 2̲1̲ 3̲2̲ | 1̇ 1̇ 6 1̇ | 5 3̲1̲ 2· 2 | 1 1 - - 0 |
みーるーみーる ゆきは ちーに みちぬ

7· 1̇ 2̇ 5 | 5· 6̲5̲ 1̇ 1̇ | 1̇ 6 4 6 | 5 - - 0 |
あ われ す あ しのお とめ ごー よ

3 - 2̲1̲ 3̲2̲ | 1̇ 1̇ 6 1̇ | 5 3̲1̲ 2· 2 | 1 1 - - 0 ||
わ かーれー し はは を よ ぼー う らん

1
吹きまく風は　顔をさき
見る見る雪は　地にみちぬ
哀れ素足の　おとめ子よ
別れし母を　よぼうらん

2
つづれの衣の　やれまより
身を刺す寒さ　いかほどぞ
哀れぬれゆく　おとめ子よ
世になき家を　たずぬらん

3
こがねの柱　玉の床
世界は同じ　うちなるに
哀れこごえし　おとめ子よ
たたずむ軒も　うずもれぬ

明治二十一年十二月発行の教科書「明治唱歌(二)」に載った歌です。原曲はフォスターの望郷の歌、「故郷の人々」ですが、ここに掲載の詞はアンデルセンの童話「マッチ売りの少女」をモチーフにつくられたもののようです。

图 6

图 7

图 8

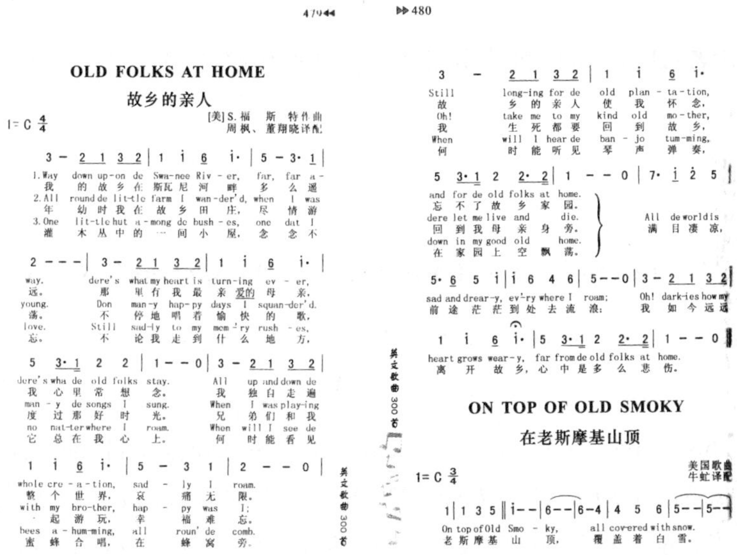

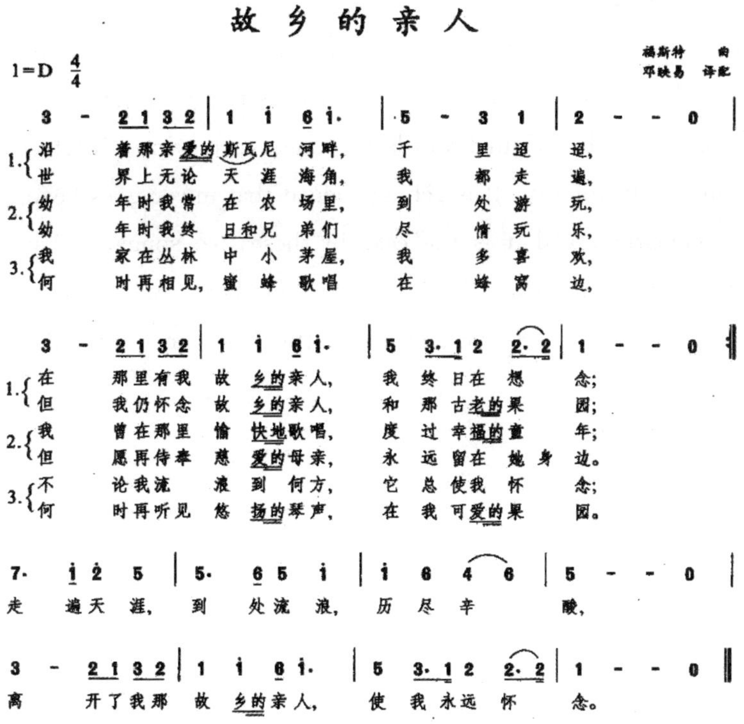

图9

(作者:日本三菱电机美泰斯株式会社退休职员,东京大东文化大学退休教师)

An Investigation on *Collecctions of Li Shutong's Songs*

[Japan] Ohashi Shigeru, Ohashi Shika

This paper aims to investigate the anecdotes and popularity of *Reminiscences on Childhood* and *Dreams* in *Collecctions of Li Shutong's Songs* during the period of their publications. The two songs, nostalgic and lyric as they were and originated from American musicians, spread widely to Japan and won great popularity at that time. Later on, Li Shutong wrote words for them and got them well-known. In the course of writing, Li Shutong paid more attention to the overall artistic conception rather than sticking rigidly to the original words of songs, achieving a perfect state with adequate faithfulness. It is acknowledged that music goes beyond the national boundaries, and it is the case in these two songs, as they are favored in China, Taiwan, as well as in the Southeast Asia. As a result, they have so far exerted active and everlasting influences throughout the world.

身份认同视角下的李叔同
——弘一大师称谓变化简论

陈 云

"弘一大师"一生,在俗、在僧的名字、别号很多,林乾良在其《西泠群星》中提到"多至 200 多"①。在陈玉堂《中国近现代人物名号大辞典》的统计中,计有 287 个。而后程端麒在《李叔同名号述论》一文中指出"李叔同名号已逾 300 个"②,这相当庞大的名号数量在近现代文化名人中也实属罕见。虽然数量庞大,但是其中以"李叔同"和"弘一"这两个名字最为人所熟知,其中略有不同的是冠在"弘一"之后的称谓上。所谓"称谓",大体有以下三种界定说法:其一是称呼:"就是人们在交际中怎样称呼别人和自己"③;其二是指名称:"简单地说,就是人们用来表示彼此间的各种社会关系以及所扮演的社会角色等所使用的名称"④;最后便是前二者的综合,指的是"名称称呼",用来表示在交际中对对方身份名称的称呼。总之,称谓除了拥有可以区别人物身份的作用,更加承载着自我和他人双向认同的某种特殊意义。

一、"身在其中"——自我认同的高参与度时期

出家前的李叔同,由于某些特定的契机,使得其自号众多。这时的李叔同在与人交往中有过较为活跃的文人式自我"推销"经历,因此这段时间是

---

① 林乾良:《西泠群星》,西泠印社出版社 2000 年版,第 116 页。
② 陈玉堂:《中国近现代名号大辞典》,浙江古籍出版社 2005 年版,第 192—193 页。
③ 孙维张:《汉语社会语言学》,贵州人民出版社 1991 年版,第 114 页。
④ 曹炜:《现代汉语中的称谓语和称呼语》,载《江苏大学学报》(社会科学版)2005 年第 2 期,第 62—69 页。

他自我认同的一个参与度很高的时期。

(一)自我塑造后的自觉社交

李叔同生于世家,父亲筱楼公为清朝进士,有着甚深的家学渊源,所以他从小便打下了扎实的旧学基础。传统的中国文人除姓名之外,向来都有表示志向、情趣的字和号。李叔同除了"幼名成蹊,学名文涛,字叔同,一做漱同、瘦桐、叔桐、舒统、漱筒"[①]之外,在他不同的时期,为了寄托、表达自己的心情、理想抑或情怀,分别取过不同的字号。如果将李叔同的人生切分为几个重要的时期,那么自其18岁奉母携眷入沪后,大致可以分为:沪上名士时期、留学东京时期、归国任职时期和出家后时期几个阶段。

进入上海的这一阶段,是李叔同参与社交最为活跃的时期。初入沪上,他便凭借自己卓越的才华加入了城南文社,彼时他未及弱冠。进入城南文社后的李叔同开始广泛结交文艺界朋友,置身于上海文艺圈的社交中心,文采斐然受人瞩目。1899年,他与许幻园、蔡小香、张小楼、袁希濂结成号称"天涯五友"的金兰之谊。这期间的李叔同,多以自己的名、字自称,首先在客观上固化了其本身而非某一个称谓的名士形象,当然他自己也曾自诩"二十文章惊海内"[②]。1901年,李叔同考入南洋公学经济特科班,师从蔡元培,改名为李广平,并以此名翻译了《法学门径书》和《国际私法》两本著作,在知识分子尤其是进步青年之间引起了较大的反响。耐轩在《国际私法·序》中写道:"李君广平之译此书也,盖慨乎吾国上下之无国际思想,致外人之跋扈飞扬而无以为救也。故特揭私人与私人之关系,内国与外国之界限,而详载言之。苟国人读此书而恍然于国际之原则,得回挽补救于万一,且进而求政治之发达,以为改正条约之预备,则中国前途之幸也。"[③]与此同时,李叔同与上海名妓李苹香、朱惠百等为友,诗画往还也成为一时盛事。可以说,彼时的李叔同是以相当积极的态度融入了沪上的文化圈。如本文附录"表一"所示1901年到1903年中,李叔同有过两封寄与许幻园的书信,落款均为"小弟××",××是其幼名与新改名字。自称"小弟"首先是表现出对许幻园的尊

[①] 林乾良:《西泠群星》,西泠印社2000年版,第116页。
[②] 《弘一大师全集》第8册,福建人民出版社2010年版,第38页。
[③] 张吉:《世间曾有李叔同:弘一法师绚烂至极的前半生》,中国纺织出版社2014年版,第45页。

敬之情,对许幻园的称谓是"兄"和"老哥",这种很显亲昵的称谓,也说明了李叔同有一种积极社交的自觉。

1905年于李叔同来说是与之前几年较为欢喜的日子诀别的年份,他极其敬爱的母亲逝世,扶柩回津后以新礼葬母,创一时风气之先。那时悲痛欲绝的他改名李哀,字哀公,自认幸福的时期已过,带着满腔家国破落的伤感东渡扶桑,以李哀之名加入日本名士组织的雅集——"随鸥吟社"。隔年,考入上野美术学校,改名李岸,随后与曾孝谷等组织春柳社,并取艺名"息霜",出演《茶花女》与《黑奴吁天录》,后以此署名发表多篇文章于《白杨》刊物。总的来说在日本期间,其于戏剧、绘画、音乐等领域均取得了不凡的成绩。归国之后,依然积极地加入社团并承担起育人工作,改名李息,字息翁,并在1916试验断食,断食归校后,写"灵化"二字赠与朱稣典,附小跋:"丙辰新嘉平入大慈山,断食十七日,身心灵化,欢乐康强,书此奉稣典仁弟,以为纪念。欣欣道人李欣叔同。"①落两方印款,一曰"李息",一曰"不食人间烟火"。除此,他另有一方"一息尚存"的印章,可以说,初尝断食的李叔同,"一息尚存",极为洒脱。尔后更是更名为"李婴",取自老子"能婴儿乎"②之意,这种返璞归真的意识已经初步显露出了李叔同隐隐有发愿出尘之意。

可以看出,每当李叔同多了一个或者换了一个新的称谓,通常是开拓新的领域获得了新的身份,或者是心境有较大的波动,对于自身的身份,他并未形成一个稳定的认同感,足见其性格的多面性与复杂性。与此同时,他并不是仅仅自我沉溺其中,去认同不断改变的自己,而是积极地参与社交,如本文附录"表一"1905至1918年期间,从他的书信也能看出,他的称谓多为"弟"、"小弟"、"谱弟"等。所选用别号也是依据当下时段他使用较多、认同度较大的名字,客观上他赋予了每一个称谓阶段性的形象。

(二) 社交范围内他人的自发接收

如果以李叔同为主,将其视为社交中心的结点,那么围绕在他身边的故

---

① 林子青编:《弘一大师年谱》,上海中日文化协会上海分会1944年版,第48页。
② (魏)王弼注、(清)魏源注:《老子道德经》,上海书店出版社1986年版,第5页。

交旧友、长者后生、拥趸信徒等人作为其信息的接受者,在他本身比较积极或者说比较强势的介入社交后,将会本能地随着其本身的自我认同而进行认同,这在社交中是一种不需要花费过多思维去解读对方的方式。

李广平眼观世界,李哀一片赤子之心,李岸成为中国西画的先行者,李婴不食人间烟火但一息尚存……是这些阶段性的形象共同拼凑出一个愈渐丰满的李叔同,这些称谓的改变是李叔同在身份认同中一次次的尝试。作为接收者,也正是通过李广平、李哀、李岸等身份去愈加了解李叔同,完成对他早期风流名士、多艺才人、谨严师者的身份认同。如宋梦仙在《天涯五友图》中为李叔同写的题咏即为:"李也文名大如斗,等身著作脍人口;酒酣诗思涌如泉,直把杜陵呼小友。"[1]对其文才推崇备至,这种高度的认同感来自于李叔同自身扎实的修养和与文士们诗文往来的关注度效应。

那么提起效应,对于接收者而言,会比较容易被效应感染,比如姜丹书在《弘一律师小传》中所提到的:"先是上人年少翩翩,浪迹燕市,喜抱屈宋之才华,恨生叔季之时会。一腔牢骚忧愤,尽寄托于风情潇洒间;亦曾走马章台,厮磨金粉,与坤伶杨翠喜,歌郎金娃娃,名妓谢秋云辈以艺事相往还。抑莲为君子之花,皭然泥而不滓;盖高山流水,志在赏音而已。"[2]姜丹书完成这段评价之时,李叔同早已脱离该小传中所述形象,但是在接收者的角度来看,所能想到的那一阶段的身份形象,往往是社交主体最为活跃时期的所作所为。

可以说,接收者对于李叔同出家前这段时期的认识,是处于两方可以直接交流,并且频繁交流的阶段,每一次李叔同称谓的变更,接受者都处于直接参与或者李叔同期望得到响应的状态。

二、"笑眼旁观"——存在但不参与的时期

以李叔同由俗到僧为界,他的社交状态发生了巨大的转变,不再是之前直接介入社交关系的状态,而多数时间是沉默地存在着,与众人有着一定的

---

[1] 金梅:《悲欣交集:弘一法师传》(增订本),福建教育出版社 2012 年版,第 24 页。
[2] 上海弘一大师纪念会编:《弘一大师永怀录》(重排本),上海佛学书局 2005 年版,第 2 页。

距离。一方面是由于方外人士少涉俗事,更主要的因素多半是因了对自己出家人身份的强烈认同感。这一期间,除了我们所熟知的法名"演音"、字"弘一"之外,李叔同其实还有众多的别号,甚至可以说在其一生数百个称谓中,尤以出家之后的居多。但是这些称谓,多数不似之前的为人所熟知,有的甚至用过一次便没再出现过,更多的是李叔同自我沟通的精神产物。

(一)无需应和的自我建构

遁入空门后的李叔同,虽然并不是"诸艺皆废,唯书法不辍",而是"诸艺未废,书法更勤",但是客观上,除去以笔墨接人外,亲近其他艺术门类的频率还是大大降低了。所以不似之前有着诗文书画篆刻等各种艺术门类的传播途径,出家后的李叔同社交深度与广度皆与之前无法相比,称谓的改变更多地是为了愉悦自己,并不在乎有无他人的认同与参与。如蔡丏因所言:"盖师惧为名所累,故随手签署,不欲人知。"[1]对于自己的认同,并不需要他者的应和,这是一种灵魂生活极度丰裕的状态。

出家后的李叔同,对于自己的认同有着强烈的身份自觉,从他 1918 年出家前后给弟子刘质平的几封信中可见一斑。首先是 1918 年三月初九的信件:

(1918 年三月初九,杭州)[2]

质平仁弟:

两次托上海家人汇上之款,计以收入。致日本人信已改就,望察收,去年由运送店寄来之物,尚未收到,便乞催询。

不佞近耽空寂,厌弃人事。早在今夏,迟在明年,将入山剃度为沙弥。刻已渐渐准备一切(所有之物皆赠人),音乐书籍及洋服,拟赠足下。甚盼足下暑假时能返国一晤也。

李婴三月初九日

正月十五日,已皈依三宝,法名演音,字弘一。

---

[1]《弘一大师全集》第 10 册,福建人民出版社 1992 年版,第 246 页。
[2]《弘一大师全集》第 8 册,福建人民出版社 1992 年版,第 96 页。

这时李叔同已皈依了悟老和尚,成为其在家弟子,但还未正式剃度,所以此信中对于刘质平的称呼还是带着烟火气的"质平仁弟",而虽已有法名,落款署名依旧为断食后取的"李婴"之名,但是信后特意告知刘质平,自己已有演音法名,字弘一。随后的一封信(如下所示)对刘质平的称呼依旧是"质平仁弟",但是落款已改为演音,按照常理来说,这是一种半俗半僧的说法,无法判断李叔同对于自己的身份认同是出世人还是入世人。所以结合书信内容来看,便很容易理解,并为李叔同的身份自觉感到敬佩。信中所示:刘质平的学费,若能借到,他便入山,若借不到,便就职供到刘质平毕业。尘世之事未待完结,李叔同虽有"演音"的自觉却不能完全弃"质平仁弟"于不顾,正是高度的身份认同让他在先后两封信中更改了署名,于此更大的佐证,便是入山后与刘的通信,对他所有的称谓皆改为"质平居士",其实不仅仅是刘质平,先前所有极具烟火气的或"兄"或"弟",出家后对他们的称谓皆变为"居士",详见本文附录"表二"。"演音"和"质平居士"的搭配,是李叔同自我身份认同完成的一个很好的例子。

(1918年旧三月二十五日,杭州)[①]

质平仁弟:

　　书悉。君所需至毕业为止之学费,约日金千余元。顷已设法借华金千元,以供此费。余虽修道念切,然绝不忍致君事于度外。此款倘可借到,余在入山;如不能借到,余仍就职至君毕业为止。君以后可以安心求学,勿再过虑。至要至要!即颂

　　近佳!

演音　三月二十五日

书信相对来讲是很私人的物件,所以其中的信息传播度比较低。但是"书信是一个人的生活实录。要知道一个人的思想感情、学术观点、交游爱好与待人接物的态度,最好是看他与人往来的书信。这就是自古以来学者

[①] 《弘一大师全集》第8册,福建人民出版社1992年版,第96页。

同人、高僧名士的书信受人爱读的原因"①。如我们在本文附录"表二"所见，李叔同书信中的落款多数为"演音"或者"弘一"，但是其中也不乏少数比较陌生的称谓，比如"昙昉"、"僧胤"、"胜臂"、"胜髻"、"一音""论月"、"善梦"等，这些别称有的出现过几次，有的出现了一次便没再使用过。可以说这些称谓的使用，很大程度是用来自愉或者自警。比如相比来说出现还算多的"昙昉"，"昙"是指密布的云气，"昉"是指明亮，这个称谓与他晚年取自唐李义山诗《晚晴》"天意怜幽草，人间重晚晴"有着很相近的意义，寄予了比较美好的期许。"胤"，还有"裔"都有后代的意思，前面冠以"僧"字，很明显是提醒自己要苦心向佛。其余诸称谓，多取自佛教典籍中出现较多的字："胜"、"音"、"月"、"梦"等。晚年除了"晚晴老人"，还有一个"二一老人"比较为人熟知，对此李叔同自己有过阐释："回想我在这十年之中，在闽南所做的事情，成功的却是很少很少，残缺破碎的居其大半，所以我常常自己反省，觉得自己的德行，实在十分欠缺！因此近来我自己起了一个名字，叫'二一老人'。什么叫'二一老人'呢？这有我自己的根据。记得古人有句诗：'一事无成人渐老。'清初吴梅村（伟业）临终的绝命词有'一钱不值何消说。'这两句诗的开头都是'一'字，所以我用来做自己的名字，叫作'二一老人'。因此我十年来在闽南所做的事，虽然不完满，而我也不怎样地去求他完满了。"②可以说，彼时的李叔同，是从一个文化贵族，转变成了灵魂极其澄澈的精神贵族，并对自己佛门弟子的身份有着强烈的自觉性。

（二）他人审视下的主观选择

出家后的李叔同，不似之前多以亲身介入社交活动，可以让他人跟随其自我认同的脚步完成对他的评价，出现了距离感之后，则需要重新去审视李叔同其人，尤其是当他看上去好像被他喜欢的东西束缚住了，享受着极端的自由和不自由。换句话说，他的灵魂世界无比自足的时候，那么对李叔同的认同，就是他者主观选择的结果，这很大程度上也表现在对李叔同的称谓

---

① 林子青编：《弘一法师书信》，生活·读书·新知三联书店，1990年版，"前言"。
② 《弘一大师全集》第8册，福建人民出版社2010年版，第202页。原为1937年2月弘一大师在厦门南普陀寺佛教养正院的讲演《南闽十年之梦影》，由高文显笔记，弘一修改后成文。

上。纵观李叔同出家后至圆寂追悼期间他人对他的称谓,不难看出众人对李叔同的认同倾向。他人提及李叔同的文章中所出现的称谓,集中表现为:弘一上人、弘一法师、弘一律师/律主、弘一大师等,详见附录"表三"。

附录"表三"中所示,皆为出现在他人文章中对李叔同的尊称,虽然就出现的频率或者说时间并未发现一定的规律,但是从称谓的分类来看,还是有一条比较清晰的渐进暗线。首先是"弘一上人",《释氏要览校注》称:"摩诃般若经云:何名上人?佛言若菩萨一心行阿耨菩提,心不散乱,是名上人。增一经云:夫人处世,有过能白改者,名上人。十诵律云:有四种:一、粗人,二、浊人,三、中间人,四、上人。律瓶沙王呼佛弟子为上人。古师云:内有智德,外有胜行,在人之上,名上人。"①所以上人者,上德之人,是对具德比丘的的尊称。而"法师"这一称谓,如《法华经·法师品》载:"若复有人受持、读诵、解说、书写妙法莲华经乃至一偈,得谓法师。"②所以但凡精通佛法、堪为人师的,皆可以"上人"、"法师"谓之。而"律师/律主"之谓,则将弘一由普通的僧人侧重为精研佛教戒律的律学高僧,这是对他重兴南山律,被奉为律宗第十一世祖的高度认可。以上称谓,皆为他人以高僧的定位对弘一进行身份的认同,而"弘一大师"的称谓则在肯定其佛学造诣之外饱含了他在俗时候的成就。于宗教而言,我们通常称有高德的出家人为大师,而在俗世中,一些造诣深厚、享有盛誉的学者、艺术家等也会被尊称为"大师",所以就"弘一大师"的称谓而言,客观来说更加全面地囊括了李叔同的阶段性形象,尤其值得一提的是,李叔同的自我认同被他人认同包含其中。

三、"身在之外"——趋于稳定的群体认同时期

一般来说,对于历史人物的盖棺定论是需要时间去沉淀的,不透过一定距离的直接窥探往往会导致一叶障目,而不能全面地加以审视。所以在弘一大师圆寂之后的一段时间里,尽管在当时的环境中掀起了一阵或追忆怀念或意图为其立传的潮流,但是客观上来讲并不是最好的时机,所以才会出

---

① (宋)释道诚著,富世平校注:《释氏要览校注》,中华书局2014年版,第42页。
② 赖永海主编、王彬译注:《法华经》,中华书局2010年版,第259页。

现上述称谓过于庞杂的状态,群体认同无法达到高度的统一,那根需要大浪淘沙之后才能成长出来的主干,总是需要历时间弥久的。

新中国成立初期到20世纪80年代期间,虽然与李叔同相关的各方面研究进入了一个相对沉寂的阶段,但是当狂热归于平静,大浪淘沙之后的环境反倒适合更好地认识李叔同。尤其是"进入八十年代后,随着国内思想文化环境的宽松和海内外纪念弘一法师诞辰百周年、百十周年、圆寂五十周年的纪念会、学术研讨会和墨宝展览会的举办及书法作品、书信手迹的多次编辑、影印出版,使得李叔同—弘一法师研究的冷落局面得到了极大的改变。"[1]1980年,以"弘一大师诞生百周年书法金石音乐展"为序幕,弘一相关的活动接连展开,这种大型活动的开展,将李叔同的身份定位在"弘一大师"之中,不得不说对整个社会对弘一的身份认同有着一种导向作用。对于历史人物的身份认同,最好的注解也许是传记的方式,纵观弘一的传记,立传者对传记人物的身份认同也具有很大的意义。从较早出版的陈慧剑《弘一大师传》,到80年代杜苕《弘一大师李叔同》、徐星平《弘一大师》,以及90年代之后陈星《芳草碧连天——弘一大师传》、柯文辉《旷世凡夫——弘一大师传》等相继出版,渐渐固化了"弘一大师"的形象。当文字的叙述达到可观的数量,20世纪90年代大众传播媒介的发展也给人们的生活方式带来了巨大的变化,两者的结合自然催生出弘一大师影视剧的产生。所以1995年由潘霞导演,佟瑞欣主演的人物传记片《弘一大师》应运而生;此外,国内研究弘一大师的一些专门机构也在90年代相继成立。这些因素的交织,使得"弘一大师"形象的形成渐渐趋于稳定的群体认同状态,它的形成,也是经众人之口,历时弥久。

总而言之,从弘一大师众多的别称中多少能够了解他在各个时期不同的情怀与性情,我们可以由此探究其丰富而复杂的灵魂世界。而渐渐形成的"弘一大师"形象,更是表现出后人对他的群体认同感。这小小称谓,实际上反映了弘一大师自我认同与他人认同过程中的选择结果,并最终达成了趋于稳定的双向认同。

---

[1] 徐忠良:《弘一法师与"李叔同热"》,载《中国典籍与文化》1993年第3期,第92—97、102页。

【附表】

表一

出家前书信					
时间	落款	通信对象	通信对象的称谓	写信地点	备注
1901	小弟成蹊	许幻园	云间普兄大人	上海	
1903	小弟广平	许幻园	幻园老哥同谱大人	上海	
1905	弟哀	杨白民	白民老哥	日本	
	叔同	毛子坚	子坚弟	日本	
1906	小弟哀	许幻园	幻园吾哥	日本	
	弟哀	杨白民	白民先生	日本	
	弟哀	周啸麟	啸麟老哥	日本	
1907	弟哀	杨白民	无	日本	
	哀	杨白民	白民先生	日本	
1913	谱弟李息	许幻园	幻园兄	杭州	
	弟息	许幻园	幻园谱兄	杭州	
	岸	陆丹林	丹林道兄	杭州	
1915	(李)息	刘质平	质平仁弟	杭州	
1916	弟婴	杨白民	白民老哥	杭州	
1916—1918	(李)婴	刘质平	质平仁弟		此间七封格式相同

表二

出家后书信					
时间	落款	通信对象	通信对象的称谓	写信地点	备注
1918	释演音	许幻园	幻园居士	嘉兴	
	演音	杨白民	白民居士	杭州	
	演音	夏丏尊	丏尊大士	杭州	
	演音	刘质平	质平仁弟	杭州	

(续表)

	出家后书信				
	释演音	堵申甫	屺山大士	杭州	
1918—1942	(释)演音/音	夏丏尊	丏尊居士		此格式通信95封
1919	演音	杨白民	白民居士		三封
	演音	黄善登	无	杭州	
1920	演音	杨白民	白民居士		三封
	演音	刘质平	无	杭州	
	昙昉	刘质平	质平居士	杭州	
	释演音	丁福保	福保居士		三封
1921	演音	杨白民	白民居士		五封
	演音	毛子坚	子坚居士		二封
	演音	丁福保	仲祜居士	温州	
	演音	印心、宝善和尚	印心、宝善大和尚	温州	
1921—1935	昙昉	王心湛	真如居士		四封
1921—1942	弘一/演音/音	刘质平	质平居士		八十七封
1922	演音	杨白民	白民居士	温州	
	僧胤	杨白民	白民居士	温州	
	沙门演音	李圣章	圣章居士	温州	
	演音	谭组云	组云居士	温州	
	演音	周敬庵	敬庵居士	温州	
	弟子演音	寂山和尚	恩师大人	温州	
1923	演音	杨白民	白民老居士	上海	
	演音	杨白民	杨白民居士	杭州	
	演音	杨白民	杨白民先生	杭州	
	演音	杨白民	白民居士	杭州	二封
	演音	刘肃平	肃平居士	温州	

(续表)

		出家后书信			
	演音	沈繇	繇居士	温州	
	昙昉	堵申甫	冷庵居士	杭州	
1924	昙昉	杨白民	白民老居士	温州	
	昙昉	蔡丏因	丏因居士	衢州	二封
	昙昉	李圣章	圣章居士		八封
	昙昉	陈伯衡	伯衡居士	衢州	
	胜髯	堵申甫	申甫居士	杭州	
	胜臂	堵申甫	申父居士	杭州	
	胜臂	蔡丏因	丏因居士	温州	
	演音	堵申甫	申父居士	温州	
	演音	寂山和尚	师父大人	温州	
	演音	杨雪玖	雪玖贤女		二封
	论月	李圣章	圣章居士	温州	
1925	昙昉	李圣章	(李)圣章居士		六封
	昙昉	崔海翔	海翔居士	温州	二封
	演音	王心湛	无	泉州	
	演音	邓寒香	无	温州	
1926	胜臂	堵申甫	申父居士	杭州	
	胜髯	堵申甫	申父居士	杭州	
	昙昉	堵申甫	申甫居士	杭州	
	昙昉	蔡丏因	丏因居士	杭州	
	论月	蔡丏因	丏因居士	杭州	
	演音	李圣章	圣章居士	杭州	
	演音	黄庆澜	涵翁老居士	杭州	
	月臂	吕伯攸	伯攸居士	杭州	
	昙昉	朱稣典	无	温州	
1926—1927	月臂	蔡丏因	丏因居士		五封

(续表)

			出家后书信		
1927	月臂	堵申甫	申父居士	杭州	
	胜髻	堵申甫	申父居士	杭州	
	弘一	李圣章	圣章居士	杭州	
	弘一	蔡元培、经亨颐、马叙伦等	……居士	杭州	
1928	昙昉	蔡丏因	丏因居士	温州	
	演音	蔡丏因	丏因居士	温州	
	僧胤	姚石子	石子居士	上海	
1929	演音	丰子恺	子恺居士		七封
	论月	丰子恺	子恺居士	温州	
	善摄	蔡丏因	丏因居士	厦门	
	演音	李圆净、丰子恺	圆净、子恺居士	温州	
	演音	寄尘法师	尘法师	上虞	
	演音	孙选青	选青居士	绍兴	
1929—1938	演音/音	蔡丏因	丏因居士		二十六封
1929—1942	后学演音/音/弘一	性愿法师	性愿/性公(老)法师		六十六封
1930	昙昉	林赞华	赞华居士	泉州	
	昙昉	朱稣典	稣典居士	温州	
1931	演音	林赞华	赞华/智明居士	温州	二封
	一音	刘质平	质平居士	上虞	二封
	演音	堵申甫	申甫居士	上虞	
	音	弘伞法师	伞师	上虞	
1931—1933	演音/音	芝峰法师	芝(峰)法师		五封
1931—1942	演音/音/弘一	广洽法师	广洽/普润法/大师		五十一封
1932	弘一	堵申甫	申甫居士	温州	

(续表)

			出家后书信		
	音	堵申甫	申父居士		
	演音	赵伯廎	伯廎居士	镇海	
1932—1941	演音/音	李圆净	圆净居士		二十二封，其中最后一封未署年月
1932—1933	演音	李晋章	晋章居士		四封
1933	演音	李晋章	雄河居士	厦门	二封
	演音	亦幻法师	亦幻法师	厦门	
	演音	习律诸师	习律诸法师	厦门	
1934	演音	崔澍萍	德振居士	晋江草庵	二封
	弘一	瑞今法师	瑞今法师	厦门	二封
1935	演音	聂云台	云台居士	惠安	
	演音	大醒法师	大醒法师	泉州	
	演音	北平佛学研究社	北平佛学研究社诸居士	厦门	
	一音	广洽法师	普润法师	惠安	
1935—1940	演音/音/弘一	高文显	胜进居士		十五封
1935—1940	演音/音	性常法师	性常/丰德法/律师		三十封
1935—1942	演音/音	传贯法师	传贯法师		八封
1936	演音	曾词源	词源居士	厦门	
	演音	缪涤源	涤源居士	厦门	
	演音	念西、丰德律师	念西、丰德律师	泉州	

(续表)

		出家后书信			
	演音	仁开法师	仁开法师	鼓浪屿	
	弘一	佛教养正院学僧	养正院诸师	厦门	
	释弘一(律师)	日本名古屋其中堂书店	其中堂书店	厦门	
	一音	高文显	胜进居士	厦门	
	音	徐海北	海北居士	厦门	
1936—1941	演音/音	广义法师	广义/昙昕法师		四封
1936—1942	演音/音/弘一	李芳远	芳远居士/童子		三十九封
1937	昙昉	蔡丏因	丏因居士	厦门	
	演音	黄幼希	幼希居士	泉州	
	演音	黄萍荪	萍荪居士	厦门	
	释弘一	刘光华	光华居士	厦门	
	后学弘一	果清法师	果清法师	厦门	
1938	演音	马冬涵	冬涵居士	泉州	
	演音	曾词源	词源居士	晋江草庵	
	演音	王正邦	正邦居士	泉州	
	演音	杨立人	立人居士	漳州	
	演音	觉圆法师	无	安海	
	音	许晦庐	晦庐居士	泉州	
	音	陈海量	海量居士	泉州	
	弘一	广空、性常	广空老法师、性常法师	漳州	
	弟弘一	觉彻法师	无		三封
1938—1939	演音	施慈航	慈航/胜慈居士		九封

(续表)

		出家后书信			
1938—1940	演音/音	郁智朗	智朗居士		十一封
1938—1942	音	妙莲法师	妙莲法师		五封
1939	善梦	夏丏尊	丏尊居士	永春	
	善梦	刘质平	质平居士	永春	
	善梦	林奉若	奉若居士	永春	
	音	朱稣典	稣典居士	永春	
	音	杨胜南	胜南居士	永春	
	音	濮一乘	一乘居士	永春	
	音	郑健魂	健魂居士	永春	
	音	穆犍莲	犍莲居士	永春	
	音	陈士牧	无	泉州	
	演音	陈无我	无我居士	泉州	
	演音	王正邦	拯邦居士	泉州	
	演音/音	觉圆法师	觉圆法师	永春	五封
1940	善梦	高文显	胜进居士	永春	
	善梦	传贯法师	传贯法师	永春	
	弘一	春发	春发居士	泉州	
	晚晴老人弘一	如影法师	如影法师	南安	
	沙门演音	如影法师	如影淡食智	南安	
	梦	性常法师	性常法师		十封
	音	妙慧法师	妙慧法师	永春	
	音	觉圆法师	觉圆法师	永春	二封
	音	东华法师	东华法师		二封
	演音	上海佛学书局	上海佛学书局	永春	
1941	音	朱稣典	稣典居士	永春	
	音	陈海量	海量居士		二封

(续表)

			出家后书信			
		音	性常法师	性常法师	泉州	
		音	妙慧法师	妙慧法师	泉州	
		音	律华法师	妙斋法师	泉州	
		演音	陈无我	无我居士	泉州	
		演音	竺摩法师	竺摩法师	泉州	
		演音弘一	律华法师	律华	泉州	
		弘一	东华法师	东华法师	晋江草庵	
		弘一	刘光华	无	晋江	
		弘一	胜顺	胜顺居士	泉州	
		弘一	宏智等	……居士	泉州	
		弘一	如影法师	如影法师	泉州	
		月臂	李芳远	无	泉州	
1942		音	蒋维乔	竹庄居士	泉州	
		音	王梦惺	梦惺居士	泉州	
		音	叶青眼	青眼居士	惠安	
		音	沈彬翰	彬翰居士	泉州	
		音	罗铿端、陈士牧	铿端、士牧居士	泉州	
		演音	性常法师	性常法师	泉州	二封
		演音	光心法师等	……法师、……居士	泉州	
		晚晴	龚胜信	胜信居士	泉州	

表三

部分学者文章中涉及的称谓					
	弘一上人	弘一法师	弘一律师	弘一大师	其他
丰子恺		√			
叶绍钧		√			
胡宅梵				√	

(续表)

部分学者文章中涉及的称谓	弘一上人	弘一法师	弘一律师	弘一大师	其他
欧阳予倩				✓	
吴梦非		✓			
内山完造			✓		
夏丏尊		✓		✓	弘一和尚
高文显		✓			
陈祥耀		✓			
释亦幻		✓		✓	
李芳远	✓	✓			
释广义				✓	
释传贯		✓			
蒋文泽				✓	
释妙莲				✓	
僧睿				✓	
释性常				✓	
顾一尘		✓			
剑痕		✓			
姜丹书	✓			✓	
啸月	✓				
火头僧			✓		
达居			✓		
蔡丏因		✓			
曾文荣					弘一师尊
蔡冠洛		✓		✓	
妙真				✓	
德森			✓		
震华		✓	✓	✓	

(续表)

	\multicolumn{5}{c}{部分学者文章中涉及的称谓}
	弘一上人	弘一法师	弘一律师	弘一大师	其他
观愿					弘一律主
印西		√			
慧田				√	
师惭				√	
杨东			√	√	
怆痕				√	
文心			√		
性光				√	
贤悟				√	
开达		√			
觉星	√				
范寄东		√			
袁希濂				√	
顾念居士		√			
胡朴安				√	
马叙伦		√			
李圆净				√	
观一居士		√		√	
朱文叔				√	
忏罪生				√	
志西				√	
宗性				√	
陈海量				√	
陈秋霞				√	
陈无我		√		√	
蒋维乔		√		√	

(续表)

部分学者文章中涉及的称谓				
	弘一上人	弘一法师	弘一律师	弘一大师	其他
曹聚仁		√			
萧然		√			
王梦惺		√			
余静之		√			
志雄		√			
许霏		√		√	
杨胜南				√	
白韵		√		√	
幻缘				√	
高根深				√	
黄福海		√			
郑颂英				√	
叶青眼		√			
大空				√	
谢胜法		√		√	
容起凡		√		√	
陈心纯				√	
柳亚子	√				
持松					弘一律主
陆丹林		√		√	
孤芳		√			
朱良春		√			
傅彬然		√			
……				

(作者:杭州师范大学弘一大师·丰子恺研究中心 2015 级硕士研究生)

A Brief Study on Title Changes of Li Shutong (Master Hongyi) from the Perspective of Identity

Chen Yun

Li Shutong experienced a wide identity crossing from a respectable artist to a resolute Buddhist. As a result, he was endowed with a variety of titles in each period. Apart from many pseudonyms addressed by himself, reflecting his changes upon self identity, there are also other titles successively, such as "Shangren", "Shizun", "Fashi", "Lüshi", "Lüzhu", "Dashi", etc., which proves to be a group identity upon him from Buddhists, intellectuals and general public. After 1980s, people began to accept the title of "Master Hongyi" as a uniform naming. Indeed, the conscious or spontaneous choice of self and others provides us with a special perspective to understand Li Shutong's (Master Hongyi) image construction.

弘一大师文学艺术研究

李叔同《艺术谈》及其对中国传统工艺的重视与推崇

黄江平

2017年3月12日,文化部、工业和信息化部、财政部联合颁发《中国传统工艺振兴计划》(以下简称《振兴计划》)。这是对党的十八届五中全会关于"构建中华优秀传统文化传承体系,加强文化遗产保护,振兴传统工艺"、《中华人民共和国国民经济和社会发展第十三个五年规划纲要》关于"制定实施中国传统工艺振兴计划"和2017年1月,中共中央办公厅、国务院办公厅印发的《关于实施中华优秀传统文化传承发展工程的意见》关于"实施传统工艺振兴计划"的具体落实。同时,这也是自新中国成立以来,首次由国家相关部门联合提出的关于传统工艺保护的政策性文件,对我国传统工艺的传承和发展具有重要意义。

传统工艺蕴含着中华民族的价值观念、思想智慧和实践经验,是各族人民在长期的生活实践中创造的文化财富,是中华优秀传统文化的重要组成部分。我国传统工艺门类众多,涵盖衣食住行,遍布各族各地。传统工艺具有实用性和审美性的双重功能,它在满足人们生活需求的同时,对人们的审美水平的提高和精神境界的提升具有重要作用。正是从这个角度,近代以来,以李叔同为代表的艺术教育家在介绍、引进西方艺术的同时,对中国传统工艺也给予了极大关注和积极推广,并开启了中国传统工艺教育的先河,为中国传统工艺教育奠定了坚实的基础。

一、关于《艺术谈》

李叔同是中国近现代文化史上一座高山。仰望李叔同,不仅会为他的才华所折服,更会被他的精神所震撼。无论是出家前在中国文化艺术领域中的多项第一,还是出家后对弘扬佛教文化的始终如一,在他的心里永远流淌着对祖国的热爱和对芸芸众生的深切同情。对此,我们能够从他发表在上海城东女学校刊《女学生》上的三组《艺术谈》文章中深刻地感受到这一点。

(一)《艺术谈》写作前后

《女学生》是上海城东女学在1908年创办的一份校刊,原为小报,每月初一出版,每期8版。上有"艺术谈"一栏。1911年改为杂志,并将以前在"艺术谈"一栏发表过的文章,重新集辑在一起,仍以"艺术谈"为专栏,连续发表。上海城东女学是近代艺术教育家杨白民先生于1903年创办的。杨白民很早就钟情于教育,1902年,他怀抱着教育救国的理念,自费赴日本考察,次年回到上海,便在自己位于城东的家中办起了学校,并自任校长。为了普及艺术教育,杨白民在校中开设文艺科,包含了图画、音乐、手工、文学等门类的课程,聘请名师分门授课。吴梦非、李叔同、张聿光等都在此讲授过相关课程。

李叔同在从天津迁到上海后不久就与杨白民认识了。1898年10月,李叔同奉母携妻,由天津迁居上海,租居法租界卜邻里。不久,加入许幻园、袁希濂等发起的"城南文社"。次年,应许幻园之邀,迁入城南草堂居住。在此,李叔同与许幻园、张小楼、蔡小香、袁希濂等结为"天涯五友",并广交沪上名士。许幻园的城南草堂与杨白民的住宅都位于南市,前者位于大南门附近,后者位于城东竹行弄内,可以说近在咫尺,且许杨二人又属同一个圈子的人,便时常往来。因此,李叔同与杨白民不仅很早相识,而且因为在艺术教育理念上较为一致而成为至交,一直保持着密切联系。李叔同赴日留学后,杨白民还经常把自己学校出版的校刊资料寄给李叔同,并向其约稿。

李叔同《艺术谈》共有三组文章,即《艺术谈(一)》、《艺术谈(二)》和《艺术谈(三)》,其中的《艺术谈(一)》就是在此情况下发表于上海城东女学校刊《女学生》上的,此时李叔同还在日本留学。据《女学生》杂志第1期"大事记"栏载:"二月十四日,留学东京美术学校李叔同先生来函,对于办报极为赞成,并先将著作寄登本报。"李叔同《艺术谈(一)》登载于《女学生》第1期,时间在 1910 年 4 月,《艺术谈(二)》和《艺术谈(三)》发表在《女学生》第 2 期和第 3 期,时间分别在 1911 年 4 月和 1911 年 7 月。此时,李叔同已由日本学成回国,正在天津工业专门学校担任美术教员,并尝试将西洋绘画应用于国内实用美术教育,这也是我国近代实用美术教学的开始。2011 年,辛亥革命成功,李叔同受其鼓舞,决定南下上海。1912 年 2 月,应杨白民之邀,赴沪于上海城东女学"艺科"任教。

(二)《艺术谈》主要内容

李叔同发表于上海城东女学校刊上的《艺术谈(一)》有 16 篇,《艺术谈(二)》有 2 篇,《艺术谈(三)》有 12 篇,共计 30 篇,6000 余字。可谓言简意赅,惜墨如金。但内容丰富,涉及面较广。其主要内容大致有三个方面。

1. 艺术理论

关于艺术理论的文章,有《科学与艺术之关系》《美术、工艺之界说》,这两篇都登载于《艺术谈(一)》上,是《艺术谈》系列文章的打头二篇,可见李叔同对艺术理论的重视。李叔同在《科学与艺术之关系》一文中说:

> 艺术发达之国,无不根据于科学之发达。科学不发达,艺术未有能发达者也。学科中如理科图画,最宜注重。发展新知识、新技能、新事业,罔不根据于是。是知艺术一部,乃表现人类性灵意识之活泼,照对科学而进行者也。①

李叔同认为,科学与艺术是相辅相成的关系,凡艺术发达的国家,皆因为科学发达。纵观世界各国,科学不发达的国家,艺术也难以发达。提倡"发展新知识、新技能、新事业",其目的就是要发展科学。科学是基础,艺术要发展,必须以科学为根基。只有科学发展了,艺术才能得到发展。此外,他对艺术的本质进行了阐述,认为艺术的本质在于人类情感的表达,科学的本质在于理性思考,所谓"性灵意识之活泼",也就是我们今天所说的形象思维,它与科学的抽象思维有着本质的不同,从而阐明了艺术与科学之间的辩

---

① 李叔同:《艺术谈(一)》,见《李叔同集》,天津人民出版社 2006 年版,第 48 页。

证关系。

《美术、工艺之界说》一文,对美术与工艺的概念进行了界定。他开宗明义地指出:"美术、工艺,二者不可并为一谈。"他认为,其区别在于:

> 美术者,工艺智识所变幻,妙思所结构,而能令人起一种之美感者也。工艺则注意于实科而已。……故工艺之目的,在实技;美术之志趣,在精神。①

按照目前对美术的理解,美术大体可分为观赏性美术和实用性美术两种类型。观赏性美术主要指绘画和雕塑两大类。由于使用的材料和工具的不同,绘画又可分成中国画、油画、水彩画、水粉画、版画、素描等画种。雕塑则有圆雕和浮雕等多种形式。实用性美术主要是指工艺美术和建筑。工艺美术范围非常广泛,包括传统手工艺品、现代工业美术和商业美术三大类型。传统手工艺品是"指具有历史传承和民族或地域特色、与日常生活联系紧密,主要使用手工劳动的制作工艺及相关产品,是创造性的手工劳动和因材施艺的个性化制作,具有工业化生产不能替代的特性"。② 这是《振兴计划》对传统手工艺的最新定义。李叔同在《美术、工艺之界说》一文中所说的"美术",是指观赏性美术,而"工艺"则是指实用性美术。李叔同认为美术(观赏性美术)和工艺(实用性美术)的区别在于:"工艺之目的,在实技;美术之志趣,在精神。"即工艺的首要功能在于注重实用性,美术的主要功能在于审美。但是,工艺在满足实用性的同时,还要在审美性上有所提高,这就必须要以图画为基础,所以,李叔同又指出,在美术学校的雕刻、金工铸造等学科中,仍然要注重图画教学。他认为,"惟图画之注意,一在应用,一在高尚。"

2. 画论及图画教学

《艺术谈》的画论文章主要有:《图画与教育之关系及其方法》《图画之目的》《艺术谈(三)》等数篇。

---

① 李叔同:《艺术谈(一)》,见《李叔同集》,天津人民出版社 2006 年版,第 48—49 页。
② 文化部、工业和信息化部、财政部:《中国传统工艺振兴计划》2017 年 3 月 12 日颁发。

《艺术谈》的写作目的，主要是针对学校美术教育，因此，除了以上数篇绘画理论文章外，还有《关于图画之研究》《图画之种类》(《艺术谈(一)》)与《西洋画之类别》《西洋画法讲义》(《艺术谈(三)》)等关于图画教学的文章。

在画论部分，李叔同首先强调了图画教学对于各学科教育的重要性。他认为："各科学非图画不明，故教育家宜通图画。"对教育家而言，了解和懂得图画，可以帮助其更好地深入学科的本质和精髓。反之，若要真正掌握图画原理，研究和掌握相关科学同样重要。在《图画与教育之关系及其方法》一文中，他说：

> 如画人体，当知其筋骨构造之理，则解剖学不可不研究。如画房屋与器具，当知其远近距离之理，则远近法不可不研究。又，图画与太阳有最切之关系，太阳光线有七色，图画之用色即从此七色而生，故光学不可不研究。此外又有美术史、风俗史、考古学等，亦宜知其大略。①

在《图画之目的》一文中，他认为，"图画最能感动人之性情。"他所说的"美感图画"，即美的图画。在他的观念中，图画也有美丑之分，只有那些美的、健康的图画，才能对人的情感、人格培养和审美观提升起到潜移默化的促进作用。所谓"于不识不知间，引导人之性格入于高尚优美之境"。所以，他认为，"近世教育家所谓'美的教育'"②，指的就是这一点。

3. 传统工艺

关于传统工艺的论述在《艺术谈》中占有绝对重要的地位。《艺术谈》总计 30 篇，除了以上艺术理论、画论及图画教学等文章以外，有关绘画技巧和传统工艺的文章共计 19 篇，其中属于绘画技巧类的为 3 篇：《木炭画》《油画》《炭画法》；而属于传统工艺类的则多达 16 篇：《摘绵》《堆绢》《袋物》《绵细工》《厚纸细工》《刺绣》《穿纱》《火画》《焦画法》《羽造画》《丁香编物》《通花剪花》《木嵌画》《冻石画》《铁画》《麦秆画》，占《艺术谈》总篇数的比重为 53％，在绘画技巧和传统工艺类的文章中占 84％。由此可见李叔同对传统

---

① 李叔同：《艺术谈(三)》，见《李叔同集》，天津人民出版社 2006 年版，第 57 页。
② 李叔同：《艺术谈(三)》，见《李叔同集》，天津人民出版社 2006 年版，第 57 页。

工艺的重视程度。因此,李叔同既是中国近代音乐、美术教育的奠基者和开拓者之一,同时也是中国近代传统工艺教育的奠基者和开拓者之一。以上这些文章的发表距国家正式颁布《振兴计划》已经过去了一百余年。面对如今传统工艺传承中的诸多危机和困境,重读李叔同关于工艺美术教育的论述,不禁令人十分感慨。

二、《艺术谈》中的传统工艺

从以上李叔同发表的关于传统工艺的16篇文章来看,大体涉及两种类型:一是教学和日用手工艺类,如《绵细工》《厚纸细工》《丁香编物》《刺绣》《穿纱》《袋物》《羽造花》等;二是陈饰工艺类,如《摘绵》《堆绢》《木嵌画》《焦画法》《火画》《通花剪花》《冻石画》《铁画》《麦秆画》等,而在这两种类型中,绝大多数为中国传统手工,少量属于日本、新加坡及西方国家手工。

(一) 教学和日用手工艺类

有关教学和传统日用手工艺类的文章,如上所述,主要有:《绵细工》《厚纸细工》《丁香编物》《刺绣》《穿纱》《袋物》《羽造花》等7篇。其中,《绵细工》《厚纸细工》属于教具制作。对于"绵细工",李叔同写道:

> 此种系用铁丝作骨,绵花为肉,包以绵纸,附以羽毛,制成鸟兽草虫之类,小者为儿童玩物,大者如生物立体相同,为小学校教授模型之用。[1]

关于"厚纸细工",制作方法较为简单:

> 此种以西洋厚纸,切成单片,五洲人种、鸟兽雏形,骨格可以装卸,施以采色。后面印明该物之状态、生理、性质大略以供小学博物科教授

---

[1] 李叔同:《艺术谈(一)》,见《李叔同集》,天津人民出版社2006年版,第50页。

所用。①

这两种手工都是利用棉花、羽毛、铁丝、厚纸片等材料,制作成花草鸟兽之模型,绵细工为固定式的仿生模型,供小学生使用,而厚纸细工则属于可拆卸式的仿生模型,供专科教学之用。但这两种手工制作如能进行商品化生产和市场化营销,无疑可以作为玩具或工艺品供孩子玩耍和成人观赏,从而获得一定的利润回报。

《丁香编物》《羽造花》中的"丁香编物""羽造花"主要用来美化日常生活环境,是具有观赏性和休闲型的民间手工艺品。《丁香编物》介绍了新加坡教会女学堂中的一种手工制作,其用丁香为材料,制作成各种各样物件:

> 以丁香编织各物为最妙。如花篮、花瓶、小船、镜架等种种,以丁香穿于细铜丝,扎成细工。古雅芳香,甚为可爱。②

《羽造花》主要介绍的是日本花店里,用羽毛制作的一种仿生花卉。《袋物》一文写的是关于包袋的制作。李叔同从学校手工教学出发,介绍了西方及日本包袋的种类和制作方法。制作材料有"洋纸制、绸布制、皮革制、蒲草编制、藤皮制、麦梗制、竹丝制",等等。西方流行皮革包,制作种类有"大小洋夹、携囊、书包、票夹",等等。日本加以模仿,"有用似革纸、或布绸类代之",③既省钱,又实用。从工艺的角度来看,以上这些看起来似乎很简单的包袋制作,实际上涉及到很多手工艺种类。比如,其中的蒲草编制技艺就是一个民间手工艺类型,竹编技艺也是如此。通过李叔同的介绍,无疑给国人打开了一扇很大的窗子。

《刺绣》《穿纱》两篇,主要写的是刺绣工艺。作为一种历史悠久的传统手工艺,我国刺绣种类繁多。《刺绣》一文并不是对刺绣技艺的介绍,而是针对我国刺绣技艺的落后现状,指出问题,分析原因,提出吸收西洋绣法经验,

---

① 李叔同:《艺术谈(一)》,见《李叔同集》,天津人民出版社 2006 年版,第 50 页。
② 李叔同:《艺术谈(三)》,见《李叔同集》,天津人民出版社 2006 年版,第 61 页。
③ 李叔同:《艺术谈(一)》,见《李叔同集》,天津人民出版社 2006 年版,第 49—50 页。

进行革新和改良的建议。《穿纱》则对西洋穿纱工艺进行了较为详细的介绍,并与中国的戳纱工艺进行了对比。

(二) 陈饰工艺类

传统工艺是美化生活的造型艺术,既具有实用性,也具有审美性。李叔同《艺术谈》中的《摘绵》《堆绢》《通花剪花》《麦秆画》《火画》《木嵌画》《焦画法》《冻石画》《铁画》等9篇,皆为对具有观赏性和审美性的陈饰类传统工艺的介绍,这些传统工艺大都历史悠久。

"摘绵"和"堆绢"是以丝绵、绫绢、绸缎、棉布等为材料折叠堆制而成的工艺品。其中,"堆绢"的历史最迟可上溯到唐代。正如李叔同在《堆绢》中所说:

> 堆绢一科,日本称为押绘。……乃用白绢糊之,施以彩色,则堆起如生。(山水人物皆可)然后,或贴于精致木板,或装镜架。日本女子美术学校中,多制此类,为高品盛饰,其实乃传自我国耳![1]

文中表明,日本美术学校中普遍教授和制作的堆绢,实际上传自于中国。说明中国自古以来便有堆绢画的制作。所谓堆绢,即以彩绢制成花鸟人物的形状,缀附于屏障上。据有关记载,唐代李隆基出任潞州别驾时,将宫廷中一种用丝绸做成的堆绢工艺品带到潞州(长治),从此堆绢传入民间。明初,长治经济的稳定和潞绸的兴盛,为堆绢艺术的发展创造了条件。[2] 现藏山西省苗城县博物馆的堆绢《唐汾阳王寿诞图》八屏,为明初高档工艺品,是迄今为止发现的年代最早的堆绢,堪称国家之宝,举世珍奇。全图长203厘米,宽424厘米。表现唐中兴名将汾阳王郭子仪诞辰,七子八婿及其僚属为其祝寿的场景。结构宏伟严谨,人物造型生动。男女长幼共65人,各俱风采。[3] 此外,属传统丝绸堆制艺术的还有北京的堆绫、塔尔寺的堆绣、长治的

---

[1] 李叔同:《艺术谈(一)》,见《李叔同集》,天津人民出版社2006年版,第49页。
[2] 杨莎:《〈郭子仪寿诞图〉之创作权考辨》,载《美术界》2016年第2期。
[3] 李自让、李天影:《明代堆绢珍品〈唐汾阳王寿诞图〉》,载《文物世界》1990年第1期。

堆锦,等等。2008 年上党(长治)堆锦艺术被列为第二批国家级非物质文化遗产名录。

"通花剪花",即通草画,是以通草代纸制作而成的一种工艺画,是我国传统手工艺品。李叔同曾在天津直隶总督行馆见过,记忆深刻。他描写道:

> 绘水彩画于大通草上,则通草经受湿处,花纹自然突起,依样剪下,粘贴于鸟绒之上,装于镜架,十分美观。①

通草是一种具有多种用途的植物,亦可入药。最迟到 1825 年,广东一带有人把这种植物树心切成薄薄的切片,代替纸张创作水彩画。当时,在南方最大的港口广州聚集了不少欧洲商人和传教士,与外商做生意的广州十三行商人召集了一批广州画匠,在西方画家的指导下,将西方绘画原理引入本土画中,创造出了中西合璧的通草水彩画,销售到国外。后来,随着中国通商口岸的开通,通草画的销量进一步增长。② 清末,通草画流行于京津一带,题材有花卉、人物、博古等。故李叔同能够在天津直隶行馆见到通草画。

除了制作通草画以外,江苏扬州地区的民间艺人,利用通草的柔软特性,将其制作成仿生花,又称通草花。通草花是扬州特产,在古代就曾煊赫一时。扬州通草花颜色鲜艳、形象逼真,被誉为"不谢之花"。扬州通草花的品种主要有头花、应时节令的寿桃、春花等。扬州的通草花很富立体感,天生丽质。目前,扬州通草花已经从过去传统的单花发展成造型逼真的盆景和挂屏,超越自然、以假乱真、永不凋谢、雅俗共赏。③ 2007 年,扬州通草花制作技艺被列入江苏省第一批非物质文化遗产名录。

"麦秆画"比通草画更为古老,它属于民间剪贴画的一种。李叔同写道:

> 用麦柴劈为细丝,先用胶水画工细人物于绢上,将麦丝按图细腻匀贴,丝毫无误。④

---

① 李叔同:《艺术谈(三)》,见《李叔同集》,天津人民出版社 2006 年版,第 61 页。
② 沈嘉禄:《通草画——来自东方的"古明信片"》,载《档案春秋》2012 年第 3 期。
③ 邱凌:《期待出现通草花创意产品》,《扬州晚报》2017 年 3 月 20 日。
④ 李叔同:《艺术谈(三)》,见《李叔同集》,天津人民出版社 2006 年版,第 62 页。

麦秆画又称麦草画、麦烫画、麦秸画等，其工艺始于隋唐时期，后逐渐发展为一种完善的艺术形式，也是汉族独有的特色工艺品之一。其麦秆要经过熏、蒸、漂、刮、推、烫，以及剪、刻、编、绘等多道工序，依麦秆本身的光泽、纹彩和质感，根据需要进行剪裁和粘贴而成。制作出的人物、花鸟、动物栩栩如生，活灵活现，具有较强的艺术感染力和装饰效果。2008年6月，浙江省浦江县和2014年11月，黑龙江省哈尔滨市、河南省清丰县、湖北省仙桃市等地区申报的麦秆剪贴（即麦秆画）分别被国务院公布为第二批和第四批国家级非物质文化遗产代表性项目。

"木嵌画""冻石画"均属于镶嵌画。镶嵌画是采用木材、石块、玉石、贝壳、玻璃、金属等材料，采用镶嵌工艺制作的工艺画，可制成屏风、壁挂、家具板面，或用于建筑物墙面、地面和顶棚的装饰及其他工艺品。镶嵌画的历史十分悠久。中国的镶嵌工艺，早在公元前11世纪即已出现。战国时代已有相当精致的金银错装饰工艺。中国镶嵌画按材料分为彩石镶嵌画、薄木镶嵌画和玻璃镶嵌画等。李叔同在《木嵌画》中写道：

> 用各种天然有色之木，依山川形色而雕刻之，亭台木石，深深浅浅，镶刻于白木之中，而又以彩色烘托之。思想高尚，何与伦比。[①]

李叔同对木嵌画给予了高度赞美。同时，李叔同对温州的冻石画也是赞不绝口，他在《冻石画》一文中说：

> 浙江温州所制之冻石画，其法与木嵌画同。用各色之冻石，雕刻各种人物山水，镶嵌于木屏中，凹凸玲珑，真奇妙也。[②]

李叔同所指的"冻石画"，即温州的彩石镶嵌，它是以天然叶蜡石为材料，经加工后镶嵌在红木、樟木等上面的工艺美术作品。色彩华贵，艺术欣赏价值高，大多为匾额、对联、屏风或家具装饰等形式。温州彩石镶嵌历史

---

① 李叔同：《艺术谈（三）》，见《李叔同集》，天津人民出版社2006年版，第61页。
② 李叔同：《艺术谈（三）》，见《李叔同集》，天津人民出版社2006年版，第62页。

悠久。2003年9月，瓯海仙岩穗丰村出土的西周青铜剑的手柄上就有松绿石双面镶嵌的装饰。温州镶嵌工艺在宋代已经达到很高水平。① 明代姜淮《岐海琐谈》记载，嘉靖年间，永嘉主事周尹岱开采罗浮石，以镶嵌器物杂具。清代，温州市区开始批量生产彩石镶嵌工艺品，大多应用于红木家具上，雕刻题材有人物、花草、虫鱼等。当时老城区打锣桥一带开设的作坊店铺约有10多家。对于技艺高超的温州彩石镶嵌工艺，李叔同不仅十分欣赏，而且极力予以推荐。2005年，温州彩石镶嵌被确定为浙江省传统工艺美术品，2008年6月被列入第二批国家级非物质文化遗产名录。

"铁画"是李叔同推荐的另一个温州特色手工艺品，他说：

> 温州亦产铁画。用细铁条，锤成梅兰竹菊，或简易山水，涂以光漆，用白木屏装嵌于其上，远望花纹突起，苍古异常。②

李叔同在《艺术谈》中所介绍的温州铁画，其特色如何，笔者尚未考证，但安徽芜湖铁画却闻名全国。据介绍，铁画原名"铁花"，为安徽省芜湖地区特产，是中国独具风格的传统工艺美术品之一，芜湖铁画制作起源于宋代，但直到清康熙年间，芜湖铁画才自成一体，并逐渐享誉四海。铁画吸取了中国传统国画的构图法以及金银首饰、剪纸、雕塑等工艺技法，将铁片和铁线锻打焊接成各种装饰画。艺人们以锤为笔，以铁为墨，以砧为纸，锻铁为画，精工制成山水、人物、花卉、虫鱼、飞禽、走兽等各种艺术品，鬼斧神工，气韵天成。工艺精湛、风格独特，被誉为"中华一绝"。③ 2006年6月，芜湖铁画锻制技艺被列入第一批国家级非物质文化遗产名录。

"火画"，也称烙画、火笔画、烫画、烧画及焌画等。火画起源很早，唐代张鷟《朝野佥载》就有记载。火画用烙铁代笔，在木板、纸上"烫画"，既可作传统水墨画，又可作西洋画。火画的施艺范围很广，诸如案头的文房用具、竹筷、扇子、门、窗、立柜、橱板等，都可烫画。火画在我国南北方均有分布。

---

① 金文平：《冻石画　石刻雕画木屏中》，《温州晚报》2014年3月3日。
② 李叔同：《艺术谈（三）》，见《李叔同集》，天津人民出版社2006年版，第62页。
③ 《芜湖铁画锻制技艺》，中国非物质文化遗产名录数据库2017年5月15日访问。

我国东北,长白山和大、小兴安岭,盛产木材,因此,我国东北地区的火画制作非常盛行,河北、天津一带也有很多人从事火画艺术制作。此外,广东新会的火画扇堪称一绝,制作精美,清秀典丽,永不褪色,具有浓郁的地方特色。

传统工艺与人们的生活实践密切相关,它不仅是人们物质生活的反映,也是人们精神生活的反映。当人们在满足了基本生活需要之后,随之而来的是对精神生活的需求,因此,具有物质与审美双重功能的传统工艺,就成为人们生活中不可或缺的存在,对改善人们生活、提高人们艺术欣赏水平具有极其重要的作用。

三、《艺术谈》的启示

中国传统社会中,手工技艺主要以师傅带徒弟的方式来传承。在西风东渐、学堂教育逐渐成为主流的时代背景下,手工艺教育也走进了学校。杨白民在1902年赴日本考察学校教育,回国后创办了女子学校,开设绘画及手工科。清政府于1904年颁布学堂章程,在工科中设置建筑、染织、窑业、金工等课程。此后,在"实业救国"、"教育救国"思潮影响下,国内先后出现了公费和自费赴国外留学的热潮,国外先进的工艺美术教育理念很快引起留学生们的注意,从而开启了中国工艺美术教育从民间传承走向学校传承之路。其中,蔡元培、杨白民、李叔同等早期知识分子对中国工艺美术教育功不可没。

上海城东女学是当时上海地区唯一的一家开设文艺科的私立学校,该校较注重图画及手工科的学习,所学内容包括缝纫、包袋及厚纸工等手工艺。此外,城东女学每年还开办寒暑假补习班,教授刺绣、厚纸工、图画、造花、制果、摘棉等手工艺,受到当时有识之士的支持。而李叔同更是身体力行,不仅在日本东京留学期间就撰文支持,而且在回国后,除了在城东女学任教外,还利用任《太平洋报》编辑,责编广告与副刊"太平洋文艺"的机会,对城东女学的教学活动进行介绍和报道。如今,距李叔同写作《艺术谈》虽然已经过去了一百余年,但其中关于传统工艺教育思想,依然历久弥新,闪耀着智慧的光芒。

(一) 重视传统工艺的美育作用

在中国传统观念中,作为民间艺术的许多手工艺,往往不登大雅之堂,长期未能正式进入艺术教育领域。清末民初,蔡元培、杨白民、李叔同等中国近代美育先驱,大胆吸收西方教育理念,积极推动学校手工艺教育。蔡元培认为,健全之人要德智体美全面发展,他说:"手工,实利主义也,亦可以兴美感。"①杨白民则率先将工艺教育引入教学实践。李叔同更是连续发表文章,予以提倡。他在《释美术》一文中说:"美,好也,善也。宇宙万物,除丑恶污秽者外,无论天工、人工,皆可谓之美术。"在李叔同看来,手工艺无疑是属于美术之范围:"以手制物,谓之手工","为应用美术之一种"。因此,工艺美术教育对美育有至关重要的作用:"美,好也;术,方法也。美术,要好之方法也。"并强调指出:"天无美术,则世界浑沌;人无美术,则人类灭亡。"②在李叔同的心目中,美术是如此重要,提倡美术,理所当然。他对传统工艺的介绍,总是充满由衷赞美。他认为,丁香编物"古雅芳香,甚为可爱",木嵌画"思想高尚,何与伦比",冻石画"凹凸玲珑,真奇妙也",等等。认识到了工艺美术教育对提高人们审美欣赏水平的重要作用。

(二) 重视传统工艺的应用开发

传统工艺的实用性特征,使其天生具有商业性和消费性功能。清末民初,西方列强打开中国大门后,中国传统小农经济开始解体,特别在江南农村,长期赖以生存的手工棉纺织业逐渐衰落,新兴民族资本家开始兴办纱厂、纺织厂、毛巾厂等,女子走出家门,进厂做工谋生。在此背景下,女子职业技能培训尤显重要。当时不少有识志之士呼吁兴办女子实业教育。继城东女学之后,1904 年,俞树萱在上海创办自立女工传习所,史家修创立上海女子蚕桑学堂。工艺美术教育逐渐得到社会的关注和重视。李叔同在《袋物》一文中说:"西国小学手工中,袋物一科,极为注重。日本职业女学,亦以此种为一大科,女子依为生计。"③由此可见,李叔同写作《袋物》一文的出发

---

① 蔡元培:《对于新教育之意见》,载《东方杂志》第 8 卷第 10 号,1912 年 4 月。
② 李叔同:《释美术(来函)》,见《李叔同集》,天津人民出版社 2006 年版,第 63—64 页。
③ 李叔同:《艺术谈(一)》,见《李叔同集》,天津人民出版社 2006 年版,第 49 页。

点是女子的谋生问题。所谓袋物,即包袋钱夹之类,消费需求庞大,市场前景广泛。如今的奢侈品牌包包,一个动辄数万元,甚至数十万元。女子如能熟练掌握袋物制作技艺,不仅能够解决女子生活所需,同时还能贴补家用。表现了李叔同对国计民生的深切关注。《振兴计划》指出:"发挥传统工艺覆盖面广、兼顾农工、适合家庭生产的优势,扩大就业创业,促进精准扶贫,增加城乡居民收入。"①因此,李叔同工艺美术思想对传统工艺的产业开发和市场应用具有极大的启发意义。

(三) 重视传统工艺的革新创造

艺术的魅力在于创新。传统工艺的发展,要在继承传统的基础上,根据时代发展的要求,进行革新和创造。中国传统手工艺品是民众因地制宜就地取材,通过手工劳作而生产出来的实用生活品和陈饰工艺品,也是民众为了满足自身物质需求和精神需求所创造的文化产品。但是,中国传统手工艺大多带有浓厚的农耕文明烙印,与现代工业生产和工业科学技术手段的制作工艺存在着一定差距,这在一定程度上影响了我国传统工艺的发展。早在上个世纪初,李叔同就已经注意到了这个问题。他在《袋物》一文中指出:"我国旧时女子研究囊类,有所谓发绿袋,前榴后柿等名目,功夫非不精细。惜绘图不精,形式谬误,劳而寡用,故成废弃。此亟当取法改良耳。"②在《刺绣》一文中,他认为我国刺绣衰落的原因有三:一是"习绣者不习画图";二是"习绣者不知染丝、染线之法";三是"不知普通光学"。造成章法不明、"昧然从事"、"于理不合"、"无半点生活气"等弊端。为了革除弊病,他提出,要对学习刺绣的人员进行图画、光线、染色等方面的训练,这样才能使传统刺绣"焕然生色"。③ 这就启发我们,振兴传统工艺不仅要掌握传统制作技艺,还必须要有现代眼光和现代技巧,"结合现代生活需求,改进设计,改善材料,改良制作",从而"提高传统工艺产品的设计、制作水平和整体品质"。④

---

① 文化部、工业和信息化部、财政部:《中国传统工艺振兴计划》2017年3月12日颁发。
② 李叔同:《艺术谈(一)》,见《李叔同集》,天津人民出版社2006年版,第49页。
③ 李叔同:《艺术谈(一)》,见《李叔同集》,天津人民出版社2006年版,第50—51页。
④ 文化部、工业和信息化部、财政部:《中国传统工艺振兴计划》2017年3月12日颁发。

（四）重视传统工艺的保护传承

目前，振兴传统工艺已经上升为国家文化战略。《振兴计划》对振兴传统工艺的重要意义、总体目标、主要任务、保障措施等做出了全面规定和部署。近代以来，我国众多有识之士和先进知识分子，在开展传统工艺教育方面，求真务实，培养了大批工艺美术人才。除上海地区外，1905年，黄国厚在湖南创办了衡粹女子职业学堂；1911年，沈寿和余觉在天津开设了"自立女工传习所"；1914年，沈寿在苏州创办了"同立绣校"，同年，张謇创办了南通女工传习所，等等。李叔同不仅撰文介绍传统工艺，而且在他主编的《太平洋报》副刊上对工艺美术教育进行推广，在传统工艺保护和传承方面做出了积极贡献。

学校教育是传统工艺保护传承的重要途径。我国传统社会中，传统工艺传承方式较为封闭，而且受传男不传女、传内不传外等落后观念的影响，导致许多优秀传统工艺失传。近代教育的兴起，在一定程度上打破了根深蒂固的落后传统观念，使得许多传统工艺得以走出家庭作坊，进入课堂，为传统工艺传承提供了广阔的空间。但是，比之于我国种类繁多的传统工艺，能够进入课堂教学的传统工艺还很有限。目前，随着全球化和现代化进程的日益加深，我国许多传统工艺都面临着后继无人甚至人亡艺绝的窘境，出现了严重的传承危机。近几年来开展的"非遗"进校园活动就是在此背景下提出来的。针对这一问题，《振兴计划》指出："支持具备条件的高校开设传统工艺的相关专业和课程，培养传统工艺专业技术人才和理论研究人才。支持具备条件的职业院校加强传统工艺专业建设，培养具有较好文化艺术素质的技术技能人才。"[①]强调了传统工艺学校教育的重要性和必要性。相隔一百余年之后，振兴传统工艺的学校教育终于正式写进了国家文件，纳入国家文化发展战略。这也许是对蔡元培、杨白民、李叔同等传统工艺教育先驱最好的告慰吧！

（作者：上海社会科学院文学研究所研究员）

---

① 文化部、工业和信息化部、财政部：《中国传统工艺振兴计划》2017年3月12日颁发。

Li Shutong's *Talks on Art* and His Advocacy of Chinese Traditional Crafts

Huang Jiang-ping

In March 2017, *The Plan on Revitalizing China's Traditional Crafts* was jointly released by Ministry of Culture, Ministry of Industry and Information Technology, Ministry of Finance, which makes overall regulations and deployments for the traditional crafts in terms of the significance, overall goal, main tasks, supporting measures, and etc. As early as 100 years ago, Cai Yunpei, Yang Baimin, Li Shutong, as well as other intellectuals spared no efforts in promoting traditional education of crafts and made great contributions to it. Li Shutong's *Talks on Art* involves various aspects, namely art theory, theory of paintings, traditional crafts, and etc., among which the discussion on traditional crafts outvalues. As a matter of fact, four perspectives concerning traditional crafts should be highlighted, including the aesthetic education function, application and development, reform and innovation, and protection and inheritance. It is of great significance to revitalize the traditional crafts in the modern society.

丰子恺《忆儿时》与夏目漱石以及李叔同

[日]西槙伟

《忆儿时》是丰子恺早期小品文中的一篇,与《华瞻的日记》同刊于《小说月报》第18卷6期(1927年6月10日)。同年的下一期《小说月报》又刊出丰子恺小品6篇,这两期共8篇小品均被收入《缘缘堂随笔》(1931),成为丰子恺文学的奠基之作。

丰子恺早期作品,包括作为小说发表在《一般》杂志上的《法味》,在主题和写作技巧等方面曾受到日本近代作家夏目漱石(1867—1916)的影响。在《忆儿时》之前发表的《法味》是一篇记述作者与弘一法师交游的写实性文字,笔者将这篇文章与夏目漱石的小品《初秋的一日》和《门》的部分章节曾做过对照解读,论述了《法味》一文接受夏目漱石影响的可能性。[1]

《初秋的一日》和《门》的部分章节都是以作者亲身体验佛教为题材的作品,丰子恺对于夏目漱石的此类作品一定很关注。夏目漱石的小品文中还有一些涉及到作者幼年时代接受佛教感化的章节,它们的主题和《忆儿时》比较接近。本文首先比较分析《忆儿时》和夏目漱石《玻璃窗里》(1915)的一些章节,从而寻找两位作家作品各自的独到之处和共同点。

继《法味》之后,《忆儿时》再次吐露作者对佛教信仰的憧憬,发表后不久,丰子恺皈依弘一法师,成为弘一的在俗弟子。《忆儿时》是否也是一篇内含作者与弘一法师师生情谊这一主题的作品?本文的目的之二就在于探讨

---

[1] 参看西槙伟《门前的彷徨——试论丰子恺〈法味〉(1926)与夏目漱石〈初秋的一日〉(1912)、〈门〉(1910)》,载《永恒的风景——第二届弘一大师研究国际学术会议论文集》,中国文化艺术出版社2008年版。本文内容与笔者日文论文《幼時体験の光と影—〈憶児時(幼時の思い出)〉と《硝子戸の中》》(载西槙伟著《響きあうテキスト—豊子愷と漱石、ハーン》,研文書店2011年版)有重复之处。

这篇小品与弘一法师之间的一些牵连。

一、《忆儿时》与《玻璃窗里》

《忆儿时》共分三节,以第一人称叙事,把叙述者与作者可以看做同一人物。这三节小品分别叙述祖母养蚕、父亲吃蟹、作者和童年好友钓鱼这三件事,每节最后各安排一段作者的感想,毫不掩饰地忏悔幼时游戏中虐杀生命的罪过。

《玻璃窗里》共 39 节,与丰子恺晚年随笔《往事琐记》(后改篇名为《缘缘堂续笔》)形式相似,是自传性的小品散文集。其中有多节回忆儿时往事,第 19 至 21 节,31、32 节内容与《忆儿时》相近。特别是第 19 至 21 节,关于母亲和姐姐们的这三节是作者最向往的幼年往事。丰子恺虽然从佛教观点忏悔孩童时杀生的罪过,但他写下的也是他最珍惜的记忆。

尤其是《玻璃窗里》第 19 节,作者回想儿时邻居们之后,谈到西闲寺,以"西闲寺的钟声,似乎向我心中敲进一股悲凉的东西,使我不禁心寒"结束此段。如果把这句较为感性的记忆理解成夏目漱石幼年接受佛教的感化,那么这段文字的主题和结构就与《忆儿时》更为接近。

下面再具体地比较分析一下。

《玻璃窗里》第 19 节是作者回忆高田马场下老家的一段,附近有酒店小仓屋,还有蔬菜店、豆腐坊和西闲寺,关于小仓屋作者如下写道:

> 下了坡,是一家门面较大的酒店小仓屋,虽然并非仓库式的建筑,但有一段不同寻常的历史。堀部安兵卫(译注——著名赤穗浪士之一)去高田马场救主杀仇人时,途经这里喝过一杯酒。这故事我从小就记在心里,可没有看到过店里收藏的堀部喝酒用过的木升。他家女儿北姑娘的长歌倒是听过多次,我年纪小,听不出唱得好坏,每当我踏上大门口石板路往街里走的时候,总是能听到北姑娘的歌声。春日午后,我神志恍惚,在和煦的阳光下,有时我背靠我家仓库的粉墙站立良久,一任北姑娘温习长歌的声音飘荡过来。听得次数多了,不知不觉地,"行

路艰辛麻衣寒"这样的歌词都记住了。①

这里引的是第 19 节第 2 段的一部分,这节共 4 段,篇幅比《忆儿时》的一节稍短。以第一人称、叙事者与作者一致这种叙述方式回忆往事,这是两作品的相同点。在长段的陈述句中,偶尔插入短句会话使文章避免单调,这也是形式上的类似之处。

再看一下文章内容,去高田马场救主是堀部安兵卫年轻时解救恩人菅野六郎左卫门的事迹,当年 25 岁的堀部除了仇人之外,还刀斩两个帮凶。这在当时应该是很光荣的事迹,对少年夏目漱石印象也很深刻,但在感性上,却没有留下切身的记忆。在不谙世事的少年心里,有可能留下一抹暗影,英雄事迹背后是浓重的死亡的黑影。然而小仓屋家的北姑娘却是在感性上给少年留下了难以忘怀、甚至可以说是充满幸福感的烙印。作者以感官描写,包括视觉(阳光)、听觉(歌声)、触觉(背靠粉墙)重现当年场景。

接下去夏目漱石回想起家附近的蔬菜店,老板仙太郎手拿账本和笔,坐在高台上大声吆喝拍卖青菜的情景,充满了民众生活的气息。这段文字中两次描绘买菜运菜人们的"手":拍卖时高高举起的二三十条手臂是菜场生意兴隆的一幅简笔图画;而运菜的大手刻画出勤奋耐劳的民众形象。

"手"是绘画的题材,丰子恺也用它来描写"劳动",《忆儿时》第一节里的蒋五伯和七娘娘恰似《玻璃窗里》的仙太郎,文中特意描写了他们劳动的情景。作者尤其注意到七娘娘的"手"。

> 七娘娘做丝休息的时候,捧了水烟筒,伸出她左手上的短少半段的小指给我看,对我说:做丝的时候,丝车后面,是万万不可走近去的。她的小指,便是小时候不留心被丝车轴棒轧脱的。②

这里七娘娘用自己的"手"来教育孩子,生命很容易受到伤害。在《忆儿

---

① 夏目漱石:《玻璃窗里》第 19 节,初刊于《东京朝日新闻》1915 年 2 月 1 日,这里据《漱石全集》第 12 卷,(东京)岩波书店 1994 年版,第 562—563 页。
② 丰子恺:《忆儿时》,见《小说月报》第 18 卷 6 号,上海商务印书馆 1927 年版,"小品栏"第 1 页。

时》第二节,还有描写"手"的文字。不太会吃蟹的母亲,常常被蟹螯刺伤手指。这虽是些许小事,但与七娘娘的手指相呼应,表达了生命受伤害的痛苦。

《忆儿时》和《玻璃窗里》的童年主人公,同样沉浸在幸福氛围中,同时对于生命的不幸和伤痛,都渐渐地有所理解。通过童年回忆中的光明和暗影,两作者要突出的是什么呢?且看《玻璃窗里》第19节最后一段。

> 到那家豆腐坊拐弯后五十多米前面可见西闲寺的大门,涂了红漆的大门后面有一片竹林挡着,从街上完全看不见里面有什么。然而在后面念经时敲打的钟声,却还萦绕在我耳边。特别是多雾的秋后到刮北风的冬季,西闲寺叮叮咚咚的钟声,似乎向我心中敲进一股悲凉的东西,使我不禁心寒。①

竹林阻碍了视觉,但是钟声还是传了出来,给作者的听觉留下很深的印象。在多雾的深秋至冬季,作者从钟声里感受到使人心寒的悲凉,这种悲哀凄凉之感应该来自小小心灵对生命的无常渐有的一点感悟。西闲寺的钟声,也是夏目漱石幼年时代接触佛教的切身体验。倾心佛教的丰子恺,很可能注意到夏目漱石接触佛教这类文字,从而得到启发。

二、王囡囡与小喜

《忆儿时》全3节主要表达了作者儿时生活的幸福感和以成人的眼光来看当年杀生而产生的忏悔感。第3节中还有其他情感的透露。

> 我记得这时候我的热心钓鱼,不仅出于游戏欲,又有几分功利的兴味在内。有三四个夏季,我热心于钓鱼,给母亲省了不少的菜蔬钱。②

作者回忆与儿时玩伴一起钓鱼,发现除了游戏欲之外,还有功利心的滋

---

① 夏目漱石:《玻璃窗里》,见《漱石全集》第12卷,(东京)岩波书店1994年版,第564页。
② 丰子恺:《忆儿时》,见《小说月报》第18卷6号,上海商务印书馆1927年版,"小品栏"第4页。

长。关于功利心理,作者曾经在《忆儿时》第 1 节叙述祖母养蚕"并非专为图利",在稍后发表的小品文《姓》(《小说月报》第 18 卷 7 号,1927 年 7 月)中,又讽刺钱庄商人,对赢利行为持否定态度。

《玻璃窗里》第 31、32 节记录了作者和儿时玩伴小喜的一段故事,小喜把家里藏书拿来卖给了夏目少年,第二天小喜家人让他要回这本书,造成两人的感情冲突。

……我分明感觉到买便宜东西背后隐藏的不快之感——一种发自不善之心的不快之感。我不但因为自己的狡猾而生气,对卖了 25 钱的对方也很气愤。怎样才能让这两种气愤平息下来呢?我满脸不愉快的表情,僵在那里一言不发。①

金之助少年生气的原因有二:一是发现原来自己贪便宜;二是朋友有商人气,要价 50 却以 25 钱卖出。这里暴露了儿童心里计较得失利害念头的萌生。这件事最后是金之助把买卖成交后成为己有的书以应对方需求相赠拒收书款而结束。在儿童明镜般的心地中产生计较得失的心理,夏目漱石的这段描写细腻入微。而丰子恺着笔不多,也谈到少年心目中经济观念的产生。

他们描写玩伴家庭环境的文字,也有相似之处。

那是我十二、三岁时的事,隔壁豆腐店里的王囡囡是当时我的小侣伴中的英雄。他自己说他是他家的独子,且是遗腹子,他母亲,祖母,和他叫"大伯"的钟司务,都很疼爱他,给他玩具很多,铜板也很多,这也是他能做小伴侣中的英雄的一种资格。别的孩子们因此无形中奉他为首领,受他的指使。但他对于我,却特别看重。我当时问我母亲这是什么原故,母亲曾对我说了:"父亲照应他家的钟司务,所以钟司务叫他也照应你。"但我不懂这个道理。后来听大人们说,什么"王囡囡不是遗腹子,"什么"王家族人要打钟司务,赶走庆珍姑娘(即王囡囡的母亲),"什么"钟司务躲在老爷家里,"又有一次王囡囡用弓箭射中了我的腿,

---

① 夏目漱石:《玻璃窗里》,见《漱石全集》第 12 卷,(东京)岩波书店 1994 年版,第 596 页。

我哭了,他祖母骂他说:"囡囡你不要昏!他是老爷的儿子,我们一家是全靠老爷的!"我不明白是什么一回事,只是据这种话想来,大概他家曾经有过患难,而我父亲曾经帮他们忙,所以他家大人们吩咐王囡囡照应我。①

那还是我上小学的时候,有一个叫小喜的好友。当年他住在中町他叔叔家,那里离我家较远,每天去找他不太方便。我在家里等他,他会过来找我。不管我去不去找他,他一定来找我。他总是奔租住我家房子、做纸笔生意的松大叔家来。小喜好像没有双亲,那时我也不以为奇,问都没有问过。所以,小喜为什么来松大叔家,我也不太清楚。后来听说,小喜的父亲在银座做官,被人怀疑制造假币,在狱中去世。他妻子把孩子留给夫家,再嫁到松大叔那里,小喜常常过来找她妈妈也是理所当然的事。那时我不懂事,听人们这样讲也觉得没有什么稀奇,我和他一起调皮玩耍时一点也没有考虑过他的身世。②

不难看出上面两段引文叙述方式和文脉基本一致。两作家都没有以成人的眼光平铺直叙幼年玩伴的身世,而是尽可能重现少年时的感受。再看文章的脉络,两作者都先提到他们与玩伴的交流处在一种不平等的基础上。这使读者产生欲知其中奥秘的好奇心,但是作者没有马上满足读者的这种欲望,交代当年自己的看法后提到一些世上的传言,还说自己年纪小,不能充分理解这些传言。然而,正是这些传言透露了玩伴家里的隐私,之所以成为传言,说明事情比较严重、是社会所不容许的。

再考虑一下两段文字分别在作品中起的作用。因为当时中国社会没有恋爱的自由,所以王囡囡的母亲不能和钟师傅正式结婚,他们的结合无法得到社会的认可,所以王囡囡心里受到的打击也很深刻,但是作者并没有继续描绘王囡囡的性格、家庭以及他后来的遭遇。不过,这段文字说明了两少年要好的背景,王囡囡把钓到的鱼全部送给丰子恺的动机也因此而很明确,他

---

① 丰子恺《忆儿时》,《小说月报》第18卷6号,上海商务印书馆1927年版,"小品栏"第3页。原文引号为「」,现改为通用"";引文还删除了人名旁的线。
② 夏目漱石:《玻璃窗里》,《漱石全集》第12卷,(东京)岩波书店1994年版,第592—593页。

是出于要报答丰家的心理。关于小喜父亲涉嫌造假币一事,也可以看作是影响到小喜性格的因素之一。小喜擅自拿出家里的藏书,还讨价还价地卖给玩伴,这在金之助少年看来无疑是一种狡猾不善的行为。

1931年丰子恺出版《缘缘堂随笔》时,对于《忆儿时》的文本基本上未加改动,后来在开明书店刊印第四版时,谈到王囡囡家庭背景的这一段改动很大。修改时的具体情况虽然已经不得而知,但可以推测改动的理由应该是文章透露了王囡囡家的隐私,而且王囡囡当时还年轻。作者把社会上对王囡囡父母的传言大部分删除,只留下一句:"我听人说他家曾经<u>患难,而我父亲曾经帮他们忙,所以他家大人们吩咐王囡囡照应我</u>。"(下划线为引用者所加)下划线部分为下一页的第一行,所以丰子恺修改范围限于1页(第60页)之内。修改后的文字似乎很平淡,但修改是无可非议的。《忆儿时》的这一节主旨在于指出钓鱼的残酷性,本来就没有太大必要详细介绍玩伴的家庭情况。作者之所以透露了玩伴的家庭隐私,很可能是受到夏目漱石文笔影响比较深的缘故。

三、《忆儿时》与李叔同

《忆儿时》主题比较明显,作者回忆童年时代美好的时光,用意在于反悔当年惨杀生灵的罪过,三个小节的结尾各有一段大同小异的文字,反复地阐明了这个主题,也就是说这篇文章很直接地吐露了作者向往佛法的心理。他的这种内心的表白当然面对的是读者,而弘一法师李叔同应该是作者寄予最大期待的读者之一。

在发表《忆儿时》的前一年,丰子恺曾经发表《法味》(1926)一文,记述他与弘一法师的交流,文章表达了作者虽然憧憬佛法但又很难脱离现状的矛盾和犹豫不决的内心困境。对比之下,《忆儿时》所表达希望皈依佛法的心情比《法味》还要直接而且强烈。

《忆儿时》这个题目使读者联想到李叔同作词的《忆儿时》。

春去秋来/岁月如流/游子伤漂泊

回忆儿时/家居嬉戏/光景宛如昨
　　茅屋三椽/老梅一树/树底迷藏捉
　　高枝啼鸟/小川游鱼/曾把闲情托
　　儿时欢乐/斯乐不可作
　　儿时欢乐/斯乐不可作①

　　歌词中的游子离乡多年,忽然回忆起儿时游玩嬉戏的情景,感到无限向往。丰子恺在《法味》里提到这首歌,在他编辑的《中文名歌五十曲》(1928)里也收录了这首歌。丰子恺不但使用了同一标题,还采用了歌词中的描写素材。歌词以"春去秋来"起首,丰子恺小品文的第一节也从春天养蚕开始,第二节转为秋季吃蟹,第三节和"小川游鱼"题材相近。小品文《忆儿时》还有一个特色,就是末尾各安排一小段意思大体相同的文字,各节的最后六个字都是"使我永远忏悔"。这似乎与歌词末尾的反复技巧一致,使小品文具有诗和音乐的美感。

　　我们再回顾一下夏目漱石《玻璃窗里》的第19—21节,第19节中有关于北姑娘的长歌和西闲寺钟声的描写,文章注重听觉的描写。除此之外,第19节还有关于视觉和嗅觉的描写。第20,21节也颇重感官描写。这3节末尾分别描绘西闲寺的钟声、失火报警用的半钟、童年家中舂米的声音,布置了听觉描写素材。所以,《忆儿时》与《玻璃窗里》第19—21节在叙述内容和形式上都有类似之处。

　　《忆儿时》中运用较多的是味觉描写,第一节中的桑葚、枇杷、蚕蛹、软糕,第二节中的螃蟹、豆腐干,第三节中的鱼,这些都唤起味觉回忆。特别是第二节主要写吃蟹,味觉是这一节的重要主题。除了味觉之外,文中也有视觉和触觉描写的使用。

　　《忆儿时》在《小说月报》(1927年6月)发表后不久,1927年秋季,弘一法师到上海丰子恺家住了一个月,其间丰子恺皈依弘一法师,成为弘一的在俗弟子;师弟二人还商谈了合出诗画集的计划,后来《护生画集》第一集在1929年由开明书店出版。关于1927年秋季的师弟之交,丰子恺创作了小品文

---

① 李叔同:《忆儿时》,见郭长海、郭君兮编《李叔同集》,天津人民出版社2006年版,第168页。

《缘》(《小说月报》第 20 卷 6 号,1929 年 6 月)。

在《护生画集》中,不难发现与小品文《忆儿时》有关的画作多幅。比较明显的是《蚕的刑具》(图 2)和《醉人与醉蟹》(图 3),分别是《忆儿时》第一、二节的题材。之外还有《诱杀》(图 1)和《忏悔》(图 4)也和《忆儿时》有关,《诱杀》不但描写钓鱼,画题也是《忆儿时》中的词汇①;《忏悔》也是同篇小品文的关键词语,所以丰子恺所画忏悔而祈祷的男子也是他自己的自画像。

我们还可以进一步看一看弘一法师为丰子恺这些画作书写的诗句,《护生画集》第一集中的诗句多为弘一法师的创作,上述几幅画的配诗都是弘一的作品。按照画集中先后顺序引用如下:

水边垂钓　闲情逸致/是以物命　而为儿戏/刺骨穿肠　于心何忍/愿发仁慈　长起悲悯(《诱杀》)

残杀百千命　完成一袭衣/唯知求适体　岂无伤仁慈　布葛可以代绮罗　冬畏寒者宜衣驼绒以代丝绵(《蚕的刑具》)

肉食者鄙　不为仁人/况复饮酒　能令智昏/誓于今日　改过自新/长养悲心　成就慧身(《醉人与醉蟹》)

人非圣贤　其孰无过/犹如素衣　偶着尘涴/改过自新　若衣拭尘/一念慈心　天下归仁(《忏悔》)②

这些诗句之中,能够明显看出与小品文《忆儿时》密切相关的应该是《蚕的刑具》,因为小品文中有类似字句。③《诱杀》的配诗让读者联想起弘一法师的歌词"小川游鱼,曾把闲情托",这说明弘一充分理解了丰子恺小品文的用意,而他的诗句是对丰子恺的回答。

《忆儿时》中的祖母、父母、王囡囡等人,后来在丰子恺晚年随笔《缘缘堂

---

① 丰子恺《忆儿时》中有"王囡囡所照应我的,是教我杀米虫,杀苍蝇,以诱杀许多的鱼。所谓'裘钓叟',其实是一个穿羊裘的,鱼的诱杀者"等字句,见《小说月报》第 18 卷 6 号,上海商务印书馆 1927 年版,"小品栏"第 2 页。
② 李叔同《诱杀》,见丰子恺画、李叔同书《护生画集》,上海大中书局 1929 年版,第 62 页;《蚕的刑具》,见同书,第 80 页;《醉人与醉蟹》,见同书,第 90 页;《忏悔》,见同书,第 92 页。
③ 丰子恺《忆儿时》中有"养蚕做丝,在生计上原是幸福的,然其本身是数万生灵的杀虐!"等字句,见《小说月报》第 18 卷 6 号,上海商务印书馆 1927 年版,"小品栏"第 2 页。

续笔》中再次出现。当他再次提笔回顾父亲吃蟹(《中举人》)、与玩伴王囡囡钓鱼(《王囡囡》)等事时,文章的主题已经不放在杀生的罪恶感上。丰子恺对于未能发挥其才能而早逝的父亲寄予同情,对于王囡囡家庭的不幸也做了具体的描绘,批判了旧礼教的残酷。

【附图】

图1

图2

图3

图4

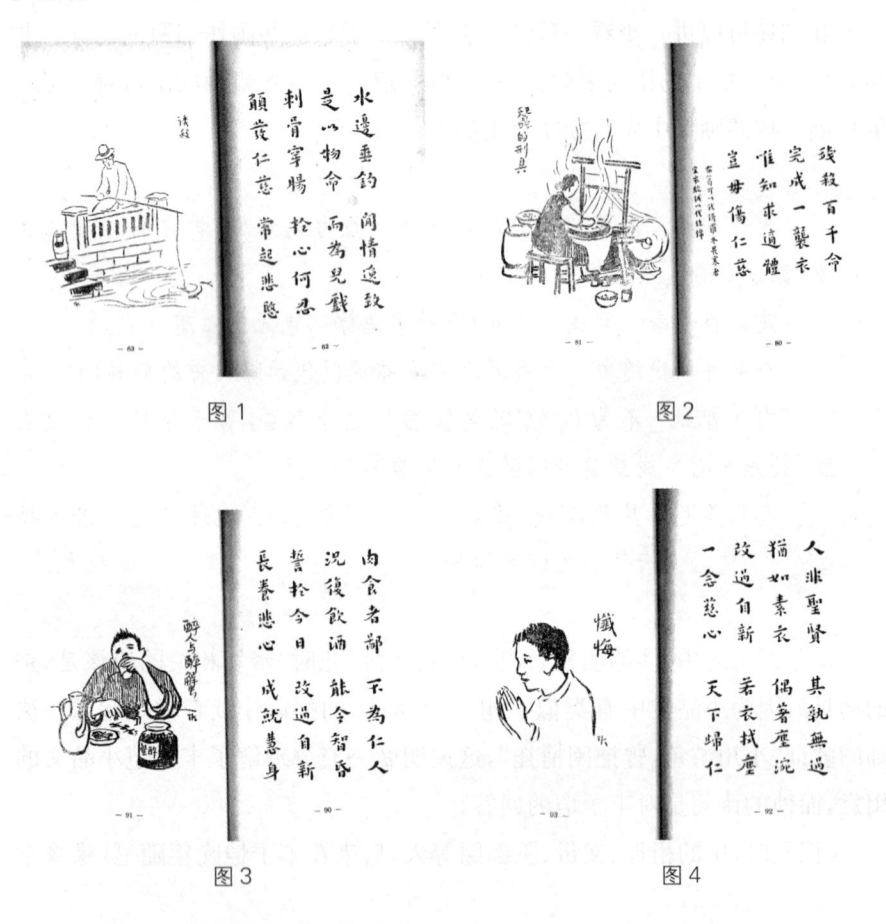

按,图版资料来源说明如下

图1　丰子恺:《诱杀》,见《护生画集》,李叔同书,丰子恺画,上海大中书局1929年版,第63页。

图2　丰子恺:《蚕的刑具》,见同书,第81页。

图3　丰子恺:《醉人与醉蟹》,见同书,第91页。

图 4　丰子恺：《忏悔》，见同书，第 93 页。

（作者：日本熊本大学大学院人文社会科学研究部教授）

On the Relationship between Feng Zikai's *Reminiscences on Childhood* and Natsume Soseki and Li Shutong

[Japan] Nishimaki Isamu

Feng Zikai should have developed interests in Natsume Soseki's works with Buddhist subjects as some parts of Natsume Soseki's works, such as *A Day in Early Autumn* and *Mon*, are based on his personal experience with topics of its kind. In addition, chapters centering on Buddhist baptism in writer's childhood can also be found in some essays of Natsume Soseki, which are very close to Feng Zikai's *Reminiscences on Childhood*. In this paper, Feng's *Reminiscences on Childhood* is to be compared with some parts of Natsume Soseki's *Inside My Glass Doors* (1915), so as to explore both the differences and similarities between these two works.

Right after the completion of *Enlightenments of Dharma*, Feng Zikai once more showed his longings for the Buddhism and got converted to Buddhism under Master Hongyi as a lay monk soon after its publication. Is the writing *Reminiscences on Childhood* also a piece themed on the friendship between Master Hongyi and Feng Zikai? Another purpose of this paper is to discuss whether Feng's *Reminiscences on Childhood* has something to do with Master Hongyi.

细读弘一大师之"悲欣交集"

江小敏

1942年10月13日(农历九月初四)下午8时,弘一大师安详圆寂于福建泉州温陵养老院晚晴室。临终前3天(农历九月初一)下午6时,他曾写下"悲欣交集"四字交给侍者妙莲法师。① 一纸绝笔,引得后人无尽思量。

叶圣陶、钱仁康、陈剑慧、明诚居士、许士中、李鹏飞等诸位先生,以及大空法师等僧人师父都对此有过言说。诚然,如许士中先生所言:"大师修证所感,唯心所现之境界,只有与大师有同等修证者,方可知晓,方能道明。"② 大师临终绝笔之心境自非我所能度测,但是,既然大师有意将此四字留迹人间,自然是要它成为接引众生的缘起。盲人也要来摸一摸象才好,算是结了缘了。余下的,能摸到几分算几分,于己总能是一个长进的尝试;于他人,若能提供一个可资批评的靶子以更清晰方向,也是好的。这样想来,也便稍能容许自己尝试着一点点去理解了。虽言"执象而求,咫尺千里"③,然借象以入,是凡眼钝根不得已之法,也是方便之门。《易经》有言:"书不尽言,言不尽意……圣人立象以尽意……"无论立象者有意无意,象一出,自显其意。不执于象,然不离于象。中国相学(象、相互训)渊源有自。西方图像学、笔迹学乃至符号学之根本方法亦不出其外。至于意义解读之可能性,西方有阐释学为其正名,而东方之佛教自有其世界观、认识论为之奠基——"清静

---

① 叶青眼:《千江印乐集》,见《弘一大师全集》第6册,福建人民出版社1991年版,第86页。
② 许士中:《试解弘一大师临终绝笔之心境》,载《莲馆弘谭》2008第3期。
③ 弘一法师曾于圆寂前遗偈给他的生平至友夏丏尊和弟子刘质平:"君子之交,其淡如水。执象而求,咫尺千里。问余何适,廓尔忘言。花枝春满,天心月圆。"见林子青著《弘一法师年谱》,宗教文化出版社1935年版,第315页。

本然,周遍法界,随众生心,因所知量,循业发现。"(《楞严经》)在其中照面自己,"发现"自己的"发现",非为不敬,实乃只能如此。本文从字象形式入手,结合大师生平重视的佛经典籍要义,特别是临终前 5 天(农历八月二十九日)嘱咐往生助念的《华严经·普贤行愿品》和"悲欣交集"四字左侧"见观经"提示的《佛说观无量寿经》,尝试读解大师临终四字开示。

观其象

"悲欣交集"(图 1),书于日常信笺背面,清晰可见正面是之前写就的文稿①。不择纸张,随手写来,可见是无心为了"书法"而写,纯是留一个印记给后人看。然而,正是在这随手写来的字迹以及它所营就的空间里,却有着非思量安排所能及的精妙,不得不令人惊讶赞叹。

"悲"字(图 2)用笔多深按,线条粗壮如宝殿大柱,大雄大力。多用方笔与出锋,甚至"心"的卧勾也呈方意。左侧落笔至方处,决然毅然,有如刀斧凿就。"非",左侧一竖而下,浓墨飞白;右侧连点而下,顿按顿提,锋芒毕露。似有速急心切之意味,更见化横为纵、贯上于下之气势。而此气势并未得下一笔,

图 1: 行楷《悲欣交集》,约 16 开
1942 年 10 月
上海龙华寺藏

---

① 据明诚居士考证,纸张背面当是弘一大师为黄福海居士题写蕅益大师警训"吾人日夜行往坐卧皆须至诚恭敬"并署以时日的草稿。文中说道:"虽然大师可能是限于条件不经意地选了这张用过的草稿纸,但学以为其中必然有不可思议的甚深因缘,因此,其纸背透出的内容同样是大师命终开示的的重要组成部分……是大师送给每位来者的最后警训。当其初入佛门亲近印祖时,印光法师曾于书信中开示道:'入道多门,惟人志趣,了无一定之法。其一定者曰诚、曰恭敬。'……于此命终之际,大师重温了印祖的教诲与蕅益的原典,冥冥之中旨在再次开示我们,以戒为师至诚恭敬是修学一切佛法的基础,必须以此为前提,然后修观想念佛才能够有望成果。"引录上文,以资补充参考。明诚居士:《悲欣交集见观经——弘一大师命终绝笔新解》,载《寒山寺》2007 年第 4 期。

即"心"之最初一点的仰首承接,反是注于空阔的虚白之地。"心"之最初一点,远远低于通常之位起笔,方毅而稳当。"心"整体下沉,"非"与"心"之间,置留广阔空间,非是无限思量不得填满;但是,无迹浑茫,内外交通,又岂容思量粘滞其中。结字清癯方长。"悲"字雄毅、深切、廓然之象,不由使人感会悲心之毅然、大悲之深沉、悲愿之无限。

	晋·王羲之·兰亭序	唐·欧阳询·千字文	宋·米芾·离骚经
宋·苏轼·赤壁赋	宋·苏轼·人来得书帖	宋·黄庭坚·与云夫七弟书	明·唐寅·落花诗册

图2:与历代书家所书的"悲"字并置比较,更可明显感受其特别之处。

"欣"字图3多提笔,线条精瘦,目击有如闻金声,观久犹感沁玉润。结字左低右高,强烈的一股向右上的势。"斤"撇横右仰;左边一竖撇,头后仰,身前倾;右边一长竖,简净毅然,上头与横连接处,自然有一个自右而来的起头耸立。"欠",上头圆劲,顺着"斤"字的向右上的势,继续向右上方拱凸而出。"人"圆润安立,一捺悠然泰然。"斤"与"欠"的每一笔画大多上重下轻,尤其头部两撇,起笔刹那重按。结字重心偏上。下部撇捺开张,萧散。用笔多圆。整体结构、用笔、墨色共同营造了粹然莹润、轻盈超拔之气象。因了"斤"的竖撇与长竖的简净之力,以及位置明显上升却介然深按的"人"的安稳,这轻盈便有了深根,从而不是轻飘了。朗净欢欣之意由是可观。

"交"字上下结构,上短下长,"悲"字上下结构,上长下短,两者形成一个交错的呼应关系。且两字体量的较长部分,即"交"的下部,与"悲"的上部

图3：与历代书家所书的"欣"字并置比较，更可明显感受其特别之处。

（尤其左半部分），用笔下压明显，线条较粗。如此，交叉关系中向右的上行线较突出。然按笔深墨，自消一分升举之意。且，"交"字上下之间超常的空阔空间，与"悲"字上下之间的空阔之地形成了明显的横向的联系，自左往右，是下倾之势。从而，两者的整体空间得以平衡。从上排"交"、"悲"两字整体来看，从左往右向着"悲"字方向，上际线水平，下际线下倾。如此，"悲"的延伸空间是上际恒定的不断向下的无限的扩大。

较之上一排的构字部件之间的空阔间距，"集"、"欣"部件之间都极为紧凑，笔画揖让浑然。"集"字上舒下紧，重心下压，然而丝毫没有沉重下堕之势，却有上引舒伸之象。从"集"字横竖点画来看："佳"左低右高，撇下压，长竖偏弹向右，上两横画上倾，下两横画点化。"木"一短竖，上右探，下左勒以平衡"集"整体，左长竖点，右捺点，呈左重右轻状。明显，其总体之势也是向着右上倾仰。从下一排整体来看，"集"字的上舒下紧，重心下压，与"欣"字的重心上移构成明显的上升之势。"集"字瘦长到甚至横画、撇捺蕴藉成点的倾仰之势，到了舒朗的"欣"字才得以充分地伸展。下排"集"、"欣"两字，从左往右向着"欣"字方向，下际线是上升的。

如此，四字总体从其用笔、线条、结构、墨色来看，"悲"降，"欣"升。不难让人想到教义里的悲世间之众生，欣天国之净土，以及上回向与下回向。

另外，细细看来，笔笔之间，无尽回互。大体来说，上密下疏的"交"、

"欣"与上疏下密的"集"、"悲",交错呼应。"交"与"欣"的撇捺舒展,前者粗细比对,方直雄健;后者粗细停匀,精粹浑圆。"集"的撇捺点化,与"交"上部两点,下部撇捺,变幻交互。"集",由于下"木"的写法,使得整体自由灵动的多纬横画,有了两竖上下经贯,与"欣"的"斤"部形成林立纵势;又与"悲"的纵势形成呼应,它的枯墨古淡,委曲和顺,更衬显得"悲"的浓墨飞白,中强有力。而"悲"的下行纵势,又衬显了"集"在贯然之中向上疏放乃至游逸的姿态。四字,各自安立,又交感回互。

余墨一笔笃然注明"见观经",润笔再句上一个浑然莹润的缺口向西之圆。再,左上天头标以时日。

"悲欣交集",虽为临终所书,然笔触变幻,气贯神满;结体各异,纵横有象;章法信然,而意味深长。

析其理

关于此处的"悲欣交集"究竟是何意涵,从中又可看出弘一大师临终之境界如何,诸位前辈多有论说,在此不详例举。有几点值得注意:

1. 于大师临终境界,我们只能尽量体贴,但仍难免揣测。一方面,必须根据弘一大师的修行经历,不可随意以人间俗情猜度。陈剑慧先生认为:"'悲欣交集'是弘公当时临终的情境。是一种念佛见佛,一悲一喜的境界……"[1]笔者赞同。只是,"亦悲亦喜"也许较"一悲一喜"更为妥当。另一面,要警惕膜拜心理带来的肆意拔高。李璧苑先生提醒:"若以佛的无余涅槃层次讨论之,是不妥的。"[2]根据佛经记载,修行境界有次第,菩萨尚有十地为阶,不可粗妄以"涅槃"佛地冠之。

2. 李璧苑先生经过大量考据,指出弘一大师此处"悲""欣"内涵与其之前所书、所写、所用之"悲""欣"的区别,并强调了"见观经"三字提示与《佛说

---

[1] 陈慧剑:《弘一大师传》(修订新版),(台北)东大图书公司1997年版,第490页。
[2] 李璧苑:《弘一大师"悲欣交集"的心境初探》,见方爱龙主编《弘一大师新论》,西泠印社2000年版,第76页。

观无量寿经》(净土五经之一)的关系①,确然离落俗情猜想,为"悲欣交集"的解读指明了方向。许士中先生根据弘一大师临终几日对往生助念等事宜的安排及其念佛生活的追溯,列举净土多位高僧大德往生情况作参证,进一步认定"悲欣交集"是弘一大师净土修行的往生境界。② 另外,明诚居士直接从精神层面契入,根据相关史料力图重现墨宝因缘,体会其中开示③,有资理解。

3. 大空法师念及弘一大师辑《地藏菩萨圣德大观》之"悲欣交集"与藕益大师跋《地藏菩萨占察善恶业报经》之"悲欣交集"一贯,突出了四字与地藏菩萨悲愿之渊源。④ 此一线索似与"见观经"的重要提示风马牛不相及,但是,大空法师的悟解却也不无称性。就像不同的手指,指的是同一个月亮;不应止于手指,只在指上作分别,重要的是指到那个月亮。《佛说观无量寿经》《地藏菩萨本愿经》虽是记录佛在不同的情境中对不同的人说的不同的法,但是其根本精神是一致的。另外,既然把"悲欣交集"视为弘一大师修行证果之示现,需要注意:最终的果是一切行的果。在佛法中,修行是毕生乃至累世的事业。即便看一世之果,也不可只着眼其该世最后之事,否则就闹了"最后一个饼吃饱"的笑话。因此,切不可因"见观经"所指向的净土境界,忽视了之前其他修行的功德。尤其,大愿地藏菩萨之悲心愿力是弘一大师一生修行之重要入处。

在此,笔者要做的是,经由弘一大师此处标举的"悲""欣",从佛经及其佛法要义中寻迹诸佛弟子称性的悲、欣,以及相关的境界描述,勘探大师对因地众生的开示。

一、悲

(一)称性之悲,是"同体大悲"。

《大方广佛华严经·普贤行愿品》有云"诸佛如来,以大悲心而为体"。

---

① 李璧苑:《弘一大师"悲欣交集"的心境初探》,见方爱龙主编《弘一大师新论》,西泠印社2000年版,第76页。
② 许士中:《试解弘一大师临终绝笔之心境》,载《莲馆弘谭》2008第3期。
③ 明诚居士:《悲欣交集见观经——弘一大师命终绝笔新解》,载《寒山寺》2007年第4期。
④ 释大空:《痛念弘一大师之慈悲》,见弘一大师纪念会编《弘一大师永怀录》,上海科学技术文献出版社2014年版。

所有的佛经,都因佛陀之悲心而有。从阿弥陀佛四十八愿(《佛说无量寿经》)、药师琉璃光佛大愿(《药师经》)、观音菩萨大愿(《妙法莲华经·普门品》)、地藏王菩萨大愿(《地藏经》)、文殊菩萨大愿(《大方广佛华严经·净行品》)、普贤菩萨大愿(《大方广佛华严经·普贤行愿品》)中,可见诸佛如来、诸菩萨众悲心之所系。无尽悲愿,文辞连叠,在此不作引述。

弘一大师崇敬蕅益、印光诸净土大德,深信净土法门,临终精进念佛,交代助念,以圆往生净土之愿。念佛入净土,即要与阿弥陀佛同一悲心。若以罗汉为终极,只求自了,佛斥为"焦芽败种",亦为弘一大师所深耻。他多次强调《普贤行愿品》、《净行品》的重要。此《净行品》即是教导大众如何在日常之琐细点滴中发广大利益心。念诵诸多经文亦是感念诸佛菩萨悲心之深切、广大,与诸佛菩萨同发愿,大其心,求得与诸佛菩萨同体感应。而诸佛菩萨悲愿,心系种种世界十方众生。如此,与诸佛菩萨同体,便是与十方众生同体。《华严经·夜摩天宫菩萨说偈品》云:"如心佛亦尔,如佛众生然,心佛及众生,是三无差别。"所谓佛、我、众生无二。"同体大悲",是为果德,是诸佛子修行之所向。

(二)悲智愿行:悲能生智,悲而生愿。

《大方广佛华严经·普贤行愿品》云:

> 因于众生而起大悲,因于大悲生菩提心,因菩提心成等正觉。譬如旷野沙碛之中,有大树王,若根得水,枝叶华果,悉皆繁茂。生死旷野菩提树王,亦复如是。一切众生而为树根,诸佛菩萨而为华果。以大悲水饶益众生,则能成就诸佛菩萨智慧华果。何以故。若诸菩萨以大悲水饶益众生,则能成就阿耨多罗三藐三菩提故。是故菩提属于众生。若无众生,一切菩萨,终不能成无上正觉。

众生是树根,菩萨是华果,菩萨与众生同体。"以大悲水饶益众生,则能成就诸佛菩萨智慧华果。"智慧是大悲之华果。弘一大师在解《心经》时说:"观自在"即"观世音"。"观自在",观理事无碍之境而达自在,是智;"观世音",观世间众生之机而化度之,是悲。两者是同一位。"菩萨"即"菩提萨埵"。"菩提"是觉,是智;"萨埵"是有情,是悲——"悲智双运"。

1939年5月5日（农历四月十六），60岁的弘一在永春桃源殿宣讲的《佛教之简易修持法》中说到"菩提心"："发菩提心的人，应发以下之三种心：一、大智心，不着我相……二、大愿心，广修善行。三、大悲心，救众生苦。"他说：

> 真发菩提心的，必须彻悟法性平等，决不见我与众生有什么差别，如是才能够真实和菩提心相应。①

无有"彻悟法性平等"的大智，不可能生起我与众生无有差别的同体大悲。大悲与大智是一体成就的。然，"大智心：不着我相。此心虽非凡夫所能发，亦应随分观察。"②如此，凡夫因地最可着力之处还是"大愿心"。于是，"发菩提心者，须发……四弘誓愿"。而"菩提心以大悲为体"，虽然对于因地的凡夫，"大智心"、"大悲心"都尚是愿，但是第一愿当是度生，"众生无边誓愿度"。学诸佛菩萨发愿，感悲心而自生愿。悲是根本。

（三）悲心持戒，清净欢喜，无有苦恼。

《楞严经》中，佛为阿难宣说修行三决定义："所谓摄心为戒。因戒生定。因定发慧。是则名为三无漏学。"戒、定、慧，戒是基础。佛陀涅槃前告诫诸菩萨及后世修行者当"以戒为师"，可见"戒"之重要。但是，若无有大悲心，持戒便是一件极其困难的事。不仅如此，若不明种种戒仪中隐而未宣的根本之悲心，持戒甚至会带来许多苦恼，也难理解并圆融行持"开戒"之方便。"戒"本是畏因，以绝烦恼；今反因之生烦恼，而成非法之行。既生苦恼，心有挂碍，如何能定？智慧又如何可能呢？

"慧"，观其字形可了其意涵：手执笤帚净除其心，是为慧。净土一门，"都摄六根，净念相继"（《楞严经·大势至菩萨念佛圆通章》），要义在净心。"随其心净，则佛土净。"（《维摩经·佛国品》）心净，无明解蔽，智慧自出。律宗实是戒外修内之法门。悲心是持戒之动力，也是持戒之因由。检视弘一大师句读校注的《四分律》，许多戒律，直是深广悲心之外显。也正因此，弘一大师重视以《护生画集》感化众生，培育悲心，以弘杀生之戒。

---

① 弘一大师：《佛教之简易修持法》，见（第7册佛学卷），福建人民出版社1991年版，第377页。
② 同上。

总之,"悲"在佛法中有着根本的地位。龙树云:"慈悲是佛道之根本。""一切诸佛法中慈悲为大。"(《大智度论》)对于看向这一"悲"字的因地众生,它可以是笃实的修行入处。

二、欣

(一)"不著欲乐,唯住法乐。"(《华严经·入法界品》)

此处的"欣",即相当于佛经中多处说到"乐"、"欢喜"。欲乐无根逐外缘,生生灭灭,多苦恼;法乐识得自家宝,任运自在,常莹莹。所谓"法乐",是闻佛法性、入佛法性之欢欣。佛经中常描述诸菩萨等闻法后"欢喜踊跃"、"欢喜赞叹"。《华严经·十地品》,初登菩萨地,即为"欢喜地":

> 菩萨住此欢喜地,念诸佛故生欢喜,念诸佛法故生欢喜,念诸菩萨故生欢喜,念诸菩萨行故生欢喜,念清净诸波罗蜜故生欢喜,念诸菩萨地殊胜故生欢喜,念菩萨不可坏故生欢喜,念如来教化众生故生欢喜,念能令众生得利益故生欢喜,念入一切如来智方便故生欢喜。

诸多菩萨的名字里即有"欢喜"二字,如"欢喜自在佛"、"欢喜庄严佛"、"欢喜藏佛"、"欢喜德佛"、"欢喜无畏佛"等,其中颇有深意。弘一大师特意在四字左侧注写提示的《佛说观无量寿经》中说道:

> 如来今者,教韦提希,及未来世一切众生,观于西方极乐世界。以佛力故,当得见彼清净国土。如执明镜,自见面像。见彼国土极妙乐事,心欢喜故,应时即得无生法忍。

"见彼清净国土","心欢喜"。"常、乐、我、净"——所谓涅槃四德,四个原是一体,一现,一一具现。未得无余涅槃,此四德依然以不同的程度显现于各阶境界。"彼国土极妙乐事"文字描述具体可见《佛说观无量寿经》。

此处,以"见彼国土极妙乐事"为果,似与《金刚经》"不得以相见如来"矛盾。如何理解?此处当忆佛陀"因病施药"之语。不同经文是佛陀应机说法,为不同听众开出的药方,是"飘飘黄叶止儿啼"①。若寻章摘句,死于言下,是为"以相见如来",不可取。人或因净土多有具体形象之建树,而疑其究竟。《法华经》言:"唯有一佛乘,无二亦无三,除佛方便说。"都是究竟,无有高下。《华严经》所示的理事圆融不二义理,可资理解。众法为究竟之方便。以相示理,即相即理,亦为究竟;若失究竟而流于皮相,以皮相为指归,则无有方便可言,终未得真佛法。若执西方净土之相为究竟,不过是以世俗之情执著世外之境,只是另一种攀缘罢了。

此净土到底"有没有"?若没有,此等欢欣岂非虚妄?《佛说无量寿经》言,西方净土为阿弥陀佛愿力之所化现。那阿弥陀佛"有没有"?《华严经》言:"若人欲了知,三世一切佛,应观法界性,一切唯心造。"即通常所说"三界唯心,万法唯识"。净土古德自云:"唯心净土,自性弥陀。"(莲池大师《弥陀经疏钞》)印光大师亦强调:"心外无境,境外无心,应现无方,自他不二。"可见,净土不是"实有",但也不是"没有",而是心之"妙有"。"妙有"有用吗?梦中事非实,而梦时之人仍为梦中事伤心哭泣,何其真实。类之,佛经说,娑婆世界非实,"一切有为法,如梦幻泡影,如露亦如电"(《金刚经》),而我等众生烦恼悲欣于其间,何其真实。再想,我们所未得见的西方国土,是否如是亦幻亦真?智者有喻在先:认草绳为蛇的人,为这不存在的"蛇"惊吓,这不存在的"蛇"所引起的效果是真实的。(这不存在的"蛇"如何起效的呢?它于那人是否绝然不存在?)如此想来,即便未"见彼国土极妙乐事",仅仅是观想"彼国土极妙乐事",心中所生欢喜也是真实的。《佛说观无量寿经》直言:"是心作佛,是心是佛"。可知净土念佛观佛真实用功之处。心力交光,有愿有信,交感呼应。"清静本然,周遍法界,随众生心,因所知量,循业发现。"(《楞严经》)各自看见各自能看见的,接受这看见带来的一切。"见彼清净国土"之欣然可谓悟入净土之情状,此境界不可轻易以思维造作来诋毁。

(二)"欢喜恭敬心,能问甚深法。"(《华严经·入法界品》)

菩萨知娑婆世界不可恋,而常许诺、行愿满足众生在尘世间的种种愿望,乃至顺因众生的凡夫心善巧说法,无非为了"令其欢喜",方便接引。

---

① 破山禅师:"山迥迥、水潺潺,片片白云催犊返。风潇潇、雨飒飒,飘飘黄叶止儿啼。"典出《法华经》。

尔时,文殊师利童子为善财童子及诸大众说此法已,殷勤劝喻,增长势力,令其欢喜,发阿耨多罗三藐三菩提心。(《华严经·入法界品》)

菩萨常乐,安隐说法……因缘譬喻,敷衍分别,以是方便,皆使发心,渐渐增益,入于佛道……慈心说法……皆令欢喜……勿轻骂学佛道者,求其长短……无得恼之,令其疑悔……常柔和能忍,慈悲于一切……(《法华经·安乐行品》)

如此种种,常令欢喜。"慈悲"、"慈心"之"慈",亦不无隐含"令欢喜"之意。欢喜是"开"心之法。心窗打开,才有流通与交互的可能。

佛经中,诸弟子请法时,常言"愿乐欲闻",以示自己已敞开心扉,准备好承接佛法了。孔子也曾表达过类似的意思:"知之者不如好之者,好之者不如乐之者"(《论语·雍也》)。知是标量,静态;乐是矢量,势态。一切发生需要势的引动。这是知不如乐的缘由之一。恒以开怀笑意示人的弥勒菩萨赞许安乐方便法门:"以善巧方便,安乐之道,积集无上正等菩提。"(《弥勒菩萨所问本愿经》)善巧则能相契,相契则有相应,相应则生欢喜,欢喜则易安行。蕅益大师说:"若乐说人及经典过,生人毒念。今不说过,故使发心入于佛道,佛道从喜生也。"① 弘一大师是深会其中道理的。关于《护生画集》,他曾写信嘱咐丰子恺与李圆净:

《护生画集》应该以优美柔和之情调,让看画的人产生凄凉悲悯的感想,这才有艺术的价值。如果纸上充满了残酷的形象,杀气腾腾,而且标题用《开棺》、《悬梁》、《示众》等粗暴的文字,那看画的人就会产生厌恶、不快的感想;优美的作品,才能耐人寻味,好像吃橄榄一样。②

他知道"优美"之力量。即使是不无残酷内容的护生主题,他也尽力使之回避"残暴"而常令"优美",不使人"产生厌恶、不快",乃至以欢喜柔软的

---

① 智旭:《法华经会义》,线装书局 2016 年版,第 471 页。
② 据丰一吟在《丰子恺与〈护生画集〉》中回忆,弘一大师于1928年农历8月21日写了一封长信给丰子恺与李圆净。

"弘一体"法书传法,其中心意朗然。

当然,这份欢喜并非轻浮如萍——观弘一所书"欣"字的欣仰之态、朗净之姿,恭敬由生。

(三)随喜功德,广大其心。

随喜,是一大修行之法门。诸多佛经,多有称扬赞叹诵读、流布经文的随喜功德。那么,对于经文之随喜如何发生?

> 如来灭后,若闻是经而不毁訾,起随喜心,当知已为深信解相。
>
> (《法华经·分别功德品》)

"深信解","信"顺不逆而能随,"解"悟奥义而自喜。喜佛之言语义理,也喜自己之信入其中。在此,随喜经文是一己与佛法真理之联通,属于"理事无碍"。能随喜、传颂,是为法器,续佛慧命。而佛法为救度众生而说,为普济众生而存。佛法事业,是众生的事业,因此,随喜经文,信法传法,功德甚大。

随喜不唯随喜经文佛理,也随喜他者的称法之行。因为自他本来无二,所以自己对他者的随喜能自然发生;也因为随喜的发生,更加体认到自他的不二。就如河里那个月亮认识到,江里那个月亮与它源于同一个月亮,它们是一体的,还有无尽的月亮都是与它们一体的。如此随喜,能对治嫉妒心,能扩大心量。

如何随喜?《华严经·普贤行愿品》把"随喜功德"作为第五愿。

> 复次善男子,言随喜功德者。所有尽法界虚空界,十方三世一切佛刹,极微尘数诸佛如来,从初发心,为一切智,勤修福聚,不惜身命,经不可说不可说佛刹极微尘数劫,一一劫中,舍不可说不可说佛刹极微尘数头目手足。如是一切难行苦行,圆满种种波罗蜜门,证入种种菩萨智地,成就诸佛无上菩提,及般涅槃分布舍利,所有善根,我皆随喜。及彼十方一切世界,六趣四生一切种类,所有功德,乃至一尘,我皆随喜。十方三世一切声闻,及辟支佛,有学无学,所有功德,我皆随喜。一切菩萨所修无量难行苦行,志求无上正等菩提,广大功德,我皆随喜。如是虚

空界尽,众生界尽,众生业尽,众生烦恼尽,我此随喜无有穷尽。念念相续,无有间断。身语意业,无有疲厌。

普皆随喜,无有分别,柔和善顺,能破"我"相。在此,随喜他者是一己与他者的联通,属于"事事无碍"。且,"身语意业,无有疲厌。"随喜,时时在身、语、意中自然、真切发生,非是一直挂在嘴边的一个概念的词。

随喜之景愿为哪般?《四十二章经》第十章:

佛言:"睹人施道,助之欢喜,得福甚大。"沙门问曰:"此福尽乎?"佛言:"譬如一炬之火。数千百人各以炬来分取。熟食除冥。此炬如故。福亦如之。"

道心善种,因随喜而如薪火相递相传,从而明亮无边。
"问余何适,廓尔忘言。花枝春满,天心月圆。"[1]至于看向这个"欣"字的有缘之人,我们如何不因大师的欣然而欣然,不因其字态的可喜而随喜呢?斯感斯应,感通无尽。

三、悲欣交集

如何理解此"欣"与"悲"一时具现呢?或可借助"见观经"提示的《佛说观无量寿经》大致了解净土境界中的"欣"与"悲"。

在此经中,韦提希夫人苦于至亲之忤逆,求助于世尊,世尊许诺韦提希夫人一个"极乐世界":

见彼国土极妙乐事,心欢喜故,应时即得无生法忍。

在韦提希夫人发愿"乐生极乐世界阿弥陀佛所",恳请思维、正受方法时,世尊开示种种净土观想,其间明确说:

---

[1] 林子青:《弘一法师年谱》,宗教文化出版社1935年版,第315页。

……以观佛身故，亦见佛心。佛心者，大慈悲是。以无缘慈，摄护众生。作此观者，舍身他世，生诸佛前，得无生忍。

如此看来，《佛说观无量寿经》中虽没有"悲欣交集"四字，但已然在不同的文段中融悲、欣于一处。"见彼国土极妙乐事"，见佛在其中，见佛幻化遍在其中，感佛心，感大悲，感此一切极妙乐事，心欢喜。悲如是，欣如是。亦悲亦欣，亦欣亦悲。大欣与大悲，实为一体之两面，一现俱现。如此，西方净土，所谓的"极乐世界"，同时亦是"大悲世界"。把西方净土称为"极乐世界"而非"大悲世界"，不过是佛陀对万分痛苦、切求离苦得乐的韦提希夫人的方便接引。若终得入此法界，证此心体，悲欣同现。

弘一大师临终特意交代："当在此诵经之际，若见予眼中流泪，此乃悲欢交集所感，非是他故，不可误会。"①纯是"所感"，是证入净土心体之"所感"。似乎不再是我们通常说的"那个"弘一，"那个"他因为什么或为了什么而流泪。在这个意义上讲，大空法师所言"大师之所谓'悲'者，悲众生之沉溺生死，悲娑婆之八苦交煎，悲世界之大劫未已，悲法门之戒乘俱衰，悲有情之愚慢而难化，悲佛恩之深重而广大，总之为慈愍众生而起之'称性大悲'也。大师之所谓'欣'者何，欲求极乐，欣得往生，欣见弥陀而圆成佛道，欣生净土而化度十方"——此论尚是以因地之弘一论果地之弘一，可能还其可商榷之处。因为此时，就俗谛而言，能悲能欣、起悲起欣的那个心体已经不同以往了，不再是曾经发愿的"那个"弘一。惟其如此，"悲欣交集"可以是纯然"所感"。不能意识到这一点而论其所悲所欣，恐怕终是枉然。在虎跑断食期间，李叔同曾写下"空空洞洞，既悲而欣。"②想来有一种"悲"、"欣"可能是没有确然之内容的纯然之感。然而，此一时，彼一时。"差之毫厘，谬以千里"，猜度无计。

"见观经"之提示，炳然可见其良苦用心。弘一大师曾手书莲池大师圆寂之际留下的一偈："临行赠汝无多子，一句弥陀作大舟。"莲池大师关于念佛生净土有过精微的开示：

---

① 林子青：《弘一法师年谱》，宗教文化出版社 1935 年版，第 314 页。
② 李叔同《断食日志》："丙辰十二月十二日：作印一方：'不食人间烟火'。空空洞洞，既悲而欣。"

承上殊因妙果，正由念佛至于一心。则念极而空，无念之念，谓之真念。又念体本空，念实无念，名真念也。生无生者，达生体不可得，则生而不生，不生而生，是名以念佛心入无生忍，如后教起中辩。故知终日念佛，终日念心，炽然往生，寂然无往矣。心佛众生者，经云：心佛及众生，是叁无差别。盖心即是佛。佛即是生。诸佛心内众生，念众生心中诸佛也，故云一体。中流两岸者，娑婆喻此，极乐喻彼。始焉厌苦欣乐，既焉苦乐双亡，终焉亦不住于非苦非乐，所谓二边不着，中道不安也。自性弥陀，唯心净土。意盖如是。

　　一句弥陀，无限深愿，"一念一切悉皆圆"。如母忆子，子念母①，"感应道交"，不可思议。"说食不饱"，甘露滋味需亲尝。无有体验，难置一词。其中关于苦、乐的言说，可供参究。

　　人或以《楞严经》中现成的"悲欣交集"一词，类想弘一大师之圆成境界。但是，根据"见观经"之提示，虽未直接找到"悲欣交集"一词，但已然示其意涵的《佛说观无量寿经》之情状，可能更为妥贴。不宜过于执著言词之计量分别，而与真实之内涵错失交臂。《楞严经》中，阿难受佛菩萨圆通根本开示，因佛神力故，"心迹圆明，悲欣交集"。弘一大师的"天心月圆"，或与阿难的"心迹圆明"相类。至于境界能否相当，无从知晓。此处的"悲欣交集"，亦如阿难当时情状。至于深广是否相同，无从知晓。但是，对于诸佛弟子来说，"悲欣交集"作为进一步入佛法界而有证有感，当无疑义。② 曾经的李叔同在断食期间便有脱胎换骨之体验。出家以来，他礼地藏，诵普贤，持律仪，念弥陀，甚至对禅宗也不无触及，各种方便，广积资粮，终而有此证。大师向来谨言慎行，不打妄语，临终写此一纸，现身说法，为开示众人，佛经所言真

---

① 《楞严经·大势至菩萨念佛圆通章》云："譬如有人，一专为忆。一人专忘。如是二人。若逢不逢。或见非见。二人相忆。二忆念深。如是乃至。从生至生。同于形影。不相乖异。十方如来。怜念众生。如母忆子。若子逃逝。虽忆何为。子若忆母。如母忆时。母子历生。不相违远。若众生心。忆佛念佛。现前当来。必定见佛。去佛不远。不假方便。"弘一大师在讲经中也曾引用此语。

② 此就俗谛讲。就真谛，无证亦无得。《圆觉经》言："涅槃昨梦，佛国空花。"然，真俗不二。弘一大师曾抄录圭峰宗密禅师《圆觉经大疏》中释成本起因部分，题曰"圆觉本起章"。见《弘一大师全集》第7册，福建人民出版社1991年版，第366—370页。

实不虚;更为告诫众生,净土法门切实可信。

《华严经·入法界品》云:

> 寂静大悲海,出生三世佛,能灭众生苦,汝应入此门。
> 能生世间乐,亦生出世乐,令我心欢喜,汝应入此门。

"悲欣交集",是乃入法界门。至于因地众生如何契入此"悲欣交集",《维摩诘经·观众生品》提供了另一条看起来不是那么"神秘主义"的路径。在"譬如幻师见所幻人,菩萨观众生为若此"的如幻观后,开示如何行真实之慈、悲、喜、舍四无量心(亦是四无染心):

> ……
> 文殊师利又问:"何谓为悲?"
> (维摩诘)答曰:"菩萨所作功德,皆与一切众生共之。"
> (文殊师利又问:)"何谓为喜?"
> (维摩诘)答曰:"有所饶益,欢喜无悔。"

如幻,不碍悲、喜(欣)。真空妙有如是。虽为悲,虽为喜(欣),然而无所执。如是,才能行广大真实之悲、广大真实之喜(欣)。此为诸佛弟子称性之悲、喜(欣)。维摩诘以默说法,示言语道断;而今细细辩说,为因地行者作规训。

"悲欣交集",呈示净土亦喜亦悲之圆成境界,断众生疑虑,增无上信心——以果励因,用心可鉴;标举佛法之根髓,隐贯经藏之要义——帝网宝珠,周遍含容;以情显,由情入,广契众生日常之机,示现其中超越之向度——方便门径,切实可由。

相理不二

此则书帖,主体仅有四字,然字字风格不一,又自然统合一体。最奇妙的是,其字所呈之相、所显之理竟能如此圆融。

虽是临终前三日病中所写，"悲"字的大雄大力，仍有如法鼓震然。然此"悲"字的整体之形却又是清癯的。人若在这大雄大力中寻思曾经的李叔同写过的碑体，必然恍若隔世。显然又不是典型的弘一体，但其萧散、空阔之意却在超常的纵长空间感中，在其上下开张看似截然分离的结构中显影。随其字纵势，自然而然，仿若一个空间从其内部打开，内外流动，交融一体，从而无有确然之内外。《楞严经》阿难七处征心，不在内，不在外，亦不在中间。此心是破我、无我、亦泯我所之心。从而，此"悲"是森然万有一体同悲之悲。方笔起收，毅然决然，不粘着。其象非是俗世小我粘滞悲情所能担当。

"欣"字简净朗润，轻盈而根深，萧然有飞举之意。虎跑断食期间的李叔同，改名李婴[①]，他也曾书写过"复归于婴儿"一句（图4）。"专气致柔，能婴儿乎？"（《道德经》）人之一生，婴儿至柔。彼时的李叔同向往着复归婴儿的浑朴与柔软，然而只是向往，未能即是。"复归于婴儿"五字，魏碑风格，凛然方凿，入目可感其发愿之初的质直与勇猛，虽有朴拙之意，然而尚无婴儿柔软之象。他又改名"李欣"[②]，并以"欣欣道人李欣叔同"之名写下"灵化"（图5）。除了"化"字右部趋向圆浑的变化，两字的大体面容与"复归于婴儿"并无二致，不见几多欢欣之意。后来的《护生画集》中倒是有了这一份圆润的柔软与上扬的欢喜。《护生画集》（图6），图画内容是世间景象，而弘一法师的题字，每每撇捺上引如菩萨嘴角笑意，给看向这些字句的世间生命提气。如此，照面轻盈灵动之字，照映出字对面一个清净欢喜的灵来，一切笨重的污浊垢染纷然落下，消隐无迹。观此"欣"字亦有此感，然少却了彼时变幻嬉戏如婴儿之情态，更有着泠然之风姿，的然朗净。其象非是俗世一时心风所起之欣喜所能示现。

"交"[③]：观相拟义，上"六"，一而二；下"乂"，非一非二。即一即二，又非

[①] 李叔同《断食日志》：丙辰十二月十五日，署别名：李婴。老子云："能婴儿乎？"

[②] 《断食日志》中两处提及改名为"欣"。"丙辰新嘉平一日始。断食后，易名欣，字俶同，黄昏老人，李息。""十六日……入山以来，此为愉快之第一日矣……十七日……闻玉采萝卜来，食之至甘。晚膳粥三盂，豆腐青菜一盂，极美。今日抄《御神乐歌》五叶，暗记诵六下目。作书寄普慈。是日大便后愉快，晚膳后尤愉快，坐檐下久。拟定今后更名欣，字俶同。七时半就床。"

[③] 许慎《说文解字》：交，交胫也。此处，观弘一大师书法形象论义，非按该字训诂。

图4：楷书《复归于婴儿》，22.5×97.5 cm　1916年—1917年　北京匡时2013秋季艺术品拍卖会

图5：楷书《灵化》，1916年十二月

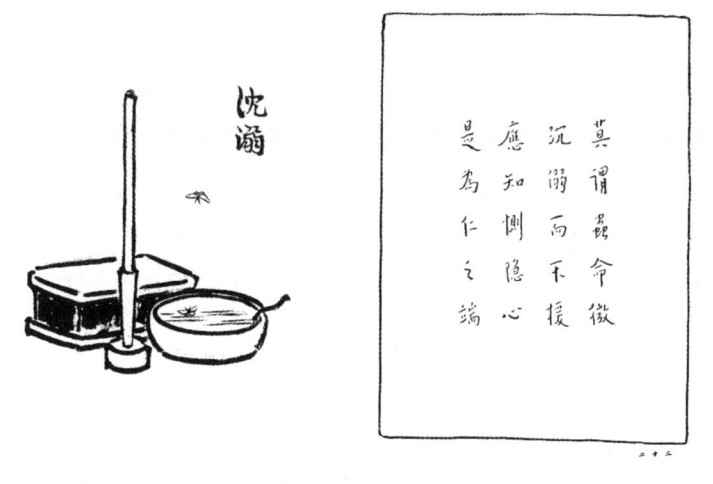

图6：《沉溺》，见《护生画集》第一册　丰子恺画，弘一书　开明书店1939年版

一非二——"不二"。色空不二，理事不二，真俗不二——此为佛法之甚深奥义。石头希迁《参同契》所谓："门门一切境，回互不回互。回而更相涉，不尔

依位住。"弘一大师写来,上灵运,下端道,上下拓开,看似不交,然则无交而交,正合"感应道交"非形貌之交。

"集",重重进入,细致再细致来看。其字整体下紧上舒,"佳"、"木"又各自呈下紧上舒之态。"佳"部四横,一一各是自身面貌,又互相呼应。乃至其中一横亦有无限丰富而自由的神色。无限细腻如是,无限灵动如是。可谓"一即一切"。《华严经·普贤行愿品》言:

> 一尘中有尘数刹,一一刹有难思佛。一一佛处众会中,我见恒演菩提行……于一毛端极微中,出现三世庄严刹。十方尘刹诸毛端,我皆深入而严净。

整体来看,"悲"降,"欣"升。有如菩萨低眉垂目,看见众生苦难,无限悲悯;而她的嘴角又总是微微上扬的,她的欣然笑意许诺众生一个欢喜的世界。不说一字,慈悲如是,智慧如是。《地藏菩萨本愿经·较量布施功德缘品》所谓"具大慈悲,下心含笑"。

观世音菩萨宣说自己的修行方法时,说到自己所获"二殊胜":

> ……忽然超越世出世间。十方圆明。获二殊胜。一者,上合十方诸佛本妙觉心,与佛如来同一慈力。二者,下合十方一切六道众生,与诸众生同一悲仰。(《楞严经》卷六)

此处观世音菩萨所获的"二殊胜"即是我们通常所说的上回向与下回向。《华严经·普贤行愿品》云:

> 菩萨若能随顺众生,则为随顺供养诸佛。若于众生尊重承事,则为尊重承事如来。若令众生生欢喜者,则令一切如来欢喜。

就真谛而言:真正的向着众生的下回向,同时亦是向着如来的上回向,因为众生与佛同体,上下交彻,实在无有上下。

弘忍大师曾开示识灭心虚时境界:"凝寂淡泊,皎洁泰然。"若以此形容弘一大师后期的佛经书写，斯可承当。但是，若用以形容此特殊时刻写下的四字，反而不是那么贴切了。"皎洁泰然"，甚为安妥。"凝寂淡泊"，或可商榷——四字风格如此不同，一字一境，又统合为一，实在莫可名状。曾今魏碑的功力，后来灵妙的意境，乃至平面设计的形式感①——到此，自然浑成，敷现最后的一纸华果，相理神和。照面之际，令人顿然而有所悟，可谓至简至易之法门。

1932年农历十二月底，弘一大师在厦门妙释寺开示《人生之最后》（图7）。其手稿中即有"悲欣交集"四字②。手稿誊写成篇，字体自然小许多，这也限制了字的书写形式的发挥。但是，我们无妨借之与1942年临终所书之"悲欣交集"对照来看，以便更明晰地体察上文所述之种种神妙。试想，若临终的留言是如此四字，我们的感兴又会如何？叹其相理不二，并非虚言。

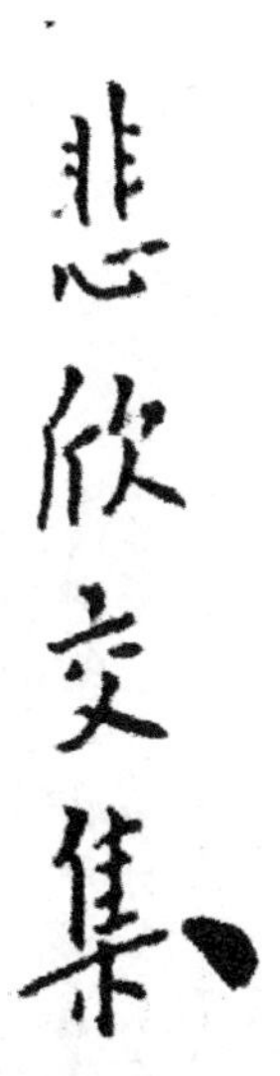

"从法化生"③，从李叔同到弘一，生命如是，书法亦是。比较弘一大师在出家前夕写给爱徒刘质平的手札④（图8），彼时梵尘两立，心绪纷乱；如今雨止风收，神情朗朗。当初的纷乱心绪不欲他人看见，嘱咐赋火焚烧；如今的朗朗神情坦然纸面，有心呈示后人看。"书，心画也。"（汉·杨雄）见字如面，果不其然。

观字即修身，诚然一妙法。明白人知道，每一眼"看"里都是个化机。结缘，结的就是这个机缘。写一幅字，就是造一个机，供无数人于无数时来入的机。"感应道交"，

图7：手稿《人生之最后》局部 1932年农历十二月底

---

① 弘一大师晚年曾反思自己的书法："朽人写字时，皆依西洋画图案之原则，竭力配置调和全纸面之形状，于常人所注意之字画、笔法、笔力、结构、神韵，乃至某碑某帖之派，皆一致屏除，决不用心揣摩。故朽人所写之字，应作一张图案观之则可矣。"见《弘一大师遗墨》，华夏出版社1987年版，第212页。
② 弘一大师《人生之最后》："于时了识律师卧病不起，日夜愁苦。见此讲稿，悲欣交集，遂放下身心，摒弃医药，努力念佛。"图片转自浙江平湖李叔同纪念馆王维军馆长。
③ 《法华经·譬喻品》："今日乃知，真是佛子，从佛口生，从法化生，得佛法分。"《华严经·净行品》："当愿众生，从法化生，而为佛子。"
④ 识文："鄙人拟于数年之内入山为佛弟子……叨在至好，故尽情言之。阅后付丙火。"见王维军：《李叔同·弘一大师手札墨宝识注考勘》，西泠印社出版社2017年版，24—25页。

不可思议。弘一法师正是这样写就无数结缘书法的吧。他说"余字即是法"①。"悲欣交集"是弘一大师此生最后一次借字与众生结缘,以字说法。

1937年3月28日,弘一法师在厦门南普陀佛教养正院讲说如何练字。在述说各种进阶与技法后,他说:

> 这是普通的方法,假如要达到最高的境界须如何呢?我没有办法再回答。曾记得《法华经》有云:"是法非思量分别之所能解。"我便用这句子,只改了一个字,那就是"是字非思量分别之所能解"了。因为世间上无论哪一种艺术,都是非思量分别之所能解的。即以写字来说,也是要非思量分别才可以写得好的。②

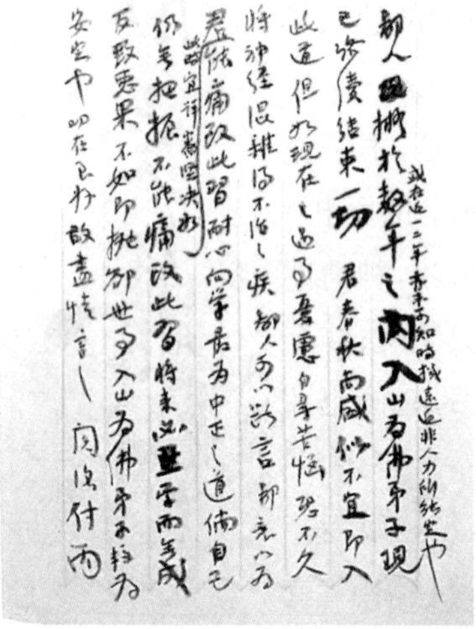

大艺精诚,"非思量分别"。这笔墨还是曾经"郑重地夹起一荚豇豆"(叶圣陶)、"郑重地用箸夹起一块莱菔"(夏丏尊)的那只手写就的吗?修行之人,前后际断,刹那化生,然,这份郑重俱在。此郑重,有从天性来,更多的,大师把它归功于佛法的熏养。他说:

> 我觉得最上乘的字或最上乘的艺术,在于从学佛中得来。要从佛法研究出来,才能达到最上乘的地步。所以诸位若学佛法有一分的深入,那么字也会有一分的进步,能十分的去学佛法,写字也可以十分的进步。③

此训诫与石涛上人如出一辙,他说:"呕血十斗,不如啮雪一团。"此

图8:致刘质平手札,1918年1月　浙江平湖李叔同纪念馆藏

---

① 林子青:《弘一法师年谱》,宗教文化出版社1935年版,第231页。
② 弘一大师:《谈写字的方法》,见《弘一大师书法集》,上海书画出版社,1993年。
③ 同上。

精诚从佛法中来,大师借此回向法界众生。

余论

1905年,母亲去世后,李叔同曾绘有设色勾勒的《山茶花》,题记曰:"记得儿家,记得山茶一树花。"他终于还是把佛门当做永恒的家门了,"皈依佛、皈依法、皈依僧",把一滴水融入大海,水溶于水,水归于水。"问余何适,廓尔忘言。"那"儿家""山茶一树花",业已"花枝春满,天心月圆"。

佛陀为一大事因缘来到人间,此一大事因缘即是生死。弘一大师用一生修行开佛知见,也以自己之生命示佛知见,直至形寿最后一刻。"悲欣交集"正是弘一大师圆寂之前最后一件墨宝,且是与此大事直接相关的墨宝,犹可参究。大师告诫"要离开思量分别,才可以鉴赏艺术"[①]。"悲欣交集"四字,临终所书,气贯神满,相理不二,诚然不可思议。今为能言说其一二,以思量分别来解读,于没有实证之佛教义理勉强分说,实在是笨拙之举,诚然不无惶恐。

(作者:北京大学与杭州师范大学2016级联合培养博士研究生)

An Analysis on Master Hongyi's Mastepiece "Bei Xin Jiao Ji"

Jiang Xiao-min

The masterpiece of "Bei Xin Jiao Ji" is Master Hongyi's last piece of work before his death, by which he taught the Buddha dharma through wording for the last time. According to the form of four characters, "Bei" drops while "Xin" elevates, and "Bei" shows a powerful framework, denoting an air of thinness and emptiness, while "Xin" displays a clear

---

① 弘一大师:《谈写字的方法》,见《弘一大师书法集》,上海书画出版社,1993年。

loneliness, indicating a deep gracefulness. Artistically, it can be interpreted as follows: the four characters represent the realm of the pure land, suggesting a profound Buddha dharma for the living. Simple and concise as it is, "Bei Xin Jiao Ji" is embodied with universal laws for reaching Nirvana, which is not easy to get understood. Through careful reading, it is shown in this paper that this is the ultimate interpretation of Hongyi towards the world before he passed away.

从《音乐小杂志》谈李叔同的装帧美学思想

钱江鸿

一、中国近代期刊的历史性诞生

晚晴以降至民国初期，由于现代印刷术的传入、国外设计思潮的涌入，以及各种思想观念、文化形态、生活方式的相互碰撞，相互影响，使其出现了一个前所未有的文化大融合格局。与此同时，文化的交融碰撞促成了中国近代期刊历史性地诞生。期刊作为当时一种新兴的传播媒介，以发行周期短、内容时效性强等特点，区别于传统书籍，又以较大的容量和较灵活的传播时间区别于报纸，其独特性具有鲜明的时代特征。

在近代期刊的萌芽时期（1898—1918年），主要以美术类期刊为先导。1900年5月20日，李叔同、袁希濂等文人创办的《书画公会报》是中国第一种专业美术期刊。美术类期刊中除专业期刊外，其他是早期影响较大的时事新闻类画报如《图画日报》《民立画报》《图画报》《大共和画报》，刊载有美术画、风俗画、讽刺画等。而音乐类期刊仅《音乐小杂志》《灿花集》《音乐界》《白阳》4种，均为个人自发办刊。1906年2月13日由李叔同在东京主编的《音乐小杂志》是中国第一本音乐期刊，《白阳》为李叔同在浙江省立第一师范学校任教时期所创美术、音乐和文学之综合性刊物。艺术类期刊在这个时期的崛起和发展，不仅限于其数量和规模的增大，更在于其内容从美化生活的实用性到艺术探索的学术性上的外延，具有明显的开启民智，启蒙文艺的时代烙印，也体现了最重要的一个共通点——"美育"。

与期刊共生的期刊装帧基于它的形式特征获得了独立的意义，成为其时代文化新元素的一种物化形式和艺术载体。在 20 世纪初期,随着德国的石印技术(后来的西方胶印技术)传入中国,为我国的美术发展与艺术设计提供了技术上的支持,也为期刊的装帧与艺术设计提供了广阔的舞台。中国早期期刊装帧既有对西方优秀文化的吸收,也根植于中国传统文化的沃土之中。设计人员主要由留学归国的美术家、本土商业美术家和传统画家组成,设计内容以西洋艺术、传统美术、美育时尚、时事漫画为主,设计风格也呈现出典雅、朴实、大方的艺术特质,建构了中国风格之经典,形成这个时期装帧艺术的独特气质。在这一时期从事期刊装帧的代表人物并不多,李叔同作为中国艺术期刊的拓荒者之一,他引领了中国装帧艺术的潮流。

二、中国第一本音乐期刊——《音乐小杂志》的创刊

李叔同的装帧美学思想自然离不开他留学日本学习西方艺术的经历。1905 年 8 月 12 日,李叔同离开天津,取道沪上,东渡日本,成为当时日本留学潮中的一员。然而特立独行的李叔同并没有随波逐流地选择政法、实业、军事、教育等专业,而是决定往乏人问津的东京美术学校学习西洋画创作,且之后他所从事的期刊装帧、广告画设计、艺术教育等皆与此相关。李叔同东渡日本后,一面补习日语、画事、写生等,等待东京美术学校的招生考试,一面积极参与社会诸种文化艺事。从李叔同投稿于《醒狮》月刊之第二期的《图画修得法》一文的序言"不佞航海之东,忽忽月余,耳目所接,辄有异想。冬夜多暇,掇拾日儒柿山、松田两先生之言,间以己意,述为是编"可知,李叔同刚到日本后不久,即结合自己学习日本画家绘画理论之心得,加以消化吸收和提炼总结,撰成此美术专论。其时由他从日本寄回天津的水彩画习作"山茶花"、"昭津风景"已初见西画之锋芒,虽未入东京美术学校习进行专业学习,然李叔同对西洋画已有初步的认识和钻研。

初到日本的李叔同不仅在绘画上勤于自习精进,在音乐上亦奋而耕耘,与志趣相投之留日学生拟创刊《美术杂志》,内容涵盖音乐等。正当筹办妥当时,11 月 2 日,日本文部省鉴于当时日益庞大的清朝留学生群体中日趋强烈的革命倾向,以及留日学生中时有出没于酒馆妓寨等不雅之事,遂颁布了第十九号令《关于清国人入学之公私立学校之规则》,对留日学生加强管束,

力图让学生回归学习本份。在规则第九、十条内容中分别提出了："受选定之公立或私立学校,其供清国学生宿泊之宿舍或由学校监管之公寓,须受校外之取缔"和"受选定之公立或私立学校,不得招收为他校以性行不良而被伤令退学之学生"的要求。《规则》一出,激起中国留学生的强烈反对,群起抗议,上书清政府驻日公使杨枢,要求取消《规则》中的第九、十两条,并纷纷罢课、甚至引发了退学潮,许多留日学生更愤而回国。李叔同们原定出版的《美术杂志》,因此次风潮突起,同志先后散去,遂成泡影。但形单影只的李叔同并未就此作罢,他不曾忘记自己的初心,没有放弃通过音乐的传播和普及来陶冶人性、教化社会的责任和担当,而且更加精进。两个月后,李叔同以一己之力,独自组稿、撰稿、绘图、编辑、设计、出版,自此中国历史上第一本音乐期刊《音乐小杂志》(插图一)在东京诞生。

三、《音乐小杂志》所体现的装帧美学思想

《音乐小杂志》作为中国第一本音乐期刊,针对当时国人对西方音乐艺术在认识上的匮乏和对音乐所担当的美育责任在理解上的浅薄而创,是第一本向国人介绍西方音乐家、普及五线谱教育的专业性期刊,因此它的专业价值、学术价值以及其对中国音乐史、美育史的影响获得广泛关注。然而在清末民初这个中国近代期刊的萌芽时期,《音乐小杂志》作为艺术期刊在装帧美学上的价值,以及李叔同作为中国艺术期刊的拓荒者在此时期的美学思想和他对中国装帧事业发展的促进作用却乏人关注。《音乐小杂志》从文字、图案、版式、色彩等装帧艺术的基本元素开启了艺术类期刊美的篇章。

(一) 文字

封面上新颖多变、个性鲜明的字体为灰暗的纸面带来了生机和活力,既表明了期刊的题材信息,也传达了一种悠然的艺术魅力,封面设计中字体艺术的运用主要集中于三种：书法体、美术体、印刷体。李叔同取墨色以题字的形式为《音乐小杂志》冠以期刊之名,这种利用传统的书法字体来进行封面设计的做法,是我国装帧艺术的一大特色,亦是延续了线装书的封面设计传统,在为期刊带来清新淡雅之气的同时,也提高了艺术品位。"音乐小杂

志"五个魏碑大字横向排列于封面上方,"第一期"三字略小一些排列于第二行,这样的设计既保留了毛笔字体的清秀有力,再做一些阴影处的艺术改变使其与封面设计的整体协调,又独具美感和特色,它不像印刷体那样规范统一,体现出独特性,有一种让毛笔书法跃然纸上的既视感,自然地流露出作者的书卷之气。

(二)图案

图案设计是期刊装帧的灵魂,它既是对期刊内容形象、生动的说明和解释,同时还对期刊的设计起到美化的作用。

1. 封面图案

在《音乐小杂志》的封面图案设计上李叔同从期刊的立意角度出发选择运用绘画式的图案,这是一种通过绘画所表现出来的图案,能够给读者带来一种生动、古朴、自然的心理感受,同时在视觉传达上也更具艺术性和人文性。

从1900年开始西方绘画——水彩画在日本渐渐盛行起来。随着日本画家大下藤次郎《水彩画的书签》的出版,水彩技法书一部接一部如雨后春笋般出现。1905年,石川钦一郎与大下藤次郎共同创办水彩画专业杂志《水绘》。因此这个时期被称做日本"水彩画的全盛时代",且当时更多地将水彩画用作明信片、期刊杂志的封面、插画等被印刷出来。其时李叔同在东京自习水彩画的经历让他为《音乐小杂志》的封面设计创作了一幅水彩画《罂粟花》。罂粟花的花色极为绚丽,被誉为"最美之花",在西方罂粟花的花语被赋予爱、尊重和怀念之意。

与水彩画《罂粟花》相比,更引得国人注目的是李叔同在封面的设计上采用了《马赛曲》中的一小段,且以五线谱的形式表达。五线谱最早由意大利音乐理论家季多(约990—1050年)总结前人经验所发明,又有不断完善而形成今天的样子。1673年1月,具有较深音乐造诣的葡萄牙籍天主教会传教士徐日升应清康熙帝召见来到北京,任康熙的宫廷音乐教师,他用中文撰写了第一部有关西洋乐理的书籍——《律吕纂要》,第一次系统地向中国介绍了五线谱等乐理知识。然而在五线谱传入中国的几百年间,它只用于记录和传播天主教堂中演唱的赞美上帝的经文歌和圣咏,并没有被国人所熟识,更不曾运用于中国的音乐创作和教学中。20世纪初由音乐艺术家沈心工从日本引入的简谱,由于其记法方式与中国传统的工尺谱相当接近,因此简谱在中国得到了空前的发展。1904年沈心工编著出版的《学校唱歌集》被认为是中国最早一部自编的简谱歌集。李叔同在接触到日本音乐教育后发现,与简谱相比较,五线谱容纳的信息量更大,在记写音域宽、声部多、转调频繁的大型、乐器化的乐曲时,五线谱比简谱更能胜任。因此李叔同指出,在日本学校音乐教育起步的时候虽然也曾使用过简谱,但其时已基本改为五线谱教学,并主张在中国的音乐教育中应及时推广普及五线谱运用,为专业学习音乐理论打下坚实的基础。李叔同将自己对于中国音乐教育的主张融汇到《音乐小杂志》的封面设计中,表明了自己对于推广五线谱教学的决心。他采用的这段乐谱来自法国国歌《马赛曲》,又译为马赛进行曲,原名莱茵军团战歌。在法国大革命期间,有过许多鼓舞斗志的战斗歌曲,而最受群众喜爱、流行最广的,是自由的赞歌——《马赛曲》。在当时中国处于清政府日趋灭亡,民主力量尚未崛起前的昏暗时刻,李叔同希望借助音乐的力量唤醒国人拯救国家危难的斗志和决心,发挥音乐激发人性、鼓舞人心的功能。这正是李叔同美学思想和美育思想在装帧艺术中的完美结合。

2. 插图

插图也称插画,一般指插在文字中间用以说明文字内容的图画,以加强作品的感染力和版式的活泼性。李叔同在《音乐小杂志》的插图设计不同于一般定义,是早期装帧艺术的尝试,他更注重插图的独立意义,而非仅仅是对文字的解读和说明。

在《音乐小杂志》中共设计了3幅插图,分别为李叔同木炭画作《乐圣比独芬像》、日本画家三宅克己的毛笔画《音乐堂之Violin合奏》和户田谦二的毛笔画《日本叫花子之音乐》。其中《乐圣比独芬像》(图二)配合由李叔同亲撰的《乐圣比独芬传》,这是中国期刊第一次刊载介绍西方著名音乐家。贝多芬是德国杰出的音乐家,维也纳古典乐派代表人物之一,世界音乐史上最伟大的作曲家之一。中年的贝多芬虽听觉日渐衰弱,但他对生活的爱和对艺术的执着追求战胜了他个人的苦痛和绝望,苦难变成了他创作力量的源泉。因此李叔同笔下的贝多芬,有着蓬乱而浓密的头发、历经无数苦难和波折依然不屈不挠的脸庞、坚毅的目光。

《音乐堂之 Violin 合奏》《日本叫花子之音乐》(图三、图四)两幅插图的作者三宅克己和户田谦二是当时日本非常推崇的两位画家,尤其三宅克己是日本水彩画全盛时期的奠基人之一。两幅插图各自表现了西洋乐器小提琴和日本传统乐器尺八的演奏,是李叔同向国人介绍日本在融合西方音乐和民族音乐中的实践。在进入明治维新时期后,西方音乐艺术对日本文化有着强大的冲击力量,传统音乐文化的观念与音乐理论同样产生了巨大的变异。李叔同希望借此教化国人以开放的精神包容音乐艺术的差异性,兼容并蓄,中国的音乐艺术需要取西方之精华促其健康长远的发展。

3. 题头、刊尾图案

题花和尾花在装帧艺术中也同样重要。李叔同为《音乐小杂志》每个栏目的题头都绘以图案,以示区别,图案以西方几何形图案和东方花卉图案相结合为特点,小巧精致,典雅素净,且对文章内容起到一定的诠释和提醒作用,同时还有效得装饰了版面,使之更为美观。(图五)在刊尾插图运用上李叔同追求大胆、创新,以占画面不到十分之一的空间,寥寥数笔,绘就几枝杨柳,大量的留白,呈现出一种空旷辽远,意犹未尽的意境,为读者营造一种遐思绵延,续集再读的期盼情绪。(图六)

(三)版式

李叔同对于《音乐小杂志》的版式处理既强调清新纯净的空灵感又追求自然平衡的和谐之美。内容页的布局如书画装裱之态,以四比六之长方形为正文内容框架,天头、地脚的留白也依裱式。留白是中国书画的一种独特的艺术处理,李叔同将之运用于版面设计,给读者留下无尽遐想的空间,又创造了另一种美感。且封面图案的饱满与内容版面的简洁,构成强烈的对比,在视觉上呈现繁与疏的和谐之美。

《音乐小杂志》的版式设计又遵循了变化统一的原则。李叔同将《音乐小杂志序》的文字外加上两个几何形的框,内框四角绘以花式纹样,以此与正文框架相区别;《乐圣比独芬传》《我的国》《春郊赛跑》《昨非录》的文字排版运用上下两栏的结构,以此与其他文论区别之;在对田村虎藏《近世乐典大意》一文的编辑上,李叔同的排版设计更巧心独具,每页上方增加了通栏章节标记,既在形式上为文字内容平添了许多美观,又为读者阅读提供方便。变化的版式风格辅以印刷体文字的规范统一,既满足了视觉的丰富感又能达到视觉上的平衡。

多数期刊往往都会忽视版权页存在的意义,然而李叔同完整保留了版权页的信息,其中涵盖编辑人、管理兼发行人、出版部、贩卖所、印刷人、印刷所、印刷发行时间以及定价等若干信息,甚为详尽。(图七)尤其在版权页中李叔同设计了锁链图案的几何框来强调"不许转载重印"的信息,以示自己对刊物版权保护的重视。因此李叔同对《音乐小杂志》在装帧艺术上所体现出来的完整性,也更优于同时期的其他刊物。

(四)色彩

色彩是装帧艺术中必不可少的语言,色彩的存在能进一步体现期刊本身的性质和格调,而好的色彩搭配更是能够吸引读者的注意力。《音乐小杂志》的封面用色非常大胆,能看到蓝色、白色、橘色、黑色和绿色五种色彩。先把握主色调的蓝白相间,清新脱俗,再搭配以橘色、黑色和绿色为主的水彩画《罂粟花》,既没有眼花缭乱之感,又符合了色彩的饱满度。与中国传统"惜墨如金"的绘画思想不同,李叔同更多吸收西方绘画艺术用色丰富的理念,在水彩画《罂粟花》中也能看到橘色和黑色两种明暗色彩的对比搭配。

四、结语

《音乐小杂志》是李叔同对期刊装帧艺术的初次尝试,之后在浙江省立第一师范学校创办《白阳》、与丰子恺合作绘编《护生画集》等又是李叔同装帧美学的延续和发展。李叔同因为早期受到西方绘画艺术、日本本土绘画思想的熏染和影响,因此在《音乐小杂志》的装帧风格中表现出了图案设计的精美、用色的大胆丰富、版式的变化统一等等,这是 20 世纪初期艺术期刊鲜见的突破和创新。《音乐小杂志》的装帧艺术亦是李叔同美学思想和美育情怀的完美结合,美学的创造为美育的传播,他为当时中国的装帧艺术事业引领了一个新的发展方向。

【参考文献】

1. 刘晨纂述:《晚清民国时期艺术教育期刊志(1900～1949)》,中国社会科学出版社 2016 年版。
2. 边靖编著:《中国近代期刊装帧艺术概览》,北京图书馆出版社 2007 年版。
3. 李玉立:《五彩写序曲——中国早期艺术期刊封面装帧》,载《创意设计源》2012 年第 5 期。

【附图】

图 1:《音乐小杂志》

图 2:乐圣贝多芬像

图 3:《音乐小杂志》之插图——《音乐堂之 Violin 合奏》

图4:《音乐小杂志》之插图——《日本叫花子之音乐》

图5:"乐史"栏目题花

图6:刊尾插图

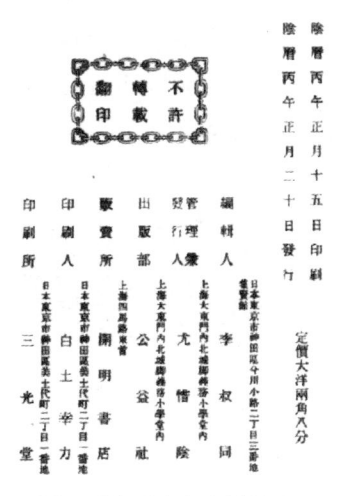

图7:《音乐小杂志》版权页

(作者:平湖市李叔同纪念馆馆员)

On Li Shutong's Aesthetics of Binding
— A Case Study on *Music Magazine*

Qian Jiang-hong

Due to the development of Chinese printing and the collision of Chinese and Western cultures from late Qing Dynasty to the early Republic of China, binding art came into being with the birth of modern Chinese periodical. The first music periodical *Music Magazine* designed and bound by Li Shutong was a bright pearl in the field of binding art at that time. He put new ideas into the binding of *Music Magazine* from the perspectives of Chinese and Western art integration and the expression of aesthetic education thoughts, and became the representative in the history of Chinese binding art. This paper aims to discuss the aesthetic ideas that Li Shutong demonstrated after he learned from western art on the basic elements of binding art, such as texts, patterns, formats, colors and etc.

——English translated by Qian Jianghong

试论弘一大师李叔同的音乐精神及其对当下实践的启示

赵 乐

弘一大师李叔同是我国近现代音乐、美术和话剧艺术的先驱,音乐戏剧、绘画、诗词、书法、金石无不精通。中年皈依佛门,法名演音,号弘一。在音乐方面,众所周知,李叔同是作词、作曲的大家,也是国内最早从事乐歌创作,并取得丰硕成果而深远影响的人,同时也是一位优秀的音乐教育家。他主编了中国第一本音乐期刊《音乐小杂志》。国内第一个用五线谱作曲的也是他。他在国内最早推广西方"音乐之王"钢琴。他在浙江一师讲解和声、对位,是西方乐理传入中国的第一人,还是"学堂乐歌"的最早推动者之一。

贝多芬曾言,音乐应当使人类的精神爆发出火花。李叔同的音乐创作和音乐教育,始终闪耀着精神的光亮。笔者认为,这种精神主要体现在:

一、音乐创作上对传统的坚守及中外兼容

19世纪末20世纪初,西学东渐之势迅猛,音乐界主流音乐文化思潮对中国传统音乐几乎是全力涤荡,大有全盘否定之势。学堂乐歌运动就是在列强入侵、救亡图存的历史大背景下产生的。当时一些国民也将国衰民弱归因于传统音乐,如奋翮生于1902年发表的《军国民篇》中认为:"自秦汉以至今日皆郑声也,靡靡之音,哀怨之气,弥满国内,乌得有刚毅沉雄之国民也哉!"1903年,署名"匪石"的作者在《浙江潮》上发表了《中国音乐改良说》一文,此文可谓是对中国传统音乐批判的代表性文章。文中通过分析中国传统音乐的各个层面后得出如下结论:宫廷礼乐是皇帝的"寡人之情";文人之乐流于"清淡"而"取精不弘,其致用不广,凡民与之无感情";民间音乐则"无

进取之精神而流于卑靡",故而"无合众之情,无进取之志"的中国传统音乐皆无足取。作为学堂乐歌创作代表性人物之一的李叔同,在其初涉音乐之时,在对待中国传统文化的态度上,就不认同上述观点。他所编的第一本唱歌集便冠以"国学"两字,在该集的自序中写道:"乐经云亡,诗教式微,道德沦丧,精力氎攉。三稔以还,沈子心工,绍介西乐于我学界,识者称道毋少衰。顾歌集甄录,佥出近人撰著,古义微言,匪所加意。余心恫焉。商量旧学,缀集兹册。上溯古毛诗,下逮昆山曲,靡不鳃鳃而会粹之。"(《国学唱歌集》,上海中新书局国学会发行,1905 年初版)文中在肯定沈心工等人在传播代表先进文明的西方音乐的同时,对于他们无视优秀民族文化遗产的偏执颇不以为然。从李叔同所编的《国学唱歌集》及其序言中不难看出,在 1905 年上半年时他的音乐观便与当时的主流音乐文化思潮大异其趣:一是在歌词上重视优秀民族文化遗产,大胆弘扬国学;二是在曲调的选用上取中外兼容的态度,决不排斥中国的"旧乐",不仅采用昆曲这样的古调,而且在当时他在"沪学会"教唱、并据传由他选词填曲的《祖国歌》选用了我国的民间曲调《老六板》。

后来为《音乐小杂志》撰写的《呜呼!词章!》一文中,李叔同写道:"予到东后,稍涉猎日本唱歌,其词意袭用我古诗者,约十之九五。(日本作歌大家,大半善汉诗。)我国近世以来,士习帖括,辞章之学,佥蔑视之。挽近西学输入,风靡一时,词章之名辞,几有消灭之势。不学之徒,习为敷昌,诋諆故典,废弃雅言。迨见日本唱歌,反啧啧,称其思想之奇妙。凡吾古诗之唾余,皆认为岛夷所固有。既齿冷于大雅,亦贻笑于外人矣。"(《音乐小杂志》由李叔同于 1906 年 2 月在日本东京独立编辑出版)李叔同对于传统文化一直采取一种继承和扬弃的态度,这源于他受过很好的传统文化的教育与熏陶,也得益于对古文、诗词、金石、书法等无所不通、无所不精的专研。此"精通"非但是一种技艺的精通,更是承袭了中国传统士大夫的一种人文精神,也可以说是承袭了中国传统文化的灵魂,这是一种超越历史空间的精神财富。其历史作用就如明言先生在《为"新民"而"新学"、"新音乐"——学堂乐歌的音乐批评观念》一文所写:"当对中国传统音乐文化与现实音乐生活的贬斥性批评观念大行其道,正当人们心底天平将要失衡的时候,一种制衡精神力量也就行将出世了,而这种制衡力量的代表人物,就是遁入空门、皈依佛教之

前的音乐大师李叔同。"(《音乐研究》2001 年第 2 期)

二、社会和审美教育上体现"琢磨道德"及性情之美

1905 年 8 月,李叔同赴日本留学,他在考入东京美术学校前,于 1906 年初创办了中国最早的音乐杂志——《音乐小杂志》。在其自撰的序言中写道:"盖琢磨道德,促社会之进步;陶冶性情,感精神之粹美。效用之力,宁有极矣。""盖琢磨道德,促社会之健全"强调了他原先已充分认识到的音乐的社会教育功能,这是近代中国启蒙音乐家所普遍认识到的观点。在 19 世纪末至 20 世纪初的中国近代音乐史上,提倡效法日本明治维新,在学校中设立乐歌课,发展学校音乐教育,以此进行思想启蒙教育成为音乐文化思潮的主流。

李叔同在不同时期创作了大量体现爱国思想和民主思想的歌曲。1905 年出版的《国学唱歌集》收录了《哀祖国》《男儿》《爱》《婚姻祝辞》《出军歌》;在"沪学会"教唱据传由其选词填曲的《祖国歌》;在《音乐小杂志》中收录的《我的国》《春郊赛跑》;任教浙江一师前的《大中华》,任教浙江一师时的《涉江》《阮郎归》《送出师西征》《秋夕》《夜归鹿门歌》《清平调》《利州南渡》,出家后的《厦门第一届运动会会歌》等。另外,《南京高等师范学校校歌》《浙江省立第一师范学校校歌》也属此类。可以这样说,"爱国奉献"、以音乐"琢磨道德,促社会之健全"的精神贯穿于他的人生。这些歌曲歌咏祖国的悠久历史、地大物博、灿烂文化、豪迈雄壮、慷慨激越。

"陶冶性情,感精神之粹美"则强调了音乐的情感审美功能,体现性情之美,这是李叔同与当时音乐界文化思潮的不同之处。由此可见对于一味强调音乐教育功能的主流观念,他并未予以完全的认同。倘若细读《音乐小杂志序》全文,我们就会发现,李叔同对音乐情感审美的功能的重视,更甚于音乐的社会教育功能。这一音乐理念的实践,最早体现在收录于《音乐小杂志》的所谓"别体唱歌"《隋堤柳》,而大量作品则出现在他执教浙江一师时期,主要作品有:《春游》《留别》《早秋》《送别》《忆儿时》《人与自然界》《西湖》《秋夜》《晚钟》等二三十首歌曲。这些歌曲曲调恬静典雅、清新流畅;歌词秀丽隽永、意境深邃。从审美格调上看,他追求的是更高的境界和独

特的韵味。他的歌曲全然没有尘世的浮躁与宣泄，更多是从容淡泊。而音乐形象生动鲜明，旋律的的正大与工丽，诗歌与音乐的相融是李叔同深大的心灵、文才与乐才的高度结合，从而构成了李叔同音乐思想中最瑰丽的一抹亮色。

三、音乐教育方面强调"先器识而后文艺"

早在李叔同19岁以童生资格入天津县应考时，就曾作过两课卷文章，其中一篇题目为《乾始能以美利利天下论》。这是一篇论开发资源、实业救国的文章，文中最后提出士以"器识为先，文艺为后"的观点。他出家后，在致晦庐的信中也说到："朽人剃染二十余年，于文艺不复措意。世典亦云：'士先器识而后文艺'，况乎出家离俗之侣！朽人昔尝诫人云：'应使文艺以人传，不可人以文艺传。'"（林子青编《弘一大师年谱》，天华出版社1978年版）这里的"先器识而后文艺"、"应使文艺以人传，不可人以文艺传"既是李叔同的人生观和价值观的核心，更是他音乐教育观的核心。李叔同"把'先器识而后文艺'的意义讲解给我们听；并且说明这里的'显贵'和'享爵禄'不可呆板地解释为做官，应该解释为道德高尚，人格伟大的意见。'先器识而后文艺'，译为现代话，大约是'先重人格修养，再重文艺学习'更具体地说：'要做一个好文艺家，必先做一个好人。'也可以说与我们现在的'做事先做人'为同一个道理。可见李先生平日致力于演剧，绘画，音乐，文学等文艺修养，同时更致力于'器识'修养。他认为一个文艺家倘没有'器识'，无论技术何等熟练，亦不足道，所以他常诫人'应使文艺以人传，不可人以文艺传'。"（参见余涉编《漫忆李叔同》，浙江文艺出版社1998年版）他认为，从艺者必须先有艺德，如果没艺德，无论他的技艺何等娴熟，也不足以称道。

音乐是比一切智慧、一切哲学更高的启示，给人以精神的洗礼。李叔同音乐创作与音乐教育中闪耀的精神之光，给予我们当下的音乐实践以强烈的启示。一方面，我们要通过传播李叔同的音乐作品将他的精神直接投射于社会；另一方面，我们要在自身的音乐创作和音乐活动中融入李叔同的音乐精神，并将其弘扬光大。笔者作为"叔同故里"的一名音乐工作者，在数十年的音乐生涯里，深深感受到弘一大师李叔同的音乐精神对我的引领、恩慧与启示。下面,结合我的音乐工作,就李叔同的音乐精神对当下音乐实践的启示谈几点体会。

(一) 传播李叔同音乐作品,是对其音乐精神的直接宣示

记得与艺术大师李叔同结下音乐之缘,还是在我 17 岁的那年。那时我在北方家乡就读中专音乐专业班,在中国音乐史课堂上,老师向我们介绍中国学堂乐歌的时候,我第一眼就看到教科书上李叔同的名字,从此就记住了这位大师的名字。而今,我扎根这块土地——浙江平湖,转眼已有三十余年。2001 年的春天,为纪念弘一大师圆寂 60 周年,我作为特邀演唱,参与了《李叔同·弘一法师》歌曲集(海内外发行、国内首版珍藏、CD 双片装)前期准备及录制的任务。我对自己录制的李叔同 24 首歌曲作品,在歌词上反复进行诠释,旋律上反复分析、唱法上反复研磨,从中受益匪浅。无论是选曲填词、选曲选词、选词作曲、作词作曲、作词选曲的作品,每一首都让人受益,浅吟低唱,难以释怀。在歌曲集制作中,我把录制的 24 首作品划分为四篇内容:爱国篇《大中华》《祖国歌》等;抒情篇《春游》《早秋》《西湖》《送别》;哲理篇《落花》《悲秋》《晚钟》《月》等;感恩篇《之恩念恩》《忆儿时》《梦》等。在演唱过程中,我深为大师作品中体现的精神所感动,感到心灵净化,荡涤尘埃,充满自然、美好、和谐的无限挚爱。

李叔同生活的时代,正是中国内忧外患,各种社会矛盾都很尖锐的时候,传统社会道德崩溃,新的社会价值观还没有成型,拜金、媚外、颓废、悲愤,搅动着彷徨中的文艺潮流。李大师的音乐一如其人格,就像一杯飘逸着悠悠清香、守望恬谈与清纯、渐远燥热与苦涩的绿茶,若能静下心来,慢慢细品,尽可消解尘世的浮躁,给人的精神以解脱和慰藉,给人的灵魂以镇定与启迪。

《李叔同·弘一大师》圆寂 60 周年首张歌曲专集在 2001 年杭州西湖博览会开幕之际由浙江文艺音响出版社出版,面向全国、海内外发行,我也有幸成为浙江嘉兴以吟唱的形式传播李叔同作品的第一人。我觉得,在他的精神感召下被我用心演绎的他的音乐,挟裹着其音乐精神在九州大地回荡,这样的精神投放、宣示,便是践履李叔同音乐精神的最直接的音乐行为。

（二）创作优秀的音乐作品,是对其音乐精神的有效传承

研究学习李叔同大师音乐过程中,最大的遗憾是大师一生涉猎广泛,不能把全部时间与才华都投入音乐创作事业,留存至今的作品只约70多首。这些散金碎玉,历经岁月打磨,既让后来者惊艳,又难免因为数量稀少而令人遗憾。所幸大师一生艺术创作不辍,留下的很多诗词堪称无曲之歌。我也在音乐教学生活中努力体会大师心境,并探索谱曲,试图用音符延续大师的当年的意境。

"一杯浊酒过清明,伤断樽前百感生。辜负江南好风景,杏花时节在边城。"这首《津门清明》是李叔同青年时期的诗作。这短短的四句诗,揭示了当年李叔同清明时节对江南亲人的思念之情和因不能亲临南下踏青的百感焦急。读这首诗,我心生戚戚之情,顿生创作冲动,于是我决定拿起创作之笔尝试着为此诗词作曲。当我真正进入创作阶段的时候,我感到自己的无力与渺小。要与学识渊博的大师对话,而大师朔南驰逐,感慨今昔的千言万语都藏在心中,讲出的只是寥寥数语。一个小小当我真正进入创作阶段的时候,我感到自己的无力与渺小,我一下子陷入到无穷之中。我本意是用音乐阐释,然而大象无形、大音希声。我像立于辽阔的天地,一切离我很远。我像飘在空中,不辨方向,不知何去何从。草木之心,入无边无际,无可触摸,无处凭靠。查看资料时的人间万象,极速闪现,又倏忽离去。思维困顿难行,想要暂做停顿,但是它又如引力吸引,黏着着我,欲罢不能。小小的我陷入渊博的文化,我顺着风声去寻觅前行的方向,然而,风过罅隙,多为幻象。瞬移斗转,我的脑袋都要炸了!

为了创作好的作品,让歌曲旋律能更好地展现大师作词时代的内心情感,无论是行走在路上、骑自行车、睡后醒来,我会及时地把旋律灵感动机写在纸上、信封上、餐巾纸上,不让一闪的灵感在记忆中消失。

一天终于觅得了越剧里的唱腔,这江南的韵味点醒了我,用一个衬词"啊——"解决困惑,让我的思绪瞬时畅通了,作品里抚事感时,国乱离愁的万千思绪,也终于有法倾述了。

五易其稿后,我边弹边唱,泪流满面,那一刻,我明白了赵幼梅先生在《辛丑北征泪墨题词》里写的"雨窗展诵涕泗垂,檐滴声声如唱随"了。呜呼!

时也！呜呼！人也！我作曲并演唱的《津门清明》录入了《李叔同·弘一大师》歌曲集之中。这首创作曲目受到了业内和同行们的一致好评。

在长期的音乐工作中，我创作的音乐作品主要有两类，一类是为李叔同的诗词谱曲，一类是自创词曲。后者如《爱满人间》，这是一首歌颂弘一大师的作品，2005年获浙江最佳音乐创作奖、2006年《歌曲》词曲新作"晨钟奖"、2008年获嘉兴市委宣传部"五个一工程"奖、2009年获中国音乐家协会举办的"成才之路"作曲一等奖，并编入《中华百年歌典》（上海音乐出版社）。《爱满人间》的旋律也被平湖市电信局作为电话接听彩铃音乐，传入千家万户，2017年又被用于平湖市新开发的明湖公园音乐喷泉之中，使这首歌曲得到广泛传播。

在音乐创作上，李叔同的音乐作品给了我很大的启示，一是要尊重传统，不被眼下胡里花哨的音乐所惑，坚持走自己的路，从古典音乐汲取营养，也注重从民间歌谣、西方古典与现代音乐中获得有益启示；二是注重教化，音乐内涵的真、善、美是创作出好作品的基础，也是每一个音乐人的追求，在创作中要坚持真、善、美，追求高尚，让人产生共鸣，陶冶情操。

（三）打造丰富的活动载体，是对其音乐精神的大力弘扬

平湖的东湖之畔有一座两层二十四米高的建筑，那就是以洁白莲花造型的李叔同纪念馆。这朵洁白的莲花贴切地表达了弘一大师李叔同高洁的品质与人格力量。也是李叔同音乐精神的有力象征。

而在弘扬李叔同音乐精神的诸多音乐实践中，我们也着力打造了像"莲馆"那样扎实的载体。

其一，成立李叔同音乐艺术研究会。为了加强对李叔同音乐艺术的研究，2012年，笔者参与发起成立了平湖市李叔同音乐艺术研究会，甄选全市近50位音乐骨干作为首批会员，并聘任了专家顾问。音乐会成立起来，举办了多次讲座、音乐沙龙、音乐会，同时出刊了会刊《莲韵》，刊登专家及会员的研究文章及音乐作品、随笔等。

其二，策划举办品牌音乐会。2007年至今，连续举办了三届"月圆天心·爱满人间"李叔同湖畔音乐会，国家一级杂志《歌曲》作了图文报道，成为平湖市音乐活动的一大品牌；2012年起，又策划举办了"芳草碧连天"系列音乐会,如"芳草碧连天"纪念李叔同音乐会暨平湖市李叔同音乐艺术研究会成立大会,"芳草碧连天"纪念李叔同音乐会暨"李叔同杯"全国歌词新作大赛颁奖典礼,"芳草碧连天"纪念李叔同音乐会系列"人生有缘"音乐会(台湾台北南海剧场),使之又成为一个音乐活动的品牌。另外,2016 年 12 月 30 日在平湖体育馆举办"归去来兮"平湖市纪念弘一大师迎春音乐会,产生了极大的社会反响。

其三,积极参与并引导群众文化活动。多年来,笔者在负责主持平湖市音乐家协会工作中,团结带领音乐界同仁,结合李叔同音乐文化的特色名片,每年均开展丰富多彩的音乐活动。对"长青艺术团"、"创业女党员合唱团"、"金秋合唱团"、"信合合唱团"、"市直机关合唱团"、"少儿合唱团"等多支业余群众音乐艺术团队,我们坚持义务指导,使其水平不断提高,在参加全国、省、市的演出活动中,取得了优异的成绩。在全市"送戏下乡、走进工厂、走深入军营"活动中,组织带领音协专业骨干深入基层,积极为居民社区、乡镇、街道、企业、学校、军营、武警部队等基层传授音乐知识,开展主题讲座,指导排练。

其四,着力加强音乐教育。一是走进校园,宣讲李叔同音乐成就。平湖市叔同小学建立初期,笔者到校作了《我国现代歌曲开篇之页,学堂乐歌的创始者——李叔同作品赏析(李叔同音乐成就)》的讲座,主要介绍了"学堂乐歌"、李叔同学堂乐歌的特征及在当时所起的作用。同时在校园文艺活动中,大力传唱、积极弘扬传统优秀的音乐艺术作品。二是立足讲台,输送人才。笔者从事音乐教育近 40 年,至今已先后向国内艺术高校、重点艺术类大学输送了近百名音乐艺术类大学生(中央民族大学音乐学院、上海戏剧学院、中国传媒大学、西安音乐学院、中央音乐学院附中钢琴专业、上海音乐学院、上海师范大学音乐学院、浙江音乐学院等)。三是成立音乐教育基地,2014 年,位于平湖市当湖公园的"乐缘音乐艺术小镇"揭牌,其主要功能便是音乐教学培训,另外举办各类小型音乐活动。如,2017 年初,百年闻韶——致敬"李叔同·弘一法师"音乐会就在乐缘音乐艺术小镇举行,音乐会成功邀请到了师承香港天台精舍畅怀老和尚、毕业于斯里兰卡 Kelaniya 大学佛学研究所佛学硕士、对佛理及佛教音乐有精深造诣的来自台湾的明海法师莅临讲法并献演,整个活动精致饱满,令人难忘。音乐会后,明海法师、李叔同音乐艺术研究会的骨干以及特邀嘉宾齐聚一堂,举行了"李叔同跨世纪音乐艺术作品和音乐观对当下的启示及传承"研讨会。众人踊跃发言,围绕李叔同(弘一法师)的音乐创作特点、音乐教育理论以及如何宣传推广李叔同音乐艺术成就进行了深入交流,激发出了许多真知灼见。

丰富的活动载体,萦绕着李叔同音乐精神的辉光,在持续的活动中,他的音乐精神得以普洒,得以弘扬。在多年宣传推介大师音乐文化的实践中,我收获良多。同时也痛感李叔同大师在当代社会的影响与其在中国现代音乐史上的地位是不相称的。其中固然有20世纪中国社会大动荡大变革造成的文化断层的影响,但也有我们这些音乐人推广不力的责任。总的来看,我们对李叔同联通中西的音乐艺术价值取向认识还不够深刻。事实上,从任何一个领域看,全盘西化都不是中国走向现代化的正确选项。只有走中外结合、取其精华、去其糟粕的艺术发展道路,才是中国当代音乐的正确选择。唯有民族的,才是世界的。就拿流行乐坛来看,港台歌星你方唱罢我登场,能够连续走红多年的,还是那些能够唱出中国价值、中国人心声的歌手和词曲作者。比如说为周杰伦作词的方文山,比如说为王菲作词作曲的中岛美雪。他们的《青花瓷》《双节棍》《红豆》这些经典之作,哪个不是从中国古典文化中取来的经典意境?每当念及于此,我们永远不应该忘记是谁在西风东渐的时候,走出了中西结合的正确的第一步:那就是,我们永远的李叔同大师!

弘一大师李叔同,高山仰止。他的音乐精神,万世长存。凭着一份坚持和努力,笔者有一个梦想,欲尽毕生之力向着大师的精神高峰攀登。在这艰辛而又充满迤逦景色的艺术之路上,希望能与各位同仁同好相伴,共同开辟道路,在李叔同大师之光的照耀下,寻找到更多美丽奇景,把他的音乐传奇延续下去、发扬光大!

【附图】

图 1

图 2

图 3

图 4

图 5

图 6

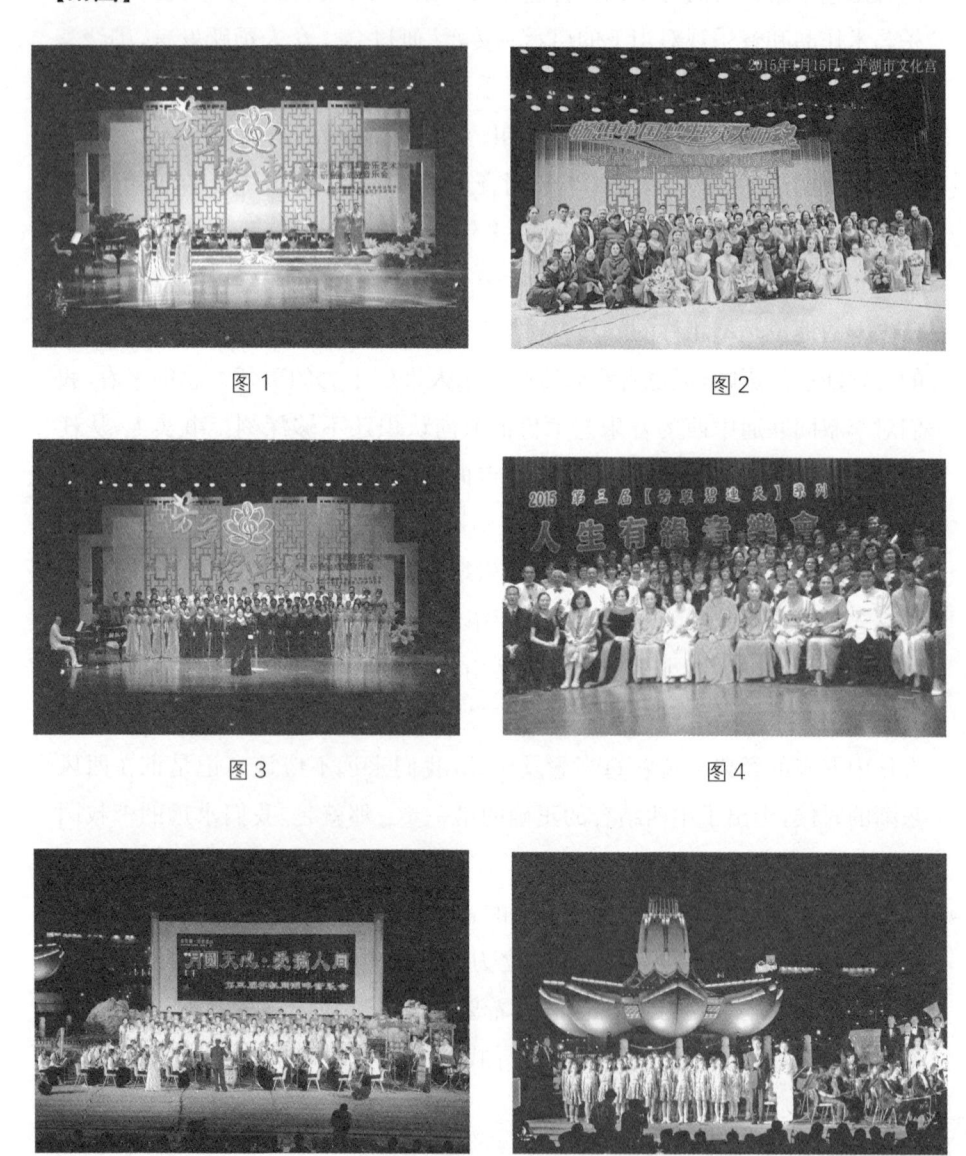

(作者:中国音乐家协会会员,平湖市李叔同音乐艺术研究会会长)

On Li Shutong's Musical Spirit and Its Modern Practical Implications

Zhao Le

Li Shutong (Master Hongyi) is one of the pioneers of modern music in China. His musical spirit is well embodied in the following three aspects, namely: persistence in Chinese tradition and inclusiveness of both Chinese and western cultures in terms of creation; pondering morality and beauty of temperament in terms of social and aesthetic education, especially patriotic feelings; the proposal of "moral integrity first, and learning second for a scholar" in terms of musical education. In a word, Li Shutong's musical spirit has vast implications on modern musical practice, and the dissemination of Li Shutong's music works as well as creations and activities of music is a vivid reflection of Li Shutong's musical spirit.

李叔同于《太平洋报》时期的广告思想与实践

陈安琪

　　李叔同是近代中国享誉盛名的文艺先驱,他在美术、音乐、诗词、话剧、文学、书法等领域都有着开创性的贡献。在广告艺术方面,他大胆引进、借鉴西方设计艺术,并将之与中国传统金石书画艺术有机融合。在1912年担任《太平洋报》广告部主任期间,他创作了大量具有鲜明特征的新式广告,开创了中国报纸广告美术的新风气。此期间他发表的相关广告著述也对中国近代报纸广告的发展产生了积极影响。本文对李叔同于《太平洋报》上的广告设计作品进行梳理,挖掘并阐述其广告思想的理论来源,并结合相关广告实践,对其设计思想和艺术理念进行解读。

一、对《太平洋报》"最新式"广告的宣扬

(一)《太平洋报》的创刊与宣传

　　1912年,李叔同应叶楚伧、柳亚子、朱少屏等约请加入《太平洋报》。《太平洋报》的创办人员主要为南社成员,这批成员可以说是推动《太平洋报》发展的中坚力量。柳亚子在《南社纪略》描述道:

　　　　叶楚伧办起《太平洋报》来了,于是我从《民声》出来,跳进了《太平洋》。《太平洋》的局面是热闹的,大家都是熟人,并且差不多都是南社的社友,不是的,也都拉进来了。那阵容揭示如下:姚雨平(社长)、陈陶遗、邓树楠(顾问)、叶楚伧(总主笔)、柳亚子、苏曼殊、李息霜、林一厂、

余天遂、夏光宇、胡朴庵、胡寄尘、周人菊、陈无我、朱少屏。①

《太平洋报》的创办阵容十分强大，许多成员都有着丰富的办报经历，除叶楚伧担任主笔外，由余天遂任新闻栏编辑，胡寄尘任文艺编辑。② 其中的广告设计则由李叔同负责。

资料所示，《太平洋报》在正式创刊前便十分注重广告宣传，如《申报》就曾于1912年3月8日至4月2日期间在其第1版中刊登了《太平洋报》出版宣传通告14篇。③ 笔者对《申报》上所刊登的出版通告作了如下整理：

从3月8日、9日的出版通告中可以获悉：《太平洋报》定期于4月1日出版，总发行设在上海的山东路望平街黄字七号。④ 此外，其在广东、杭州、苏州、南京及日本东京等地都设有代派处和分馆。⑤ 该报"以唤起国人对太平洋之自觉心，谋吾国在太平洋卓越位置之巩固为宗旨"。⑥

3月10日至3月25日期间则通告了该报的发行和广告刊登状况，并特别强调其特聘精通广告设计的名家（李叔同本人）研究设计新式报纸广告，原文如下：

特聘通人研究此事物使地位、格式新异动人，当不仅画分行排字之劳也。⑦

本社特聘精通广告术之专门名家担任，设计最新式广告。⑧

该特设英文一栏，初出版的前三天每天赠送三十万份报纸。并承诺在该报送登广告登两天只收一天，两月只收一月。外埠再减半。⑨

---

① 柳无忌：《南社纪略》，上海人民出版社1983年版，第42页。
② 邵迎武：《南社人物吟评》，社会科学文献出版社1994年版，第215页。
③ 通告所提及"本报出版通告已遍登海内外各大报"信息，但具体是哪些报纸刊登过相关通告尚需考证。
④ 载上海《申报》1912年3月10日，第1版。
⑤ "太平洋报南京分馆，花牌楼十四字马路南；本报杭州分馆，杭州汉民日报馆；苏州代派处，江苏公报馆；横滨东京寄售处，庆昌和酒店。"载上海《太平洋报》1912年4月1日—4月2日，第8版。
⑥ 载上海《申报》1912年3月8日、3月9日，第1版。
⑦ 载上海《申报》1912年3月10日，第1版。
⑧ 载上海《申报》1912年3月19日，第1版。
⑨ 载上海《申报》1912年3月19日，第1版。

而在3月27日的通告中,则明确了《太平洋报》以美术广告和英文论记为办报特色。[1] 可见,在《太平洋报》创刊之前,其美术广告的"最新式"理念就已确定。

表1 《申报》刊登的《太平洋报》宣传通告(1912年3月8日至25日,3月27日)

3月8日—3月9日	3月10日—3月25日	3月27日

李叔同在创刊前多次为《太平洋报》及"最新式"广告宣传造势,并为吸引读者眼球,不断改进宣传通告。从表1和表2中,能清晰地看到其广告风格的变化:自3月8日在《申报》上始发,至3月27日,其广告在样式、花样、字体上均有不同尝试,而自3月27日及以后,则开始出现魏碑书法字体,并逐步稳定从而形成特色。而李叔同在创刊前的种种努力,使《太平洋报》在创刊当日便收到大量来稿。[2] 从文章后面所示,《太平洋报》的前期广告也形成了良好的广告效应。这都体现了李叔同作为广告专业人员的先见和视野,以及宣传最新式广告的良苦用心。

---

[1] 载上海《申报》1912年3月27日,第1版。
[2] 《广告部广告》,见《太平洋报》1912年4月1日,第2版。

表2 《申报》刊登的《太平洋报》广告(3月、4月、5月)

3月27日	3月30日	4月1日	4月2日	5月9日

(二)《太平洋报》之"最新式"广告

李叔同在《太平洋报》上十分注重对新式广告的宣传。他在创刊首日便在第5版中发表《〈太平洋报〉破天荒最新式之广告》一文,对"最新式"广告进行介绍。此后,他还专门在每期的第2版中设置《广告部广告》栏目和《广告丛谭》,刊登与广告相关的通知及文章。现对4月份的《广告部广告》内容整理如下:

表3 《太平洋报》上与广告相关的通知及文章(注:原文没有标点符号,以上标点为笔者注)

4月1日第2版《广告部广告》	自本社发表最新式广告章程以来,连日收到各界广告多至数百通,且多长篇大作,不克即日注销,良用歉然。除择先到者逐日分别登出外,其余暂登入简便小广告中,以酬雅命,特此声明。一以谢登广告诸君之厚谊;一以证我太平洋广告之价值;一以表白革命后我同胞之广告知识之发达。①

① 载《太平洋报》1912年4月1日,第2版。

(续表)

4月2日第2版 《广告部广告》	昨日由朝六时至晚十时，又收到广告数十通，积稿太多未能即日登出，良用歉然。昨日又承登广告诸君来函十数通，兹择录一二如下。中华书局来函：倾阅贵报所登广告诚尽善尽美为上海报界告白放十异彩（下略）。中国图书公司来函：敝公司告白七八种，当时会咨照请先登20天。顷阅贵报，而敝公司各告白竟一种未会刊入。第一天即遭见弃，未识何故，乞示悉。①
4月4日第2版 《广告部广告》	诸君来函，嘱登广告者，务乞于信面写明交广告部，收字样，俾免延误。本社广告分新式与旧式广告两种，凡登广告者请指明格式必当照办。②
4月15日第4版 《本社特聘》	本报发刊以来颇乘社会欢迎，新式广告尤高尚优美，为大雅所奖许。现拟聘绍介广告社员，以人格高尚，文理精通办事精干为合格。倘能熟悉英语尤为便利，酬劳格外从优。除依普通规则提出经年费数成外，另按月酬辛（原文如此，应为"薪"）金若干，在社食宿与一般社员。倘有愿担任者乞惠临本社广告部面订。③
4月19日第2版 《广告部广告》	本报发刊以来，颇承海内外欢迎，广告一栏尤为大雅所推许。故本埠属登广告者日必数十起，呈报界未有之盛况。但外埠广告尚未发达，倘有愿任代收广告者，乞达函示，当将代收广告专章、外埠广告价目寄奉不误。④
4月23日第2版 《广告部紧要广告》	近日嘱登新式广告者较多，撰文镂板，需时甚久，每致延迟，良用歉然。以后倘承登新式广告者，乞先数日交下，俾获斟酌完善，镌刻精工。但有必须从速者，当先以简单形式登出，迟日再更换各种花样。仅此布达。希见谅焉。⑤
4月29日第2版 《广告部答复》	徐觉士问：李叔同所书是何笔法？有样本否？答：本报报头及本报新式广告木戳，皆李君手笔，可供参考。⑥
5月6日第2版 《广告部答复》	张法人君问：本报所载新式广告之格式花样，可否摹写登入他报？答：本报以开通风气为主，不愿限制版权。但荷需用，尽可随意摹写，转载他报。⑦

---

① 载《太平洋报》1912年4月2日，第2版。
② 载《太平洋报》1912年4月4日，第2版。
③ 载《太平洋报》1912年4月15日，第2版。
④ 载《太平洋报》1912年4月19日，第2版。
⑤ 载《太平洋报》1912年4月23日，第2版。
⑥ 载《太平洋报》1912年4月29日，第2版。
⑦ 载《太平洋报》1912年5月6日，第2版。

从表3中能够获悉,《太平洋报》"最新式"广告广受各界欢迎,"自本社发表最新式广告章程以来,连日收到各界广告多至数百通"。"本报发刊以来,颇承海内外欢迎,广告一栏尤为大雅所推许。"李叔同也通过《广告部答复》对报上广告制作及刊登情况作了实时通报。说明他既是广告的设计制作人员,也承担着广告宣传和客户沟通的工作。具体地从《广告部广告》中得知,他将《太平洋报》广告从形式上分为:新式广告、旧式广告和简便小广告三种。① 由于版面不足,不能刊登的部分暂登入简便小广告中。而新式广告和旧式广告样式则由广告商决定。凡需刊登新式广告者,李叔同都精心设计,并期望该报的设计花样能够在国内外开创一代风气。由于新式广告受到各界推崇,委托刊登新式广告客户数量众多,且制作新式广告用时甚久,李叔同开始刊登广告部社员的招聘信息,要求所受招人员除文理精通外,还需熟悉英语,为其所提供的食宿待遇优厚。

除多次在报上宣传新式广告、说明广告制作情况外,李叔同还以编辑出版《太平洋广告集》的实际行动积极开拓中国广告事业。在4月10日及4月12日的《文艺消息》一栏中曾登有两则消息:

> 本社广告部近拟编辑《太平洋广告集》,分赠各界。第一编即日付印,以后拟每两月出版一编。②
> 本社编辑广告集,已承尤惜阴先生允赐序文。③

陈师曾也为这部《太平洋广告集》设计了图案,"用汉竹叶碑文组织而成,趣味高古,可以为亚东国粹之代表"④。

此外,李叔同还在报中的显著位置刊登广告价目表,向社会各界招揽广告。现整理《太平洋报》广告价目表如下:

---

① 《广告价目》,见《太平洋报》1912年4月6日,第4版。
② 载《太平洋报》1912年4月10日,第2版。
③ 载《太平洋报》1912年4月12日,第2版。
④ 载《太平洋报》1912年5月18日,第2版。

表 4：《太平洋报》广告价目表

广告形式	价格	
新式广告	一等登入广告第一张(1—4 页)—英寸每次大洋八角	
	二等登入第二、三张(5—10 页)—英寸每次大洋五角	
	附：长幅以一个为定位(即全版)八分之一，一格以上类推；横幅以一英寸起计算，一英寸计长十六字横七字共 112 字。	
旧式广告	一等：	长行(每行计四格 67 字)每行大洋四角
		短行(起码 50 字)每字大洋六里
	二等：登入第二三张均按均照一等减半	
简便小广告	每件以 32 字为限，每次小洋一角，以上论字数者皆五号字。	

另《太平洋报》于 5 月 12 日扩充篇幅三大张①，并于 1912 年 6 月 1 日订改了《广告价目表》："新式广告，一英寸大洋八角二日后五角七日后四角；旧式广告每行大洋四角二日后二角半七日后二角，封面加倍。增加'特别广告'一栏(插入新闻中)照封面例再加倍。"②

由表 4 可以看出，《太平洋报》的广告价目分类明确，广告形式丰富、广告价目规范标准，且刊登新、旧式广告价格相差不大。李叔同还运用连续刊登的优惠政策，鼓励吸引社会各界广告，并在价目表中多次强调"新式广告可以由本社随意编纂，不另取费，但有特别指定格式者，当视其或不加费或另加笔资若干"③。充分证明他对报纸广告的重视及对新式广告的推崇。

另有文章指出，李叔同因病痛于 1912 年 7 月中旬离开《太平洋报》，此后再也没有找到比他更能胜任此职位的人员。④ 事实上，自 7 月 16 日起至 10 月，《太平洋报》确实鲜少有新设计出来的广告样式。但笔者发现自 7 月 5 日起报上所刊登的《李叔同书例》的收件人，由"件交本社广告部内"(图 1)更改为"件交本社许晚园君代收"(图 2)。朽道人书画篆刻作品也改为由许晚园君代收。朱少屏在 8 月 19 日的《少屏启事》中声明"广告交许晚园君"。由此

---

① 载《太平洋报》1912 年 5 月 9 日，第 2 版。
② 载《太平洋报》1912 年 6 月 1 日，第 8 版。
③ 载《太平洋报》1912 年 6 月 1 日，第 8 版。
④ 康蚂：《纠缠不是禅》，武汉大学出版社 2014 年 9 月版，第 183 页。

可以推断出,李叔同确实在7月中旬离开《太平洋报》广告部,而由许晚园负责的广告版则重回到旧式广告状态。

图1:7月4日的《李叔同书例》　　图2:7月5日的《李叔同书例》

以上种种不难看出,作为广告主笔的李叔同对报纸广告相当重视,他不计报纸版面多次刊登广告部广告信息,以说明广告制作情况,并不计成本、不以营利为目的制作新式广告。而丰厚的待遇和报酬,也体现他充实广告队伍的决心。其在广告部设立之初就提出"我《太平洋报》之广告部,特延精通欧美广告术大家主持其事,代撰最新式之广告文,并研究最新式排列之方法"[①],并总结同时期报纸广告的优劣进行创新。都是希望通过报纸将"最新式"广告理念及相关的广告知识传播出去,从而开创中国近代报刊广告设计的新气象。

二、对日本广告学理论的译介与实践

李叔同在接任《太平洋报》广告部主任一职之前,刚结束在日本的6年留学生活。其关于广告设计的理念与实践当与日本当时的广告设计理论有着重要联系。

1883年10月16日,福泽谕吉在《时事新报》上发表了《告商人书》,这篇文章包括"企业传播"、"报纸广告效果"、"实施广告的时机"、"制作广告的办

---

① 载《太平洋报》1912年4月1日,第2版。

法"、"海外情况和今后对策"几个部分,是日本广告技法理论的开端。1902年,滨田四郎写下了日本最早的广告理论著作《实用广告法》(图3)。1903年,山崎繁树的《最新广告法》(图4)、笠原正树的《最新广告策略》相继出版。①

图3:滨田四郎《实用广告法》　　图4:山崎繁树《最新广告法》

1905年留学日本的李叔同,明显受到了滨田四郎、山崎繁树、笠原正树三人广告理论的影响。《太平洋报》创刊之初,署名为"凡民"的李叔同曾发过一篇名为《广告丛谭》的连载文章,在文中他对广告的意义和作用,给予了极高的评价,并预言广告必定会发展为一门学科。而笔者从当时日本发表的相关广告理论著述中发现,《广告丛谭》中的相关论述与当时日本的广告理论近似。如《广告丛谭(一)》中谈到广告的意义:

> 广告之意义,分狭义与广义两种。狭义之广告凡商品卖出,及银行会社之决算、报告等,有广告于公众之目的者,皆属于此类。即吾人普通所谓之广告是。至广义之广告,其界限殆难确定。凡社会上之现象,殆皆备广告之要素。如妙龄女子,雅善修饰,游行于市衢,直可确认为广告。②

---

① 柏木重秋:《广告概论》,中国经济出版社1991年版,第14页。
② 载《太平洋报》1912年4月5日,第4版。

该观点与滨田四郎在《実用広告法》(《实用广告法》)第二章《広告の意義》(《广告的意义》)中所写内容相似。滨田四郎首先对广告进行了广义和狭义的区分，原文节选如下：

> 広告には広義に於ける広告と、狭義に於ける広告がある。先つ広義に於て如何なるものを広告といふかそいはい、殆んそ社会上の現象は皆広告の要素を備へて居る。①

原文翻译如下：广告有广义的广告和狭义的广告。难以定义广义的广告是怎样的，凡社会上的现象都具备广告的要素。

而李叔同在《广告丛谭》中所引用的英人维廉思地德所著之《广告术》的相关论述，也并非其亲自翻译，而是选自滨田四郎的《实用广告法》，原名为：ウェリアム、ステッド《広告術》(the art of Adverting)。②

《广告丛谭(二)》中预言"广告能作为独立学科存在"的论述如下：

> 广告为科学欤？技术欤？其有研究之价值欤？广告学之存在，尚未经人道及，故难断言广告为科学。然其支配之原理、原则，确凿可证。又未可斥为单纯之技术。广告发达，实在晚近，只供工商家实用而已。学者评究，殆所罕闻。譬犹经济学，逮至今日，靡不认为科学之一。然于百四十年前，殆无人识其为科学者。为萌为芽，行将结良实，缀佳果。"广告科学"必有宣言于世界之一日，是固可为假定者也。③

《广告丛谭(三)》中对广告分类的说明：

> 广告分类，由种种方面别之，为类至繁。重用绘画者，谓之绘画广告；重用文字者，谓之文字广告；或直接达其目的者，谓之直接广告；间接达其

---

① 浜田四郎：《実用広告法》，(东京都)博文館 1903 年 2 月版，第 8 页。
② 浜田四郎：《実用広告法》，(东京都)博文館 1903 年 2 月版，第 9 页。
③ 载《太平洋报》1912 年 4 月 11 日，第 4 版。

目的者(药房登录来函,医士署同人公启者,属此类),谓之间接广告。①

在《实用广告法》中的第三章《広告学の存在如何》及《広告の二大別》中均能找到相应的日文原文:

広告は科学てあるか、技術てあるか、換言すれば広告は学問として研究する価値かあるか、若しくは只技芸そして習得するに過ぎないかといふ事てあるが。②

原文翻译如下:广告是科学吗? 技术吗? 换而言之,广告像学问一样有研究的价值吗? 或者只不过是一种能被掌握的技术?

広告は、種々の方面より、種々の分類を為し得べく、絵書て広告したなら絵書広告、文字て広告したなら文字広告そいふもよからう。或は直接其目的を広告するを直接広告、間接に目的を達せんが為め、広告するを間接広告といふもよからう。③

原文翻译如下:广告的分类,根据种种方面而区分,如果用图画就是图画广告,用文字就是文字广告。直接达其目的的是直接广告,间接达到目的的是间接广告。

另李叔同在《太平洋报》上所发表的《〈太平洋报〉破天荒最新式之广告》一文中总结了"最新式"广告的四大特点:

一、上海旧式广告,皆另外专排一版。但看报者,以看新闻为主,于广告一版每不留意,故其效力甚薄。本报最新式之广告,皆夹入新闻之中,或排列新闻之上下两端,殆合新闻与广告为一体,使看新闻者,有不得不看广告之势。

---

① 载《太平洋报》1912年4月13日,第3版。
② 浜田四郎:《実用広告法》,(东京都)博文馆1903年2月版,第12页。
③ 浜田四郎:《実用広告法》,(东京都)博文馆1903年2月版,第18页。

二、上海旧式广告，皆字数太多，排列紧密，以致不能醒目。即幸为看报者所见，亦每以字数太多，不能卒读。本报最新式之广告，文字务求简要，排列务求疏朗，使看报者一目了然，于半秒钟内，能贯通全部广告之大意。

三、上海旧式广告，大半以直写事实为主。新奇花样，殊不多见。本报最新式之广告，专研究新奇花样，或排成种种之花纹，或添入醒眼之图画。此外，有小说式广告，新闻式广告，电报式广告，杂志式广告。种类甚多，不胜枚举，专以引人入胜为主。

四、上海旧式广告，每以一种广告文，连登数月或数年，致使阅报者习见不鲜，无丝毫之效力。本报最新式之广告，可以随时代撰种种新奇之样式，隔数日更换一次。如有愿订特别约章，每日更换者，亦可应命。[1]

以上阐述也应受到滨田四郎、山崎繁树等人的广告理论的启发。山崎繁树在《広告者の注意事項》(《广告者的注意事项》)一章中谈到了广告的制作原则，如图5：

广告文章形式应力求单纯化，简单明了、意味明确、语句流畅，使读者能够一目了然通读全文。(文体は成るべく簡单であつて、意味が明瞭に、句調が流麗にあつたならば、よく全文を読み尽させることが出来る)

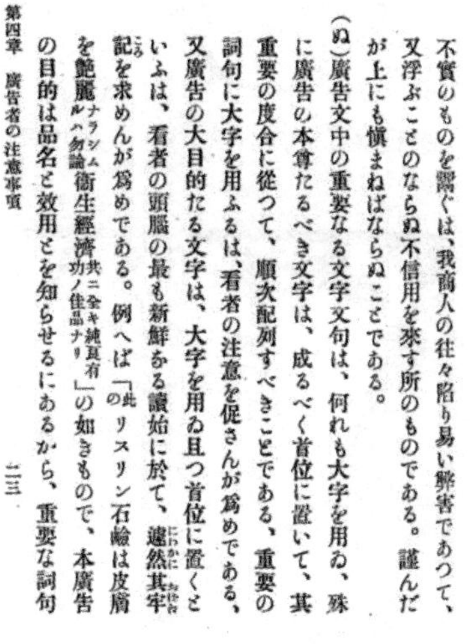
不實のものを鬻ぐは、我商人の往々陷り易い弊害であつて、又浮ぶことのならぬ不信用を來す所のものである。謹んだが上にも愼まねばならぬことである。

(ぬ)廣告文中の重要なる文字文句は、何れも大字を用ゐ、殊に廣告の本尊たるべき文字は、成るべく首位に置いて、其重要の度合に從つて、順次配列すべきことである、重要の詞句に大字を用ふるは、看者の注意を促さんが爲めである、又廣告の大目的たる文字は、大字を用ゐ且つ首位に置くといふは、看者の頭腦の最も新鮮なる讀始に於て、遽然其牢記を求めんが爲めである。例へば「此のリスリン石鹼は皮膚を艶麗ナラシムルハ勿論衛生經濟共ニ全キ純真有功ノ佳品ナリ」の如きもので、本廣告の目的は品名と效用とを知らせるにあるから、重要な詞句

第四章　廣告者の注意事項　二三

图5

① 载《太平洋报》1912年4月1日，第5版。

新闻杂志广告与其说注意广告的整体大小，更重要的是考虑广告文字之间的空间搭配。（新聞雑誌の広告は其大小よりも寧ろ広告文を白勝にするか、黒勝にするか、其配合に注意することが肝要である）

广告中重要的文字和句子，应先按重要程度排列，再依次考虑广告文字的大小，重要的内容加大字号，引起读者的注意。（重要の度合に従って順次配列すべきことである、重要の字句に大字を用ね看者の注意を促さんが為めである）①

图6:《最新广告法》中的英国广告

山崎繁树还在《最も目立つ広告》《最新式広告》）一章中通过举例，形象介绍了如何在控制经济成本的基础上实现最新式广告创意。如将广告文案写在袋子上的英国广告（图6）。而在《太平洋报》中，我们也能发现许多采取类似设计手法的新式广告，如将"医学书局"的广告文案纳入到图形之中（图7），以及将"共和国民新读本"的广告文案写在黑板上，展现出新式广告的创意（图8）。

图7、图8:《太平洋报》广告

---

① 山崎繁樹:《最新広告法》,（大阪）宝文館1900年5月版, 第16页。

滨田四郎在《实用广告法》的《広告と絵画》(《广告与绘画》)一章中还谈到了广告与绘画的关系。他认为："广告与绘画关系密切，广告之中必须利用到绘画，与军队当中使用大炮和小铳是一个道理。"他极力推崇英国的广告画，提倡用广告画感化读者，并认为将根据时事问题所作的讽刺画制作成广告能充分展现原本枯燥无趣的广告文字的内涵，增加广告趣味。[①] 此外《实用广告法》中的第十二章《広告の文体》(《广告的文体》)、第八章《適切なる広告》(《恰当的广告》)、第十七章《広告力の集中》(《广告魅力的集中》)都对广告的设计和制作方法进行了详细介绍。

综上所述，李叔同在留日期间应对日本的广告学理论有所研究，其中滨田四郎的《实用广告法》及山崎繁树在《最新广告法》中以西方广告理论、现代版式设计和英国广告创意为案例阐述广告的意义、目的、种类、制作方法、制作费用等知识与理论，都给予李叔同较大的启发。其发表的《广告丛谭》和《〈太平洋报〉破天荒最新式之广告》等文均是在结合两人的广告理论的基础上撰写的，而其在《太平洋报》上创作的"最新式"广告则是其广告学理论的实践与运用。

三、《太平洋报》广告实践中的艺术理念

笔者认为，李叔同在《太平洋报》中的广告设计实践，主要体现了以下四大特色：以魏碑书法为特色的广告文字；以花草纹样为特色的装饰图案；艺术性的版面设计和漫画式的创意表现。他依照广告设计原理，将广告与绘画结合，并以一种融贯中西的理念，将现代广告理论、西方设计元素和中国传统文化完美融合。现试将《太平洋报》的设计风格与《申报》加以比较，以期挖掘出李叔同广告设计特色。

（一）以魏碑书法为特色的广告字体

1912年，《申报》广告为了适应商品宣传需要，开始在传统书法的基础上借鉴西方设计表现技法，用现代美术字的视觉效果博得更多读者的关注。其采

---

① 浜田四郎：《実用広告法》，(东京都)博文馆1903年2月版，第174页。

用的现代美术字主要分为阴影美术字、装饰美术字、变体美术字等（表5）。而李叔同负责的《太平洋报》广告字体大致分为三种，其中以魏碑书法字体为主，字体的形式、笔画、比例、结构未经过复杂变形。此外，还出现了现代美术字及传统与现代印刷相结合的组合字体（表6）。总体观之，《申报》美术字的风格倾向于现代化的转变，更具有现代装饰感；《太平洋报》上的字体风格虽然也有对印刷体和现代美术字的运用，但更侧重于对传统书法的传承。

如图9、10，李叔同在字体组合上还结合平面设计原理，除了作横排和竖列之外，还依图案的需要作了放射形、曲线形、波浪形等排列。

表5 《申报》现代美术字

美术字分类	特征	图示
阴影美术字	在字体边缘加以边线或阴影，使字体呈现立体感。	
装饰美术字	对字体笔画结构和背景进行装饰。	
变体美术字	对字体的横、竖、撇、捺进行变形，增添几何味道。	

表6 《太平洋报》广告字体

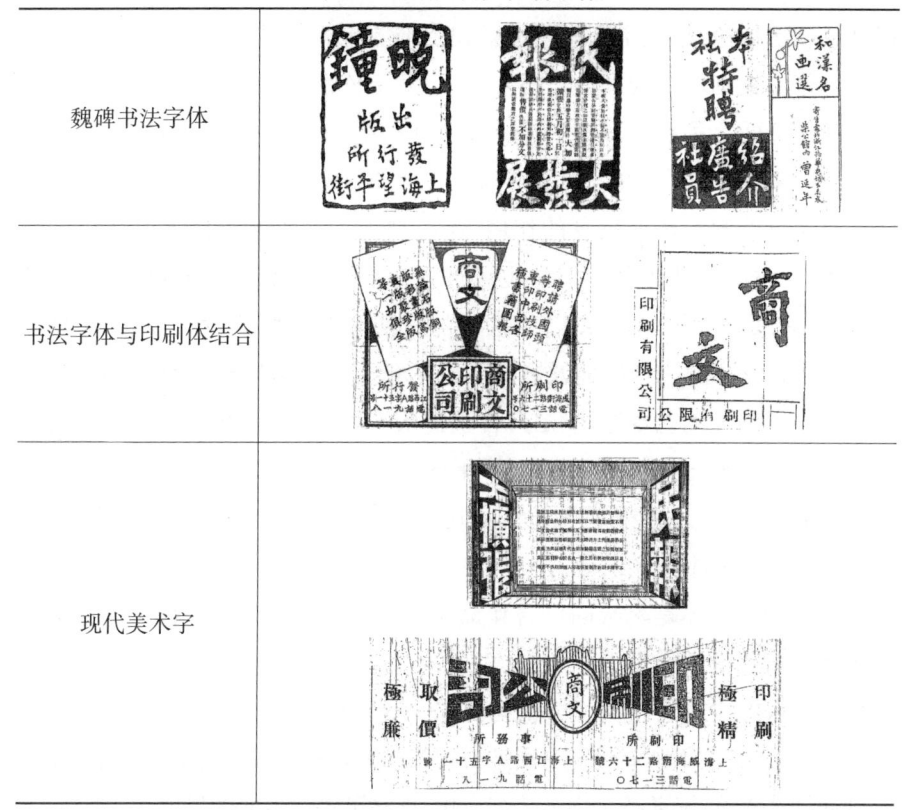

魏碑书法字体	
书法字体与印刷体结合	
现代美术字	

图9　　　　　　　　　　　图10

承前所述,在前期《申报》的宣传预告中,李叔同的广告字体几经变化,最终选用魏碑字体。他在《〈太平洋报〉破天荒最新式之广告》中也明确指出新式广告中文字必须简单明了,让读者一目了然。而从其创作实践中可以看出,他在《太平洋报》时期采用清新朴素、风格统一的魏碑书法字体,确实提升了刊物特色,增强了画面艺术感和装饰效果。他认为,"朽人所写之字,应作一张图案画观之则可矣。朽人写字时,皆依西洋画图案之原则,竭力配置调和全纸面之形状,丁常人所注意之字画、笔法、笔力、结构、神韵,乃至某碑、某帖、某派。"①说明早年受到传统文化和书法艺术熏陶的李叔同,认为书法文字不仅能起到传递信息的作用,还应被视为一种装饰图案。所以同现代美术字一样,他认为魏碑书法也可被视作图画运用到广告画中。其中的"全面调和纸面形状"即是结合书法中的章法和西方版式设计原理,体现出他在广告设计中对书法字体及形式美感的重视。李叔同选用魏碑书法字体不仅增强了画面的艺术感,满足广告宣传的作用,也继承和弘扬了中华传统书法文化。更充分体现其所追求的"平淡、恬静、冲逸"之美和"天人合一"的审美境界。此外,他在报纸上还经常刊登《李叔同书例》②征集书法作品,推动民国时期书法事业的发展。

魏碑书法字体是李叔同广告作品中标志性的设计元素,有着现代美术字体无法替代的特殊魅力。他以魏碑书体为骨架,在日本广告学理论和西方现代设计思想的指导下,以巧妙的构图和设计原则,妥善处理文字和画面的比例和黑白关系,在不削弱传统书法魅力的基础上进行改良和创新,既增强了广告画面的艺术感,又弘扬了中国传统文化,推动了书法事业的发展。

(二) 以花草纹样为特色的装饰图案

作为一份商业报纸,《申报》广告的图案多以人物和商品为主,风格写实。而《太平洋报》的新式广告中则出现了抽象变形的花草纹样、优美的轮廓线等具有象征性的花卉作为装饰元素。在《太平洋报》副刊中,还辟有"文艺批评"、"文艺百话"、"文艺消息"、"附录"等栏目,其中就有李叔同亲自绘制的各式各样的题花,如百合、莲花、月季、茶花等,配以魏碑书法书写的栏目题字,使标题具有优美典雅、清新细腻的特征。他十分注意广告版面的边

---

① 《弘一大师全集》编辑委员会编:《弘一大师全集八·杂著卷书信卷》,福建人民出版1992年版,第252页。
② 载《太平洋报》1912年7月5日,第1版。"名刺一元;扇子一元;三、四尺联二元,五尺以上三元;横幅与联例同;三、四尺屏四幅三元,五尺以上屏四幅六元,四幅以上者照加。余件另议,先润后墨。"

框装饰，不是单一的黑色边框，而是富有变化的装饰图案，这与欧洲新艺术运动时期的花纹边框设计风格极其相似。报上的花草纹样在版式布局上十分注重形式感，对称式和均衡式构图、二方连续和四方连续构图，颇符合东方的审美特质。如表7中：《太平洋报》出版纪念版标题及边花采用黑色虚线作为边框，框外有四朵采用四方连续构图的月季花纹。这种四方连续的设计使纹样整体节奏均匀，空间感强，既起了装饰作用，又凸显了标题。此外，如下表第三行所示，在《太平洋报》的其他类型广告画中也普遍添加了具有装饰感的花草纹样。如在《湖南公报》的宣传广告中间绘制的鲜花图案，在《女子国学报》周围增添的花纹边框。这些独一无二的装饰性图案自然使《太平洋报》广告画成为"高尚优美为大雅所奖许"的艺术作品。

表7 《太平洋报》装饰图案

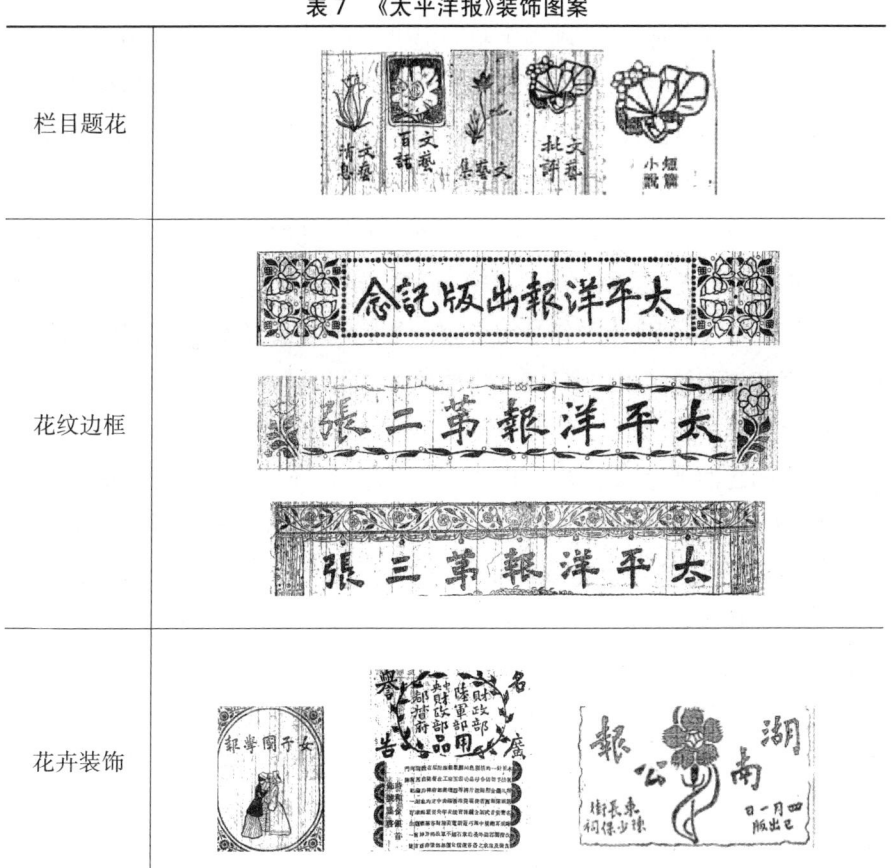

栏目题花	
花纹边框	
花卉装饰	

滨田四郎在《实用广告法》第六章《英国新闻广告小史》中介绍了英国新闻广告发展的状况，山崎繁树在《最新广告法》中也以英国广告为案例介绍新式广告的设计方法。虽然两本著作以文字介绍的形式居多，图片案例较少，但也给李叔同学习西方设计方法提供了方向。李叔同在留日前后，英国工艺美术运动和新艺术运动（1880—1910）正风靡欧洲。他在东京美术学校的油画科老师藤岛武二，在留欧期间接触到了"新艺术运动"思潮。[①] 李叔同本人也曾在《图画修得法》中谈道："又若法国自万国大博览会以来，不惜财力时间劳力，以谋图画之进步，置图画教育视官，以奖励图画。而法国遂为世界之美术国。夫一叶之绢，一片之木，脱加装饰，顿易旧观。"[②]说明其对西方美术设计已有所了解。新艺术运动时期，法国被设计界公认是现代商业广告的发源地，法国的海报及平面设计十分出色。而巴黎万国博览会期间，日本西洋画科老师前往参加展览，则为李叔同提供了丰富的法国美术界资讯。

李叔同在《〈太平洋报〉破天荒最新式之广告》中提到，"本报最新式之广告，专研究新奇花样，或排成种种之花纹，或添入醒眼之图画。"[③]而选用花草装饰图案，一是根据日本广告学理论提出的设计方法对旧式广告进行改进；二便是受到西方工艺美术运动和新艺术运动的直接影响。工艺美术运动在装饰上推崇自然主义和东方艺术中的简单、朴实无华。新艺术运动则主张放弃传统风格，将装饰作为作品的主题。其装饰图案都来源于自然，尤其以模仿花卉和植物纹样为主要特征，将抽象元素与自然物象相融合，并结合日本"浮世绘"等东方装饰艺术元素，创造出和谐、统一的作品。[④] 两种西方艺术运动中的自然理念及细腻优雅的审美情趣，充分影响了李叔同的文艺理念。除《太平洋报》，他为《音乐小杂志》所作封面上的罂粟花也极具装饰性和象征意味。[⑤] 而这种以花草纹样为特色的流动线条也是中国民间传统美术中最常表现的题材之一。既富有积极的生活意趣和对生活美好的祝愿，又体现了中国传统文化中顺应自然、与自然共存的理念，更彰显了李叔同对

[①] 潘力：《和风艺志》，人民美术出版社 2011 年 2 月版，第 64 页。
[②] 载东京《醒狮》杂志，1905 年 9 月。
[③] 载《太平洋报》1912 年 4 月 1 日，第 5 版。
[④] 梁梅：《新艺术运动》，中央编译出版社 2000 年 3 月版，第 23 页。
[⑤] 西槙伟：《中国新文化運動的源流》，载《比较文学》1996 年第 38 期。

自然界一草一木的喜爱和追求"真善美"的审美意趣。

（三）艺术性的版面设计风格

李叔同在《〈太平洋报〉破天荒最新式之广告》中提到上海旧式广告在版式编排上的两大弊端：一是广告与新闻分离，易被忽略；二是广告字数太多，排版过密不够醒目。试将《太平洋报》的版式与《申报》版式设计对比，（图11）能直观发现两家报纸广告设计的差异。该时期的《申报》广告专列一版，与新闻版面分离，影响广告宣传效果。且文字排列呆板、密集，字号大小鲜少变化，广告图文没有主从、轻重之区别。而李叔同在《太平洋报》（图12）新闻版面中插入广告，并研究各式新奇花样。打破了陈旧的报纸排版模式，将版面设计艺术化，让读者一目了然。

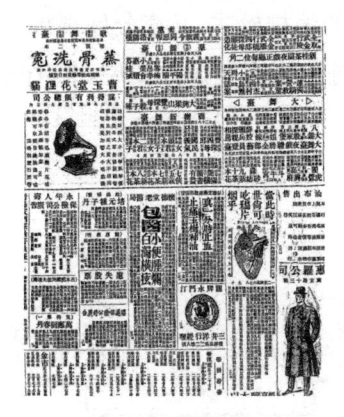

图11:《申报》广告　　　　图12:《太平洋报》广告

从整体上看，《太平洋报》艺术性版式风格上也继承了新艺术运动的特点：简单明了，从具象到抽象以及象征性装饰的装饰图案。画面大胆留白，强烈的黑白块面对比，注重线条的组合，强调线条造成的装饰效果，将现代几何块面形式与有机花纹曲线形式结合，形成清新明快的装饰效果。李叔同严格按照山崎繁树在《广告者的注意事项》中提到的广告注意事项进行设计：一力求单纯化，简单明了，并将广告版分成不同的板块，避免内容密集混乱，具备简单又明确的诉求效果；二注意版面的视觉流程，从读者心理和广告版面视觉重心关系考虑广告文案的位置，强调广告主题；三不仅注重版面各个构成要素中主体和从属部分的大小比重，即广告标题与广告文本的大小对比,也注重整体版面的疏密对比。在单幅广告作品中注重空间的留白设计和黑白对比,直观的展现了广告主题。①

从单幅作品的版式设计上来看,《申报》的图文排列单一,广告创意更是毫无特色。而李叔同的新式广告是对山崎繁树在《最新式广告》一章中提供的广告设计案例进行充分的吸收和借鉴,并在此基础上创新出的新式风格。如中华维新洗衣公司广告(图13)运用了将广告文案纳入图形的广告创意手法。而《民报》大扩张广告中(图14),运用了黑白块面的强烈对比,将白色"民报大扩张"五个字放在两边的黑色背景上,而敞开的窗户象征着"扩张",格外引入注目。其为城东女学所作的广告中(图15),将"城东"、"女学"四字安排在两个椭圆形之间,构思独特新颖,加强了整体画面的艺术性和形式感。《太平洋报》上艺术性的版面设计和字体组合,吸收和借鉴了西方设计艺术,既改变中国报刊广告长期以来单调乏味的编排模式,又充分展现出李叔同敢于挑战、乐于创新的精神,以及其为推进中国现代设计发展,开化民风、提高大众审美趣味做出的不懈努力。

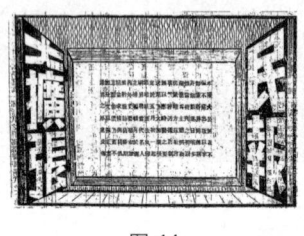

图13　　　　　图14　　　　　图15

(四) 漫画式的创意表现

经比较分析,《申报》广告的表现手法较多停留在偏重商品外观、说明商品功能上。如(图16)的《申报》广告画中,酒类广告皆以写实的酒瓶作为广告图案。《太平洋报》上的广告则不局限于纯文字表达,而是偏重于使用具有个性色彩、充满趣味性的漫画式创意图形。滨田四郎曾在《实用广告法》的《广告与绘画》一章中提倡利用讽刺画表现广告,当给予李叔同一定启示。

---

① 山崎繁樹:《最新広告法》,(大阪)宝文館1900年5月版,第16页。

报上使用的漫画式广告作品,让原本枯燥无趣的广告文案变得充满创意。如图17,他设计的《太平洋报》出版广告,广告文案被写在三个小人高举的广告牌上,仿佛这三人在向读者大声宣传《太平洋报》广告内容,使读者被代入到广告中的场景并产生联想,将视觉感受转化成听觉感受。他设计的一系列商文印刷广告也极具趣味性,广告文案的内容被巧妙地安排到漫画人物的对白框中,人物的穿着服饰和桌上摆放着西式酒杯指示了其洋人身份。他慷慨激昂地向看报者介绍商文印刷公司,引人入胜又富有说服力(图18)。这种漫画式广告巧妙的将广告与绘画融合,以贴近生活的方式引起消费者的共鸣,增强了广告宣传的效果。

图 16 《申报》广告画　　图 17　　图 18

日本明治时期(1870—1911 年),西洋漫画的讽刺式口吻及幽默感成为一种时尚潮流,对社会进行尖锐批判的讽刺画在日本开始流行。1900 年,《滑稽新闻》《东京泼克》《时事漫画》《大阪滑稽新闻》纷纷创刊。[①] 明治时期的讽刺漫画家有小林清亲、北泽乐天、冈本一平等人。掌握西洋新技术、拥有时代新思想的小林清亲,站在自由民主的立场上所绘制的政治讽刺漫画。桥上的西洋人象征政府,四周的猛兽代表各种现实困境,讽刺了在进退两难境遇下的日本政府(图19)。[②] 类似的还有:北泽乐天在明治32年(1900年)绘制的讽刺画,一名孩童玩笑般摘下政府大将的帽子(图20)。[③]

[①] 刘利生:《漫画》,陕西科学技术出版社2008年版,第49页。
[②] 松山文雄:《漫画学校》,(东京)大雅堂1951年版,第147页。
[③] 松山文雄:《漫画学校》,(东京)大雅堂1951年版,第149页。

图 19：小林清亲的讽刺画　　　　　图 20：北泽乐天的讽刺画

李叔同显然关注到日本讽刺画的流行，他在留日期间所创办的《音乐小杂志》中刊登了描写日常生活的毛笔小漫画。其中的漫画作品既采用了中国文人画的毛笔笔触，又借鉴了日本流行的风俗画内容和浮世绘风格。[1] 他在1912年4月7日的《太平洋报》上发表曾延年的面部漫画《存吴氏之面相种种》（图21）[2]，通过12种表情不同的面相，将曾延年的喜怒哀乐表现的惟妙惟肖，诙谐幽默。每个头像都由两部分组成，"眉"和"眼"是曾的上半部分，嘴是曾的下半部分。[3] 他不仅自己创作漫画式报纸广告，还极力提倡"滑稽讽刺画"，他在报上多次刊登征集滑稽讽刺画[4]和学生毛笔画作品的征稿启事[5]。从一这系列的举动中，可以看出李叔同紧跟着西方艺术的发展潮流，并结合日本讽刺画的流行风潮，推动漫画事业在中国的发展。

图 21

"人心有讽刺的趣味，漫画中也有讽刺；人心有

---

[1] 西槇伟：《李叔同与西洋美术：考入东京美术学校之前》，载《弘一大师新论》，西泠印社2000年版，第109页。
[2] 载《太平洋报》1912年4月7日，第10版。
[3] 陈星：《李叔同身边的文化名人》，中华书局2005年版，第17页。
[4] 载《太平洋报》1912年6月5日，第3版。
[5] 载《太平洋报》1912年6月10日，第3版。

幽默的趣味,漫画中也有幽默;人心有滑稽的趣味,漫画中也有滑稽;人心有游戏的趣味,漫画中也有游戏……趣味最多样的,而表现法亦最多样的,莫如日本的漫画。"[1]日本漫画充分体现了日本人对于生活趣味的追求和对社会现象的细致观察。他们以滑稽讽刺画的戏谑式口吻对社会现象进行调侃。而李叔同在《太平洋报》上的漫画式广告则相对直观,没有过多的讽刺成分。他极重广告的趣味性,以漫画的方式摆脱"白开水"式的广告宣传,用象征的手法将广告画夸张化、趣味化。他的漫画式广告更侧重于将广告置于生活场景之中,用生动和富有艺术感染力的画面打破了读者和广告之间的隔阂。

(五) 结语

李叔同于《太平洋报》时期的"最新式"广告作品中,既有广告形式和内容上的创新,也有对广告美感的思考和新认识。在创新上,他率先引进了日本广告学的相关理论,注重文字简练、重视图案运用,并进行现代艺术设计中所提倡的"版式设计"。而除了"新异",他更注重广告中美感的建立。他以"美"为出发点,重新对中国传统美与西方现代美进行审视。将中国传统设计元素用于现代广告设计实践中,以一种融贯中西的设计理念,将西方现代设计美和中国传统文化完美融合。这也使得他的"最新式"广告既有设计创新,又有形式美感,开创了中国报纸美术广告的新风气。

从商业角度来看,李叔同对上海旧式报纸的改良是一种促进广告宣传的手段。而从教育的角度看,《太平洋报》广告的审美属性则为广告发挥社会美育效应提供了可能。

(作者:杭州师范大学艺术教育研究院 2015 级硕士研究生)

---

[1] 丰子恺:《谈日本的漫画》,载《宇宙风》1936 年 10 月 1 日第 26 期。

On Li Shutong's Thoughts and Practice of Advertisements during the Period of "The Pacific Times"

Chen An-qi

During the period of "The Pacific Times", Li Shutong vigorously promoted new advertisements, displaying his deep thoughts on the form, content of the modern advertisement, as well as his new understandings towards the beauty of the advertisement. In fact, his thoughts upon advertisements is not only influenced by the Japanese advertising, but also inspired by the trend of western industrial art. His creation of advertisements in the period of "The Pacific Times" is the application of his rich thoughts upon advertisements, which is represented as follows: advertisement texts characterized by tablet inscriptions of the Northern Dynasties, decorative patterns characterized by flower and grass design, artistic layout design, and comic-styled creative expression. On the basis of advertisement design principles and with the idea of blending, Li Shutong combined advertisements with paintings, and further integrating elegantly modern advertisement theories, western design elements and Chinese traditional culture into a whole.

李叔同漫画实践及对中国近代漫画的贡献

庄 熊

提到漫画,大多数人首先想到的是讽刺、诙谐以及幽默等形容词。在中国近代的漫画发展历程中,也确实有不少作品具备此类艺术属性。比如《俄事警闻》创刊号中的《时局图》漫画等。但是,在中国近代漫画演进过程中,尤其值得我们今天关注的一类漫画是带有文人性、以抒情和记录世象为表现主题的作品。这类作品代表,如当时的陈师曾的文人漫画以及影响现代漫画的丰子恺漫画。在这一艺术背景之下,李叔同对漫画的推广以及实践尤其值得我们关注。

如今我们研究李叔同与漫画可以从以下几个方面探讨。

一、李叔同对漫画的宣传、推广

(一) 在报刊上宣传推广漫画

在近代报刊编辑事业中,李叔同是不可忽略的一位。他早年就在上海担任过期刊编辑(《书画公会报》),到日本之后又创办了《音乐小杂志》宣传西方音乐。回国后,他又参与编辑《太平洋报》,探索广告理论,利用报刊宣传推广漫画也在这一阶段达到高潮。

(1)《太平洋报》征集滑稽讽刺画

丰子恺曾经提到:"大约是前清末年,上海刊行的《太平洋报》上,有陈师曾先生的即兴之作,小型,着墨不多,而诗趣横溢。"①而丰子恺提及的《太平洋报》,是 1912 年姚雨平创办,叶楚伧为总主笔,柳亚子编文艺版。李叔同在 1912 年参加理论柳亚子等创办的"南社",并成为了《天平洋报》的画报主编。②

李叔同在《太平洋报》筹备期间,查阅了大量外国关于广告的资料,同时对比上海各类报纸上的广告,最终设计出带有漫画气息、艺术构思的广告。不仅如此,他还在《太平洋报》上发布征求讽刺画、滑稽讽刺画稿的广告,可见,他对讽刺画、滑稽画(漫画)这类形式的美术作品是十分推崇的。

从李叔同写的《太平洋报》出版祝词:"天祸我民于甲乙之间,是我国名之生命财产,以待种种自由之权……人人愿卷太平洋之水,浣濯洗涤其忮愤偏狭之心胸,欢然交臂,以食共和国之赐,而享其祜……",也能看出当时的社会背景。鸦片战争之后,大量洋货涌入中国市场,报刊界出现了大量的商业广告。李叔同考察上海的报刊广告,从"排版布局"、"字数要求"、"广告种类"以及"更换频率"四个方面分析了现存广告的缺陷,提出了《太平洋报》广告的改革与创新,李叔同自称《太平洋报》之广告为"破天荒最新式之广告"。③

受到辛亥革命的影响,这一时期的报纸都注意刊载时事性的插画,或定期有画图附张,其中讽刺画、滑稽画、风俗画占有很大比重。④ 李叔同为丰富《太平洋画报》的内容,尤其是文艺副刊的内容,进行了广泛征集。李叔同在《太平洋报》上发布了"征求讽刺画"(图 1)、"征求滑稽讽刺画稿"(图 2)、"征求讽刺画第一次广告"(图 3)、"征求学生毛笔画"(图 4)、"欢迎各种绘画来稿"(图 5)等征求广告。

"征求滑稽讽画稿"广告内容:

> 用浓墨画于白纸,张幅不宜太大。信面注明:"滑稽讽刺画稿"字

---

① 丰陈宝、丰一吟、丰元草编:《丰子恺文集》第 4 卷,浙江文艺出版社 1990 年版,第 264 页。
② 张悦:《李叔同与太平洋报》,载《炎黄春秋》2009 年第 6 期。
③ 弘一大师:《我在西湖出家的经过》,见《弘一大师全集》第 8 册,福建人民出版社 2010 年版,第 281 页。
④ 郭常英:《李叔同与报刊编辑》,载《编辑之友》2012 年第 3 期。

样,交于本社三层楼广告部收。

（甲）一等,送阅本报二个月,送登新式小广告一星期(地位不定);

（乙）二等,送阅本报一个月,送登新式小广告三日(地位不定);

（丙）选外佳作。

以上等次、姓名,皆随时发表,登入本报第三页角。

以上甲乙丙三种,于发表后,续登入石印附张。

画稿无论入选否皆不检还。

图1：征求讽刺画广告 　　图2：征求滑稽讽刺画稿广告 　　图3：征求讽刺画第一次发表广告

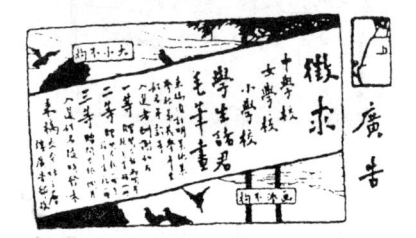

图4：征求学生毛笔画广告 　　图5：欢迎各种绘画来稿广告

这段广告原刊于上海《太平洋报》1912年6月5日,无署名(李叔同亲拟)。从这段广告中,大致可以推断出当时的滑稽讽刺画的作画形式——小幅浓墨白纸画作。这样的作画形式,一来比较简单,不需要作画者精雕细琢、工笔描绘;其次突出画面内容,信息明确,视觉冲击力较大;登载媒介是报纸,受到报纸的传播、印刷以及排版等因素的影响,这样的画作形式登载

也比较便捷。

李叔同积极在《太平洋报》上发布征求滑稽讽刺画的广告,他本身也在做"漫画式"的美术广告,由内而外,他都在推广、宣传这类艺术表现形式。

(2) 推广陈师曾的文人漫画

李叔同是1906年6月赴日留学的,在东京上野美术学校。第二年,他与陈师曾相识,两人一见如故,交往密切。即使是回国后,两人依然保持着联系。

李叔同在《太平洋画报》上陆续刊载了陈师曾的《春江水暖鸭先知》、《落日放船好》、《独树老夫家》等画作。1912年5月陈师曾赴上海,《太平洋画报》还专门进行了报道,同时报道了文美会欢迎他的消息,并刊出陈师曾大幅半身照片,外框剪裁为椭圆形,题曰"朽道人像"。①

图6:陈师曾作品 　　　　　图7:乞食三

1912年4月至10月,在《太平洋报》短短7个月的办报生涯中大约收录了陈师曾六十余幅漫画作品。② 这与一同留学并担任编辑的李叔同有莫大的关系,李叔同不遗余力推广着陈师曾的画作,为陈师曾日后成为画坛名家也贡献了力量。陈师曾的六十余幅作品,根据题材和内容,大致可以分为这

---

① 毕克官:《李叔同·陈师曾·丰子恺》,载《美术史论》1985年第3期。
② 赵威:《画中有话,艺中有意——从《太平洋报》探析陈师曾与丰子恺漫画之间的传承关系》,载《美与时代》2015年第8期。

样几类。一类是描绘自然山川、花鸟走兽的，如《古木幽篁》；一类是以古诗词在新社会环境的再次诠释，如《小楼一夜听春雨》；还有一类是关注社会现实、具有讽刺意味的人物风俗漫画，如《乞食三》(图7)。

再者，从陈师曾画作的创作手法、题材以及内容三个方面分析，很容易联想到另外一个著名漫画家——丰子恺。丰子恺本身也在自己的文章中多次回忆了陈师曾，丰子恺在《漫画创作二十年》一文中的表述："人都说我是中国漫画的创始者。这话未必尽然。我小时候，《太平洋画报》上发表陈师曾的小幅简笔画《落日放船好》、《独树老夫家》等，寥寥数笔，余趣无穷，给我很深的印象。我认为这算是中国漫画的始源。所以，世人不知'师曾漫画'，而只知'子恺漫画'。"①且不论丰子恺认为陈师曾是中国漫画的始源的准确性，但从"师曾漫画"对"子恺漫画"的影响来看，这个影响是不小的，至少在丰子恺创作的漫画作品中都能或多或少见出陈师曾的影子。

(二) 利用社团活动宣传推广漫画

李叔同是1912年2月11日加入南社的，柳亚子、叶楚伧等都是南社成员，《太平洋报》又是南社的活动中心，李叔同的加入，自然是受到这样一种文艺氛围的感染。李叔同参加了他加入南社之后的第一次雅集，所谓雅集是南社的集体活动方式，每年的春秋佳日，选定一处园林，作竟日之游，饮酒赋诗，以增进感情。李叔同第一次参与南社雅集之后，便有一项任务——要编一部姓氏录，记载会友的通讯地址，工作单位，以作日后联系之用。柳亚子负责内容编写，李叔同负责设计封面：浅红色的衬底，横写的《南社通讯录》五个字，由左向右行。这在当时是一个大胆的创造。下边是竖写的"中华民国元年五月第三次改订本"分两行书写。旁边缀以花纹。粉底墨迹，色彩相衬，疏落有间，新颖别致。②

李叔同在南社期间，不满足于美术广告的设计，他有组织文美会的想法。因为南社仅为文学，李叔同一心想将艺术传播普及社会，文美会设立就兼顾文学和美术。《太平洋报》出版的第一天，就在副刊上刊出了这样一条消息：

---

① 丰子恺：《率真集》，上海书店出版社1988年版，第118页。
② 郭长海，金菊贞：《李叔同和南社》，载《杭州师范学院学报》1999年第5期。

叶楚枪、柳亚庐、朱少屏、曾孝谷、李叔同诸氏,同发起文美会。以研究文学美术为目的。凡品学两优、得会员介绍者,即可入会。每月雅集一次,展览会员自作之文学、美术品,传观《文美》杂志,联句,名家演说,当筵挥毫,展览品拈阄交换等。事务所设在太平洋报社楼上编辑部内。

令人惋惜的是文美会第一次例进行传观的原作编成的杂志,内容涵盖文章、诗词、国画以及金石等等,还有陈师曾为《太平洋广告集》设计的图案,可以说是集众家所长的精华本,却没等印发,原稿也淹没于历史之中。

李叔同在南社期间,还为南社社员的书刊进行艺术加工、封面设计。如留日学生高剑公(天梅)办的革命派刊物《醒狮》,曾延年著的《和汉名画选》,《子美集》等。在封面设计上均体现出李叔同的认真努力,以及他为普及艺术的真心。

(三) 利用漫画推广与推广漫画的典型——《护生画集》

除了上述提到的利用报刊以及社团宣传推广漫画的行为,还有一个文化现象不能被忽略。那就是李叔同和丰子恺合作的《护生画集》系列,这既是二者利用漫画推广佛教"护生"思想的有力实践,同时也在一定意义上为中国近代漫画留下了更多的精品画作。

从1929年第一本《护生画集》到1973年的《护生画六集》,丰子恺整整用了46年的时间(丰子恺于1975年9月15日去世),丰子恺用大半生时间践行了弘一大师的嘱托——"世寿所许,定当遵嘱"。[①]

《续护生画集》的序言作者是夏丏尊,他在序言中阐明了前两部画集的特点:

> 二集相距10年,子恺作风,渐近自然,和尚亦人书俱志。至其内容旨趣,前后更大有不同。初集取境,多令人触目惊心不忍卒睹者。续集则一扫凄惨罪过场面。所表现者,皆万物自得之趣与彼我之感应同情,

---

① 丰子恺:《护生画三集》,大法沦书局1950年版,"序言"。

开卷诗趣盎然,几使阅者不信此用劝善之书。盖初集多着于斥妄即戒杀,续集多着于显正即护生。①

序中提到的从"戒杀"到"'护生"的转变,弘一大师与丰子恺、李圆净的书信中就早已提及此意。

"案此画集为通俗之艺术品,应以优美柔和之情调,令阅者生起凄凉悲悯之感想,乃可不失艺术之价值;若纸上充满残酷之气,而标题更用开棺悬梁示众等粗暴之文字,则令阅者起厌恶不快之感,似有未可。更就感动人心而论,则优美之作品,似较残酷之作品感人较深。因残酷之作品,仅能令人受一时猛烈之辩激。若优美之作品,则能耐人寻味,似食橄榄然。"②

这是1928年8月21日弘一大师写给李圆净与丰子恺的信,信中不仅提及了大师对护生的关切,还就画稿遴选、画作绘画、画作标题等提出了修改建议,甚至连封面、排版、颜色以及出版等事宜都作了交代,足见其认真。

《护生画集》在当今仍有较大的影响力,一是因为其珍贵的艺术价值,既有丰子恺的画作,又有弘一大师的亲笔题字;另外一点也是更重要的一点,这是大师对大师的承诺,而且这承诺圆满完成了。

二、李叔同漫画创作实践

李叔同在众多艺术领域都造诣颇高,绘画领域更不用说,他在日本留学在东京上野美术专门学校师从黑田清辉等学习油画和水彩画。那么,李叔同有没有创作过漫画这一类的绘画作品?答案是肯定的,经过整理研究发现,李叔同的漫画实践大致可以分为:自创漫画、美术广告画两类,既有漫画创作,又有以漫画形式表现、蕴含漫画意味的广告画创作。

(一) 自创漫画

1912年4月7日的《太平洋报》上,有一幅题为《存吴之面相种种》的人

---

① 夏丏尊:《续护生画集·序一》,见《续护生画集》,上海开明书店1940年版,"序一"。
② 钱君匋:《李叔同》,上海人民美术出版社1993年版,第138—139页。

物肖像漫画作品。这幅漫画作品,也是迄今为止发现的李叔同第一幅漫画作品。① 漫画发表时,图下注有一段文字说明"原画为明信片己酉夏日,存吴氏暂归蜀中,息霜氏自日本寄归者也。"就《存吴之面相种种》(图8)漫画本身来说,妙趣横生,画中的十二张面目表情各异,或嬉笑、或怒目、或惊悚、或呆滞,表情丰富,手法夸张到位,真正达到了漫画"漫"的境界。而联系背景信息,这是李叔同为他的好友曾存吴所作。细细看来,不禁要大呼"妙哉"、"觉哉",画中的每个表情都是"曾"字的异化,将"曾"字的三部分化为了眉毛、眼睛和嘴巴。虽然没有鼻子,但并不影响画面的表达,而且漫画就是需要削减一些部分,以突出其他部分。

曾延年是李叔同留学日本期间在东京上野美术学校的同学,存吴是他的号。春柳社就是李叔同与曾延年一起创立的,被称为"中国第一个话剧团体"。而春柳社在日本公演的《茶花女》和《黑奴吁天录》,引起了人们的极大关注。而这些剧目的主演就是李叔同和曾延年。

《存吴之种种面相》寥寥数笔就刻画出了十二个面相,一来可以见得李叔同深厚的艺术绘画功底,另一方面也可以感受到李叔同对同窗的熟悉了解。

(二) 美术广告画

李叔同在"漫画"方面的一大实践就是美术广告画。"李叔同设计制作的美术广告,如果以单幅来计算,包括后期的书法广告,统计起来,有250多件(重复刊出的只计一件)。其中为《太平洋报》所作的广告最多,其次是各地的报纸的广告和出版机构的广告。"②这是郭长海、郭君兮所编著的《李叔同美术广告作品集》中所提到的数据。这本作品集将李叔同的美术广告划分为十一大类:《太平洋报》广告、文化艺术活动广告、学校广告、社会团体广告、杂志广告、出版机构图书广告、医药广告、商业广告、禁烟广告、其他广告。这种分类大致是基于广告内容、广告载体来进行划分的。观察李叔同的广告作品,就艺术表现形式而言,无外乎两种类型:纯文字类以及图文类。当然,这是最粗的分类,而纯文字类中也有多种形式,如:无修饰刊头题字类(图9)、简易边框刊头题字类(图10)、标题正文组合类(图11)。图文类的广

---

① 吴浩然:《李叔同也画漫画》,载《文艺生活(艺术中国)》2012年第12期。
② 郭长海、郭君兮:《李叔同美术广告作品集》,黄山书社2011年版,第5页。

告大致可以划分为：单图类（图12：《太平洋报》副刊版尾花）、简易拼接类（图13）、图文板式设计类（图14）。

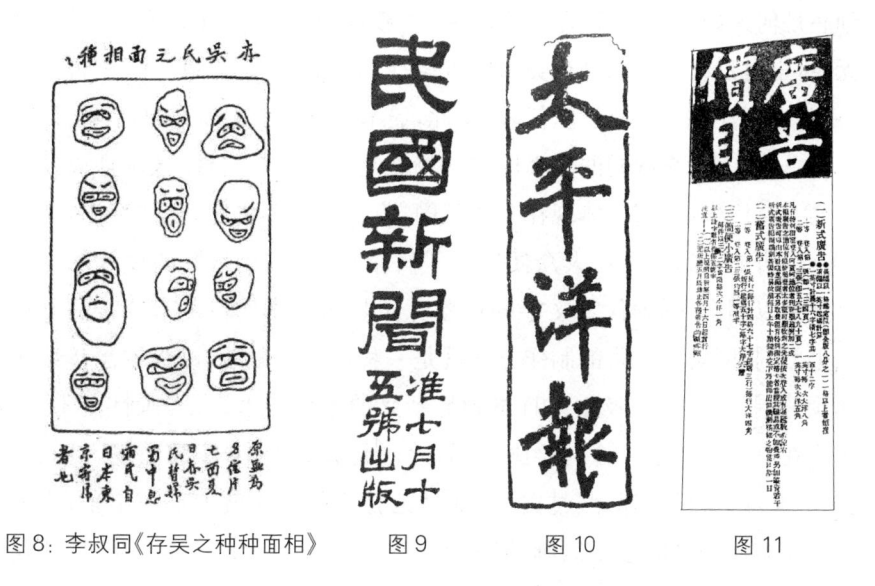

图8：李叔同《存吴之种种面相》　　图9　　　　图10　　　　图11

图12　　　　　　　　　　图13　　　　　　图14

横向来看，从最简单的文字类刊题到复杂精细的图文板式设计，李叔同美术广告设计可以说是不拘于形式，往往根据具体情况进行板式调整。绝大部分美术广告的框幅都是长方形的，有少数却是多边形的，是经过专门设计和雕琢的（如陆军参谋部战史编纂处广告）。纵向来看，李叔同设计美术广告是有自己的一套理论，从接手《太平洋报》的广告开始实践，这些都是他一手设计制作的。前期处于探索阶段，只是简单的文字图画拼接组合；到了中期，逐渐游刃有余，大放异彩，形式排版灵活，不拘一调，创新性较强；而到了后期，美术广告逐渐减少，以书法代替广告较多。读者看到这些广告，有电话到报社的，信件到报社的，还有专访到报社的，都想了解这精美的广告到底是何人如何做出来的。可以说，李叔同掀起了上海的美术广告热潮。无奈，当时只有李叔同进行美术广告设计，而他又于七月辞去了广告部主任一职，去浙江第一师范学堂任教，至此，美术广告几乎成为绝响，后继无人。

总体来说，李叔同的美术广告的特点是兼具了广告性、艺术性以及漫画性的。就广告性而言，体现在去繁就简，省去了许多文字，标题突出，内容明了。广告的目的就是让大众便捷地了解信息，所以李叔同的设计的广告中有大量以图案、图画代替文字的现象。而艺术性体现在美术广告的制作方法上，李叔同美术广告的制作方法就是一种版画的刻制，既汲取了传统木刻年画的制作方法，又吸收了日本画界新兴的木刻艺术。[①] 漫画性更不用说，体现在李叔同美术广告的绘画方面，绘画是亮点之一，寥寥数笔，一只可爱猫、一朵花、落日余晖、燕过白塔、踏马驰骋这些画面就展现了出来；一方面源于李叔同深厚的艺术绘画功底，另一方面也得益于广告这种形式，不可能出现工笔水墨，只能采取这种漫画式的夸张的简笔的画法。观察部分商业广告，如"上海罗威药房牙粉广告"、"成记西式理发广告"等，画面诙谐幽默，符合大众的审美需求。除此以外，李叔同美术广告画还利用排版、绘画等方式巧妙地在二维平面展现三维空间的效果，如"天津造胰公司的百花香广告"等。

三、李叔同对近代漫画的贡献

（一）中国抒情记录漫画的倡导者

李叔同在《太平洋报》上多次刊登陈师曾的文人漫画，可以说是大力推崇这种类型的漫画的。这类抒情记录漫画也的的确确是靠李叔同一路传承下来的。首先，丰子恺在大量的文字中提到陈师曾在《太平洋报》上的漫画，甚至把陈师曾当作是中国漫画的鼻祖，尽管这一说法并不正确。其次，丰子恺作为李叔同的学生，一开始跟着李叔同学画画，必然在潜移默化中受到李

[①] 郭长海，郭君兮：《李叔同美术广告作品集》，黄山书社2011年版，第4页。

叔同艺术主张的影响。简单来说就是：李叔同推广陈师曾，陈师曾影响丰子恺，丰子恺最后成为一代漫画家(形成了抒情记录风格的子恺漫画)。

俞平伯评丰子恺："一片片的落英，都含蓄着人间的情味"。子恺漫画之所以在今天仍具有恒久的生命力，就是他漫画中具有人间情味的艺术特色。他和李叔同一起创作的《护生画集》虽然宣扬的是佛教"戒杀护生"的思想，但世间人像的笔触从未缺失，无论谁再看都会被画中的画面所感染震撼。

我想，从这两层意义上来说，认为李叔同是中国抒情记录漫画的倡导者，是毫无争议的。

(二) 开创了中国报纸漫画式广告的新局面

李叔同在报刊广告的美化设计上下了很大功夫，查阅了许多关于广告学的资料，还对比了上海各路报纸上现有的广告。所以，学界评价李叔同开创了中国报纸广告形式的新局面。"担任广告设计，代客户进行美术加工，所刊广告有较高的艺术性，很能吸引读者，为其他报纸所不及。"[1]"他关于广告的设计，很有讲究，在那时候中国报纸的广告除文字外，没有图案的，只有《太平洋报》的广告有文字，有图案，都是法师一人所经营的，而且他设计的广告，文字和图案，都很简单明显，很容易引起阅者的注意。"[2]

李叔同除了编辑广告之外，还负责《太平洋画报》编辑工作，《太平洋画报》是随着《太平洋报》赠送读者的。《画报》开辟了"文艺批评"、"文艺百话"、"文艺消息"以及附录等栏目，涵盖诗词散文、美术作品、文艺论述等诸多内容。《画报》的每个栏目之前，李叔同同样设计了题花、图案，颇具高雅别致之风。李叔同在当时的漫画式广告设计的实践，开创了先河，对今天的报刊广告宣传仍有一定的启发意义。

(作者：杭州师范大学弘一大师·丰子恺研究中心 2016 级硕士研究生)

---

[1] 方汉奇：《中国近代报刊史》，山西教育出版社 1981 年版，第 733 页。
[2] 陈星编：《我看弘一大师》，浙江古籍出版社 2003 版，第 196 页。

On Li Shutong's Comic Practice and His Contributions to the Modern Chinese Comics

Zhuang Xiong

In the history of modern Chinese comic, Li Shutong's art poster in the *Pacific News* has been widely studied among various research topics concerning his comics. In addition, little has been done on his comic creation in an overall manner. However, when Li Shutong was in service of the chief editor of the *Pacific News*, he contributed a lot to the development of Chinese comics, such as collecting caricatures and publishing Chen Shiceng's works of comics, which are in part reflected in his collections. Therefore, it is of significance to rediscover Li Shutong's achievements made on comic publication and promotion, as well as creation practice. In this way, it is possible for us to sort out the inheriting relations among Li Shutong, Chen Shiceng and Feng Zikai, representatives of the modern Chinese comics, and further to explore his influence and contributions to the modern Chinese comics.

《一家男女同做事》歌曲的发现与考释

陈净野　朱显因

日前，笔者在商务印书馆出版的1947年第9期《新儿童世界》上发现了一首《一家男女同做事》的歌曲，此歌刊登于第26页，署李叔同曲、石英词。此歌未收入之后出版的《李叔同歌曲集》(丰子恺编，北京音乐出版社1958年1月版)、《李叔同——弘一法师歌曲全集》(企释培安编，上海音乐出版社1990年9月版)、《弘一大师全集》第7册(佛学卷·传记卷·序跋卷·文艺卷，福建人民出版社1991年6月版)、《弘一大师歌曲集》(钱仁康编，台北东大图书公司1993年版)等主要的弘一大师歌曲集，学界之前也未有提及。

图1：1947年第9期《新儿童世界》封面

从《一家男女同做事》歌曲来看，其旋律与李叔同自作词作曲的歌曲《早秋》完全一致。对比《早秋》最早刊发的版本，即丰子恺与裘梦痕1927年8月合编出版的《歌曲集——中文名歌五十曲》(开明书店出版)中的曲谱，《一家男女同做事》的谱子在音乐标记和表情记号方面作了三处小修改：一是歌曲的开端将原谱中的速度标记 *Andante*(行板)改为"闲逸"的表情标记。众所周知，一部完整的音乐作品，除了旋律、和声、节奏等要素外，还有诸多内容需要重视，如速度、力度、表情记号等，对作品的完美表达具有重要意义。在西方音乐谱系中，音乐速度一般以文字或数字的形式标记于乐曲开端，以明确一个指定的速度。*Andante* 为意大利语,意为行板(步行的速度),指稍缓的速度,一般为一分钟76—108拍。亦有66—76拍、72—76拍的说法,虽然具体速度视作品的整体需要而定,但一般就在这个范围内。李叔同一向强调音乐记号的重要性,他在1906年发表的《昨非录(一)》中就对当时国内"近出唱歌集,皆不注强、弱、缓、急等记号,而教员复因陋就简,信口开河,致使原曲所有之精神、趣味皆失"的现象进行了批评。① 此歌的这一改动则使作品演唱速度显得较为感性和模糊。二是去掉了原谱中的五处连音线。三是增加了 *mf*、*f*、*dim*(渐弱)等力度记号。而在歌词上,《早秋》采用的是长短句的"仿词体":"十里明湖一叶舟,城南烟月水西楼。几许秋容娇欲流,隔着垂杨柳。远山明净眉尖瘦,闲云飘忽罗纹皱。天末凉风送早秋,秋花点点头。"词中以写景起兴,以明湖、片舟、烟月、西楼、垂柳勾勒出朦胧的早秋意象,远山、闲云、凉风、秋花则以拟人的手法表达了作者对岁月年华流逝的感怀与淡定从容。《一家男女同做事》的歌词则显得十分贴近生活:"满头白发老太太,年纪刚过六十三,大儿进厂学做工,小儿学种田。大媳出门学织布,小媳在家学养蚕,一家男女同做事,吃着都完全。"歌词以叙事的手法,描写了一家人的工作状况,以鼓励人人劳动的风气。可以说,这两首歌曲,除了旋律一样外,无论是意境还是表现手法上,并没有相似和相通之处。

图2:《一家男女同做事》歌谱

据笔者查询,《新儿童世界》由(上海)商务印书馆出版,其前身为1922年创刊的《儿童世界》,由于抗战期间停办,1947年4月复刊时更名为《新儿童世界》,主编为沐绍良。②

是月,中国儿童读物作者联谊会在上海

---

① 载李叔同编《音乐小杂志》,1906年2月8日在东京印刷,2月15日在上海发行。
② 卓如、鲁湘元主编:《二十世纪中国文学编年1932—1949》,河北教育出版社2013年版,第1176—1177页。

新闸路十区中心国民学校举行"儿童读物展览会",各大书局"如商务,中华,儿童,开明,大东等,均将最近出版之儿童读物,送会陈列,琳琅满目,美不胜收"。① 《大公报》《文汇报》特别发行"展览会特刊",广泛开展关于儿童读物的讨论。中国儿童读物作者联谊会于是月 20 日举行成立大会,到会人员 40 余人。从《新儿童世界》创办至 1949 年期间的内容来看,有反映战后快乐的儿童生活、歌颂现代技术以及描绘普通民众辛勤劳动等题材的,"其后期明显呈现出受无产阶级思想领导的状态"。该刊于 1952 年停刊。商务印书馆成立于 1897 年 2 月,是中国近代出版事业中历史最久的出版社,至新中国成立,商务出版的教科书,包括了从幼儿园、小学、大学、中学、大学、师范,到职校、补习学校、民众识字班,适应各种学年和各种对象,在其全部出版物中占有很大比例。在少儿读物方面,其编印了《童话》《儿童教育画》《幼童文学》《小学生文库》等丛书和《儿童世界》《少年杂志》《学生杂志》等刊物。1947 年第 9 期《新儿童世界》中并未对歌曲的词作者石英有所介绍,但从刊物与商务印书馆的相关信息中也许可以作一推测。此歌发表时,离弘一大师圆寂已有 5 年时间,再结合歌词等以上信息,由石英选李叔同(弘一大师)歌曲的旋律,加以填词而成的可能较大。作者石英,有可能是从事教育或音乐教育的工作者,抑或他之前也曾受过李叔同音乐的熏陶,故在教育之需时,在众多曲调中选用了这首舒缓优美、朗朗上口的旋律填词而成。

李叔同(弘一大师)在俗及出家后创作了大量的歌曲。由其本人结集出版的《国学唱歌集》(1905 年 6 月初版,上海中新书局国学会发行)中收录了其最早创作的 15 首歌曲及附录"杂歌十章"6 首,共 21 首歌曲。此集歌曲的歌词,选用《诗经》《楚辞》以及其他古诗词曲;在曲调的选择上,"或谱以新声",选用欧美或日本的旋律;或

图 3:《早秋》谱影,载《歌曲集——中文名歌五十曲》(1927 年 8 月)

---

① 《儿童读物昨展览》,载《申报》1947 年 4 月 5 日。

"仍其古调",别出心裁地选用日渐衰弱,且被新式人士称为"萎靡之音"的昆曲,充分展示了其弘扬国学的主旨以及借古喻今的爱国情怀。

1906年2月,李叔同以一己之力在日本东京出版《音乐小杂志》,其中收录三首歌曲,从而开启其"仿词体"歌词与"别体唱歌"的创作之路,具有里程碑的意义。他在杂志中强调音乐学习应注重五线谱、音乐标记等建议尤应值得注意。他的创作黄金期则是1912年至1918年任教于浙江省立两级师范学校(该校于1913年更名为浙江省立第一师范学校)期间,早期他有在城东女学短暂的教学经历,期间又曾兼职于南京高等师范学校等,应教学之需创作了大量的歌曲,其数量之多几乎占其作品总数的一半,艺术水平也是其创作中的精品。除《白阳》(1913年5月)中所载的自作曲作词的三部合唱《春游》之外,其余作品均收录在其弟子或别人所编的歌集中。《早秋》便是这一时期由他自己作词作曲的歌曲。

图4:裘梦痕、丰子恺编《歌曲集——中文名歌五十曲》封面

《早秋》音乐采用宽广舒缓的四四拍子,简洁但富有对比的单二部曲式,即:A段"4+4"小节;B段(对比段)"4+4"小节。从写作手法来看,A段首句(4小节)为C大调的动机展示,第二句(第5—8小节)为变化再现,基本都遵循了I—IV—V的和声功能进行。B段则体现在节奏类型、调性以及音区方面的变化,第9小节临时升F的出现,以及第10小节"B"与第11—12小节中"G"音的强调,在功能上可以分析为是C大调的重属七和弦(V7/V)到属和弦的进行,亦在色彩上客观营造了从C大调到G大调的临时转调效果(C大调的重属七和弦V7/V—属和弦V可以视为G大调的属和弦V—主和弦I的进行)。而经过第13—14小节VI级和弦到主和弦的过渡,重新奠定了C大调的明朗基调,第15—16小节在V级和弦的强调中平稳结束于C大调的主音上。此外,B段的后四小节的写作也十分精巧,其在节奏上虽为统一与前4小节(9—12小

节)保持一致,但旋律的写作在遵循和声进行原则的同时,十分巧妙地运用了复调写作中的反向进行原则,体现了作者的作曲功底与独特的趣味。

《早秋》是大师为数不多的自作曲作词的歌曲之一,其结构短小又富有趣味,唱来极易上口。这首优美的曲子,之所以能引起后人石英的共鸣,应该不是偶然的事。选曲作词是学堂乐歌创作中较常见的一种方法,在近代中国音乐创作起步阶段,李叔同本人也常选用国外经典的音乐进行创作,如脍炙人口的《送别》等。而在几十年后,他所创作的歌曲则成为后人选用的经典。笔者认为,《一家男女同做事》虽不是李叔同(弘一大师)与石英携手合作的歌曲,但是目前少见的后人选李叔同所作的曲填词的歌曲,也是一种新发现。这从一个层面也说明了李叔同(弘一大师)创作歌曲的影响与魅力。鉴于李叔同歌曲在近代音乐史上的地位,故有必要对新发现的李叔同作品进行进一步的解读与考证。因目前可见资料有限,故简录于上,与大家共商讨。

(作者:杭州师范大学弘一大师·丰子恺研究中心副研究员,上海丰子恺研究会副会长)

On the Discovery of Song "A Family Sharing Chores" and Its Interpretative Research

Chen Jing-ye, Zhu Xian-yin

Recently, a song titled "A Family Sharing Chores", composed by Li Shutong and written by Shi Ying, was discovered in No. 9 Issue of "New World of Children", published by the Commercial Press in 1947. According to the research, the rhythm of the song is exactly the same as that of the song "Early Autumn", written and composed by Li Shutong himself. It is assumed in this paper that this song was indeed a rare case of taking Li Shutong's tune with lyrics written by the successor, though not the one co-written by Li Shutong and Shi Ying, which indicates great influence and glamour of Li Shutong's music compositions. It is acknowledged in China that Li Shutong is an important pioneer in the history of school music creation. On the basis of detailed research and interpretation on the new historical materials, it is helpful for us to have a deep understanding of him.

【特邀发言】

"校士场"说明了什么

——李叔同文昌宫校歌的深层意义

章用秀

2015年的一天,文昌宫小学的老校友胡允谟先生(1918年——1944年就读于该校,胡定九之子)给我打来电话,谈了有关李叔同当年为文昌宫小学写校歌一事,认为现今流行的《文昌宫校歌》"与我幼时所学、先父所教者不同,将'地灵人杰校士场'一句,竟被误传为'地灵人杰效师长'"。且提出种种依据。我对胡先生所言深表赞同。2017年9月,天津市文昌宫民族小学开展学校文化建设系列活动,专门组织一场"'文昌校歌'专题研讨会",经多方考证,进一步统一认识,与会者一致认为,先前流传的《文昌宫校歌》的确有误。

校歌就错在歌词的三个字上。事情要从1988年讲起。这年的4月,天津古籍出版社出版了《李叔同——弘一法师》一书,书中收有文昌宫老校友宋廷璋(1910-1995)写的一篇短文,文中言及胡定九老师教校歌的事,根据回忆,记下李叔同早年撰写的这首校歌的歌词是:"文昌在天,文明之光。地灵人杰,效师长;初学根本,实且强;精神腾跃,成文章。君不见,七十二沽水源远流长。"随后,这一歌词又被辑入上海音乐学院钱仁康教授参加编辑的《李叔同——弘一法师歌曲全集》中。自此,凡李叔同传记、相关论文都以宋所提供的歌词为准,以致以讹传讹,误传世间。

"效师长"和"校士场"虽三字之误,却是差之千里。"效师长"是对学生的基本要求,可视为校规的范畴,而"校士场"则就不同寻常了,这是一个具有人文色彩的深层含义的概念。校士场旧时也称校士馆。明胡应麟《少室山房笔丛·华阳博议下》:"六朝策事,唐宋校士,悉其遗风。"明冯梦龙《古今谭概·口碑·被黜诗》:"天顺初有欧御史校士,去留多不公。"清田兰芳《云南楚雄府通判袁公(袁可立孙)墓志铭》:"公(袁赋诚)生有异征,十三乌程潘昭度校士归德,爱公文拨置胶庠。"清代刘大櫆《赠大夫闵府君墓志铭》云:"而学使彭公,素知府君,不允其退,且延之入幕校士。"清末津人《津门征迹诗》有《校士馆》曰:"西颢南湖与东壁,馆中修志著才名。迩来谁执生花笔,搜取人文遍七城。"此诗作于同治四年(1865),李叔同尚未出生,我以为这里的所谓"校士馆"当是旧城内的贡院(试院),地点在东门内以南的提督学院衙门,与文庙隔街相对,天津府所属七县的考生都集中在此考试,同时天津县学的考试也在这里进行,而不是李叔同歌词中的"校士场",李提到的"校士场"乃是在辅仁书院原址建起的一个新型的培养和选拔人才的场所。

辅仁书院在天津旧城西北角附近,前身是文昌宫。光绪二十一年(1895)16岁的李叔同进入辅仁书院,学习为文之道。书院每月考课两次,一次为官课,一次为师课,分别由官方和掌教出题、阅卷,评定等级,并发给银钱作为奖赏,用以督促学业。就在这一年,李叔同在给李家的账房先生徐耀廷的信中说:"今有信将各院奖赏银皆减去七成,归于洋务书院。照此情形,文章虽好,亦不足以制胜也。"又说:"弟拟过五月节以后,邀张墨林兄内侄杨兄教弟念算术,学洋文。"信中可知,此时在天津已有教育改革之类的事,也可见李叔同对新型教育的追求。减各院奖赏银归洋务书院,实际上是书院祠庙改设学堂这一改革措施的前奏。1900年以后,天津废止科举考试,1903年辅仁书院改为北洋校士馆,招收举贡监生,科以策论及格致(物理)、算学。校士馆的建立被认为是"书院之余波,学堂之先导"。随着近代新式学堂的大量创建,天津旧式儒学教育逐渐退出历史舞台。1905年,早期留日的胡家琪在校士馆的基础上创办天河(初级)师范学堂(这是天津最早创办的新型师范学校),之后迁出,这儿成为附小(即文昌宫小学)。1910年留日归来的李叔同在直隶高等工业学堂任教期间,为文昌宫小学创写校歌,其中"校士场"句便出自这里。

李叔同是一位具有深厚传统文化底蕴，又颇具新思想新观念的人。特别是留学日本后，对现代教育有了更为深入的理解，对天津推行的包括教育改革等一系列"北洋新政"甚为称道。1906年正在日本留学的李叔同得知天津在推行新型教育上不断取得成果，颇有所感，特介绍其上海友人杨白民通过周啸麟的关系到天津参观学务。他在致杨白民信中说："足下如愿到天津调查学务，弟即当做绍介，彼邑（指天津）学界程度，实在上海之上。"不久又写给杨白民一封信，信中说："足下如到天津，可持此书往谒。渠（指周啸麟）与仆金石交，必能为足下竭力周旋也。"并随此信寄去一封写给周啸麟的介绍信。介绍信说："啸麟老哥左右：兹有上海城东女学校长杨白民先生，到天津参观学务，乞足下为绍介一切（凡学校、工场、陈列所，以及他种有关于教育者）。如足下有暇，能渠一往尤佳，渠人地生疏，且语言不通，良多未便。务乞足下推爱照拂，感同身受。"括号中所称"学校"即是指天津当时天津的新式学堂。"工场"即直隶高等工业学堂学生的实习场所。1906年，实习工场举办了一次为期五天的纵览会，参观者竟达5万余人。"陈列所"即劝工陈列所。该所从事搜集本省、外省和外国产品，分类陈列，以供参观，启发工商智识。"他种有关于教育者"实指教育品制造所、劝业会场等。杨白民是否到天津参观，尚不得而知，但从这些信函中，确看出李叔同对近代天津新型教育的青睐。"校士馆"实为"北洋新政"的组成部分，同样为李叔同所推重，而从某种意义上说这儿又是他的母校，李将其写入校歌便也自然而然的了。

　　"校士场"出现在文昌宫小学校歌中，一方面体现了李叔同对近代教育大变革的首肯，另一方面也是将其作为激励鼓舞学生早日成才的"号角"。按通常的说法，校士的释义是考评士子。学子们相互砥砺，争优创先，刻苦钻研，优秀人才层出不穷。当然，这里所说的"校士"已不再是封建时代的取士条件，而是培育和选拔有用于国民的"经世致用"之才，最起码得精于"策问、物理、算学"。早在1898年，19岁的李叔同入天津县学应考，曾作一篇题为《乾始能以美利利天下论》的课卷文章，谈开发资源，论实业救国。李叔同认为，培养中国自己的"矿师"最为切要。他主张设立矿学会，公举数人出洋赴矿学堂，学习数年，学成回国，再议开采。其实这也正是他心目的"人才标准"，与其后来的"取士"观念一脉相承。李叔同借用王勃《滕王阁序》"物华天宝，人杰地灵"句，承袭历史沿革，从文昌宫、辅仁书院到校士场、师范附属小学，尤其强调"校士场"乃"地杰人灵"之所。如果说歌词中"文昌在天，文明之光"是讲学校的文脉传承与历史传统的话，那么"地杰人灵校士场"，则更凸显这里是培养、教育、考察新型人才的兴学宝地，是在新学引领下学子们"比武""选士"的理想场所。

有人说，李叔同"先在天津基本上完成了由传统到近代的转换，再通过日本吸收西方文化，才逐渐成长为近代新文化的执牛耳者。"不管怎么讲，清末天津西学东进的文化氛围，使他接受了新知识、新思想，这是无可否认的。由此他才对当时的教育改革有了全新的认识，进而写出了《文昌宫小学校歌》这样的经典之作。

（作者：天津李叔同—弘一大师研究会副会长）

What Does "Xiao Shi Chang" Mean? — On the Connotation of Wenchang Gong's School Anthem Composed by Li Shutong

Zhang Yong-xiu

The western cultural communication to China in Tianjin at the end of the Qing Dynasty provided Li Shutong with new knowledge and thoughts, and further propelled him to have a brand-new understanding of the education reform at that time. Later on, he composed his classical work of "School Anthem of Wenchang Gong Primary School", in which "Xiao Shi Chang" attracted great attention of the public. On one hand, it expresses Li Shutong's approval of the modern education reform; on the other hand, it is considered from his point of view to encourage students to become a useful person as early as possible. Moreover, Li Shutong laid emphasis on the construction of "Mining Training School" with a series of proposals, namely suggestions on establishing mining society, recommendations for young candidates' overseas studying to mining schools and the practice of mining after they finish their learning abroad. These are the criteria of talents in his mind, which is actually an inheritance to his later concept of "government selection of talents".

图书在版编目(CIP)数据

光风霁月：第六届弘一大师研究国际学术会议论文集/杭州师范大学弘一大师·丰子恺研究中心编.—上海：上海三联书店,2018.11
　ISBN 978-7-5426-6489-1

Ⅰ.①光… Ⅱ.①杭… Ⅲ.①李叔同(1880—1942)-人物研究-国际学术会议-文集　Ⅳ.①B949.92-53

中国版本图书馆CIP数据核字(2018)第211853号

光风霁月：第六届弘一大师研究国际学术会议论文集

编　者 / 杭州师范大学弘一大师·丰子恺研究中心

责任编辑 / 冯　征
封面设计 / 一本好书
监　制 / 姚　军
责任校对 / 张大伟

出版发行 / 上海三联书店
　　　　　(200030)中国上海市漕溪北路331号A座6楼
邮购电话 / 021-22895540
印　刷 / 上海盛通时代印刷有限公司

版　次 / 2018年11月第1版
印　次 / 2018年11月第1次印刷
开　本 / 710×1000　1/16
字　数 / 380千字
印　张 / 30.25
书　号 / ISBN 978-7-5426-6489-1/B·609
定　价 / 98.00元

敬启读者，如发现本书有印装质量问题，请与印刷厂联系 021-37910000